Southeast Asia-India

동남아-인도관계론

양승윤 외

한국외국어대학교 출판부

이 도서의 국립중앙도서관 출판시도서목록(CIP)은
e-CIP 홈페이지(http://www.nl.go.kr/ecip)에서 이용하실 수 있습니다.
(CIP제어번호: CIP2009000525)

동남아-인도 관계론

초 판 인 쇄 2009년 2월 20일
초 판 발 행 2009년 2월 27일

편저자 : 양승윤 외
펴낸이 : 박 철
펴낸곳 : 한국외국어대학교 출판부
130-791 서울시 동대문구 이문동 270
전화 : (02)2173-2495~6
FAX : (02)2173-3363
홈페이지 : http://press.hufs.ac.kr
전자우편 : press@hufs.ac.kr
출판등록 : 제6-6호(1969. 4. 30)
편집 : 한국외국어대학교 출판부 정재원 (02)2173-2494
표지디자인 : 이환D&B (02)2254-4301
인쇄 · 제본 : (주)동화인쇄공사

ISBN 978-89-7464-520-5 04300 **정가** 15,000원

* 잘못된 책은 교환하여 드립니다.

서문(序文)

지난 1970년대 초반 이래로 동남아는 4강으로 둘러싸인 한국의 가까운 이웃이 되었다. 인도네시아혁명정부(PRRI)에 대한 파병시도나 베트남전 참전 같은 얼룩이 없었던 것은 아니지만, 동남아와 한국은 30여 년 동안 상생(相生)관계를 바탕으로 긍정적인 선린(善隣)관계를 구축해 나온 것으로 평가된다. 동아시아의 양대 강국인 중국·일본과 함께 한국이 'ASEAN+3'에 참여하고 있는 것이 그 증거이다. 세계화(*globalization*)의 거센 물결이 동남아와 동북아를 연결하여 '아시아적 가치(*Asian Value*)'를 공유하는 협의(狹義)의 동아시아로부터 인도가 포함되는 광역의 '동아시아 시대'로 거침없이 확대되고 있다. 중국-일본 간의 첨예한 리더십 경쟁이 처음부터 예견되었고, 중국-아세안자유무역지대(CAFTA) 협정이 새로운 동남아-동북아 관계를 설정하는가 싶더니 인도가 동남아를 향하여 빔스텍(BIMSTEC) 카드를 들고 유화정책(宥和政策)을 전개하고 있다.

동남아와 인도는 가까운 이웃이다. 13세기를 전후하여 '해상실크로드(*Silk Voyage*)'가 두 광역권을 공동번영의 터전으로 연결했었다. 바닷길로 이어진 동남아는 해상실크로드가 열리기 수 세기 이전부터 군소왕국의 통치 이데올로기와 경제 노하우는 물론이고 백성들의 생활전반에 걸쳐서 '모든 것'을 인도로부터 받아들였고, 머지않아 인도의 종교와 문화는 동남아를 인도화(*Indianization*)하였던 것이다. 동남아 도처에 인도문화가 산재되어 있고 인도인 후예들이 적지 않은데, 동남아-인도 관계가 소원(疏遠)했던 까닭은 실용문화를 앞세운 중국의 공세적 접근으로 인도를 가까이할 겨를이 없었기 때문이었다. 그러나 동남아의 '첫사

랑'은 인도였고, 그래서 동남아는 인도를 잊지 못하고 있었음이 분명하다.

『동남아-인도관계론』은 동남아와 인도를 다시 만나게 하는 소중한 작업으로 2004년에 시작되었다. 만 5년의 긴 세월을 두고 여기저기에 숨겨진 연서(戀書)를 찾아내는 힘 든 작업을 하였다. 아홉 분의 동료 교수님들과 후학님들이 이 작업을 함께 하였다. 제1장과 제5장은 장준영 후학님이, 제2장은 이병진 후학님이 공들여 쓴 글이다. 제3장은 이은구 교수님이, 제4장과 9장 및 에필로그의 챠프타(CAFTA) 부분은 양승윤이 썼고, 제6장은 이병도 교수님이, 제7장은 라윤도 교수님이 쓰셨다. 제8장과 제12장의 빔스텍(BIMSTEC) 부분은 김찬완 교수님의 글인데, 각각 『국제문제분석(2007. 9.)』과 『Chindia Journal (2008. 9.)』를 수정 보완하셨다고 전해오셨다. 끝으로 제10장과 제11장은 이요한 교수님과 권율 박사님께서 보내오신 옥고(玉稿)이다.

이 길고 지리한 여정(旅程)이 시작된 과정에서 2004년 당시 서문(序文) 필자가 원장직에 있었던 한국외국어대학교 외국학종합연구센터가 작은 연구비를 지원했음을 기록에 남기고자 한다. 마지막으로, 이 작은 책자가 한국외국어대학교 출판부가 각고(刻苦)의 노력으로 만들어 내고 있는 '동남아학총서 제14권'으로 자리 잡는 데까지 많은 분들이 함께 애써 주셨음을 밝히고 싶다.

이 모든 분들께 깊히 고개 숙여 감사를 드린다.

2008년 11월
장마비가 쏟아지는 인도네시아 족자카르타에서
한국외대 양승윤 씀

차 례

제4장 동남아의 인교(印僑)사회와 인도문화

제3부 : 인도-미얀마·태국 교류관계

제5장 미얀마와 인도의 애증(愛憎) 관계

제6장 태국과 인도의 문화교류관계

제4부 : 비동맹과 비동맹운동

제7장 비동맹운동과 인도-인도네시아의 역할

第11장 인도-아세안 자유무역지대 전망

에필로그 : 동남아-인도 관계 전망

第12장 챠프타(CAFTA)와 빔스텍(BIMSTEC)

표 차 례

그 림 차 례

제 1 장

동남아 개황

I. 동남아의 지리적 범위

오늘날 동남아(東南亞)는 총 11개국으로 구성되어 있으며 지리적으로 광의(廣義)의 인도차이나(*Indochina*) 지역인 베트남·라오스·캄보디아·태국·미얀마 등 5개국을 대륙부 동남아(*Mainland Southeast Asia*)로, 인도양과 태평양 사이에 광활하게 산재되어 있는 말레이시아·싱가포르·인도네시아·브루나이·필리핀·동티모르 등 6개국을 해양부 동남아(*Maritime Southeast Asia*)로 구분한다. 일찍이 미얀마와 말레이 반도 등 이 지역의 상당 부분을 통치했던 영국의 영향으로 동남아는 영국식 영어인 'South-East Asia'로 표기하기도 하고, 제2차 세계대전 이후 이 지역의 후견세력으로 등장한 미국식의 표기에 따라 'Southeast Asia'로 쓰기도 한다.

동남아라는 명칭이 세계사에 등장한 것은 19세기 중엽 이후부터이다. 1839년 미국인 목사 하워드 말콤(Howard Malcom)이 쓴 『힌두스탄·말라야·싸얌과 중국을 포함한 동남아 여행기』(*Travels in South-Eastern Asia Embracing Hindustan, Malaya, Siam, and China*)에 최초로 동남아(*South-Eastern Asia*)란 명칭이 사용되었다. 그러나 여행기의 제목에서도 나타나듯이 이때의 동남아는 해양부를 제외한 대륙부 동남아를 지칭한 용어였다.

제2차 세계대전 중이던 1943년 연합군이 일본군에 대항하기 위해서 오늘날의 스리랑카인 당시의 실론(*Ceylon*)섬에 연합군 동남아사령부(*South-East Asia Command*)를 설치하면서부터 동남아라는 용어가 일반적으로 사용되기 시작했다. 그러나 당시 동남아의 지리적 범위는 스리랑카가 포함되고 필리핀과 베트남 북부지역은 제외되었다. 또한 1955년 출간된 홀(D.G.E. Hall)의 기념비적인 동남아 역사서(歷史書)인 『동남아사』(*A History of South-East Asia*)에도 필리핀이 동남아에서 제외되었다가 1965년 제2판부터 포함되었다.

한편 중국은 주로 대륙부 동남아를 비하해서 남만(南蠻)으로 불렀다. 또한 오늘날의 남중국해를 남양(南洋)이라 불렀는데, 이에 따라 해양부 동남아를 총칭하여 남양군도라 하였다. 남양 또는 남중국해는 송대(宋代)까지 남해(南海)로 칭하기도 하였다. '남쪽의 오랑캐'라는 남만(南蠻)에서도 알 수 있듯이 중국 황실은 전통적으로 동남아와의 교류에 적극성을 보이지 않았다. 명대(明代)에 이르러서는 중국 상인의 사(私)무역과 해외 도항(渡航)을 금지하는 이른바 해금령(海禁令)을 내리기도 하였다. 그러나 1405년부터 1433년까지 일곱 차례에 걸친 정화(鄭和) 제독의 남해원정은 대륙의 실크로드(*the Silk Road*)에 비견하여 '바다의 실크로드(*the Silk Voyage*)'로 불리는 남해 항로를 개척하는 중요한 계기가 되었다. 정화의 남해원정을 수행한 비신(費信)의 『성차승람(星嵯勝覽)』, 공진(鞏珍)의 『서양 번국지(西洋番國志)』 등의 견문기는 중국인의 동남아에 대한 새로운 지식을 전해 주었다. 동남아 지역으로 화교(華僑)의 유입과 실용적인 중국문화 발전은 정화의 원정을 기초로 이루어진 것이다.

해양부 동남아로 분류되는 말레이시아는 말레이반도와 라투나(Latuna) 해(海)를 사이에 두고 보르네오(Borneo)섬 북부의 사바(Sabah) · 사라왁(Sarawak)과 연방직할의 라부안(Labuan) 섬으로 이루어져 있는데, 말레이시아 영토가 분리된 두 지역을 포용하게 된 것은 영국 식민통치의 결과라고 볼 수 있다. 이로 인해서 콸라룸푸르(Kuala Lumpur) 정부에서는 분리된 두 지역이 서(西)말레이시아(*West Malaysia*)와 동(東)말레이시아(*East Malaysia*)로 불리는 것을 싫어한다. 말레이 반도의 최남단에 위치한 싱가포르는 영연방의 자치령으로 있다가 독립하였는데, 1963년부터 1965년까지 말레이시아연방에 속해 있었다. 싱가포르는 1965년에 독립했다. 동티모르는 400년 동안 포르투갈의 식민지로 남아 있다가 2002년 5월 인도네시아령으로부터 분리 독립하였고, 인도네시아의 아쩨(Aceh)주(州)도 오랜 분리 독립투쟁 끝에 2005년 8월 인도네시아 정부로부터 폭넓은 자치권을 인정받고 무력항쟁 종식(終熄)에 동의하였다.

II. 동남아의 자연환경과 인문지리

대륙부 동남아의 북부지역은 험준한 산지로 덮여 있으나 남부로 내려 갈수록 낮은 구릉과 비옥한 평야지대를 만나게 된다. 거의 모든 대륙부 동남아 국가에는 유속이 느리고 수량(水量)이 풍부한 하천이 있어서 하구(河口)에는 거대한 델타(delta) 평원이 펼쳐져 있다. 예로부터 미작(米作)산지로 널리 알려진 이 지역에는 인구가 집중적으로 밀집해 있다. 미얀마의 에야워디(Ayeyawaddy)강, 태국의 짜오프라야(Chao Phraya)강, 베트남의 홍강(紅江)과 중국 대륙에서 발원하여 대륙부 동남아의 중동부 전체를 적시고 있는 메콩(Mekong)강 등이 대표적인 하천이다. 이러한 하천 유역을 중심으로 고대 동남아의 문명이 발아(發芽)하였고, 머지않아 중앙집권적 왕정 체제로 발전했다.

환태평양(環太平洋)화산대와 연결되고 히말라야(Himalaya)화산대의 간접적인 영향을 받는 해양부 동남아는 대부분이 화산지대로 이루어진 군도를 형성하고 있다. 이로 인해서 하천이 발달하지 못하였으나 기온이 높고 토양이 비옥하며 강수량이 많아 쌀농사가 주류를 이룬 농업에 유리한 환경을 이루고 있다. 그러나 이 지역의 주민들은 일찍부터 농업보다 무역업에 관심을 가졌으므로 취락은 주로 해안을 중심으로 발달하였다. 말라카(*Malacca*)해협을 중심으로 수마트라의 동부해안과 말레이 반도의 서부 해안, 그리고 자바(Jawa)해(海)를 끼고 있는 자바의 북부와 서부 해안을 중심으로 수많은 무역왕국이 등장했었다. 수마트라(Sumatra)와 보르네오(Borneo)섬 등 오늘날 태평양과 인도양이 맞닿은 지역에 흩어져 있는 군도들은 원래 말레이반도에 붙어 있었다. 약 15,000년 전 이 일대 해양의 수심은 현재보다 200미터나 더 낮았다고 한다.

13세기 이래로 해양부 동남아는 지리적 이점이 크게 작용하여 바닷길 실크로드의 동방무역 거점(據點)으로 자리 잡게 되었다. 이에 따라 크고 작은 선박 제조업과 국제교역에 따른 무역 관련 업종이 발달하였다. 앤터니 리드(Anthony Reid)는 그의 저서에서 15세기부터 17세기 사이에 말레이 반도를 중심으로 말라카 해협과 쟈바 해에 걸쳐서 거대한 해상무역 중심지가 형성되었다고 쓰고 있다. 동남아 해상무역은 초기에 말레이인과 싸얌(Siam)인과 크메르(Khmer)인들이 주축이 되었으나, 곧 아랍과 인도의 무슬림 상인들이 참여하였고, 머지않아 대항해(大航海) 시대의 주역이었던 포르투갈과 네덜란드 상인들이 가세하였다. 당시의 상용(商用)언어로는 말라카 해협과 쟈바 해에 산재되어 있던 해협 말레이인들이 사용하던 믈라유(Melayu)어가 사용되었다.

동남아는 전통적으로 쌀이 주식이었다. 대륙부에서는 흔히 안남(Annam)미(米)라고 칭하는 인디카(*indica*)종(種)이, 해양부에서는 쟈바

원산(原産)으로 쟈포니카(*japonica*)종이 가장 넓게 분포되어 있다. 오랜 서구 식민통치의 영향으로 빵이 대용식으로 환영받고 있으며, 커피와 차도 흔한 음료의 하나이다. 국수의 종류와 형태가 조금씩 다르지만 쌀국수가 가난한 동남아 서민들에게 인기가 높다. 무더운 날씨라는 기후조건에 따라 생선젓갈류 등 발효식품이 발달되어 있는 것도 음식문화의 특징이다. 연중 비가 오는 날이 많고 높은 습도를 막아내기 위한 방편으로 동남아 농촌 지역의 주거지는 대체로 지상에서 떨어져서 높게 만들어졌다. 이러한 가옥 형태는 홍수의 위험을 덜고 초지(草地)와 수풀 속에 서식하는 독충으로부터 보호받기 위한 것이다.

오늘날 동남아 국가들의 국경은 이 지역을 지배했던 유럽 식민통치 국가들의 이해관계에 따라 획정된 것이다. 인도네시아 동단(東端)의 파푸아(Papua)주(州)와 이웃한 파푸아뉴기니(PNG)의 국경선은 마치 자를 대고 자른 듯 반듯하다. 유일하게 독립을 지킬 수 있었던 태국도 영국과 프랑스와의 이해관계에 따라 동쪽과 서쪽 영토를 프랑스와 영국에 할양(割讓)하는 수모를 겪어야 했다. 라오스와 캄보디아도 프랑스의 식민통치가 종결되면서 오늘날의 영토로 국경이 확정되었다. 따라서 동남아 11개국은 종족문화와 관계없이 두 차례 세계대전의 결과에 따라 국경선이 변경된 것이다.

동남아는 흔히 '종족과 종교의 모자이크'라고 칭한다. 인도네시아의 경우만 보더라도 무려 300여 서로 다른 종족이 국가를 구성하고 있기 때문에 국가 이데올로기를 '다양성 속의 통일성'(Bhinneka Tunggal Ika)으로 정하여 하나의 통일된 국가를 지향하며 다종족으로 구성된 국민들의 단합을 강조하고 있다. 도시국가 싱가포르도 중국계를 위시하여 말레이계와 인도계 등 여러 종족이 공존하는 다종족 사회로서 외부의 위협 요소로부터 국가를 수호하고, 통일된 통치영역 안에서 국민통합을 달성하기 위한 목적으로 1991년 '공유가치'(*Shared Values*)에 관한 백서를 발표하였다. 이 나라가 지향하는 합의(合議)와 화합(和合)의 원칙은 국민들이 자신의 종족 명칭을 쓰기보다 싱가포르국민(*Singaporean*)이라는 새롭게 창조된 명칭을 선호하게 만들었다.

동남아는 토착종족 이외에 오랜 식민통치시대를 거치면서 이 지역으로 이주해 온 중국인과 인도인 등 외래동양인이 중요한 역할을 하였다. 말레이시아와 인도네시아 등 말레이 문화권에서 이들을 띠무르아싱(Timur Asing)이라고 한다. 이들은 초기 식민통치시기에 단일작물재배를 위한 원예농업과 주석(朱錫) 채광을 위한 노무자로 유입되었다가 점차 무역과 상업과 대금업(貸金業)으로 부를 축적하였다.

종족학(*ethnography*) 연구가 시작되기 이전의 식민관리들은 동남아 사회구조를 경제적 변형에 따라 설명하려고 시도하였다. 대표적인 학자는 퍼니발(J. S. Furnivall)인데, 그는 식민통치시기 동남아 사회의 특징을 '하나의 정치적 단위에서 공존하나 섞이지 않는 둘 이상의 복합 요소 또는 사회 질서'라고 규정하고, 이를 복합사회 또는 이중구조사회(*plural society*)라고 정의하였다. 즉 식민통치시기에 동남아로 유입된 인도인과 중국인 등 외래동양인들은 하나의 사회계층을 형성하면서도 종족 간의 이질감을 형성하여 유럽인이나 토착종족들과의 교류를 단절케 했다는 것이다.

그러나 사회계층을 단순히 경제적으로 구분한 것은 오류(誤謬)였음이 증명되었다. 세대를 거듭하면서 외래동양인들은 자신들의 정체성을 잃고 현지인 사회에 동화된 부류가 있는가 하면, 동류의 상업조합이나 출신지 별 친목단체 등을 조직하여 자신들의 정체성을 유지해 나가려는 의지도 엿보인다. 또는 말레이시아와 싱가포르에서의 경우처럼 정치정당을 조직하여 정치적 영향력 확대를 시도하는 외래동양인 그룹도 있다. 화인(華人)들의 경제적 독점이 두드러지는데 말레이시아·인도네시아·필리핀 등에서 이들의 경제적 위상은 정치적 우위를 가진 토착

종족들을 크게 능가하고 있다.

식민통치시대의 또 다른 유산은 식민관리와 토착종족, 그리고 중국인이나 인도인과 토착종족 사이에서 출생한 혼혈인의 출현이다. 필리핀이 대표적인 국가이다. 식민지에서 스페인 식민 관리들은 경제적 부를 축적하는 동시에 토착인들을 상대로 기독교를 전파하였다. 4세기에 가까운 장구한 기간을 식민통치로 지배하면서 현지인과 결합을 통해서 스페인 메스티조(mestizo)를 출현시켰다.

메스티조는 신분적 상승과 함께 경제적 부도 누릴 수 있었으므로 경쟁적으로 혼합결혼을 추구하게 되었다. 필리핀은 스페인의 식민지국가 중 지리적으로 가장 멀리 위치해 있었고 상업적 이익은 멕시코 등 중남미 국가를 상대로 취했기 때문에 이곳으로 파견된 소수의 식민관리들은 본국의 과중한 간섭 없이 대개 현지에 정착했으며 토착인들과의 혼합결혼이 성행했던 것으로 보인다.

1571년 이래 중국과 멕시코를 잇는 해상무역이 필리핀을 경유하였기 때문에 중국인들이 교역 과정에서 대거 마닐라로 유입되었다. 필리핀으로 유입된 중국인들은 대체로 초기에는 중화사상(中華思想)에 따라 현지 토착종족과의 혼인을 기피하였지만, 시간이 지남에 따라 일부는 현지인이나 스페인계 여성과 혼인을 통해서 중국 메스티조를 탄생시키게 되었다. 이들도 중국인 특유의 유통조직과 막강한 경제력을 바탕으로 정치적·경제적 위상을 높일 수 있었다.

다양한 종족이 동남아에 혼재함으로써 야기되는 문제도 적지 않았다. 국가 간의 영토 분쟁, 신생 독립국가 내 소수 종족의 분리 독립투쟁 등이 대표적인 사례이다. 서구식 식민주의와 신생 독립국 중앙정부의 다양한 국가적 목표로 시행된 강압적 통치를 그 원인으로 꼽을 수 있다. 동티모르(East Timor)와 인도네시아령 파푸아는 각각 포르투갈과 네덜란드의 식민통치 기간 중 종족적 정체성을 자각하였고, 독립 후 국제정치사회의 변동에 따라 인도네시아 정부의 강제합병정책에 강력하게 저항하게 되었다.

식민지 기간 동안 유입된 선교사들은 기독교를 전파하고 이를 통해서 종족적 정체성을 일깨워 주기도 하였다. 왕조시대 미얀마의 버마족·까렌(Karen)족·몽(Mon)족은 상좌불교(Theravada Buddhism)라는 매개체로 한 왕조에 동화되었으나, 영국 선교사들에 의해서 기독교도로 개종한 까렌족은 오늘날까지도 중앙정부에 반기를 들고 분리 독립운동을 주장하고 있다. 그런가 하면 태국 남부지역과 필리핀 남부 민다나오지역의 무슬림들은 식민정부와 독립 후에는 신생 중앙정부가 자신들의 영토를 강제로 국가에 편입시키자 분리 독립을 목표로 한 폭력적 소요사태를 일으키게 되었다.

III. 동남아의 다양한 종족문화

동남아 국가군의 민족형성 과정에서 중요한 특징은 '남쪽으로의 압박'(*push to the South*)이라는 개념으로 설명한다. 이 개념에 따르면 현재 동남아 주민을 구성하고 있는 대부분의 종족들은 동남아의 북부지역인 아시아 대륙에서 남하한 것이다. 이들은 토착 원주민인 네그리토(Negrito)계 원주민을 내쫓거나 혹은 그들에게 동화되었는데, 이는 동남아 내에서도 새로운 종족이 형성되고 소멸되는 과정으로 이해되고 있다.

일반적으로 하나의 종족은 하나의 언어공동체와 동일한 것으로 여겼으나 동남아에서는 반드시 그렇지 않다는 점에 유념할 필요가 있다. 동남아의 종족들을 어족(語族)에 따라 분류하면, 크게 오스트로네시아어족(Austronesian), 오스트로-아시아어족(Austro-Asiatic), 중국-티벳어족(Sino-Tibetan), 타이-카다이어족(Tai-Kadai) 등 네 그룹으로 분류된다.

말레이-폴리네시아어족(Malay-Polynesian)이라고도 불리는 오스트로네시아어족은 말레이 반도를 포함하여 해양부 동남아에 집중되어 있는데, 태국 남부의 빧따니(Pattani) 지역과 베트남 남부와 캄보디아 동남부 지역에 거주하는 참(Cham)족도 여기에 포함된다. 그러나 오스트로네시아어족에 포함되더라도 그 하부 종족은 헤아릴 수 없을 정도로 복잡하다. 인도네시아를 예로 들어 보자. 이 나라는 다수 종족인 쟈바족 이외에도 순다족·마두라족·아쩨족 등이 있다. 오스트로네시아어족은 기원전 수세기 경에 중국의 남부로부터 이주한 것으로 믿어진다.

오스트로네시아어족의 언어사용 인구는 2억 명이 넘는데, 인도네시아·필리핀·말레이시아 이외에도 남태평양의 마이크로네시아(Micronesia)·멜라네시아(Melanesia)·폴리네시아(Polynesia)·파푸아뉴기니의 해안지역이 이 어족에 속하며, 아프리카 동남부의 마다가스카르(Madagascar) 도 여기에 포함된다. 오스트로네시아어족의 하부에는 인도네시아어파가 있고, 그 아래는 다시 필리핀의 국어인 따갈로그(Tagalog)어가 있다.

오스트로-아시아어족는 주로 대륙부 동남아에 거주하고 있으며 대표적인 종족으로는 베트남의 다수 종족인 비엣(Viet, 越)족과 미얀마 남부와 태국에 거주하는 몽(Mon)족, 그리고 캄보디아의 다수 종족인 크메르(Khmer)족 등이다. 특히 남부 미얀마에 거주하던 몽족은 미얀마의 다수 종족인 버마(Burma)족이 도래(到來)하기 이전에 상좌불교를 수용하여 고도로 발달한 문명을 일으켰으며, 크메르족은 타이족이 팽창하기 이전인 9세기부터 15세기까지 거대한 앙코르(Angkor)왕국의 문화를 발전시켰다.

언어 계통으로 오스트로-아시아어족에는 100여개 이상의 하부 언어가 산재하는데, 대륙부 동남아뿐만 아니라 동남아에서 인도로 이어지는 니코바르(Nicobar) 열도(列島)와 말레이반도의 일부 지역에서도 사용된다. 이들은 전통적으로 고산지대에 거주하면서 이동식 화전(火田)

경작에 종사했다. 오스트로-아시아어족은 기원을 전후하여 중국의 남서부로부터 남하하기 시작했는데, 타이족의 남하가 가장 늦은 8세기경에 이루어졌다.

중국-티벳어족은 남아시아와 경계를 이루고 있는 미얀마의 다수 종족인 버마족의 형성에 중요하게 작용했다. 8세기경 중국대륙 서남부의 운남(雲南)지역을 중심으로 번영했던 난짜오(Nanchao, 南詔) 왕국이 미얀마 중부 지방에 번영했던 쀼(Pyu, 驃)족을 공격했을 때 난짜오 왕국의 한 분파인 버마족이 쀼족을 흡수 통합하였다. 중국-티벳어족은 인도-유럽어족과 함께 대규모 어족(語族)의 부류에 속하며 약 400종이 넘는 언어를 포용하였다. 이 어족의 하부에 티벳-버마어파와 중국어파가 있으며, 이 중 미얀마의 공용어인 버마어가 티벳-버마어파의 하부 언어에 속한다. 미얀마의 다수종족인 버마족을 비롯하여 북부지역에 거주하는 까친족(Kachin)과 친족(Chin)뿐만 아니라 라오스에 거주하는 먀오(Miao, 또는 흐몽 Hmong)족과 야오(Yao 또는 미엔 Mien)족의 언어도 여기에 속한다.

태국 대부분 지역, 라오스 동북부, 베트남 북부 일부지역, 중국 남서부, 미얀마 북동부와 인도에서 분포하고 있는 타이-카다이어족은 중국-티벳어족과 오스트로네시아어족과 연관되어 있지만 기타 아시아 언어와의 관계는 불명확하다. 이 어족의 조상들은 중국 황하강 남부지역에서 남하하였다는 설이 있다. 타이-카다이어족은 약 50개의 언어집단으로 구성되어 있는데, 대표적인 언어는 타이어와 라오어 그리고 미얀마 샨(Shan)족의 샨어이다.

동남아를 대륙부와 해양부로 나누는 기준이 단순히 지리적 영역에 의한 것이기도 하지만 종교적 분포로도 적용이 가능하다. 대륙부에 속하는 미얀마 · 태국 · 라오스 · 캄보디아는 상좌불교문화권이고, 해양부에 속하는 말레이시아 · 인도네시아 · 브루나이는 이슬람문화권이다. 10세기에 걸쳐 중국의 지배를 받은 중북부 베트남은 유교문화권으로, 16

세기 이래 4세기 동안 스페인의 식민통치를 받은 필리핀은 세계 최대의 가톨릭국가이다.

이러한 종교 문화적 구분에도 불구하고 동남아 문화의 공통적 시발점은 인도화(*Indianization*)로 대변된다. 인도문화가 언제부터 유입되었는지 그 시기를 명확히 알 수 없으나 캄보디아의 후난(Funan, 扶南) 왕국 건설 신화에 인도 브라만 카운디냐(Kaundinya)가 등장하는 것으로 보아 기원 후 1세기에 이미 인도문화를 수용하였던 것으로 보인다. 또한 인도인들이 오늘날 미얀마 남부지역을 수반나부미(Suvannabumi: 황금의 땅)라고 일컬은 것으로 보아 기원전 수세기부터 인도인들은 재화 획득을 목적으로 활발하게 동남아로 이주하였을 것으로 추정할 수 있다.

동남아의 인도화는 불교와 힌두교를 포함한 종교·언어·문학 등 무형적 인도문화뿐만 아니라 브라만·사제·상인·예술가·승려 등도 함께 유입되며 진행되었다. 특히 인도문화의 수용이 있은 후 힌두불교에 기반을 둔 강력한 왕조가 등장하기 시작했는데 종교와 왕의 매개자가 바로 브라만 사제들이었다. 이들은 우선 힌두적 세계관에 기초한 왕권 개념을 궁정에 소개하고, 이를 바탕으로 왕권을 강화하고 종교 의식을 매개체로 수용하였다. '세계제국의 바퀴를 돌리는 자'라는 의미의 전륜성왕(轉輪聖王), 힌두교의 신왕(神王) 개념을 통해 왕권의 신성함을 부여한 데바라쟈(devaraja) 등은 절대 왕권을 대변하는 개념으로 이때 자리매김하였다.

또한 우주의 중심은 하나여야 한다는 힌두·불교사상에 따라 왕국 간 정복전쟁을 정당화하였다. 앙코르와트(Angkor Wat)와 앙코르톰(Angkor Thom)의 위용이 빛나는 앙코르왕국은 9세기부터 대승불교와 힌두교를 중심으로 발전하였고, 미얀마의 버강(Bagan)왕조는 11세기 상좌불교를 수용한 후 강력한 통일왕조를 이룩하였다. 쟈바에 위치한 사일렌드라(Sailendra)왕조는 대승불교문화의 보로부두르(Bodobudur) 사원을 건립하였고, 산자야(Sanjaya)왕조는 힌두문화를 토대로 미려(美麗)한 쁘람바난(Prambanan) 사원을 남겼는데, 이들 모두가 인도문화의 영향을 받은 것이다.

한 가지 주목해야할 점은 인도문화의 정수(精髓)인 카스트 제도(*the Caste System*)가 동남아로 도입되지 않는 등 동남아의 인도화는 인도문화의 복제(複製)가 아니었다는 사실이다. 그러나 지극히 예외적으로 인도네시아의 발리(Bali)에서만은 카스트와 유사한 사회적 제도를 남기고 있다. 이 밖에 대부분의 경우에는 인도문화의 수용 과정에서 토착적 요소와 인도문화의 결합 양상이 나타나 인도문화를 선별적으로 수용한 동남아 문화의 독창성을 엿볼 수 있다. 오늘날 미얀마의 낫(nat), 태국과 라오스의 피(phi), 캄보디아의 마을 신 네악 따(neak ta) 등 대륙부 동남아에서 공통적으로 발견할 수 있는 정령숭배 신앙은 동남아 고유의 기층문화 요소로서 상좌불교와 결합하여 독특한 불교문화의 형태로 발전하였다. 미얀마의 불교 사원에서 쉽게 볼 수 있는 낫 사당과 여타의 대륙부 동남아에서 쉽게 만날 수 있는 정령신(精靈神)을 모신 사당이 이를 증명한다. 필리핀에서도 아니토(anito)라는 정령신앙이 존재한다.

힌두불교에 이어 이슬람을 받아들인 해양부 동남아에서도 고유의 민속 축제나 종교의례나 기타 전통 의식과 같은 기층문화를 유지하고 있다. 인류학자 클리포드 기어츠(Clifford Geertz)는 인도네시아의 무슬림을 아방안(abangan)과 산뜨리(santri)로 구분하였다. 아방안은 쟈바를 중심으로 일찍부터 인도네시아에 뿌리내린 애니미즘을 바탕으로 후에 전래된 힌두·불교와 이슬람이 혼합된 형태의 무슬림으로서 주로 쟈바의 농촌지역에 거주하는 농민들을 지칭하는 학술용어이다. 이에 대해서 산뜨리는 이슬람 색채가 강하고 정통이슬람주의를 따르는 무슬림들로 주로 도시와 해안에서 상업에 종사하는 계층을 가리킨다.

힌두불교와 산스크리트 문자로 대변되는 인도문화가 타 문화에 의해

잠식(蠶食)되거나 변용(變容)되는 시기는 13세기에 절정을 이루게 된다. 이 시기의 인도문화의 큰 변화를 인류학자들은 '13세기의 위기'라고 부른다. 해양부 동남아 세계에 이슬람이 본격적으로 도래(到來)하는 종교적 변화 이외에도 앙코르 왕국의 쇠퇴와 원(元)에 의한 미얀마 버강왕조의 멸망 등 동남아에서 중국 영향력의 증가가 심대(甚大)하였다. 중국의 한(漢)나라는 이미 기원전 111년 베트남을 복속 시킨 후 1050년 동안을 식민통치 하에 두었다. 이러한 이유로 베트남의 전통왕조들은 적어도 왕실에서 만큼은 중국식 통치제도와 유교이념을 적용하였다.

해양부 동남아에 이슬람 유입이 본격화되었는지는 명확하지 않으나 13세기 말 쟈바에서 힌두·불교를 배경으로 발흥한 마쟈빠힛(Majapahit)왕국이 15세기 이슬람의 확산과 함께 쇠퇴하기 시작하였으므로 대략 13-15세기 사이에 이슬람이 본격적으로 전파된 것으로 추측할 수 있다. 마쟈빠힛왕국은 인도네시아 고대 왕국 중 가장 번성하였으므로, 이후의 왕국들은 저마다 마쟈빠힛의 후예임을 경쟁적으로 현시(顯示)하고자 했다. 실제로 오늘날 인도네시아공화국의 국장(國章)인 가루다(Garuda)도 인도문화를 토대로 크게 융성했던 마쟈빠힛왕국의 상징이었다. 15세기 초 강력한 해상무역으로 크게 번성했던 말라까왕국에 의해 말레이 반도 전역과 대부분의 수마트라와 쟈바의 북부 해안지역이 이슬람화되었다. 이후 해양부 동남아는 15세기 말부터 바다의 실크로드의 융성에 따라 빠른 속도로 이슬람화되었다. 이슬람교의 확산은 말레이족 무역상인들이 중심이 되었고, 싸얌족과 크메르족이 가세하였다.

IV. 국가별 자연환경과 인문지리

1. 동티모르

동티모르는 백단향(白檀香)의 주산지로 400년 동안 포르투갈령으로 남아 있다가 베트남전쟁이 끝난 직후 인도네시아의 무력 침공에 의해서 1977년 인도네시아령 동티모르주(州)로 편입되었다가 2002년 인도네시아로부터 분리되어 완전 독립하였다. 독립국가 동티모르는 티모르섬의 동쪽에 위치하여 일찍부터 동(東)티모르(East Timor)라고 불리게 되었다. 행정구역은 총 13개의 주로 구성되어 있는데, 서(西)티모르 중북부 해안에 위치한 우쿠시(Oecussi)는 지리적으로 인도네시아 영토 내에 고립되어 있다. 동티모르 전역은 지리적으로 인도네시아의 누사 뜽가라(Nusa Tenggara)에 속해 있으나, 호주 대륙과 인접해 있기 때문에 기후는 주로 호주 대륙의 영향을 받는다. 즉 호주로부터 불어오는 고온 건조한 사막 열풍의 영향으로 인해서 농업이나 목축업이 발달할 수 없는 열대사바나기후대로 형성되어 있다.

지형적으로 국토의 중앙은 구릉과 산지로 덮여 있는데 최고봉은 국토의 중앙에 위치하고 있는 2,963m의 따따마일라우(Tatamailau)산이다. 주요 종족은 파푸아계통의 종족으로 전체 인구의 40퍼센트 정도를 차지하고, 기타 말레이계와 기타 36개 소수 종족이 있다. 포르투갈의 오랜 식민지의 영향으로 국민의 90퍼센트 가량이 가톨릭을 신봉하고 있으며, 기타 이슬람과 기독교가 각각 4퍼센트와 3퍼센트를 차지하고 있다. 언어는 티모르인들이 과거부터 사용하던 테툼(Tetum)어를 국어로, 영어와 포르투갈어와 인도네시아어를 공용어로 사용하고 있다.

2. 라오스

오늘날 국제사회에서 통용되고 있는 라오스(Laos)라는 국명(國名)은 '라오족들의 나라'라는 의미로 쓰인 것이 아니라 이 나라를 식민통치를 한 프랑스가 로마문자의 발음(發音) 편의에 따라 부른 것이 고착(固着)된 것이다. 라오스는 동남아 국가 중 유일한 내륙국으로 중국 · 베트남 · 캄보디아 · 태국 · 미얀마 등 대륙부 동남아에 위치한 모든 나라와 국경을 맞대고 있다. 국토의 80퍼센트 이상이 산악지대거나 구릉과 고원으로 이루어져 있으며 최고봉은 2,819m에 달하는 푸 비아(Phu Bia)산이다. 북부 지역은 대체로 산악지대로 형성되어 있는 반면 남부 지역은 평야지대를 이루어 쌀농사가 발달해 있다. 철도와 도로망이 부실한 라오스에서 주요한 교통수단이자 물자의 운송로는 바로 메콩(Mekong)강이다. 또한 건기에 루엉 파방에서 태국 치앙콩(Chiang Cong)으로 이동하는 관광객의 운송 수단도 메콩강을 거슬러 올라가는 배에 의존하고 있다.

라오스 국민은 68개 종족으로 구성되어 있으며, 크게 네 종족으로 분류할 수 있다. 주 종족은 메콩강 연안과 저지대에 거주하는 라오 룸(Lao Loum)족으로 전 국민의 68퍼센트를 차지하고 있다. 전 국민의 22퍼센트에 해당되는 라오 퉁(Lao Theung)족은 주로 고도 300-900m 정도의 고원에서 농경생활을 하고 있는데, 타이(Thai)족 계통인 라오 룸족과 달리 몽-크메르(Mon-Khmer)계에 속한다. 그 외에 고산지대에 거주하는 라오 쑹(Lao Soung)족을 포함한 흐몽(Hmong)족, 야오(Yao)족들이 9퍼센트, 베트남계 종족과 화교(華僑)가 1퍼센트 가량을 차지한다. 대부분이 공용어인 라오(Lao)어를 사용하지만 식민통치의 영향으로 여전히 불어(佛語)가 통용되고 있다. 그래서 국립박물관과 같은 국가 공공기관에서 출판하는 안내문에는 영어 대신 불어를 사용하는 경우도 있다.

라오어는 태국어와 비교하면, 성조(聲調)와 단어가 유사하여 두 언어 사이에 의사소통이 가능하다. 일찍이 인도문화의 영향을 받은 라오스의 주요 종교는 상좌불교이다. 국민의 60퍼센트 가량이 상좌불교를 신봉하고 있는 것으로 추정되는데 저지대에 거주하는 라오 룸족의 대다수가 상좌불교 신도이다. 정령(精靈)을 비롯한 다양한 토속신앙은 고산지대에 거주하는 소수종족들에 의해 신봉되고 있으며, 기타 소수의 기독교도도 있다.

3. 말레이시아

말레이시아의 다수 종족인 말레이(*Malay*)족은 대부분이 말레이반도에 거주한다. 현지에서 흔히 믈라유(Melayu) 사람들이라고 칭하는 이들 말레이족들은 말레이 반도뿐만이 아니라 수마트라(특히 리아우 지역)와 말라카 해협과 쟈바(Jawa) 해에 산재된 여러 도서지방에도 많이 거주하고 있다. 인도네시아령 칼리만딴(Kalimantan)의 북부지역인 사바(Sabah)와 사라왁(Sarawak)에는 각각 카다잔(Kadazan)족과 이반(Iban)족이 대표적인 종족이다.

이들 종족은 고도로 발달된 문화를 보존하고 있는 강인한 종족으로 널리 알려져 있다. 특히 이반족들은 자신들의 용맹성을 과시하는 방법으로 다른 종족의 목을 베어오는 관습이 있었고, 오늘날까지 10미터 이상 20-30미터에 달하는 일자형(一字型) 장(長)가옥(rumah panjang)에서 여러 세대가 살고 있다.

토착 종족과 이주 종족 간의 갈등은 주로 경제문제 때문에 야기되었다. 영국의 식민통치 시대에 이주해 온 중국인 후예들로 현지의 소수종족으로 정착하게 된 화인(華人)들이 경제권을 장악함에 따라 독립 후 계속해서 토착 말레이족 간에 경쟁구도가 형성되었다.

1969년 말레이계와 중국계 간에 대규모 유혈폭동이 발생하자 말레이시아연방정부는 1970년대 초부터 부미뿌뜨라(Bumiputra)정책이라는 원주민 우대정책을 실시하기 시작하였다. 이는 경제적으로 낙후된 말레이족과 기타 말레이 반도와 사바·사라왁의 토착 원주민들을 원주민계(系) 국민을 지칭하는 부미뿌뜨라로 통칭하고, 이들에게 정부 경제정책의 우선적인 배려를 하였다.

이에 따라 중국계와 인도계가 중심이 된 비(非)원주민계 국민은 정부의 차별적인 정책의 대상이 됨으로써 두 부류 사이에 갈등이 상존하게 되었다. 부미뿌뜨라 정책은 1980년대 이후 완화되었으나, 여전히 종족적 정서와 이종족에 대한 반감은 가시지 않았다. 말레이시아 정부는 종족 간의 이질감을 조장한다는 이유로 국왕의 지위나 종교와 종족문제에 관한 논의는 헌법에 근거하여 일체 허용하지 않고 있다. 이에 따라 이 나라에서는 종족 분포나 종교 점유율에 대한 센서스를 시행하지 않는다.

말레이시아는 국토(33만㎢)에 비해서 인구(2,500만)가 적은 편이어서 쿠알라룸푸르 정부는 이를 극복하기 위해서 인구 7,000만의 목표를 정해 놓고 출산을 장려하고 있다. 특히 사바와 사라왁은 말레이 반도에 비해서 인구 밀도가 상대적으로 더 낮은데 그 이유는 말레이반도 위주의 산업화 정책을 편 영국의 식민정책 때문이다. 또한 사바와 사라왁은 울창한 밀림으로 덮여있고, 고대부터 원시 부족이 곳곳에 산재해 있었기 때문에 서구 문명과 접촉할 기회가 많지 않았다.

말레이시아의 국교는 이슬람교이다. 유럽인들이 도래하기 전 이슬람화된 소규모 왕국들은 이슬람 관습법인 아닷(adat)에 따라 왕실의 법체계를 운영할 정도로 이슬람은 종교적 영역 뿐 아니라 정치에서도 중요한 역할을 하였다. 특히 1970년대부터 시작된 이슬람부흥운동은 말레이시아에도 큰 반향을 일으켰다. 다꽈(Dakwah)라 불리는 이곳의 이슬람부흥운동은 이슬람의 정의를 실천하는 개혁과 함께 말레이인의 정체성을 확보하는 역할을 했으나 이슬람원리주의에 집착한 나머지 때로는 폭력적인 성향을 나타내기도 한다.

4. 미얀마

'빠르고 강한'이란 의미를 지닌 미얀마(Myanmar)라는 국명은 1989년 6월 18일 미얀마 군부가 식민지 잔재를 청산하고 국민통합을 달성하기 위한 구실로 개칭한 것이다. 이에 대해서 야당과 재야 세력들은 미얀마의 신군부가 정치권력 독점을 고착화하려는 발상에서 비롯된 것이라며 반대하고 있고, 미얀마(버마)족 이외의 소수종족들도 종족 차별화 정책이라며 반발하고 있다.

미얀마의 국토 면적(67만 7천㎢)은 동남아에서 인도네시아에 이어 두 번째로 크며 대륙부 동남아 국가 중 가장 넓다. 지리적으로 동남아와 인도 대륙이 만나는 관문이자 북쪽으로는 중국, 서쪽으로는 인도와 방글라데시, 동쪽으로는 태국· 라오스와 국경을 접하고 있다. 지형적으로 샨(Shan)족과 기타 50여개 이상의 소수종족이 거주하는 동부 고원지대, 주종족인 버마족이 거주하는 중부 평야지대, 여카잉 산맥 서쪽 지역의 서부 산악지대, 동남아시아 최고봉인 5,881미터의 카카보야지(Hkakaboyazi)산이 위치한 북부 산악 지역 등으로 구분할 수 있다.

1983년 미얀마 정부의 인구조사에 따르면 미얀마에는 135개 종족집단이 거주하고, 버마족이 70퍼센트로 다수를 점하고 있으며 샨족이 8.5퍼센트로 두 번째로 큰 종족집단을 구성하고 있다. 이 나라의 인구는 5천2백만 명(2006년)에 육박하고, 미얀마 제1의 도시인 양공(Yangon)에는 6백만 명(2005년)이 거주하는 것으로 추정된다. 2005년 11월 7일 공식적인 수도로 정해진 삔머나(Pyinmana, 이후 네삐도 Naypyidaw로 개칭함)의 인구는 약 10만 명 정도이다.

1961년 불교가 국교로 정해지기도 했으나 1962년 네윈(Ne Win)이 집권한 후 미얀마에서 종교의 자유는 보장하되 법적으로 공포된 국가 종교는 없다. 양공 시내에 무슬림 사원과 성당과 불교 사원 등이 공존하고 있으나 불교의 위치나 고승들의 지위는 외형상 군부에 의해서 보장받고 있는 것으로 믿어진다. 군부 또한 정권 유지와 정통성 확보를 위해서의 불교의 가치관을 정치에 이용하려는 시도가 지속되고 있다. 버마어가 국가의 공용어이나 다양한 소수종족의 언어가 혼용(混用)되고 있으며, 영국 식민통치의 영향으로 영어가 광범위하게 통용되고 있다.

〈표 1〉 동남아 국가 개황

국명	면적(㎢)	인구(만)	주요 종족	종교	공용어	수도 (인구)
동티모르 (Democratic Republic of Timor-Leste)	15,000	104 (2005)	테툼족 (40%)	가톨릭 (90%)	티모르어	딜리 (16만)
라오스 (Lao People's Democratic Republic)	236,800	570 (2003)	라오룸족 (68%)	불교 (60%)	라오어	위양짠 (15만)
말레이시아 (Federation of Malaysia)	329,798	2,500 (2003)	말레이계 (58%)	이슬람교 (60.4%)	말레이어	콸라룸푸르 (139만)
미얀마 (Union of Myanmar)	676,000	5,200 (2003)	버마족 (69%)	불교 (89.5%)	버마어 (미얀마어)	네삐도 (10만)
베트남 (Socialist Republic of Vietnam)	330,363	8,260 (2004)	비엣족 (90%)	불교 (67%)	베트남어	하노이 (284만)
브루나이 (Brunei Darussalam)	5,770	35 (2001)	말레이계 (67%)	이슬람교 (67%)	말레이어	반다르스리바가완 (2만)
싱가포르 (Republic of Singapore)	697	424 (2004)	화교 (76.2%)	불교 (51%)	영어	도시국가
인도네시아 (Republic of Indonesia)	1,900,000	21,500 (2005)	쟈바족 (45%)	이슬람교 (87%)	인니어	자카르타 (1,300만)
캄보디아왕국 (Kingdom of Cambodia)	180,000	1,380 (2003)	크메르족 (90%)	불교 (95%)	크메르어	프놈펜 (113만)
타일랜드왕국 (Kingdom of Thailand)	514,000	6,500 (2004)	타이족 (81.5%)	불교 (95%)	타이어	방콕 (820만)
필리핀 (Republic of the Philippines)	300,400	8,600 (2005)	말레이계	가톨릭 (82.9%)	따갈로그어	마닐라 (990만)

5. 베트남

동남아에서 네 번째로 큰 국토 면적을 가진 베트남은 지리적으로 중국·라오스·캄보디아와 국경을 맞대고 있다. 역사적으로는 위도 18도선을 경계로 이북 지역은 과거 다이비엣(Dai Viet, 大越) 왕국의 영토였다. 10세기 이후 비엣족(越族)이 중국으로부터 독립 한 후 남하를 시작하여 현재 중남부 지역에 해당하는 참파(Champa) 왕국과 남부 지역을 점령하였는데 이런 이유로 베트남은 남부와 북부 간에 문화적 차이가 존재한다. 예를 들어 베트남 중북부에 거주하는 주민들은 중국적 요소가 강한 몽골계인데 비해서 남부 베트남의 주민들은 체구가 왜소하고 피부색이 검은 크메르(Khmer)족 계통의 동남아인들에 속한다.

베트남은 지형적으로 산악지역과 평야지대 그리고 해안지역이 뚜렷하게 구분된다. 국토의 대부분이 구릉과 산악지대인데 대체적으로 동부와 서부에 집중되어 있다. 대표적인 평야지대는 남부 메콩 델타와 북부 홍강 유역인데 이들 지역에 대규모의 쌀농사 산지가 형성되어 있다.

베트남은 총 54개 크고 작은 종족으로 구성되어 있다. 이 중에서 비엣족이 전체 인구의 90퍼센트 가량을 차지하고 있고, 그 밖에도 타이족·므엉(Muong)족·크메르(Khmer)족 등이 주요 소수 종족이다. 화교도 약 100만 명 정도가 거주하고 있는 것으로 추산된다. 전체 인구의 75퍼센트 가량이 농촌에 거주하며 수도 하노이(Hanoi)에는 약 300만 명, 제2의 도시인 호치민(Ho Chi Minh)에는 하노이보다 훨씬 많은 약 600만 명이 거주한다. 여타의 대륙부 동남아 국가와 달리 국민의 67퍼센트 가량이 대승불교(大乘佛教)를 신봉하고 있으며, 프랑스 식민통치의 영향으로 가톨릭교도도 적지 않아서 전 국민의 12퍼센트 가량이 된다. 1퍼센트 남짓한 기독교도도 있다.

서민사회에 깊게 뿌리를 내린 다양한 토착신앙이 베트남 종교문화의 특징이다. 1925년 프랑스 식민정부의 관료였던 응오 반 찌우(Ngo Van Chieu)가 유교·불교·도교의 교리를 혼합해서 창시한 까오 다이교(Cao Dai, 高臺教)를 신봉하는 사람들이 꽤 많다. 호아 하오교(Hoa Hao, 和好教)의 경우는 신도 수가 전 국민의 3퍼센트에 가깝다. 이 토착종교는 1939년 쩌우 독(Chau Doc) 지방의 후인 푸 소(Huynh Phu So)가 불교사원과 승려를 없애고 종교 의식과 절차를 간소화하여 만든 유사 불교이다.

베트남은 13세기부터 쯔놈(Chu Nom) 문자가 사용되었다. 쯔놈 문자는 우리나라의 이두문자처럼 베트남어를 한자로 표기한 것이다. 프랑스 식민통치 시대에 식민정부 관리에 의해서 로마자 알파벳을 개량하여 창제한 베트남어를 오늘날 공용어로 사용하고 있다. 이밖에도 제2외국어로 영어 비중이 증가 추세에 있으며, 식민통치의 영향으로 프랑스어와 일부 소수 종족의 언어도 통용되고 있다.

6. 브루나이

'평화의 집'이라는 의미의 국명(國名)을 가진 브루나이 다루살람(Brunei Darussalam)은 세계 최고(最古)의 이슬람 술탄왕국(*the Islamic Sultanate of Brunei*)이다. 이 나라는 인도네시아 칼리만딴(Kalimantan) 북부의 말레이시아령(領) 사바(Sabah) 주와 사라왁(Sarawak) 주 사이에 위치하는데, 사라왁의 림방(Limbang)시를 사이에 두고 두 지역으로 분리되어 있다. 수도인 반다르 스리 베가완(Bandar Sri Begawan)이 위치한 북부 해안지역에 인구가 밀집해 있다. 오랫동안 브루나이 타운(Brunei Town)으로 불려진 반다르 스리 베가완은 지난 1970년 현 국왕인 하싸날 볼키아(Hassanal Bolkiah)의 선왕(先王)인 오마르 사이푸딘(Omar Saifuddin)을 추모하기 위해서 붙여진 이름이다. 즉, 반다르는 도시라는 뜻이고, 스리 베가완은 오마르 사이푸딘 왕에 대한 경칭(敬稱)이었다.

브루나이는 행정구역을 다에라(daerah)라 칭하는 4개의 지역으로 구분하고 있다. 즉, 국토의 서쪽에서 동쪽으로 벌라이트(Belait) · 투똥(Tutong) · 무아라(Muara)와 말레이시아 영토로 둘러싸여 고립된 템부롱(Temburong) 등이다. 이 소국은 일찍이 싱가포르와 말레이시아 등 역내 영연방국가와 정치와 경제 분야에서 유대관계를 확인하며 화폐의 등가(等價)자유교환협정을 체결하였다. 말레이시아가 탈퇴한 이후에도 싱가포르와 브루나이 양국은 계속해서 등가교환협정을 준수하고 있다. 이 처럼 두 소국은 경제적으로나 정치적으로 밀착되어 있다.

브루나이 술탄왕국은 15세기부터 17세기 사이에 전성기를 맞았는데, 오늘날의 사라왁과 사바를 포함한 보르네오(Borneo) 북부 전역과 술루(Sulu) 해(海) 인근 지역에서 민다나오(Mindanao)섬의 상당부분까지 통치영역으로 두었다. 보르네오는 영국 식민통치 시대 이 지역의 명칭이었다. 1839년 한 때 영국의 식민군대에 복무한 바 있던 제임스 브루크(James Brooke)는 브루나이 왕실의 반란군을 평정하고 보르네오 인근의 해적을 소탕한 대가로 브루나이국왕으로부터 사라왁 지역을 할양받게 되었다. 제임스 브루크는 조카 찰스 부루크(Charles Brooke)를 포함한 4대에 걸쳐서 사라왁의 백인왕(Rajah Puteh)으로 군림하였다.

브루나이의 인구는 동남아에서 가장 적은 약 35만 명(2005년) 수준이다. 이 중 말레이계가 67퍼센트로 다수를 차지하고 있고, 기타 중국계 15퍼센트와 말레이계로 분류하는 토착종족이 6퍼센트를 차지한다. 이 밖에도 태국 · 말레이시아 · 필리핀 · 인도네시아 등지에서 공급된 외국인 노동인력이 전체 인구의 12퍼센트에 달한다. 이슬람이 국교(國教)이며 무슬림만이 국왕이 될 수 있다. 또한 이슬람법 샤리아(Syariah)가 광범위하게 통용되고 있지만, 종교의 자유는 법으로 보장하고 있다. 그러나 정부는 각급학교에서 이슬람 이외의 종교에 대한 종교교육을 공식적으로 금지하고 있고, 기독교 관련 물품 수입을 억제하며 각종 교회나 불교

사찰 건립을 제한하고 있다. 상권(商圈)을 주도하고 있는 화인들은 불교를 위시하여 기독교와 정령신앙 등 다양한 종교를 가지고 있다.

국어는 믈라유(Melayu)어지만, 1990년대에 들어 정부는 믈라유어와 영어를 병행하는 다언어정책을 실시하고 있다. 브루나이는 방대한 석유자원으로 풍성한 국부(國富)를 누리고 있다. 교육비와 의료혜택을 국가가 무상으로 지원하고, 개인소득세가 없는 나라이다. 그러나 브루나이 정부는 급격한 경제개혁에 나서고 있지 않다. 경제개혁이나 교육과 사회개방도 매우 조심스럽고 점진적인 방법을 채택하고 있다. 혹시라도 있을지 모르는 절대왕정에 대한 도전을 사전에 대비하자는 것이다. 실제로 이 나라에서는 지난 1962년 입헌군주제를 주창하는 정치세력이 출현한 바 있었다.

7. 싱가포르

싱가포르의 국토면적은 서울보다 약간 큰 697.1㎢로 동남아에서 가장 작은 도시국가이다. 3세기경에 쓰여진 중국 왕실의 기록에 의하면 싱가포르를 '반도 끝의 섬'이라는 의미의 파라주(婆罗洲, Pu Luo Chung)라고 하였는데, 말레이어의 쁠라우 우종(Pulau Ujong: 땅 끝의 섬)에서 지명의 의미를 차용한 것으로 보인다. 13세기 수마트라의 스리위자야(Sri Wijaya) 왕국의 뜨리부아나(Tri Buana) 왕자가 오늘날의 싱가포르 섬에 표류했을 때, 바다사자를 목격하고 싱아뿌라(Singapura)라고 명명한 것이 싱가포르 국명의 유래라고 한다. 싱아뿌라는 산스크리트어로 사자(singah)들의 도시(pura)라는 뜻이다.

싱가포르가 본격적으로 말레이역사에 등장하게 된 것은 유럽의 식민통치 시대 이래로 이곳이 전략적 요충지로 각광을 받게 되었기 때문이었다. 일찍이 네덜란드는 바타비아(Batavia)를 건설하여 인도네시아 식민통치의 확고한 터전을 잡고 말라카해협과 쟈바(Jawa)해를 오가는 각종 선박을 통제하였다. 이에 따라 이 지역에서 네덜란드와 해상무역의 경쟁자였던 영국은 네덜란드의 우위를 인정하지 않을 수 없었다. 그러나 영령인도(*British India*)가 완성된 후 동방 진출을 위한 영국 해군력의 거점으로 싱가포르의 전략적 위치가 부각되기 시작했다. 싱가포르의 발달은 영국 해군기지에서 출발하여 점차 동서교역의 중계무역지로 자리를 잡으면서 확고해 졌다. 머지않아 싱가포르 섬 인근의 말레이 계(系) 종족들과 중국인 이주자들이 항만 노동자들로 활용되기 시작하였다. 중계무역항으로 발전하면서 중국인들을 필두로 해로(海路)로 이어진 여러 지역에서 많은 사람들이 모여들게 되었는데, 영령인도로부터 이주해 온 인도인들도 그 중의 하나였다.

싱가포르의 발달사는 다양한 종족의 이주사와 그 맥락을 같이하였다. 중국인들이 절대적인 우위를 점하고 있고, 말레이계나 인도계는 상대적으로 소수종족이다. 그래서 이 도시국가는 현대국가로 발달해 오면서 다종족·다문화정책을 취하게 되었다. 말레이계와 인도계 무슬림을 위한 이슬람사원이 여러 곳에 산재되어 있는데, 아랍 가(街)(*Arab Street*)에 위치한 이슬람사원은 국립모스크로 지정되어 있다. 인도인들을 위한 리틀 인디아(*Little India*) 라는 인도인 거리도 국가에서 보호하고 있다. 종교는 불교와 도교가 전 국민의 50퍼센트를 차지하고 있는데, 중국인들이 주요 신자들이다. 이밖에도 이슬람이 15퍼센트이고 기독교가 14퍼센트이며, 힌두교도 4퍼센트로 그 뒤를 따르고 있다. 이 나라는 말레이어를 국어로 하고, 공문서나 교육기관에서 널리 사용되는 영어와 중국어·말레이어·타밀어가 공용어로 통용되고 있다.

8. 인도네시아

인도네시아는 동남아에서 가장 큰 영토를 가진 나라이다. 세계 최대의 군도대국(群島大國)이기도 한 이 나라는 17,508개의 크고 작은 도서로 구성되어 있다. 인도네시아(Indonesia)라는 이 나라의 국명은 그리스어로 인도(India)를 지칭하는 인도(Indo)와 도서(島嶼)를 의미하는 네소스(Nesos)의 합성어로 만들어 졌다. 인도네시아의 국토면적은 192만㎢인데, 수마트라(Sumatra) · 쟈바(Jawa) · 칼리만딴(Kalimantan) · 술라웨시(Sulawesi) · 할마헤라(Halmahera)와 수하르토 이후 문민정부에서 서부 이리안(Irian Barat)과 파푸아(Papua)로 분주(分州)한 이라안 쟈야(Irian Jaya) 등이 주요 도서이다. 이들 도서 중에서 쟈바는 네덜란드 식민통치 시대 이래로 인도네시아의 정치와 경제의 중심지이다. 쟈바는 이 나라 전체 국토 면적의 7퍼센트에 불과하나, 인도네시아 2억 4천만 인구(2007년)의 68퍼센트인 1억 5천만 명이 거주하고 있다.

향료무역의 전성기를 구가한 15세기 이래로 포르투갈 · 네덜란드 · 영국 등 주요 유럽 열강들이 광대한 인도네시아 군도의 양질의 다양한 천연자원과 열대원예작물에 매료되었다. 이곳은 석유와 천연가스 이외에 주석과 니켈 등 지하자원과 정향(丁香)과 육두구(肉荳蔻)와 후추 등 다양한 향신료(香辛料)를 비롯하여 커피 · 차(茶) · 담배 · 사탕수수 등 열대원예작물의 보고(寶庫)였다. 이로 인해서 식민통치 시기에는 원예작물의 다량 생산을 위해서 플랜테이션(*plantation*)이 성행했었다. 브라질과 함께 세계적인 열대우림지대를 보유하고 있는 이 나라는 20세기 후반부터 엘리뇨 현상에 따라 산림자원 훼손(毁損)이 심각한 수준에 이르렀다. 수마트라와 칼리만딴 등 일부 산지에 거주하는 소수종족의 화전농업이 산림자원 파괴에 한 몫을 하고 있다.

240여 종족 집단이 300여 지역 언어를 사용하는 2억 4천 만 명에 달하는 인도네시아는 중국·인도·미국에 이어 세계 4위의 인구대국이다. 자바족이 전체 인구의 45퍼센트를 차지하는 최대 종족이며, 그 뒤를 순다(Sunda)족과 마두라(Madura)족이 잇고 있다. 주요 종족이 차지하는 비중 전체 인구의 50퍼센트 수준이며, 나머지는 200여의 소수종족 집단이 차지하고 있다. 이처럼 이질적 요소가 다분한 인도네시아는 일찍부터 국가적 정체성 창출(創出)에 부심하여 왔다. 이에 따라 주요 종족의 언어를 조합한 바하사 인도네시아(bahasa Indonesia)를 국어로 채택하고, 국가 이데올로기(이념)로 다섯 가지 원칙이라는 의미를 가진 빤짜실라(Pancasila)를 채택하고 있다.

인도네시아는 외형상 세계 최대의 이슬람국가이다. 그러나 이 나라의 이슬람은 이슬람 내도(來到) 이전에 이미 만개했던 힌두·불교와 토착신앙의 영향을 많이 받았다. 이슬람 이외에도 인도네시아 군도는 다양한 종교문화가 산재되어 있다. 발리(Bali)는 오늘날까지 힌두문화의 원형이 많이 남아있으며, 동부 군도로 갈수록 가톨릭과 기독교문화가 강세를 나타내는데 유럽열강들에 의한 식민통치의 영향이다. 자바섬으로부터 멀리 떨어진 술라웨시와 파푸아 주민들은 대부분이 기독교 신자이나 이슬람교도도 많고 또한 이들과 종교적 이유로 갈등을 겪거나 이렇다 할 마찰을 보이고 있지는 않다. 다만, 파푸아의 경우는 정치적·경제적으로 자카르타(Jakarta) 중앙정부로부터 받아 온 상대적인 박탈감과 문화·언어·종족적인 이질감 때문에 일찍부터 분리 독립 움직임을 보여 왔다.

9. 캄보디아

오늘날의 캄보디아의 국경은 1907년 태국으로부터 일부 영토를 되찾은 후에 획정(劃定)된 것이다. 이 나라는 북쪽으로 라오스, 서쪽으로 태국, 동쪽으로는 베트남과 국경을 접하고 있다. 지형적으로 중앙 저지대를 제외하고 사방이 산악지대로 둘러싸여 있으나 높이가 최고 800m 수준인 고원지대가 대부분이다. 캄보디아의 자연환경 중 특이할 사항은 국토의 중앙부에 위치한 톤레쌉(Tonle Sap) 호수이다. 일반적으로 '거대한 호수'를 의미하는 보통명사로 쓰이고 있으나, 톤레쌉은 크메르어로는 '담수(淡水)의 넓은 퍼짐'이라는 의미를 가지고 있다. 우기 때 이 호수의 면적은 건기 때의 최대 4배로 늘어난다고 한다. 이 호수는 캄보디아의 농업과 어업에 절대적인 역할을 하고 있다.

여타의 동남아 국가들과 마찬가지로 캄보디아는 다종족 사회이기는 하나 전체 인구의 90퍼센트 가량이 크메르(Khmer)족으로 믈라유(Melayu)족과 싸얌(Siam) 족과 더불어 15세기에 전성기를 이룬 해상실크로드의 주역의 하나였다. 크메르족의 종교는 대개 상좌불교이다. 2003년 추정 인구는 1,380만 명이고, '펜의 언덕'이란 의미의 수도인 프놈펜(Penom Penh)의 인구는 113만 명 정도이다. 1970년대 킬링필드(*killing field*)의 주역으로 유명한 크메르 루즈(Khmer Rouge)의 대량 학살로 이 나라는 세계에서 가장 젊은 국민연령층을 보유하고 있다.

앙코르 와트(Angkor Wat) 유적지로 유명한 씨엠립(Siem Reap)의 인구는 약 14만 명으로 주민 대다수가 관광업에 종사하고 있는데, 관광업은 이 나라의 가장 중요한 수입원이다. 캄보디아는 전체 인구의 80퍼센트 이상이 농업에 종사하는 전통적 농업 국가이다. 찬란한 역사문화와 풍부한 천연자원을 보유하고 있음에도 불구하고 태국과 베트남 등 두 지역 강대국 사이에 위치한 태생적 한계와 이데올로기 갈등에 따른 오랜 내전으로 인해서 동남아 최빈국의 멍에를 벗어나지 못하고 있다.

10. 태국

태국의 국명은 1932년 군부가 절대왕정을 붕괴시키고 입헌군주제를 채택할 때까지 싸얌(Siam)이었으나, 1939년부터 '자유의 나라'라는 의미인 쁘랏텟 타이(Phratet Thai)로 고쳐 부르게 되었다. 오늘날 국제사회에서 통용되는 타일랜드(Thailand)가 태국어로 쁘랏텟 타이이다. 이 나라는 남북으로 짜오프라야(Chao Phraya)강이 흐른다. 수량(水量)이 풍부하고 유속(流速)이 완만한 이 강이 경유하는 중부저지대는 방콕(Bangkok)을 중심으로 태국의 정치 · 경제 · 문화의 중심지이다.

태국의 영토는 지형적 여건에 따라 중부 · 남부 · 북부 · 동북부 등 4개 지역으로 구분한다. 태국 북부는 연중 기후가 서늘한 산악지형이 대부분이어서 한여름의 더위를 피해 관광객들이 자주 찾는다. 동북부는 '번영'과 '광활함'을 뜻하는 이싼(Isan)이라고 통칭되기도 하지만, 태국에서 가장 낙후된 지역이자 인구가 가장 적은 지역이다. 또한 이 지역에는 중부지역을 중심으로 거주하는 타이족과 달리 다양한 소수종족이 거주하고 있다. 남부는 수려한 자연경관과 바다가 어우러져 관광지로서 인기를 누리고 있다. 말레이시아와 국경을 맞대고 있는 빧따니-라야(Pattani-Raya) 등 4개 지역은 짝끄리(Chakri) 왕조에 복속되기 전까지 이슬람 빧따니 왕조의 영토였다. 이로 인해서 이 지역의 주민들은 거의 모두가 무슬림들이다. 태국인은 이 지역에 거주하는 말레이계 이슬람교도를 비하하여 중앙정부로부터 분리 독립투쟁의 원인을 제공하였다.

400만 명 정도로 추산되는 중국계 후예인 화인들은 오랜 역사를 가지고 있다. 중국과 국경을 맞대고 있으며, 종교(불교)가 같고 문화적 유대관계가 깊기 때문이다. 이들은 비(非)타이계 종족 중 최대 종족으로 여타의 동남아 국가의 화인들의 경우처럼 경제적으로 성장한 집단이다. 그러나 토착 현지인과 마찰을 빚고 있는 타 동남아 국가와는 달리 태국의 화인은 태국 사회에 자연스럽게 동화되었다는 특징을 가지고 있다. 이들은 외형상 태국인들과 구분되나 대체로 태국 국적을 가지고 있고, 중국어를 읽고 쓰지 못할 뿐 아니라 중국 풍습보다 태국 풍습을 따르고 있다.

태국에는 북부지역에 고산족(高山族)으로 분류하는 소수 종족들이 있다. 이들은 전 국민의 1퍼센트에도 미치지 못하지만, 수십여 종족들이 산악지대에 고립적으로 분포되어 있다. 이들 대부분은 중국이나 미얀마 또는 라오스 등지에서 이주해 온 종족들이다. 특히 미얀마의 국내적 상황으로 발생한 난민(難民)들이 국경을 넘어 태국으로 들어오는 경우가 빈번하게 발생하고 있다.

11. 필리핀

7,000여 개의 크고 작은 도서로 이뤄진 필리핀의 국토 면적은 300,400㎢에 달하며, 지리적으로 크게 세 지역으로 구분한다. 북부의 루손(Luzon)섬과 중부 지역의 비사야스(Visayas) 군도(群島), 그리고 남부의 민다나오(Mindanao) 섬으로 나뉜다. 민다나오의 남부 지역으로부터 술루(Sulu)해(海) 인근의 도서들은 14세기 이래 이슬람 문명에 익숙한 지역이다. 그러므로 세계 최대의 가톨릭국가인 필리핀의 문화적 이단지역인 셈이다. 민다나오 남부의 대부분 지역, 술루(Sulu)열도(列島)와 팔라완(Palawan) 섬에 거주하는 무슬림들은 일찍부터 가톨릭 세력들에 의해서 모로(Moro)라고 불리웠다. 이들은 이슬람과 자신들의 정체성을 보전하기 위하여 오랜 분리 독립부생의 역사를 간직하고 있다.

사면이 바다로 둘러싸인 해양국으로 인근 바다가 태풍의 발생지이며 환태평양화산대에 위치해 있기 때문에 화산폭발과 지진으로 인한 피해도 많다. 그러나 필리핀은 역사적으로 태평양으로 진출하는 교두보로서의 역할을 해 왔다. 중국 황실로 들어가는 금(金)과 은(銀)은 대부분이 필리핀을 경유하였기 때문이었다. 일본과 중남미를 연결하는 무역로(貿易路)가 일찍이 중국계 메스티조들에 의해서 개척되었던 것이다. 필리핀의 주 종족은 믈라유(Melayu)족이다. 이밖에 수많은 종족들이 다양한 역사적 배경을 가지고 이곳에 정착해서 살고 있으며, 화인들의 숫자도 많다. 또한 400년에 걸친 스페인의 식민통치의 영향으로 메스티조가 생겨나게 되었는데 이들은 또 중국계와 스페인계로 나눠진다.

필리핀 국민의 83퍼센트가 로마 가톨릭을 신봉하고 있으며, 남부 지역의 말레이계 무슬림들도 전 국민의 5퍼센트에 달한다. 기타 개신교와 정령신앙과 같은 토착 종교도 있다. 언어는 미국의 식민지배와 교육장려 정책의 영향으로 영어가 광범위하게 사용되고 있지만, 아끼노(Corazon Aquino)대통령 통치기에 타갈로그(Tagalog)를 국어로 채택한 바 있다. 특히 영어는 도시와 지식인층에서 폭넓게 사용되지만, 두 언어를 함께 사용하는 사람들이 많다. 예를 들어 정치인들은 영어로 연설을 시작하여 타갈로그로 끝내는 경우가 흔하다. 이밖에도 소수종족들이 사용하는 수많은 언어와 방언이 있다.

V. 정치체제

태국을 제외한 모든 동남아 국가들은 제국주의의 제물이 되었다. 2차대전의 종료와 함께 동남아 국가들이 독립할 당시만 하더라도 식민주의의 청산과 함께 이질성이 뚜렷한 역사·종족·언어·종교 등 국가 내 요소들을 하나로 묶기 위한 국민국가의 달성이 시급한 과제였다. 국외적으로 동남아 국가들은 비동맹 중립노선을 외교정책의 근간으로 채택하게 되었고, 태국이나 필리핀과 같은 국가들은 힘의 논리에 입각하여 미국의 권력에 편승하는 외교 정책을 벌였다. 국내적으로 독립 운동 당시 형성된 급진적 공산주의자들은 중앙정부의 정통성에 정면으로 도전하였고, 강제로 편입된 자신들의 영토를 수복하거나 주권 국가로 독립하기 위한 소수종족들의 분리주의 투쟁도 끊이지 않았다.

미국의 의회 제도를 완전히 수용한 필리핀을 제외한 대부분의 동남아 국가는 독립 후 정치적으로는 민주주의를, 경제적으로 사회주의를 표방하였다. 경제적 사회주의는 식민기간동안 심화(深化)되었던 서구인과 외래동양인의 자본 수탈에 대한 반발로 토착 사회 구성원들에게 국부(國富)의 평등한 분배를 약속한 민족주의의 발로였다. 그러나 민주주의는 미얀마와 말레이시아와 같은 국가에서 채택된 영국식 의회민주주의부터 통일 전 북베트남의 인민민주주의까지 다양한 형태의 체제가 공존했다.

분리주의자들과 공산세력의 위협에 국내 안보문제가 대두되자 민간정부는 곧 정통성의 위기를 맞이하였다. 연성국가의 허약함을 정면으로 돌파하기 위한 시도가 1960년대 동남아에서 공통적으로 발생하였으니 군부의 정치개입이 바로 그것이었다. 1959년 태국의 싸릿(Sarit Thanrat), 1962년 미얀마의 네윈, 1965년 인도네시아의 수하르토(Suharto), 1966년 캄보디아의 론놀(Lon Nol) 등이 대표적인 사례이다. 이 시기는 국제적으로 냉전체제가 고착되었고, 동남아에 대한 미국의 군사적 확장이 이뤄졌기 때문에 안보딜레마를 극복하기 위한 군부의 정치 개입이 당연한 것처럼 여겨졌다.

군부는 공통적으로 국가 수호 뿐 아니라 조국의 근대화라는 명분으로 개발독재를 정당화 시켰다. 군부가 직접 정권을 탈취하지는 않았지만 1965년 집권한 필리핀의 마르코스(Ferdinand Marcos) 대통령은 군부를 자신의 정권으로 끌어들여 개발독재를 추진할 수 있었다. 1965년 말레이시아로부터 분리 독립한 싱가포르는 리콴유(Lee Kwan Yew) 수상 등 해외 유학파 소수엘리트이 중심이 된 인민행동당(PAP)을 매개로 사회를 완전히 장악하여 국가의 근대화에 앞장섰다. 한편 1967년 태국 · 인도네시아 · 말레이시아 · 필리핀 · 싱가포르 등 비(非)공산권 5개국이 지역 안보문제를 공동으로 대처하기 위해 동남아국가연합(ASEAN)을 결성하였다.

〈표 2〉 동남아국가의 제도상 정치체제

민주주의	반민주주의	군부통치	공산주의	술탄주의
동티모르 인도네시아 필리핀 태국	말레이시아 싱가포르 캄보디아	미얀마	라오스 베트남	브루나이

1980년대 말 전 세계를 휩쓴 민주화의 '제3의 물결'과 1990년대 아시아 경제위기는 동남아 국가들의 정치체제의 전환을 유도하였다. 1980년대에 '동아시아의 기적'을 낳은 급진적인 산업화가 있었다면, 1990년대에는 성장위주의 정책에서 등한시 되던 정책집행의 투명성과 효율성의 부재로 인해 1997년 발생한 외환위기가 있었다. 부패와 비리로 가득찬 소위 '나쁜 정부'(*bad governance*)는 퇴출되었고, 이를 극복한 권위주의 또는 비민주적 체제는 연성화되었다.

필리핀은 1986년 피플 파워로 마르코스의 독재와 부패에 대항하여 최초로 민주적 체제로 전환하였다. 1932년 입헌혁명 이후 총 17차례에 달하는 군부의 쿠데타가 발생했던 태국은 1992년 5월 사태 이후 민주적 정치체제를 이룩하는 듯 하였다. 그러나, 딱신(Thaksin) 수상의 전횡으로 다시 쿠데타와정국혼미를 거듭하다가 2008년 말 압히씻(Abhisit Vejjajiva)이 이끈 야당연합이 총선거에서 승리함으로써 안정을 되찾았다.

미얀마에서는 극우적 폐쇄 및 고립 정책으로 인한 네윈 정권의 경제

실패로 인해 1988년 봄부터 대규모 민중항쟁이 발생하였다. 1986년부터 도이 머이(Doi Moi: 쇄신)를 통해 시장경제체제로 전환한 베트남은 자본주의와 사회주의가 혼합된 체제를 유지하고 있다.

1997년 경제위기로 인한 체제 변동의 대표적인 국가는 인도네시아이다. 1997년 12월 인도네시아는 아시아 경제위기에 직접적으로 타격을 받자 수하르토 일가의 부정축재에 대한 국민들의 비난이 쏟아졌고, 이윽고 1998년 5월부터 본격화 된 수하르토의 하야를 요구하는 시위가 전국적으로 확산되자 이에 굴복하고 말았다. 이웃 말레이시아의 마하티르(Mahathir Mohammad)도 처음에는 국제 금융기구와 서구사회의 개혁안에 능동적으로 대처하는가 싶더니 수하르토가 하야하자 정치적 위기감을 느끼기 시작했다. 마하티르는 자신의 후계자로 지목했던 안와르(Anwar Ibrahim)를 부패와 동성애 혐의로 구속시키고, IMF의 구제금융 프로그램을 철저히 배격하였다.

반(半)민주주의 또는 연성적 권위주의라고 불리는 체제는 말레이시아·싱가포르·캄보디아 등 3개국에 해당된다. 이들 국가는 정기적으로 실시한 선거에 의해 정치제도가 작동하는 민주적 요소를 지니고 있지만 특정 정당이 장기집권하거나 기타 언론이나 집회의 자유를 제한하고 있어 선거 권위주의라고도 칭한다. 말레이시아와 싱가포르에서는 같은 파벌의 '권력 대물림' 현상이 이어지고 있는데, 특히 싱가포르의 현 수상인 리셴룽(Lee Hsien Loong)은 리콴유 초대 수상의 아들이기도 하다.

마하티르는 2003년 10월 자신의 최 측근인 압둘라 바다위(Abdullah Ahmad Badawi)에게 총리직을 이양하였다. 또한 이 두 국가에서는 은퇴한 총리들이 여전히 배후에서 정치적 영향력을 행사하고 있다. 최근 들어 마하티르 전 총리는 자신이 내세웠던 국가 개발 계획을 바다위 총리가 무산 또는 철회 시키자 당사자 간의 대립이 표면화되기도 하였다.

1993년 입헌군주제로 회귀한 캄보디아는 최근 들어 훈센(Hun Sen) 수상의 권위주의적 정치적 전략이 수면위로 떠오르고 있다. 2008년 총선에서 자신이 이끄는 캄보디아인민당(CPP)이 시하누크(Norodom Sihanuk) 전 국왕의 장남인 라나리드(Norodom Ranariddh)가 이끄는 훈신펙(FUNCINPEC)을 꺾고 1998년 총선에 이어 세 번 연속으로 원내 1당을 차지하였다. 2005년 10월 베트남과의 국경 협약 이후 거세지는 반 훈센 여론에 대해 관련자들을 체포하여 전원 투옥시키는 초 강경책을 휘두르기도 했는데, 2008년 7월 제4차 총선거에서 압승함에 따라 장기적인 안정을 누리게 되었다.

동티모르의 경우에도 초대 대통령인 구스마오(Kay Rala Xanana Gusmao)와 알카티리(Mari bim Amude Alkatiri) 전 총리간의 불화는 독립 전부터 이어지고 있다. 2006년 3월부터 군부는 자신들에 대한 정부의 차별 대우에 불만을 품고 폭동을 일으켰는데, 알카티리 전 총리는 사태를 수습하기 위해 40퍼센트에 가까운 600명의 군인을 강제 퇴역시켰다. 사태가 더욱 악화되자 구스마오 대통령은 알카티리 전 총리를 해임하고, 2006년 7월 10일 호르타(Jose Ramos Horta)를 총리에 임명함에 따라 구스마오와 알카티리의 직접적 대결은 일단락 됐다. 호르타는 구스마오에 이어 동티모르의 대통령에 올랐다. 그러나 종족 간의 경제적 이해관계와 정치권력 배분을 둘러싸고 동티모르의 정정(政情)은 아직 안정을 찾지 못하고 있다.

<표 3>에서는 동남아 각국의 정치체계를 간략하게 제시하였다. 현재 동남아의 국가의 원수는 국왕 · 대통령 · 군부 등 뚜렷하게 대별된다. 말레이시아 · 브루나이 · 캄보디아 · 태국은 군주제를 채택하고 있다. 브루나이의 국왕은 국가수반인 동시에 행정부와 입법부, 그리고 사법부의 수장으로 모든 권력을 독점하고 이슬람교의 최고 지도자이나 기타 국가의 국왕은 상징적인 존재에 불과하다. 말레이시아의 국왕은 9개 주(州)들의 술탄(Sultan)과 4개 비(非)이슬람주의 주지사가 참석하는 통치

〈표 3〉 동남아의 정치체계

국가＼내용	국가수반	행정부		입법부	
		수반	부처	의회	구성
동티모르	대통령	총리	9부 8처	단원제	지역구+비례대표
라오스	국가주석	총리	13부	단원제	지역구(공산당원만 출마 가능)
말레이시아	국왕	총리	28부	양원제	상원: 각 주 대표+ 국왕지명 하원: 지역별 대표
미얀마	대통령(군부)	총리	33부	양원제	상원: 종족대표 하원: 지역별 대표
베트남	국가주석	총리	20부	단원제	지역별 대표 (공산당원+조국전선 추천)
브루나이	국왕	총리	12부	없음	국왕이 입법의회 소집
싱가포르	대통령	총리	14부	단원제	지역대표+대통령 지명+무선거구
인도네시아	대통령	대통령	30부	양원제	국회: 지역별 대표 국민협의회: 국회+지역구(정당명부제)
필리핀	대통령	대통령	21부	양원제	상원: 전국 최대 24명 선출 하원: 지역구+정당명부제
캄보디아	국왕	총리	24부	양원제	상원: 총선 의석수 배정+국왕지명 하원: 지역별 대표
태국	국왕	총리	19부	양원제	상원: 전국 200명 선출 하원: 지역구+정당명부제

※ 미얀마는 헌법 초안에 기초하여 작성하였음.

자회의에서 술탄들의 비밀투표를 통해서 선출한다. 그러므로 종교적 권위 측면에서 브루나이 국왕과 동일하지만, 임기가 5년으로 제한되어 있는 것만큼 국왕의 권한은 크지 않다. 그러나 일반적인 입헌군주제의 군주와는 달리 상징적인 권한 이상의 권한을 가지고 있다. 태국의 국왕도 불교의 수호자이자 국민의 자존심이지만 정치에 직접적으로 개입하지 않는다. 다만 국가의 중대사나 정치적 갈등이 발생하면 국가의 최고 '후견인'으로 중재를 하기도 한다. 이러한 이유로 국왕은 태국 국민의

존경의 대상일 수밖에 없다. 1993년 왕정을 복고한 캄보디아도 태국의 국왕과 같은 역할을 하지만 권력의 실세인 훈센 총리가 왕권에 직접적으로 도전하고 있다.

인도네시아와 필리핀은 대통령제를 채택하고 있는 국가로서 대통령이 행정부의 수반으로 실질적인 권력을 독점하고 있다. 대통령 직선을 골자로 한 헌법 개정이 완료된 인도네시아는 입법부의 권한이 크게 확대되었다. 공산국가인 라오스와 베트남의 국가수반은 국가주석(대통령)으로 공산당 총서기가 겸직하고 있기 때문에 공산당과 정부와의 구분을 어렵게 한다. 미얀마는 현재 과도군사정부에 의해 이끌어 지는데 앞으로 제정될 헌법에 의하면 대통령이 국가수반의 역할을 하게 될 것이다. 그러나 수상을 중심으로 하는 행정부의 우위가 예상되고 있으며 군부도 국군총사령관이 지명하는 형식으로 전체 의회 의석의 25퍼센트를 요구하고 있다. 싱가포르와 동티모르의 국가수반인 대통령도 상징적인 위치에 있다. 그러나 싱가포르의 경우에는 1991년 1월 개정된 헌법에서 국민의 직접 선거로 대통령을 선출하고, 공직자의 임명권과 기타 국무와 관련된 거부권을 행사할 수 있도록 보장하였다.

대부분의 동남아 국가들에서 국가수반이 상징적인 존재에 지나지 않기 때문에 행정부의 수반과 내각에 의해 장악되는 행정부가 모든 권력을 독점하다시피 한다. 특히 말레이시아와 싱가포르의 경우에는 수상과 각료들은 반드시 국회의원이어야 하고, 캄보디아의 행정부는 현재 정당 당원이어야 각료에 임명될 수 있다. 타 국가와 비교하였을 때 상대적으로 민주주의가 발달한 태국과 필리핀에서 의회는 야당이 행정부를 견제하기도 한다. 무엇보다도 이 두 국가는 전통적으로 정치가와 기업가들 간의 야합으로 정치권력을 행사하는 경우가 있기 때문에 비정치적 요소들이 제도권을 압박하는 경우를 쉽게 목격할 수 있다.

행정부가 강력한 만큼 입법부는 상대적으로 허약하다. 입법부의 고유권한은 법률을 제정 및 개정하고, 재정을 감독하며, 행정부를 견제하는 것이지만, 행정부에 장악당하여 제 기능을 발휘하지 못한다. 예를 들어 캄보디아의 1993년 헌법에는 국민으로부터 이양 받은 권력을 행사하는 곳이 의회이므로 의회가 모든 권력을 점하며 행정부에 의해 의회가 해산되지도 않는다. 그러나 행정부는 국회의원들의 비전문성을 명분으로 입법 초안 작성에 깊숙이 개입하고 있다.

말레이시아와 싱가포르도 정부 혹은 집권당이 만든 법안을 단순히 통과시키는데, 이 두 국가의 경우 독립이후 집권 여당의 교체가 없었던 점을 감안하면 당과 정부는 이원적이지 않다. 라오스와 베트남의 국회의원도 공산당원으로 제한하고 있기 때문에 정치적 다원화는 상당한 시간이 걸릴 것으로 판단된다. 그러나 1990년대 이후 베트남에서 국회의원이 법령을 수정하거나 보완하여 통과시키는 일 이외에도 과거 당 정치국이 독점했던 분야에도 적극적으로 참여하고 있어 행정부를 견제하는 입법부의 기능을 강화시키고 있다. 태국·인도네시아·필리핀 등 민주화된 국가의 의회는 행정부와 균형의 원리에 입각하여 정부에 '쓴소리'를 내기도 하지만 여전히 입법부의 권한은 미미하다.

동티모르·라오스·베트남·싱가포르는 단원제를 채택하고 나머지 국가들은 양원제를 채택하고 있다. 싱가포르는 영국식 의회제를 모델로 삼았으나 1991년 성문 헌법을 공포하였다. 싱가포르의 국회의원은 상당히 복잡한 방법으로 선출된다. 세 선거구를 하나의 지역으로 묶어 3명의 후보자를 출마시키는 집단대표선거구제(GRC: *Group Representation Constituency*), 의회에서 야당이 배제되지 않기 위해서 실시되고 있는 무선거구의원제(NCMP: *Non-Constituency Members of Parliament*), 대통령에 의해 지명되는 지명의원제(NMP: *Nominated Members of Parliament*) 등 예외적인 방법으로 국회의원 선출방법을 보완하고 있다. 집권 인민행동당은 다종족 사회인 싱가포르 현실을 정치에 적절하게 반영하기 위해 실시한 선거제도라고 하지만 야당의원들은 여당의 권력을 항구화하는 제도라고 비난한다. 동티모르는 제2대 국회부터 헌법에서 제시하고 있는 국회의원의 정족수인 88석으로 축소하였다.

말레이시아와 캄보디아의 상원은 역할이 미미하다. 그러나 태국과 필리핀의 상원은 하원에 비해 영향력이 적은 편이지만 국민직선으로 선출되었기 때문에 행정부를 감시하는 중요한 임무를 부여받았다. 인도네시아의 경우 상원에 해당하는 국민협의회(MPR)가 있으나 양원제하의 상원과는 성격이 많이 다르다. 국민협의회는 하원격인 국회(DPR) 의원과 주대표자의회(DPD)의원으로 구성된다. 실질적인 입법기능은 국회에 있다. 미얀마는 7개의 행정주(*Division*)와 소수종족들로 구성된 7개의 자치주(*State*) 등 14개 주(州)의 대표로 구성된 상원격인 민족의회(*National Assembly*)와 지역별 인구 비례에 기반을 둔 하원 형태의 국민의회(*People's Assembly*) 등 양원제로 의회가 구성될 것이다.

국회의원 선출 방식은 국가마다 상이하지만, 소선거구와 단순다수득표제로 치러지며 인도네시아·필리핀·태국 등 국토가 상대적으로 광활한 국가에서는 정당명부식 비례대표제도 포함된다.

제 2 장

인도와 남아시아 국가

I. 남아시아 국가 개황

1. 남아시아의 인문지리

남아시아는 히말라야 산맥을 분수령으로 아시아 대륙 남쪽에 인도·파키스탄·방글라데시·스리랑카·네팔·부탄·몰디브 등 총 7개국의 독립국가가 위치해 있는 지역이다. 이 지역의 국가들은 영국으로부터 식민통치를 받다가 제2차 세계대전 이후에 서로 다른 종교와 문화를 배경으로 각각 독립국가가 되었으며, 대부분의 국가들은 1985년에 만들어진 남아시아지역협력연합(SAARC: *South Asia Association for Regional Cooperation*)의 회원국들이다. 남아시아 국가 중 국가의 규모나 영향력을 고려할 때, 인도가 남아시아 국가 중에서 단연 가장 영향력이 크며 파키스탄이 그 다음 순서이다. 그래서 인도와 파키스탄의 국내외적 정치경제 환경은 남아시아 지역에 끼치는 영향이 대단히 높다. 인도와 파키스탄의 갈등관계는 남아시아 지역의 안정에 부정적인 영향을 끼치고 있으며, 이들 지역에서 국가 간의 협력은 아직 미미한 수준이다.

남아시아의 자연환경은 전형적인 남방 기후의 특징을 가지고 있다. 여름은 매우 무덥고 길며 연간 강우량은 이 시기에 집중되어 있다. 그러나 네팔과 부탄처럼 해발 3,000 미터 이상의 고산지대에 위치한 국가들은 겨울에 눈이 올 만큼 기온이 내려간다. 남아시아는 13억 이상의 인구가 거주하고 있어 인구밀도가 높다. 이 지역의 인구밀도는 2000년 통계로 평방킬로미터 당 305명으로 같은 해 세계 평균치의 7배에 달한다. 그럼에도 불구하고, 대부분의 남아시아 국가들은 경제적으로 낙후되어 있어 빈곤(貧困)이 일상화 되어 있다.

남아시아 국가들은 명목적으로 상호 협력적인 관계라고 하지만, 인도와 파키스탄은 카시미르(Kashimir)에 대한 영유권 분쟁과 이슬람 근본주의자들의 테러로 계속해서 갈등관계에 있다. 스리랑카는 '타밀호랑이(*Tamil tigers*)' 라는 반군이 독립을 요구하며 무장봉기를 벌이고 있어서 정국이 불안정하다. 네팔도 1995년부터 공산주의 계열의 무장 게릴라들의 활동으로 사회가 불안정하며 2008년 5월에 군주제에서 공화제로 정치체제가 바뀌어 정치 환경도 혼란스럽다. 이 처럼 많은 남아시아 국가들은 정치와 사회가 불안정하며 경제적으로도 낙후된 저발전(低發展) 국가들이다. 그러나 1990년대 이후로 인도의 경제자유화 조처로 남아시아 경제권에 대한 국제적인 관심이 높아지고 있다. 많은 인구를 가지고 있는 남아시아의 경제적 잠재성이 부각되고 있기 때문이다. 2000년대로 들어선 후, 인도와 미국의 관계가 급속히 개선되며 경제발전의 가시적 성과들이 빠르게 나타나고 있다.

남아시아에는 다양한 종족과 문화가 공존하고 있으며, 대부분의 국가들은 서로 다른 종교를 가지고 있다. 힌두교와 이슬람교가 이 지역 종교분포의 대종을 이루고 있지만, 불교가 국교(國敎)인 나라도 있다. 남아시아의 남부에는 원주민으로 드라비아(Dravia)족이 폭넓게 분포되어 있으며, 이란과 아프가니스탄을 경유해서 남아시아로 이주해 온 아리아(Arya)족이 인도대륙의 주류를 이루고 있다. 뿐만 아니라, 남아시아에는 히말라야(Himalaya) 산악지대를 중심으로 티베트(Tibet) 계열의 사람들과 미얀마(Myanmar) 등 동남아에서 이주해 온 종족도 발견되는 등 매우 복잡하고 다양한 종족들이 거주하고 있다.

〈표 4〉 남아시아 국가 개황

국명	면적(㎢)	인구(만)	주요 종교	공용어	수도 (인구)
인도 (India)	3,287,000	11억1,000 (2007)	힌두교 (81%)	힌디 (Hindi)	뉴델리 (1,300만)
파키스탄 (Pakistan)	796,000	1억6,400 (2007)	이슬람교 (97%)	우르두 (Urdu)	이슬람아바드 (70만)
방글라데시 (Bangladesh)	148,000	1억5,870 (2007)	이슬람교 (83%)	벵갈 (Bengal)	다카 (1,000만)
스리랑카 (SriLanka)	66,000	1,930 (2007)	남방 불교 (70%)	싱할리 (Singhali)	콜롬보 (240만)
네팔 (Nepal)	147,000	2,650 (2007)	힌두교 (81%)	네팔 (Nepal)	카트만두 (67만)
부탄 (Bhutan)	38,000	64 (2006)	라마교 (75%)	종카 (Dzongkha)	팀푸 (10만)
몰디브 (Maldives)	300	30 (2006)	이슬람교 (90%)	디베히	말레(4만)

자료: 수출입은행(2008)

2. 남아시아 국가의 정치체제

인도·파키스탄·방글라데시·스리랑카·네팔·부탄·몰디브 등 남아시아 국가들 중에서 국토 면적과 정치·경제적 위상을 고려하면 인도가 매우 중요한 비중을 차지하고 있다. 남아시아 국가들의 정치체제는 형식적인 수준에서는 '대의민주주의' 체제를 가지고 있다. 권력의 형태는 영국의 식민지배의 영향으로 영국식 의회민주주의를 따르지만, 파키스탄·스리랑카·방글라데시 같은 국가는 대통령의 권한이 매우 커서 대통령중심제에 가까운 정치체제를 가지고 있다. 남아시아 국가들은 스스로 민주주의 체제를 발전시킨 것이 아니라 영국식민통치에서 해방되면서 서구식 민주주의 제도를 기초로 민주적 제도를 모방한 유사(類似) 민주제도를 유지 운영해 나왔기 때문에 민주주의의 실질적 내용은 매우 빈약하여 정치불안이 지속되고 있다.

이들 남아시아 국가들은 독립을 쟁취하고 민주주의와 민주적 정부체제를 경험한 기간이 짧기 때문에 사회적 갈등을 해소하고 국민통합을 이루어 명실상부한 민주국가에 이르기까지는 아직도 갈 길이 멀다. 파키스탄은 2008년 최근까지 군부독재국가로 분류되었던 나라이며, 네팔과 부탄도 파키스탄과 비슷한 시기에 절대군주제로부터 공화제 헌법을 만들어서 형식적인 대의(代議) 민주주의 틀을 갖추었다. 남아시아 국가들은 민주주의의 제도화 수준에서도 낙후되어 있다. 따라서 대부분의 남아시아 국가들은 정치적 불안정성과 사회적 갈등이 높아 경제발전을 위한 국민적 공감대를 형성하기가 쉽지 않아 보인다.

〈표 5〉 남아시아 국가의 정치제도

국명	정치체제	국가수반	행정수반	의회 구성
인도 (India)	연방공화제	대통령	수상	양원제 (상원 245석, 하원 545석)
파키스탄 (Pakistan)	연방의회제	대통령	수상	양원제 (상원 100석, 하원 342석)
방글라데시 (Bangladesh)	내각책임제	대통령	수상	단원제 (300석)
스리랑카 (SriLanka)	대통령중심제	대통령	대통령	단원제 (225석)
네팔 (Nepal)	공화제	수상	수상	단원제 (601석)
부탄 (Bhutan)	절대군주제	국왕	국왕	양원제 (상원 25석, 하원 47석)
몰디브 (Maldives)	대통령중심제	대통령	대통령	단원제(50석)

자료: 수출입은행(2008)

II. 인도: 국가와 사회

1. 인도 정치사 개요

한국과 인도는 지리적으로 멀고 인적 교류가 적어서 일반적으로 매우 먼 나라로 여겨져 왔다. 한국과 인도 두 나라는 제국주의의 팽창으로 식민통치를 받았다는 역사적인 공통점을 가지고 있지만, 비동맹 중립 외교노선을 충실하게 따랐던 인도와 친(親)서방(西方) 일변도의 외교노선을 견지(堅持)했던 한국은 제2차 세계대전 이후 새로운 세계질서 속에서 공감대를 찾지 못하였다.

인도의 대(對) 한반도 외교정책은 철저하게 등거리 외교관계를 유지하였다. 이에 따라, 인도는 1973년에 남북한과 동시에 공식적인 외교관계를 맺었다. 인도는 남한과 북한의 해외공관이 동시에 존재하는 나라이다. 그러다가 1990년 인도의 경제자유화(經濟自由化) 정책으로 한국과의 경제교류가 크게 늘어 양국 교류가 잦아지면서 한국과 인도의 관계가 빠르게 발전하고 있다.

인도는 세계 4대 문명(文明) 발상지(發祥地)의 하나인 인더스문명을 배경으로 오랜 역사와 고유한 문화유산을 지니고 있는 남아시아의 대국(大國)이다. 인도는 지리적으로 거대한 히말라야산맥이 아시아 대륙과 단절시켜 남아시아 고유의 힌두문화를 창출하는데 매우 유리하였다. 인도는 삼면(三面)에 마주하고 있는 인도양을 통해서 고대로부터 동남아와 아랍 국가들과 교류하였다. 오늘날 캄보디아의 시엠립(Siemriep)에 남아있는 앙코르와트(Angkor Wat) 유적에서 관찰되듯이 인도문화와 힌두이즘은 동남아에 지대한 영향을 끼쳤다.

남아시아 대륙이 중동 이슬람세계의 본거지인 서남아(西南亞)와 연결된 까닭에 인도는 11세기부터 이슬람 세력의 침략을 받았다. 이에 따라, 남아시아 내륙의 힌두왕국들을 제압한 이슬람 세력은 1530년 무굴(Mughal) 제국(帝國)을 건설하여 17세기까지 전성기를 누렸다. 무굴제국은 전성기에 이미 서구(西歐)와 교역을 시작하여 포르투갈과 프랑스를 비롯한 유럽 국가들과 접촉을 시작했다. 그러나 막강한 해상력을 보유하고 있던 영국의 동인도회사(*British East India Company*)가 포르투갈과 프랑스를 제압하고 대(對)인도 무역독점권을 행사하게 되었다. 1757년 플라시전투(*Battle of Plassey*)에서 승리한 영국은 콜카따(Kolkata)를 시작으로 인도 대륙에 대한 지배를 확대해 나갔다.

영국인들은 인도 진출에 대하여 서구의 근대문물을 전파한다는 구실을 내세웠고, 인도의 지배층들은 영국에 충성함으로써 제한적인 자치권(自治權)과 함께 부수적인 이익을 향유할 수 있었기 때문에 외세(外勢)에 적극적인 저항을 하지 않았다. 인도의 봉건제도가 자본주의적 성격을 띠기 시작한 것은 '영구정착법(*permanent settlement*)'이 실행되면서부터이다. 영국이 적극적으로 개입한 이 법에 의해서, 비록 소수이기는 하지만 인도인들은 이제까지의 경우와 다르게 토지의 사적(私的) 소유를 인정받게 되었다. 이에 따라, 토지의 상업적 거래가 가능해졌으며 농작물의 상업적 거래가 이루어지기 시작했다. 이 시기부터 인도에는 고리대금업자가 등장하였다. 영국에 의한 근대적인 법과 제도와 보다 합리적인 근대적 행정체제는 무굴제국의 봉건체제를 서서히 압도하기 시작하였다. 이로써 거대한 무굴제국은 전쟁에 의해서가 아니라 근대화에 의해서 점차 약화되었으며, 영국 식민지배에 타협한 지방의 호족(豪族)들은 식민정부에 협조하며 공생(共生)하였다.

19세기 말 유럽의 자본주의가 '대량생산과 대량소비'로 발전하면서 해외 시장과 자원을 확보하기 위하여 보다 많은 해외 식민지를 확보하기 위한 경쟁이 치열해 졌다. 이 과정에서 인도를 실질적으로 지배하고 있던 영국은 처음부터 프랑스와 경쟁하였으나, 곧 후발(後發) 자본주의 국가인 독일이 유럽 강국 간의 경쟁에 뛰어들자 해외 식민지에 대한 통치를 강화하였다. 영국 정부는 식민지 인도의 경제개발에 기여한다는 명목으로 인도의 철도와 통신 등 사회간접사본에 두자하여 이익금과 이자의 형태로 거의 모든 수익금을 거두어 갔다. 영국의 대 인도 투자정책은 그들의 선전과는 달리 식민지 경영의 효율성을 높이기 위한 것이었고, 인도의 경제발전에는 기여하지 못했을 뿐만 아니라 기존의 경제구조를 허물어 버렸다. 예를 들면, 영국 자본에 의한 도로·철도·항만 건설로 영국의 값싼 공산품들이 쉽게 농촌지역까지 침투하여 인도의 가내수공업을 몰락시켰다. 이러한 영국 자본에 의한 식민지배 강화 정책은 점차 인도인들로 하여금 반(反)제국주의 의식을 갖는 동인(動因)이 되었다.

1920년 러시아에서 사회주의 혁명이 성공하자 인도의 독립운동도 온건한 방법에서 급진적인 혁명투쟁으로 방향을 전환하였다. 이에 따라, 영국 식민정부는 대 인도 유화정책을 채택하고, 1919년 인도 국민회의와 협상을 통해서 제정한 인도정부법(*The Government of India Act 1919*)을 크게 완화하고 수정·보완한 1935년의 인도연방법(*The Government of India Act 1935*)을 통하여 인도인들에게 제한적인 자치권을 주어 회유하였다. 그러나 인도인들의 독립요구는 더욱 강경해졌고, 제2차 세계대전이 종료되자마자 1945년 영국 노동당 정부에 의해서 인도 독립이 공식화 되었다. 그러나 인도의 독립은 서구열강들의 이해관계가 반영되어 '분리통치(*devide and rule*)'의 원칙을 적용하고 힌두교와 이슬람 간의 종교대립을 이유로 인도와 파키스탄이 분리·독립하게 되었다. 인도의 독립은 1947년에 이루어 졌다.

그러나 제2차 세계대전을 '제국주의간의 전쟁'으로 규정한 일부 국제사회의 논쟁이 인도의 독립지도자들에게 많은 영향을 주어 사회주의에 대한 긍정적인 인식을 갖게 하였다. 초대 수상 네루도 민족주의자로서 사회주의 정책을 신봉하였다. 그렇지만 인도는 중국과는 달리 급진적인 사회주의 혁명 방식이 아닌 의회민주주의에 기초한 연방공화제 국가를 건설하게 되었다.

2. 인도 정치문화의 특성

1) 정체성과 민족의식의 형성

인도인들의 정체성은 서구 근대문명을 수용하고자하는 측면과 이에 대한 반작용이 상호작용하여 형성되었다. 서구인들의 가치관(價値觀)은 인도인들의 정체성 형성에 지대한 영향을 미쳤다. 자유(自由)·인권(人權)·평등(平等) 등 서구인들의 기본권에 대한 인식은 낙후된 봉건 질서에 젖어 있던 인도인들에게 선망의 대상이었다. 영국 식민정부의 서구식 교육을 인도인들이 적극적으로 수용하고, 독립 이후 의회민주주의에 입각한 헌정(憲政) 질서를 확립한 것은 서구의 근대적 가치에 대한 신뢰가 바탕을 이루고 있다.

이와는 반대로 서구(西歐) 제국주의에 대한 저항운동으로부터 인도인들의 민족의식이 형성 되었다. 인도는 힌두문명을 공유했던 크고 작은 왕국들이 다스렸으며, 중국의 봉건왕국처럼 중앙집권적 단일지배체제가 확립되지 않았다. 지방의 호족들은 봉건체제의 중앙정부와 유연한 상호협력 형태를 유지하고 있었고, 지방 마다 고유한 언어와 문화를 가진 다양성(多樣性) 사회를 유지하고 있었다. 이로 인해서 전체 인도인들을 하나로 묶는 강한 민족의식이 생성되지 못하였다. 그런데 영국 식민정부에 항거(抗拒)하면서 '인도인'이라는 공동체 의식이 생겨났다. 영국 식민정책의 부산물로 생겨난 도로·철도·통신매체는 지방 마다 독립적으로 격리되어 있던 인도인들을 하나로 만들었다.

이와 같이 근대 이후 인도인의 정체성과 민족의식 형성에는 영국의 식민지배가 중요한 요인으로 작용하였다. 인도는 독립 이후 계속해서 서구의 근대적 가치관을 수용하는데 소홀하지 않았으며, 다른 한편으로는 서구인들의 야만성(野蠻性)을 극복하기 위하여 민족자존(*self-reliance*)과 자립·자강을 강조하게 되었다.

2) 민주주의에 대한 인식

다수의 국민들을 위한 다수의 지배(*majority rule*)를 통치의 기본원칙으로 하는 민주주의는 근대 이후 인류의 보편적인 가치의 하나로 자리잡았다. 이런 이유로 해서, 민주주의가 비록 서구에서 출발한 서구적 가치관이지만, 인도는 영국식 의회민주주의 제도를 수용하였다. 독립을 전후한 인도 국내의 국내 정치상황도 혁명적인 방식보다는 민주적인 방식에 의한 국가건설에 국민 대중들이 지지가 현격(懸隔)하게 높았다. 인도 독립운동을 이끌던 국민의회(國民會議)는 국민들의 전폭적인 지지를 받고 있었기 때문에 굳이 러시아나 중국처럼 혁명적인 방식으로 식민정부를 교체할 필요성을 느끼지 않았다.

인도는 독립 초기부터 의회민주주의 제도를 정착시켜 신흥독립국가 중에서 민주제도의 모범국가로 간주되었다. 그러나 1970년대 이후 인도의 민주주의는 점차 문제점들이 드러나기 시작하여 1990년대 이후에는 위기에 처하게 되었다. 인도 민주주의 위기의 직접적 원인은 경제정책 실패에 따른 지지층의 이탈 현상이 나타나자 지배층이 정권유지를 위해서 유권자들을 매수하거나 다양한 방법으로 지지를 현혹(眩惑)하면서 심화되었다. 부정한 방법으로 선거에서 당선된 정치인들은 당연하게 부패한 관료들과 결탁하여 더욱 심각한 부정을 저지르면서 인도 민주주의는 총체적인 위기를 맞게 되었다. 정치인들은 선거운동전략으로 카스트와 종교를 이용하여 유권자 간의 갈등을 조장하고 있으며, 카스트 간의 과열경쟁은 사리(私利)를 추구하는 이익집단 간의 정치행태로 전락하였다. 독립 초기 제도적으로 민주주의의 모범국가였던 인도는 오늘날 민주제도 전반에 걸쳐서 위기를 겪고 있다.

3) 인도 연방제도의 성격

인도의 연방제도는 유사(類似) 연방제(*quasi-federal*)로 미국식 연방제도와는 매우 다르다. 인도의 연방제는 중앙집권적 연방제도의 성격을 강하게 가지고 있기 때문이다. 미국의 연방제도는 국방·외교·조세(租稅) 등의 제한된 분야를 제외하고는 주정부(州政府: *state government*)가 대부분의 자치권을 가지고 있다. 그러나 인도 연방제에서는 중앙정부가 대부분의 권한을 가지고 있으며, 주정부는 명목상의 자치권을 가지고 있는데 지나지 않는다. 예를 들면, 연방정부의 수상(首相)은 대통령의 계엄권(戒嚴勸)을 통해서 주정부와 주의회(州議會)를 해산하여 주정부를 직접 통치 할 수 있다. 또한 지방정부의 재정상태가 매우 취약하여 중앙정부에 종속적일 수밖에 없다. 사법체계도 행정 조직과 비슷하게 대법원·고등법원·지방법원의 순으로 위계적 구조를 가지고 있다.

인도의 행정체계는 역사적으로 영국 식민정부의 행정체계를 답습한 것이다. 영국 식민정부는 여러 직할지역(*provinces*) 이외에도 총 562개에 달하는 군소왕국(*princely states*)을 통치하였다. 영국 총독은 이들을 효과적으로 지배하기 위해서 중앙집권적 통치방식을 구사하였다. 그러나 거대한 인도 대륙을 소수의 영국인들이 직접통치하는 것은 당연하게 한계가 있었다. 또한, 인도인들의 자치 요구가 점차 거세어지자 영국 식민당국은 이들 지방에 자치권을 인정하는 유사연방제를 만들기에 이르렀다. 1919년의 인도정부법과 1935년의 인도연방법에 유사연방제에 관한 내용이 포함되어 있었다.

인도의 건국 지도자들은 독립 직후부터 분열되기 시작한 인도 사회를 통합하고 조속한 국민경제 발전을 위해서 중앙집권적 통치가 절대 필요하다고 보고 중앙정부에 막강한 권한을 주었다. 수상과 중앙정부에 집중된 권력 때문에 주정부의 반발과 갈등이 없었던 것은 아니지만, 네루(Jawaharlal Nehru)가 수상으로 재임한 1947년부터 1967년까지 20년 동안 인도는 중앙정부와 주정부 간의 갈등이 표출되지 않았다.

1970년대에 들어서서 경제계발계획의 실패와 지지부진한 사회개혁으로 국민들의 불만이 점증(漸增)하였지만, 인도 중앙정부는 인도-중국 국경분쟁(1962년)과 인도-파키스탄 전쟁(1965년)을 이유로 강권통치를 지속해 왔다. 그러나 중앙정부의 철권통치는 오히려 인도 대중들의 반발을 샀으며, 인도 연방제에 대한 회의(懷疑)를 불러 일으켜 연방제에 대한 재검토 요구가 크게 증가하였다.

이러한 국민적 요구에 따라, 1988년 당시 연방 대법관이었던 쌍카라(Sarkaria)는 연방제의 재검토에 대한 보고서를 제출하였다. '쌍카라 커미션(*Sarkaria Commission*)'이라 불리는 이 보고서에는 중앙정부 · 대통령 · 수상 · 주지사의 권한과 기능을 재조정하고, '국민복지(*welfare of the people*)'와 중앙정부에 의한 주정부의 비합법적 통제를 엄격하게 금할 것을 권고 하였다. 쌍카라 보고서의 권고에 따라, 1990년 5월 정부각부처간위원회'가 설치되었다. 이러한 과정을 통하여 주정부의 자율성이 꾸준히 증대하고 있지만, 아직도 다양한 분야에서 중앙정부의 권한은 절대적이다. 이 처럼 인도의 연방제는 중앙집권적 특징을 갖고 출발하였지만, 최근에는 지방정부의 권한이 증대되는 추세이다. 세계화 추세와 경제자유화 정책의 영향이 지방분권화를 촉진하고 있기 때문이다.

4) 계획경제와 경제자유화정책

인도는 의회민주주의를 채택하였지만 경제정책은 사회주의적 방식을 따랐다. 인도가 사회주의적 경제발전정책을 따른 이유는 오랜 식민통치 하에 있던 나라를 정부가 방임한다면 경제사정은 더욱 어려워질 것으로 판단하였기 때문이었다. 자본과 기술축척이 전무한 상태에서 민간인들에 의한 자율적인 경제발전은 사실상 불가능하였다. 산업기반 시설 또한 절대 부족한 상황에서 자본과 기술을 한 곳에 집중할 수 있는 사회주의식 경제발전정책이 적합하다고 판단하였던 것이다. 네루 수상은 소련(蘇聯)의 계획경제발전 성과에 주목하고 농업국가 소련이 빠르게 발전하는 것에 인도의 경제정책을 접목(椄木)시키려고 하였다.

인도 정부는 1952년 8월 중앙정부에 '계획경제발전전략위원회'를 설치하고 산하에 집행기구로 국가개발위원회를 두었다. 이 위원회가 중심이 되어 경제개발5개년계획을 입안(立案)하고 집행하는 등 국가경제발전정책을 이끌었다. 이 위원회는 1952년 농촌지역 발전을 위한 '공동체발전프로그램(*Community Development Programme*)'을 실행하기 시작하였고, 제1차 경제개발5개년계획(1960-1965)을 집행하였다. 제1차 경제개발계획 기간에는 녹색혁명(*green revolution*)이라 명명한 농업집중군(郡)발전프로그램을 실시하였다. 이 시범 계획은 7개 주(Tamil Nadu, Andhra Pradesh, Bihar, Madhya Pradesh, Uttar Pradesh, Pundab, Rajasthan)에서 선정한 1개의 군(郡) 지역을 집중적으로 지원을 하는 것이었는데, 일시적인 지원정책으로 끝났다. 지역선정 문제와 중앙정부 보조금 지원에 따른 갈등과 지방 정치인들과 부패한 관리들의 부정부패가 주요 원인이었다.

중앙 정부의 경제발전정책은 이후로도 비슷한 상황이 반복되었다. 이에 따라, 경제발전의 토대를 쌓는데 실패했고 정부의 재정적자의 누적(累積)으로 1990년대에는 국가부도 상황에 직면하였다. 인도 정부는 1991년 결국 사회주의경제 발전정책을 공식적으로 포기하고 경제자유화 정책으로 국가경제정책의 방향을 전환하게 되었다. 경제자유화 조치는 계획경제에 의한 경제발전 전략에서 시장경제 방식으로 경제정책을 운용하다는 것이다. 경제자유화 조치 이후 인도는 빠르게 경제성장을 하고 있어 중국과 함께 국제사회의 주목을 받고 있다.

3. 인도의 정치발전 과정

1) 네루의 사회주의식 근대화전략의 실패

네루 수상의 인도 정부는 사회주의적 속성(屬性)을 지닌 사회주의 지향적인 정부였다. 제2차 세계대전이 종료된 직후 출범한 네루 정부를 사회주의 정부라고 단정할 수는 없지만, 국가가 경제를 직접 통제한 측면에서 사회주의적 성격의 정부가 분명하였다. 네루는 낙후된 인도 경제를 빠르게 발전시키려는 강한 정치적 의지를 가지고 중앙정부의 통제로 경제발전을 주도하였다. 농촌경제를 위해서 정부가 재정지원을 하고 제조업 분야는 수입대체산업정책을 실시하여 자국의 산업을 보호하는 데 힘썼다. 그러나 낡은 식민지배체제와 이에 따른 식민경제체제는 불평등한 인도의 경제사회구조를 개혁하는데 근본적인 한계가 있었다. 오랜 영국의 식민통치 속에 고착된 불공정한 식민체제와 불평등한 사회구조가 네루의 경제발전정책을 가로막고 있었던 것이다.

네루 수상의 국가경제발전을 위한 부단한 노력에도 불구하고 네루 정부를 지원한 국민회의당의 보수적인 속성 때문에 경제발전의 과실이 국민대중들에게 돌아가지 못했다. 인도국민회당의 핵심 지배세력은 인도 전통사회의 중간 계층과 상위 계층들이었다. 이들은 독립운동 당시에는 대중들의 지지를 받았지만, 독립 이후 불평등한 사회구조를 개혁하기 위해서 자신들이 스스로를 개혁해야 하는 모순에 빠졌다. 이로 인해서, 국민회의당의 사회개혁정책이 보수적 성향을 띨 수밖에 없었다.

네루 정부의 토지개혁은 일부 대토지 소유자들의 토지 소유를 제한하는 형식적인 것에 그쳤다. 대토지소유주들은 토지를 차명(借名)으로 바꾸어 토지개혁을 피해 갔으며 '유상(有償)수용과 유상분배'의 원칙에 따라 다수의 가난한 농민들은 지대(地代)를 지불해야 했기 때문에 이들에게 토지개혁은 큰 의미가 없었다. 오히려 중간 기득권층에게만 이익이 돌아가는 결과를 만들었다. 또한 정부의 개입과 간섭은 지대추구(地代追求) 요인으로 작용하여 이를 교묘하게 이용하는 정치인과 관료들의 부정부패를 확산시켰다. 이러한 현상은 인도를 '부농(富農)과 산업자본가(產業資本家)와 부패한 관료(官僚)들의 나라'로 만들었다.

인도는 독립 이후 40년 동안 국가가 주도하는 경제발전전략을 따랐지만 결국 실패하고 말았다. 인도 정부의 국가경제정책 실패는 정치 불안을 야기하였고, 정치 불안은 다시 인도 경제를 더욱 곤경에 빠지게 하는 악순환이 반복되었다. 이에 대한 국민들의 불만과 저항이 거세지자 인도의 지배세력들은 위기감을 가지게 되었고, 이들은 정권유지를 위해서 종교와 카스트(*caste*)를 선거에 이용하였다. 그 결과, 카스트 계층 간의 갈등과 힌두교도와 무슬림 간의 갈등이 격화되어 인도사회는 큰 혼란에 빠지게 되었다.

인디라 간디 수상은 카스트와 지역주의를 정치적으로 이용하였다. 그는 '정치적인 목적'으로 우회적인 방법으로 힌두 영웅주의를 부추김으로써 무슬림들을 자극하였고, 하층 카스트들의 지지를 얻기 위해서 빈곤퇴치 정책을 제시하였으나 하층 카스트 간에 파벌이 형성되고 빈한한 무슬림들이 제외됨으로써 새로운 갈등의 요인이 되었다. 정치와 사회적 불안으로 집권(執權) 국민회의당에 대한 국민들의 지지가 줄어들었다. 그 결과 께랄라(Kerala)주(州)와 서(西)벵갈(Bengal)주에 공산당 정부가 들어섰고, 지방의 토호들은 자신들의 이익을 지키기 위해서 지역정당을 만들었다.

한 번 불이 붙은 지역주의 움직임은 더욱 거세게 확산되었다. 1984년에는 펀잡의 분리 독립을 요구하는 시크 근본주의자들의 지역 정당인 알칼리달(Akali Dal)당(黨)이 주정부를 구성하는 사태가 벌어졌다. 이에 인디라 간디는 이들의 분리 독립요구를 사전에 차단하기 위해서 펀잡의 분리독립운동 세력을 급진적인 테러리스트들로 규정하고 시크교의 성지인 암리살의 황금사원(黃金寺院)에 무장군대를 투입하여 이들을 소탕하였다. 이 과정에서 많은 인명 피해가 발생하였다. 이 사건이 발생하고 3개월 후, 인디라 간디 수상은 시크교도 출신인 자신의 경호원에 의해서 피살당하였다. 인디라 간디의 사망에 따른 동정 여론으로 인디라 간디 수상의 아들인 라지브 간디가 수상으로 취임하였지만, 그 역시 폭탄 테러로 사망하였다. 테러에 의한 두 현직 수상의 잇단 사망은 인도의 정치상황이 얼마나 불안정한지를 잘 보여준 역사적 사건이었다.

제3세계에서 민주주의 대국이었던 인도의 정치적 몰락은 경제개혁에만 역점을 두었던 네루의 사회주의적 근대화 모델의 한계를 보여주는 것이었다. 불평등한 사회구조를 변혁시키지 않고 경제발전에만 집중된 근대화는 그 혜택이 소수에게만 돌아갈 수밖에 없다. 경제정책의 실패로 대다수의 국민 대중들은 여전히 빈곤과 불평등에 시달려야 했으며, 이에 따른 사회적 갈등들이 심화되면서 인도는 더 이상 기존의 보수적인 체제를 유지하기 어려운 상황을 맞게 되었던 것이다.

2) 사회주의 경제로부터 자본주의 방식으로 전환

혼미한 국내 정치상황에 따라 심각한 위기에 직면했던 인도 정치엘리트들은 1990년대 초 연이은 동구(東歐) 사회주의 국가들의 붕괴를 맞아 계획경제방식으로는 더 이상 인도 체제를 유지할 수 없다고 판단하였다. 이에 따라, 국가통제의 영역을 대폭 줄이고 민간부분의 자율성을 최대한 높이는 방식으로 경제 자유화정책을 실행하였다. 전통적으로 사회주의 경제논리에 익숙해 있던 인도의 정치 엘리트들이 사실상 자본주의 경제정책으로 급선회(急旋回)한 배경에는 1991년 소련과 소련의 위성국가였던 동유럽의 붕괴와 1992년 걸프(*Gulf*)전쟁이 야기한 인도 경제의 위기 상황이 크게 작용하였다.

1992년 인도의 경제자유화 정책은 단순한 경제정책의 변화를 의미하는 것이 아니다. 인도는 이 정책시행을 계기로 기존의 사회주의적 레짐(*regime*)에서 '시장경제(市場經濟)' 중심의 자본주의적 레짐으로 전환되었다는 사실이다. 사적(私的)인 영역을 확대하고 공적(公的)인 영역을 축소한다는 것은 인도의 정치질서가 공공의 이익보다는 사적인 이익을 중시하는 방향으로 재편성되고 있다는 것이다. 경제자유화 정책에 내포되어 있는 의미를 정치경제학적 시각에서 보면, 독립 이후 인도가 국가 목표로 지향했던 '사회적 평등'과 '국민 화합' 보다는 '경제적 이익창출'이 정치질서의 보다 중요한 가치로 전환되었다는 것을 의미한다.

신자유주의자들의 입장에서 인도 경제가 시장경제로 전환된 것은 비효율적인 경제구조를 생산적인 방향으로 바꿀 수 있다는 측면에서 긍정적으로 평가할 수 있다. 2000년대 이후의 전반적인 경제 상황도 자유화정책 이후 빠르게 성장하고 있기 때문에 이러한 신자유주의자들의 입장이 설득력이 큰 것 또한 사실이다. 그러나 사회개혁 없이 진행된 네루식(式) 사회주의 발전 모델이 경험했던 한계와 비슷하게 사회개혁을 동반하지 않고 시작한 경제발전 전략 또한 한계에 부딪칠 수 있다는 분석도 있다. 불평등한 사회구조에서는 오히려 시장경제의 발전전략이 사회적 양극화를 심화시키는 측면이 있기 때문이다. 이 경우에 사회적 갈등 비용이 경제의 효율성보다 더 크게 작용하여 경제자유화 정책의 발목을 잡을 가능성이 높다는 것이다.

2000년대 이후에 나타난 수치로 보아 인도의 산업화가 빠르게 진행되고 있는 것으로 잘못 이해할 수 있다. 그러나 이 기간 동안에 제조업분야의 2차 산업에는 이렇다 할 변화가 없고, 다만 3차 산업이 큰 폭으로 늘어났다. 아울러 농업도 여전히 높은 비중을 차지하고 있다. 이러한 사실은 인도의 산업화는 과거 선진국의 경험처럼 1차 산업에서 2차 산업을 거쳐 3차 서비스산업으로 발전하는 과정과는 큰 차이가 있다는 것이다. 인도의 경제성장은 제조업을 기반으로 한 산업화의 결과가 아니라, 다국적기업들이 저렴한 인도의 노동력을 이용하기 위해서 외국계 하청업체에 투자한 결과라는 사실이다. 따라서 인도는 여전히 산업발전을 위한 교통통신이나 에너지·도로·항만시설 등이 크게 미비(未備)하기 때문에, 지속가능한 경제발전을 위해서는 사회개혁뿐만 아니라 사회간접시설에 대한 투자가 절실한 상황이다.

〈표 6〉 인도의 산업분포

년도	1차 산업(%)	2차 산업(%)	3차 산업(%)
1950-51	55.4	16.1	28.5
1970-71	44.5	23.6	31.9
1990-91	34.9	24.5	40.6
2003-04	23.0	24.6	51.4
2004-05	22.8	24.8	52.4

자료: Data Services Ltd. (2006)

3) 경제자유화 정책의 명암(明暗)

2000년대로 들어선 후 최근 몇 년 동안 인도 경제는 연평균 9퍼센트 수준의 국내총생산(GDP) 성장률을 보이며, 생산과 소비가 늘어 주식시장이 호황이다. 그럼에도 불구하고, 국제식량조사기구(IFPRI)의 2005년 통계 발표에 의하면, 인도의 기아지수가 아프리카의 최빈국의 하나인 이디오피아 보다도 뒤떨어지는 세계 94위라는 것이다. 10년 전인 1995년의 상황보다도 악화되었다. 출산과정에서 사망하는 인도의 산모(產母)는 1년에 10만 명을 훨씬 웃돈다. 경제발전에 따라 병원 진료비가 높아지면서 제대로 진료를 받지 못해서 죽는 사건도 자주 일어나고 있다. 이 처럼 높은 경제 성장률에도 불구하고 빈곤이 사라지지 않는 이유는 경제성장의 기본 동력(動力)이 3차 산업에 있고, 그 혜택은 대부분이 교육을 받은 중산층에만 돌아가기 때문이다.

경제자유화 정책으로 인해서 국가경제는 빠르게 발전하고 있다. 그러나 사회적 약자들의 빈곤은 여전히 개선될 기미를 보이지 않고 있으며, 이로 인해서 사회적 불만세력들이 폭력을 표출하는 사례가 늘고 있다. 그 한 예가 급진적인 농민운동에 가담하고 있는 낙살라이트들이다. 2007년 3월 자르칸드 주의회의원 수닐(Sunil Kumar Mahato)이 이들에 의해서 살해되는 사건이 발생되었다. 2007년 9월에는 전임 안드라프라데시 주정부 수상이었던 레디(Janardhana Reddy)가 승용차로 이동 중 도로에 매설된 지뢰(地雷)공격을 받았다. 공격목표에 대한 정확한 정보와 새로운 형태의 무장 테러였다는 점에서 관심이 집중되었다. 2007년 낙살라이트들이 점령하고 있는 지역은 안드라프라데시(Andhra Pradesh) 8개군(郡) 지역을 비롯하여, 비하르(Bihar) 8개군, 짜티스그라하(Chhattisgarh) 7개군, 자르칸드 13개군, 마다야프라데시(Madhya Pradesh) 2개군, 마하라스트라(Maharashtra) 4개군, 오리샤(Orissa) 7개군, 웃타르프라데시(Uttar Pradesh) 3개군, 서(西)벵갈(Bengal) 3개군 지역 등 총 55개군 지역에 달한다.

낙살라이트들의 무장공격에 의한 테러 행위는 일부 지역에서 발생하고 있지만, 이들의 투쟁은 경제개발에 소외된 계층의 반발(反撥) 행위로서 경제자유화 정책에 따른 명암(明暗)으로 보아야 한다는 것이다. 인도 중앙정부도 낙살라이트들의 테러를 사회 공공질서를 어지럽히는 공안사건(公安事件)으로 치부하다가 점차 사회경제적 시각에서 이 문제를 보고 있다. 이에 따라 2007년 말 내무부 차관을 위원장으로 하는 정부대책위원회가 내놓은 조사보고서는 낙살라이트들의 문제를 사회경제적 차원에서 정부의 종합적인 대책을 주문하고 있다. 비정부기구나 인권단체들도 인도의 급진적인 무장테러 문제를 해결하기 위해서는 무력에 의한 진압보다는 낙후된 지역민들에 대한 경제적 지원이 절실하다고 주장하고 있다.

11억 1천만 명(2007년)에 달하는 전체 인도 인구의 70퍼센트가 농촌에 살고 있다. 또한 전체 인구의 40퍼센트 가까운 숫자가 문맹(文盲)으로 분류되어 있다. 이들은 문맹이기 때문에 산업사회에 동참할 수 있는 기초적인 기술이나 초보적인 자본도 가지고 있지 못하다. 이들 사회적 약자(弱者)들은 국가로부터 보호와 혜택의 대상에서 제외되어 있다고 판단하면, 어떠한 반정부·반사회적 테러행위에 기꺼이 나설 가능성이 상존하고 있다는 사실이다. 그러므로 경제자유화 정책의 성공을 위해서는 이들에 대한 보다 많은 정책적 배려가 필요하다는 것이다.

4. 카스트 제도

카스트의 역사는 인도의 오랜 역사만큼 길고, 그 역사 속의 수많은 인도인의 삶과 깊고 세세하게 연관되어 있다. 카스트는 모든 인간은 각자 삶의 목적(Dharma)을 갖고 태어나 그 목적에 따라 생활하며 그 속에서 전체적인 조화를 이룬다는 인도인들의 인생관(人生觀)에 기초한다. 그래서 모든 인간은 평등하다는 현대적 보편적인 시각에서 본다면, 인도의 카스트 제도는 반(反)인권적인 사회신분제도이다.

인도의 카스트 개념은 힌두이즘에서 나왔다. 힌두교 성전(聖典) 베다(Veda)경(經)과 해설서인 마누사마라티(Manusamarati)에 의하면, 인간세계를 사제(司祭)계급인 브라만(Brahman), 무사(武士)계급인 크샤트리아(Kshatriya), 상인(商人)계급인 바이샤(Vaishya), 노예(奴隸)계급인 수드라(Sudra) 등 4개 계층으로 나눈다는 것이다. 이 계층을 바르나(varna)라 칭하는데, 각 계층이 서로 다른 색깔의 옷을 입었기 때문에, 인도문화를 받아들인 동남아 말레이(Malay)문화권에서 바르나(varna)가와르나(warna)로 바뀌고 '색깔'이라는 의미로 쓰이게 되었다.

이들 힌두 경전에 의하면, 브라만은 신(神)의 입(口)에서, 크샤트리아는 신의 어깨에서, 바이샤는 신의 배(腹)에서 수드라는 발(足)에서 분리되었다고 한다. 바르나 체계는 다시 자띠(Jati)라 하여 하위(下位) 카스트(*sub-caste*)로 세분화된다. 예를 들어 수드라 계급은 종사하는 일에 따라 세탁공(darzi), 제빵공(halwai), 대장장이(lohar), 장의사(rangrez) 등과 같이 여러 개의 자띠로 세분화 된다. 자띠는 지역과 언어에 따라 수백 명에서 수백만 명 단위로 구성되는데, 2006년에 발행된 인도타임즈(*Times of India*)는 인도 전역에 걸쳐 약 5,000개의 자띠가 있다고 쓰고 있다. 동일한 이름의 자띠라도 지역에 따라 서열이 다른 경우도 있다. 예를 들면, 수드라에 속한 자트(Jatt)는 펀잡 지역에서는 지배적인 카스트에 속하지만, 라자스탄 지역에서는 하층 카스트에 속한다.

카스트 제도는 원래부터 사회적 신분의 차이를 구별하는 것은 아니었지만, 의례적으로 오염(汚染)의 정도에 따라 상층(上層) 카스트와 하층(下層) 카스트로 구분하였다. 상층 카스트는 깨끗하고 하층 카스트는 오염이 심하다고 판단하고, 이에 따라 상층 카스트들은 하층 카스트들을 차별하였다. 이 밖에도 바르나 체계에도 들지 못하는 천민이 있는데, 이들을 불가촉천민(不可觸賤民)이라 하여 정부가 이들을 '지정(指定) 카스트(*the Scheduled Caste*)'로 지정하여 보호하고 있다. 과거 이들 불가촉천민들(*the Untouchables*)은 일반 카스트들이 이용하는 힌두 사원에 출입 할 수 없을 뿐더러 마을에서도 격리되어 불가촉천민들끼리 따로 모여 살았다. 최근에는 도시화가 진행되고 정부의 보호정책으로 눈에 띄는 차별은 많이 사라졌지만, 농촌지역에서는 불가촉천민들이 여전하게 차별대우를 받으며 생활하고 있다. 지정 카스트의 목록은 1935년 인도법(*the Government of India Act, 1935*)에 의해서 만들어졌으며, 인도 정부는 1950년에 다시 지정부족(*the Scheduled Tribes*)을 목록에 추가하여 보호하고 있다.

〈표 7〉 지정카스트 인구 현황

구분	전체 일반국민		지정 카스트(SC)		지정 부족(SCT)	
	인구 (명)	백분율 (%)	인구 (명)	n/전체 인구수	인구 (명)	n/전체 인구수
총계	1,028,610,328	100	166,635,700	16.2	84,326,240	8.2
농촌	742,490,639	72.2	133,010,878	12.9	77,338,597	7.5
도시	286,119,689	27.8	33,624,822	3.3	6,987,643	0.7

출처: Census of India 2001

2001년 인도 인구센서스에 나타난 것처럼, 지정 카스트와 지정 부족민들은 인도 전체 인구에서 각각 16.2퍼센트와 8.2퍼센트를 차지하고 있다. 이는 전체 인구 대비 24.4퍼센트에 해당되는 수치이며, 인구수로도 2억 5천만 명이 넘는다. 인도 정부는 법으로 지정 카스트의 권익을 보호하고 있지만, 이들의 사회적·경제적 형편은 여전히 낙후되어 있다. 인도 농촌지역을 방문해 보면, 여전히 지정 카스트들과 일반 카스트들의 거주하는 곳이 분리되어 있다. 정부의 보호정책으로 '직업할당제' 같은 지원책으로 생활형편이 나아진 일부 지정 카스트도 있지만, 이는 미미한 수치에 지나지 않는다. 전체적으로 지정 카스트에 대한 정부의 보호정책이 큰 실효성이 없기 때문에 달리트운동(*Dalit Movement*) 같은 하층 카스트들의 저항운동이 계속되고 있다.

기타 후진(後進)카스트(OBCs: *Other Backward Classes*)라는 계층도 있다. OBCs는 바르나 체계 안에 있는 카스트이면서도 상대적으로 다른 카스트에 비해서 차별받는 카스트를 말한다. 인도나임즈(2006년)는 지정 카스트와 OBSc는 전체 인구의 52퍼센트를 차지한다고 보고 있다. 이 중 지정 카스트(16.2퍼센트)와 지정 부족민(8.2퍼센트)을 제외하면, 인도 전체 인구 중 대략 27퍼센트가 OBSc로 분류된다. 일반적으로 OBSc는 대부분이 수드라 카스트에 속한다. 그러나 OBSc는 주정부(州政府)

가 결정하기 때문에 주마다 기준이 약간씩 차이가 있다. 일반적으로 경제적 상황과 문맹률을 포함한 교육수준 같은 사회지표를 기준으로 각 주마다 OBSc를 정한다.

인도에서 기타 후진카스트(OBSc)가 중요한 사회적 이슈가 된 것은 1979년 자나타당(Janata Party)정부가 만달커미션(*Mandal Commission*) 정책을 발표하면서부터이다. 이 정책보고서는 총11개의 사회지표를 바탕으로 OBSc의 목록을 만들고 직업할당제와 대학입학에 특혜를 주기로 한 것이다. 만달커미션정책의 취지는 차별 받는 하층 카스트 계층의 국민을 보호하기 위한 것이었지만, 문제는 OBSc를 정하는 과정이 비합리적이었기 때문에 심각한 반발이 일었다. 지정 카스트는 역사적으로 오랜 기간 동안 유지되어 내려왔기 때문에 쉽게 구분되지만, OBSc는 중앙정부에서 제시한 기준에 따라 주정부가 처리하기 때문에 정치적 요인이 작용되어 부작용이 표출된 것이었다. 같은 카스트라도 지역에 따라 제 각각이었으며 OBSc 선정을 놓고 카스트 간의 충돌이 벌어졌다. 지정 카스트는 물론이고 일부 상층 카스트들도 OBSc로 지정되어 정부의 정책적 혜택을 받았다. 이 처럼 정치적인 고려를 이용하여 특정 카스트 집단이 OBSc로 지정받아 직업과 교육기회의 혜택을 받음으로써 만달커미션정책에 대한 불신이 크고 계속해서 인도 사회의 논쟁거리가 되고 있다.

5. 남북부 인도와 각 주(州)의 성격

인도는 7개 연방직할지역(*Union Territories*)과 28개 주(*States*)로 구성된다. 모든 국가행정을 사회주의 정책을 배경으로 중앙집권적으로 행사해 왔으나, 경제자유화 정책에 따라 점차 주정부의 권한이 확대되고 있다. 인도는 거주민들의 종족적(種族的) 구분과 이들이 사용하는 언어(言

語)와 종교 등 세 가지 요소를 기준으로 독립된 주(州)로 구분하였다. 그러므로 인도의 각 주는 대체로 인구나 면적(面積) 면에서 1개 독립국가와 견줄 수 있다. 인도는 편의상 크게 북인도와 남인도로 구분할 수 있다.

북인도는 기원 전부터 아리아(Arya)인들이 남아시아로 이주해서 정착하면서 지배해 온 지역이다. 북인도는 인도의 정치와 경제의 중심지이자 남아시아를 지배했던 주요 왕국들의 근거지이다. 인도와 문화적 배경이 다른 티베트(Tibet) · 네팔(Nepal) · 미얀마(Myanmar) 계(系) 종족들이 인도가 독립 후에 인도로 편입된 7개 주가 북동쪽에 위치한다. 남인도의 각 주는 인도의 원주민들이 아리아인들에게 밀려 남쪽에 정착하면서 형성되었다. 그래서 북인도인들의 서구적인 외형에 비하여 대부분의 남인도 사람들은 인도 대륙의 토속적인 외형과 북인도와 구별되는 음식문화와 생활풍습을 가지고 있다. 남인도로 분류하는 5개 주는 안드라 프라데시(Andhra Pradesh) · 고아(Goa) · 카르나타카(Karnataka) · 께랄라(Kerala) · 타밀나두(Tamil Nadu) 등이다.

1) 알루찰 프라데시(Arunachal Pradesh)

인도의 동북쪽에 위치한 알루찰 프라데시 주는 중국 · 미얀마 · 부탄과 국경을 마주하고 있다. 2007년 5월 중국 당국이 영토분쟁을 이유로 알루찰 프라데시 주정부 공무원의 중국 방문 비자 발급을 거부하여 인도-중국 간 분쟁이 일었던 곳으로 카시미르와 함께 중국과 국경문제로 갈등하고 있는 지역이다. 주민은 1백만 명 수준이다. 이들 중 65퍼센트가 네팔과 티베트 계 주민들이고 35퍼센트 정도가 인도 쪽에서 이주해 온 사람들이다. 히말라야 산맥의 동쪽 끝에 위치하고 있어서 대부분 지역이 고산지대이며 농업이 주요 산업이다.

2) 아쌈(Assam)

아쌈은 1828년 영국 식민정부가 이 지역을 무력으로 합병한 후 인도에 편입 되었다. 아쌈은 알루찰 푸라데시(Aruchal Pradesh) · 나갈랜드(Nagaland) · 마니뿌르(Manipur) · 미조람(Mizoram) · 트리푸라(Tripura) · 메갈라야(Meghalaya) 주를 연결하는 병목(*bottle neck*)지역이다. 아쌈을 통과하지 않고는 육로(陸路)를 통해서 이들 지역으로 접근할 수가 없다. 그래서 아쌈은 인도 정부가 추진하고 있는 동방정책(*Look East Policy*)을 상징하는 중요 전략적 거점이다. 아쌈은 브라마뿌트라(Brahmaputra)강을 따라 형성된 긴 계곡으로 이루어진 아름다운 자연경관을 보유하고 있으며, 다양한 동식물들이 서식하고 있는 자연자원의 보고(寶庫)이다. 또한 이곳은 차(茶)와 황마(黃麻) 재배산지로도 유명하다.

3) 비하르(Bihar)

비하르는 불교의 창시자인 시타르타 고타마(Siddhattha Gotama)가 탄생한 곳으로 유서 깊은 지역이다. 이곳은 인도에서 세 번째로 인구가 많은 지역이어서 웃타르 푸라데시(Uttar Pradesh) 주와 함께 북인도 지역의 정치에 중요한 영향력을 행사하고 있다. 비하르는 풍부한 지하자원을 보유하고 있어서 개발 잠재력이 크지만, 아직까지 농업의존형 경제활동으로 주민들의 생활이 낙후되어 있다. 또한 불법과 폭력에 의한 부정선거가 야기한 혼탁한 정치상황이 이 지역의 경제를 더욱 어렵게 만들고 있다.

4) 짜티스가르(Chhattisgarh)

짜티스가르는 2000년 11월 짜티스가르히(Chhattisgarhi)어(語)를 사용하는 16개군(郡) 지역을 마다야 푸라데시(Madhya Pradesh)주에서 분리하여 독립한 주이다. 짜티스가르라는 숫자 36을 의미하는 힌디(Hindi)

어 짜티스(chhattis)와 요새(要塞)를 뜻하는 가르흐(garh)의 합성어이다. 이 지역에 36개 군주국이 존재했다는 역사적 유래에서 비롯되었다. 짜티스가르 주는 신생 주이면서 빠른 경제 성장세를 보이고 있다. 그러나 전체 주 면적의 44퍼센트가 임야를 차지하고 있으며, 남부 지역으로 급진적인 농민운동을 전개하고 있는 낙살라이트들의 본거지가 되고 있어서 경제발전에 장애가 되고 있다.

5) 구자라트(Gujarat)

구자라트는 인도 서북부의 해안을 끼고 있는 역사적으로 중요한 사건이 많았던 주이다. 이곳은 고대(古代) 그리스의 지배를 받은 적이 있다. 그리스 원정대는 인도의 대규모 코끼리부대와 여러 차례 전투를 벌인 끝에 인도 내륙으로의 진출은 포기하고, 오늘날의 구자라트 지역까지 진출하였다. 항구가 잘 발달하여 아랍 지역과의 활발한 교역이 이루어져 번창한 인도를 상징하던 지역이다. 인도 독립운동의 상징인 간디가 태어난 곳이기도 한 구자라트는 영국 식민정부에 항거하여 시민불복종운동에 앞장선 지역이다. 인도가 영국으로부터 독립한 후에는 이곳의 3개 왕국(*princely states*)을 통합하여 구자라트 주를 만들었다. 새로운 행정구획으로 1965년 뭄바이 주가 소멸되면서 대부분의 지역이 구자라트 주로 편입되었다.

구자라트는 인도 최고의 공업도시로 산업생산량의 19퍼센트가 이곳에서 생산된다. 특히 정유·화학·섬유공업이 발달되었다. 경제자유화 정책 이후 구자라트의 경제는 더욱 빠른 속도로 발전하고 있지만, 이에 따른 경제 부문의 양극화 현상도 심화되고 있다. 2002년 2월에는 무슬림과 힌두교도 간의 갈등으로 790명의 무슬림과 254명의 힌두교도가 사망하는 사태가 벌어 졌다. 이 때 막대한 사망자 이외에도 223명이 실종되고 2,500명의 부상자가 생겨났다. 구자라트에서 발생한 종교폭동은 인도의 종교적 갈등이 얼마나 심각한지를 극명하게 보여준 사건이었다. 표면적으로 힌두교도와 무슬림 간의 종교적 갈등으로 보이는 이 사건의 배경에는 경제발전에 따른 사회적 갈등이 종교 간의 갈등으로 비화된 것이라고 단언할 수 있다.

6)하리야나(Haryana)

원래 펀잡 주에 속해 있던 하리야나 주는 1966년 인도 공용어의 하나인 힌디(Hindi) 사용을 구실로 독립 주가 되었다. 이러한 이유 때문에 이 지역의 중심도시인 찬디가르(Chandigar)는 펀잡 주와 하리야나 주의 주도(州都)를 겸하고 있다. 하리야나는 경제자유화의 직접적인 혜택을 받으며 빠르게 발전하고 있다. 하리야나는 연방 수도 뉴델리와 가깝고 무엇보다 교육수준이 높은 고급 인력을 쉽게 공급받을 수 있기 때문에 정보화산업(IT)의 중심지로 발전하고 있다. 뉴델리와 인접한 구르가온(Gurgaon) 지역은 하리야나의 최첨단 산업단지로 인도의 주요 제조업체들이 집중되어 생산 활동을 벌이고 있다.

7) 히마찰 푸라데시(Himachal Pradesh)

히말라야 산맥이 가로지르는 히마찰 푸라데시는 대부분이 산악지역이다. 1950년대에 연방 직할지역이 되었다가 1971년 인도의 18번째로 주로 승격되었다. 이 지역은 깊은 계곡과 산지가 많아 산업이 발달할 수 있는 여건을 갖추지 못했지만, 아름다운 자연환경과 고산지대의 쾌적한 기후 때문에 관광객들이 많이 찾는 지역으로 관광자원도 풍부하다. 주도인 시물라(Shimula)는 영국 식민정부의 하계(夏季) 수도(首都)로 이용되었다. 히마찰 푸라데시는 경제적으로 번영한 곳은 아니지만, 문맹률이 매우 낮다는 특징을 가지고 있다. 전체 주민의 20퍼센트 정도가 문맹이므로 인도의 다른 지역에 비해서 주민들의 교육수준 매우 높음을 알 수 있다. 이곳의 교육수준이 높은 이유는 산악지역의 특성상 교육을 통해서만 일자리를 얻을 수 있었기 때문인 것으로 여겨진다.

8) 잠무 카시미르(Jammu-Kashimir)

잠무 카시미르는 잠무(Jammu)와 카시미르(Kashimir) 두 지역을 합친 주명(州名)이다. 인도·파키스탄·중국의 국경을 맞대고 있는 이 지역은 오늘날까지도 영토분쟁이 치열한 지역이다. 그래서 남아시아의 '스위스'라고 할 정도의 아름다운 자연경관을 가지고 있지만, 파키스탄과의 긴장관계 때문에 관광객들이 방문하기 어렵다. 과거에는 천혜의 자연환경으로 관광객들이 많아서 관광산업으로 번성한 지역이지만, 오늘날의 잠무 카시미르는 주민들이 경제적으로 고통 받고 있다. 주민 대부분이 이슬람교도지만, 인도연방으로 무력 편입시켰기 때문에 힌두교도나 무슬림들이나 모두 불만이다. 이 지역에는 인도 정부군이 많이 상주하면서 지역주민들이 생활이 위축되었고, 이로 인해서 자연스럽게 주민들의 독립 요구가 나오고 있다.

9) 잘카한드(Jharkhand)

잘카한드는 2000년 11월 비하르 주의 남부지역에서 분리되었다. 지정 부족에 속하는 문다(Munda)족이 군거(群居)하는 지역으로 1910년 자이팔 싱(Jaipal Singh Munda)이 처음으로 분리 독립을 요구하였다. 그 후 계속해서 잘카한드 당(Jharkhand Party)을 중심으로 독립주(獨立州)를 요구해 왔다. 세계적으로 널리 알려진 베탈라 국립공원(Betala National Park)은 다양한 종류의 동식물들이 서식하고 있다. 또한 이 지역은 풍부한 철광석과 광물자원을 보유하고 있어 개발 잠재력이 큰 지역이다.

10) 마다야 푸라데시(Madhya Pradesh)

인도 내륙의 중앙부에 자리 잡은 마다야 푸라데시는 흔히 '인도의 심장'이라는 별칭으로 불린다. 2000년 차티스가르 주가 분리되기 이전까지 마디야 푸라데시는 인도에서 가장 큰 면적의 주였다. 고대로부터 중세를 거쳐 근대에 이르기까지 인도의 주요 지배적인 왕국들이 이 지역에 존재하였기 때문에 역사적인 유산이 많이 남아 있다. 마다야 푸라데시 주가 자랑하는 카주라호(Khajuraho) 사원과 그 곳의 수많은 석상(石像)들은 950년부터 1050년 사이에 만들어진 것으로 유네스코에 세계문화유산으로 등재된 귀중한 인류문화유산이다.

11) 마하라스트라(Maharashtra)

인도에서 세 번째로 큰 주이다. 이 나라 경제수도라 할 수 있는 뭄바이(Mumbai)가 이곳에 있다. 마하라스트라는 2007년 인도 전체 산업생산량의 15퍼센트를 차지하고 있으며, 국내 총생산량(GDP)의 14.7퍼센트를 차지할 만큼 인도경제를 이끌어가는 핵심 지역이다. 이 지역은 마라아띠(Marathi)를 주의 공식 언어로 사용하고 있다. 영국 식민정부는 1777년과 1818-1819년에 마하라스트라의 힌두왕국과 전쟁을 벌인 끝에 이 지역을 지배하기 시작하였다. 영국 식민정부는 그 후 힌두왕국들에게 자치권을 주어 간접 통치하였다.

1910년대는 매우 강도 높은 독립운동이 이 지역에서 전개되기 시작하였다. 틸락(Bal Gangadhar Tilak)을 위시한 많은 민족주의자들이 이 지역에서 독립운동을 벌였다. 1942년에 일어난 '영국철수투쟁(*Quit India Movement*)'의 진원지도 마하라스트라의 뭄바이였으며, 이곳 뭄바이에서 일어난 반영(反英)운동은 식민지배의 종식을 예고한 사건이었다. 이처럼 마라라스트라는 인도 독립운동의 격전지였으며, 독립 이후에는 산업과 금융을 이끌고 있는 인도 경제의 중심지가 되고 있다.

12) 마니푸르(Manipur)

인도 북동쪽에 위치한 마니푸르는 동남아 사람들과 비슷한 메이테이스(Meiteis)족이 살고 있다. 인구는 160만 명(2007년) 정도이며, 마니푸르 고유의 지방어를 사용한다. 종교는 힌두교나 이슬람이 아니고 토속신앙이다. 마나푸르는 1891년 영국의 지배를 받다가 독립되면서 인도연방에 편입 되었고, 1972년에 독립된 주가 되었다. 마나푸르에는 연합해방전선(*United National Liberation Front*)이라는 분리 독립운동 조직이 활동하고 있다. 미얀마와 중국과도 국경을 마주하고 있어서 인도 중앙정부의 통제가 심하다. 그래서 이 지역의 여행은 엄격히 제한되어 있으며, 사전에 지방정부의 승인을 받아야한다. 여행도 항공편을 이용한 10일 이내의 제한된 지역의 단체여행만을 허용하고 있다.

13) 메가라야(Meghalaya)

아쌈에서 분리된 주로 대부분이 산악지역이다. 부족 중심으로 생활을 하며, 농업이 주요 수입원이다. 광물자원이 풍부하고 울창한 산림자원이 많지만, 개발이 되지 않은 낙후 지역 중의 하나이다. 200만 명 정도의 주민 중 70퍼센트가 기독교도이며, 모계 중심으로 위계질서가 형성된 독특한 문화를 가지고 있다. 이 지역에서 결혼을 하면, 신랑은 처가에 가서 살며 장모가 집안의 가부장 역할을 한다.

14) 미조람(Mizoram)

미조람은 1972년까지 아쌈주에 속해 있다가 1987년 독립주가 되었다. 인구가 90만 명(2007년) 수준으로, 전체 인구의 90퍼센트가 문자를 해득하고 있어서 께랄라 다음으로 교육수준이 높은 주이다. 이 지역은 대체로 해발 1,000-2,000 미터 사이의 고원(高原)으로 이루어져 있으며, 강과 호수가 많아 농사가 잘 되는 지역이다. 주민들의 87퍼센트가 기독교인이며 매우 낙천적이다. 이곳은 비록 미얀마와 국경지대에 있지만 비교적 평온한 지역이다.

15) 나가랜드(Nagaland)

미얀마에서 건너온 200만 명의 나가(Naga)부족이 집중되어 살고 있는 주이다. 나가랜드는 영국 식민통치 시대에 선교사들이 선교활동을 많이 한 지역으로 오늘날 전체 주 인구의 90퍼센트 이상이 기독교인들이다. 이들은 힌두교 대신 기독교를 믿음으로써 힌두문화에 흡수되지 않고 나가 부족의 정체성을 유지해 왔다.

16) 오리샤(Orissa)

인도 대륙 동부 해안의 중앙부에 위치한 오리샤는 풍부한 지하자원을 보유하고 벵골만에 연해 있다는 지정학정 이점(利點) 때문에 2000년대 이후 많은 해외 기업들이 자원 확보를 위해서 개발과 투자에 나서고 있다. 오리샤는 전형적인 농업 중심의 경제구조를 가지고 있어서 가난한 지역이었지만, 경제자유화정책으로 투자가 늘고 있어서 발전이 기대되는 지역이다. 오리샤 주 정부는 낙후된 경제를 신속히 발전시키고자 경제특구를 지정하여 대규모 산업단지를 조성하여 외국인의 투자 유치에 적극적으로 나서고 있다. 그러나 이 과정에서 경제발전에 따른 과실(果實)을 공유하지 못하는 소외된 농촌 빈민들의 반발과 저항이 점차 사회문제화 되고 있다.

17) 펀잡(Punjab)

펀잡은 다섯 강(江)이라는 뜻이다. 이 지역은 비옥한 토지와 풍부한 수량으로 농사가 잘되어 주민들이 풍족하게 살아왔다. 그러나 지리적으로 중앙아시아와 서아시아에서 인도 대륙으로 들어오는 길목에 위치하고 있어서 잦은 외침(外侵)을 받아 많은 시련을 겪은 지역이기도 하다. 15세기에 펀잡인들의 신앙인 시크교가 발상되어 이 지역 고유의 종교로 자리 잡았는데, 펀잡인들의 강인한 정신력과 외부 세력에 대한 저항의식 제고에 순기능(順機能) 역할을 한 것으로 보인다. 펀잡은 영국의 식민통치 시대에도 식민정부에 대항하는 독립운동이 지속된 곳이기도 하다.

이러한 펀잡인들의 자주의식은 인도가 독립한 이후에도 분리 독립을 요구하는 운동으로 이어져서 중앙정부와 갈등을 빚기도 하였다. 1984년 중앙정부가 펀잡의 분리 독립을 요구를 무력으로 진압하고 독립을 요구하는 급진세력들을 소탕하였다. 이에 대한 반발로 인디라 간디 수상이 시크 경호원에 의해서 저격 되었으며, 이에 격분한 델리주민들이 폭동을 일으켜 시크인들을 보복 살해하는 아픈 경험을 가지고 있다. 이러한 갈등은 오늘날 많이 해소되었으며, 펀잡 주정부와 중앙정부와의 관계도 정상적으로 복원되었다.

18) 라자스탄(Rajasthan)

라자스탄은 라주푸트(Rajputs) · 나스(Nath) · 비힐(Bhils) · 자트(Jats) · 아히라(Ahirs) · 구우잘(Gujars) · 미나(Meenas) 등 7개 카스트들을 중심으로 형성된 주이다. 특히 무사계급인 라주푸트는 라자스탄에서 가장 지배적인 영향력을 가지고 있다. 이 라주푸트 왕국은 델리(Delhi) 술탄왕국과 무굴제국에 맞서 끝까지 저항한 역사를 가지고 있다. 라자스탄 서쪽은 넓은 타하라(Thar)사막과 동쪽의 알바리(Aravalli) 산맥이 천연의 요새 역할을 하여 외부의 공격을 막아 주었다. 라자스탄을 방문하면, 오늘날에도 크고 작은 성곽과 요새들을 볼 수 있어서 관광객 유치에도 활용되고 있다. 건조한 사막지역이 창출한 독특한 생활문화가 아직 이곳에 남아 있어서 인도의 다른 지역에 비해서 이국적인 느낌이 들게 한다.

19) 시킴(Sikkim)

시킴은 고아 다음의 작은 면적에 인구 60만 명(2007년)으로 인도의 28개의 주 중에서 가장 적은 주민이 사는 지역이다. 고대인도 불교가 중국으로 전파되는 관문이기도 했던 이 지역은 원래는 티베트 왕국에 속해 있었다. 1791년 중국의 청(淸) 왕조가 티베트를 보호한다는 구실로 군대를 보내서 인도와 전쟁을 하였지만, 영국이 시킴을 복속 시켰고 독립 후에는 인도 연방의 일원이 되었다. 이러한 이유로 해서 오늘날까지 중국과 국경분쟁이 있는 지역이기도 하다.

시킴 주민들은 국민투표를 통해서 독립 문제를 결정하려고 노력하였지만, 인도 중앙정부는 1975년 일방적으로 시킴을 인도의 22번째 주로 병합하였다. 이로 인해서 중국은 계속해서 시킴을 인도의 영토로 인정하지 않았다. 그러다가 2003년 인도-중국 관계가 개선되면서 중국은 공식적으로 시킴을 인도 영토로 인정하였으며, 인도도 티베트를 중국의 공식 영토로 인정해 주었다. 이로써 시킴을 둘러 싼 중국과 인도의 국경분쟁은 종결이 되었으며, 2006년 6월 인도와 중국을 잇는 고갯길 나투루(Nathula)가 개통되어 양국을 잇는 유일한 육로가 되었다. 이로써 이 지역의 국경무역이 활기를 띨 것으로 기대되고 있다.

20) 트리푸라(Tripura)

트리푸라는 벵갈어로 '북동쪽의 인도'라는 뜻이다. 인도가 독립하기 이전에 트리푸라는 독립적인 왕국이었으나, 1947년 인도에 복속되었다. 농업이 주민들의 수입원으로 쌀과 감자 등과 같은 환금작물(換金作物)을 생산하여 주정부의 주 수입원이 되고 있다. 트리푸라는 미얀마와 방글라데시의 국경지역에 있지만, 인근 지역의 주민처럼 분리 독립 요구는 높지 않은 것으로 알려지고 있다.

21) 웃타르 푸라데시(Uttar Pradesh)

북인도의 중심주이며 인구 1억 7천만 명(2007년)이 거주하고 있는 거대한 주이다. 많은 인구수 만큼 인도 정치에서 자지하는 영향력 또한 매우 크다. 1857년 미르트(Meerut)에서 세포이(Sepoi) 항쟁을 제압한 영국 식민정부가 그 여세를 몰아 델리와 아그라까지 점령하여 실질적으로 무굴제국을 멸망시켰다. 그 후 영국 식민정부는 1902년 아그라-우드연합주(*United Provinces of Agra and Oudh*)를 만들고 주도를 알라하바드(Allahabad)에 두었다. 1920년에주도를 러크노우(Kucknow)로 옮겨 오늘날에 이르고 있다.

웃타르 푸라데시 지역은 전통적으로 국민회의당의 지지기반이 강했다. 그러나 최근에는 하층카스트의 집단적인 투표 성향으로 크고 작은 지역정당이 많이 생겨나서, 이곳에 대한 중앙정치에서의 영향력이 다소 감소되었다. 경제자유화정책 이후에는 뉴델리 인근인 노이다(Noida) 지역을 산업 전진기지로 만들어 경제발전에 많은 노력을 기울이고 있다.

22) 웃타르큰한(Uttarakhand)

웃타르큰한은 웃타르 푸라데시에 속해 있다가 2000년에 이르러 분리된 주이다. 히말라야 산맥을 끼고 네팔과 티베트 국경과 맞닿아 있는 산악지대이다. 이웃한 히말찰푸라데시처럼 대부분이 히말라야 산악지대라서 농업도 발달되지 못하고 이렇다 할 산업도 발달하지 못했다. 이 지역은 힌두교의 성지가 많아 순례자들이 많이 찾는다.

23) 서(西)벵갈(West Bengal)

께랄라와 함게 인도의 좌파정당인 공산당이 장기집권하고 있는 지역으로 토지개혁의 성공과 사회복지가 비교적 잘되어 있는 주이다. 이 지역은 벵갈리(Bengali)어를 주의 공식언어로 쓰고 있다. 벵갈은 인도 근현대사의 격동기에 많은 시련을 겪었다. 영국의 동인도회사가 최초로 인도에 진출한 곳이 이 지역에 있는 콜카따이다. 이후 콜카따는 영국 식민정부가 인도 진출을 위한 전진기지로 이용되었다. 그래서 영국 식민정부에 대한 벵갈인들의 저항은 인도의 다른 지역보다 유난히 강했다. 1905년 영국 식민정부가 벵갈을 분리하여 통치하려하자 이에 저항하는 급진적인 좌파운동이 이곳에서 시작되었다. 벵갈 지역에서 시작된 혁명적 독립운동이 머지않아 인도 전역으로 퍼져나갔던 것이다.

1947년 독립을 앞두고는 힌두교도와 무슬림 간의 광란의 살육전을 경험한 후, 벵갈은 서벵갈과 방글라데시로 분리되었다. 독립 이후에도 벵갈에는 공산당 정부가 들어서서 인도 중앙정부와는 일정한 거리를 두면서 나름대로의 발전을 모색해 왔다. 서벵갈은 공산당이 집권한 이후 토지개혁의 성공으로 식민지 유산의 청산과 사회빈곤 문제를 해결하였지만, 지속적인 경제발전을 이룩하지는 못했다. 특히 1990년 이후 인도가 경제자유화를 실시하면서 급속한 경제성장을 이루는 다른 주와 달리 상대적으로 발전속도가 느리다. 그래서 최근 서벵갈 주 정부는 공산당 정부임에도 불구하고, 외국자본을 유치하기 위한 적극적인 노력을 전개하고 있다. 이와 함께 서벵갈은 낙후된 산업을 발전시키기 위해서 주정부가 나서서 친(親)기업적 투자환경을 조성하기 위해서 힘쓰고 있다.

24) 안드라 프라데시(Andhra Pradesh)

남인도에서 가장 큰 주이다. 벵골만에 면해서 남부에 위치한 안드라 프라데시는 면적과 인구 면에서 인도에서 4번째로 큰 주이다. 안드라 프라데시는 뗄루구(Telugu)어를 주 공식언어로 이용하고 있으며, 실제로 주민들의 84퍼센트 뗄루구어를 사용하고 있다. 안드라 프라데시 주에는 고다바리(Gogavari)강과 크리슈나(Krishna)강 연안에 너른 곡창지대도 가지고 있다. 안드라 프라데시는 농업이 주요 산업이지만, 최근에는 주 정부가 적극적으로 경제자유화 정책에 앞장서 IT산업과 3차 산업이 빠르게 발전하고 있다.

25) 고아(Goa)

고아(Goa)는 남인도 서쪽 해안을 끼고 있으며 면적과 인구 면에서 인도에서 가장 작은 주이다. 16세기 포르투갈 상인들이 이곳에서 교역을 시작하면서 도시가 발전되었다. 고아는 포르투갈인들이 내도한 이후 450년 동안 계속해서 포르투갈의 식민지로 남아 있다가, 1961년에 이르러서 인도에 환원되었다. 이와 같은 역사적 배경으로 고아는 서구적인 분위기를 많이 간직한 해변 휴양도시로서 외국 관광객들이 많이 찾는 지역이다.

26) 카르나타카(Karnataka)

독립 직후 마이소르(Mysore) 주로 불렸다가 1973년 카르나타카 주로 명칭이 바뀌었다. 타밀나두와 함께 남인도를 대표하는 주이다. 카르나타카는 지리적으로 서쪽의 해안지대와 중앙부의 구릉(丘陵)지역, 그리고 동쪽의 데칸고원(高原)지역으로 구분된다. 데칸고원은 영국의 식민통치 시대에 면화(棉花) 생산지로 유명했다. 최근에는 연중 쾌적한 기후조건을 갖고 있는 벵갈로(Bangalore)에 세계적인 최첨단 정보산업(IT)과 전자 통신산업이 크게 발전하여 인도의 지식정보화 산업을 선도하고 있다.

27) 께랄라(Kerala)

인도 대륙의 서남쪽 해안을 따라 길게 놓여 있는 께랄라는 교육부문과 사회복지 수준이 인도에서 가장 높은 주이다. 인도는 전반적으로 카스트제도에 의한 불평등한 사회구조가 뿌리 깊게 남아 있지만, 께랄라에서는 이와 같은 사회적 신분질서의 영향력이 크지 않다. 께랄라는 영국 식민통치 시대에도 주민들의 사회개혁에 대한 요구가 높아 농민들의 사회개혁운동이 활발하였다. 1964년에는 세계에서 최초로 선거를 통해서 공산당이 주정부(州政府)를 장악하게 되었다. 이후 1996년 선거와 2003년 선거에서 공산당이 주 정부를 수립하여 서벵갈과 함께 좌파정당의 정치적 영향력이 매우 강한 지역이다. 께랄라 주정부는 1996년 인민참여운동을 벌여 주민들의 정치참여와 마을자치를 활성화하여 국제사회의 주목을 받았다.

인도의 경제자유화 정책이 확대되는 가운데 사회복지를 강조하는 께랄라의 발전전략은 많은 논쟁에도 불구하고 저발전 국가들의 지속가능한 발전전략에 많은 시사점을 주고 있다. 그러나 께랄라의 사회복지 수준이 높고 주민들의 교육수준이 높아도 일자리가 부족해 높은 실업율과 자살율이 사회의 큰 문제이다. 주 정부도 이러한 점을 고민하여 경제특구를 지정하고 기초산업시설에 투자하여 기업과 외국자본유치에 적극 나서고 있다.

28) 타밀나두(Tamil Nadu)

남인도를 대표하는 주이다. 이곳을 중심으로 남아시아의 원주민으로 여겨지는 드라비다(Dravida)인들이 집단으로 거주하고 있다. 이들은 전통적으로 타밀(Tamil)어를 사용하고 있어서 흔히 타밀인으로 불린다. 이들은 전형적인 남인도의 문화를 가지고 있으며, 오랜 역사와 전통을 가진 문화유적이 많다. 1968년 마드라스(Madras) 주에서 타밀나두로 명칭이 바뀌었다.

타밀나두는 인도 아리아(Arya)인들과 구별되는 드라비다인들의 이익을 지키기 위한 드라비다진보연맹(DMK)이 이 지역 정치의 중심에 있다. 이 당은 타밀나두에 있는 지역정당이지만, 주 지역을 실질적으로 지배하는 주요 정당이다. 타밀나두는 인도 국내총생산의 12퍼센트를 담당하고 있으며, 마하스트라 다음으로 다양한 산업이 발달된 지역이다. 체나이의 항만을 중심으로 자동차산업과 제조업이 발달되었다. 주민들의 교육수준도 높아 질 높은 노동력 공급이 용이하고 산업분야의 기간시설과 항만이 잘 갖추어져 있어서 이 지역의 산업을 발전시키고 있다.

III. 남아시아 국가개요

1. 파키스탄(Pakistan)

파키스탄(*Islamic Republic of Pakistan*)은 인도와 함께 영국의 식민통치를 받다가 제2차 세계대전 후 인도와 분리되어 독립하였다. 힌두교도와 이슬람교도 간의 갈등과 불신이 분리 독립된 직접적 원인이지만, 영국 식민정부의 분리통치(*divide and rule*) 정책이 무슬림과 힌두교도들 간의 경쟁을 격화시킨 측면도 있다. 1947년 독립 당시 오늘날의 방글라데시는 동(東)파키스탄으로, 파키스탄은 서(西)파키스탄으로 칭했다가 동파키스탄이 방글라데시로 독립되면서 파키스탄이 되었다.

이슬람이 국교인 파키스탄은 역사적으로 인더스 문명의 중심 지역이었으며 중앙아시아와 중동을 연결하는 지정학적 이점을 살려 동서문화(東西文化)를 잇는 가교역할을 하였다. 오늘날 남아시아 내륙을 차지하고 있는 인도는 히말라야 산맥 때문에 아시아 지역과의 교류가 적었지만, 파키스탄은 페르시아를 통해서 들어온 고대 그리스의 헬레니즘의 영향을 받아 인더스 문명과 결합하여 독특한 간다라 양식의 문화를 창출하였다. 이 문화는 다시 아프가니스탄과 연결된 비단길을 통해서 중국과 우리나라의 불교문화에까지 영향을 미쳤다. 이와 같이 파키스탄은 다양한 문화와 접촉하여 많은 인류 문화유산을 보유하게 되었다. 고대 인더스 문명의 독특함과 찬란함을 잘 보여주는 하라파(Harappa) 유적과 모헨조다로(Mohenjo-Daro) 유적도 파키스탄의 인더스 강 유역에 있다.

파키스탄과 인도의 대립은 남아시아의 우호와 협력을 저해하는 장애요인이 분명하지만, 처음부터 이들 두 종교가 대립하고 반목한 것은 아니었다. 식민통치시기에 독립운동을 전개하면서 이곳의 무슬림들과 힌두교도들은 단합하여 영국 식민통치에 저항하였다. 이 와중에서 영국 식민정부는 1919년과 1935년 등 두 차례에 걸쳐서 무슬림들과 힌두교도들의 인구 비례로 지방의회의원을 선출하는 지방자치법을 만들었다. 이 법안으로 인구가 많은 힌두교도들의 정치적 역할이 증대되자 무슬림들의 불만이 커지면서 두 종교 간의 갈등이 점차 표면화 되었던 것이다.

힌두교도와 무슬림인 간의 불신은 결국 이슬람을 표방하는 파키스탄과 명목적으로는 세속주의(世俗主義)를 표방하지만 실질적으로 힌두교가 중심인 인도로 분리되었다. 이들이 각각 독립된 정부를 세운 후에도 기후가 온후하고 경관이 빼어나 '남아시아의 스위스'라고 불리는 카시미르(Kashimir)를 놓고 인도와 파키스탄 간의 영토분쟁이 지속되고 있다. 동파키스탄이 방글라데시로 분리 독립한 사실에 대해서도 파키스탄은 사실상 인도가 배후에서 조종했다는 의구심을 버리지 않고 있어서 인도에 대한 적개심(敵愾心)은 가시지 않고 있다.

인도와 군사적 대립을 하고 있는 파키스탄은 인도와의 긴장관계를 명분으로 군사독재가 용인되고 있는 정치 후진국이다. 2007년의 대통령 선거에서 당시 무샤라프(Pervaz Musharraf) 대통령은 자신의 부정선거개입에 관한 대법원 선고를 앞두고 헌법을 정지시키고 비상계엄을 선포하여 스스로 군사독재정권임을 보여주었다. 이 과정에서 당시 야당을 이끌던 부토 전 수상이 폭탄테러로 사망하는 사건이 일어났다. 2008년 총선에서 부토 전 수상을 지지하는 야당이 압도적인 승리를 거두어 급기야 군사정권이 퇴진하고 부토 전 수상의 남편인 알리 쟈르다리(Asif Ali Zardari)가 새 대통령에 당선되었다. 이 처럼 파키스탄 국민들은 군사정권을 불신하고 있지만, 파키스탄은 여전히 군사문화의 영향력이 막강하여 허약한 문민정부가 정상적인 궤도(軌道)에 오르기까지 다양한 사회적 갈등이 표출될 것이다.

냉전시기에 파키스탄은 미국의 암묵적인 군사지원으로 전략 핵무기를 보유한 군사강국이다. 파키스탄은 9.11 테러 사태 이후로 미국이 아프가니스탄의 탈레반을 소탕하기 위해서 전개하고 있는 아프가니스탄 전쟁에 협력하며 미국의 군사적 지원을 받고 있다. 그러나 탈레반은 원래 파키스탄에서 훈련받은 이슬람근본주의자들이라는 태생적 한계 때문에 이들의 소탕에 한계를 보이자 미국은 파키스탄 보다 인도를 남아시아의 맹주로 인정하는 새로운 남아시아 전략을 구사함으로써 남아시아를 둘러싼 기존의 국제정세가 크게 흔들리고 있다. 미국은 핵확산 금지조약(NPT)에 가입도 하지 않은 인도에게 핵무기 보유를 사실상 인정하고 평화적인 핵에너지 개발을 지원하면서 인도와 미국의 관계가 매우 빠르게 발전하고 있다.

파키스탄은 천연가스와 석탄을 위시하여 다양한 부존자원을 가지고 있고, 풍부한 저임금노동력을 바탕으로 급속한 경제발전의 가능성을 가지고 있는 나라이다. 2007년을 기준으로 국내총생산은 1,454억 달러, 국민소득은 890달러이며, 절대빈곤층이 33퍼센트를 기록하고 있다. 1983년 11월 대사급 외교관계를 수립한 우리나라는 파키스탄과 1968년 무역협정을 체결한 이래, 해운협정(1984)·경제기술과학협력 및 무역

증진협정(1985) · 문화협정(1985) · 과학기술협력협정(1985) · 이중과세 방지협약(1987) · 투자보장협정(1988) · 항공협정(1996) 등을 맺고 있다.

2. 방글라데시(Bangladesh)

방글라데시(*People's Republic of Bangladesh*)는 원래 이슬람국가인 파키스탄의 일부분으로 1947년 영국 식민통치를 벗어나 동(東)파키스탄으로 독립 되었다. 벵갈(Bengal) 지역은 역사적으로 영국의 동인도회사가 가장 먼저 들어온 지역으로 한 때 영국 식민정부의 수도였다. 따라서 이 지역의 반제국주의 의식은 다른 지역에 비해서 매우 높았다. 이러한 저항의식과 자치요구는 독립 후에도 계속되었다.

방글라데시인들은 일찍부터 '지방자치'의 중요성을 인식하고 이를 관철하기 위한 정치적 단체행동에 익숙하였다. 이에 대해서 서(西)파키스탄 이슬람아바드(Islamabad)의 파키스탄 중앙정부는 이를 진정 시키려고 노력하였지만, 방글라데시인들의 요구는 오히려 지방자치에서 분리 독립으로 확대되었다. 정부군까지 투입한 파키스탄 정부의 방글라데시인들의 소요사태 진압시도는 결국 실패하였고, 방글라데시는 1971년 파키스탄으로부터 독립하였다.

방글라데시는 국토의 면적에 비해서 인구밀도가 매우 높고, 장마철에는 갑자기 한꺼번에 집중되는 폭우로 인한 홍수 피해로 생활환경이 몹시 열악하여 구조적인 빈곤의 악순환이 지속되고 있다. 저임금노동력이 풍부하고 천연가스와 석탄 등 부존자원은 이 나라 경제의 미래가 어둡지만은 않다는 것을 말해 준다. 그러나 2007년의 경우, 국민총생산이 678억 달러에 불과하며, 개인소득은 430달러에 머물러 있다. 절대빈곤층도 50퍼센트(2000년)에 달하고 있어서, 제조업의 기반이 전무(全無)한 방글라데시의 경제를 발전시키는 일이 아직은 요원해 보인다.

방글라데시는 1973년 12월 남북한과 동시에 외교관계를 수립하였다. 같은 해 무역경제협정(1973)을 체결한 우리나라는 그 후 방글라데시와 항공협정(1979) · 문화협정(1979) · 사증면제협정(1983) · 이중과세방지협약(1983) · 투자보장협정(1986) · 경제기술협력협정(1993) · 과학기술협력협정(1995) 등을 체결한 바 있다.

3. 스리랑카(Sri Lanka)

스리랑카(*Democratic Socialist Republic of Sri Lanka*)는 인도 대륙의 남동쪽에 위치한 섬나라로 과거에는 '실론(*Ceylon*)'으로 불렸다. 원래 이 지역에 거주하던 사람들은 싱할리족인데, 전설에 따르면 인도에서 건너온 왕족이라고 했다. 그러나 지리적으로 인도 대륙과 가까워서 대륙 남부에 거주하던 타밀(Tamil)인들이 꾸준히 유입되어 스리랑카 민족의 일부를 형성하였다. 이들 타밀 사람들의 유입은 스리랑카 고산지대가 유럽인들이 선호하는 홍차(*red tea*) 재배에 적합하다는 사실을 깨달은 영국인들이 타밀인 노동자를 유입시키면서 더욱 늘어났다. 영국은 이때부터 스리랑카에서 재배한 차를 '실론티'라는 브랜드로 영국과 유럽시장에 공급하여 큰 이익을 얻기 시작하였다.

싱할리인들은 대부분이 독실한 불교도이지만, 타밀인들은 주로 힌두교를 신봉한다. 이들 두 종족 간에는 종족적 · 문화적인 차이가 현격하다. 뿐만 아니라, 영국 식민통치 시대에 유입된 타밀인들은 주로 홍차농장에서 일하는 노무자들이었으므로 경제적으로 여유가 없었기 때문에, 상대적으로 경제적 여건이 나은 싱할리인들과 사회적 균형을 이루지 못했다. 이러한 이유로 해서 싱할리인들과 타밀인들은 오늘날까지도 융화하지 못하고 계속해서 갈등관계를 유지하고 있다.

타밀인들은 1976년 스리랑카 북부 산악지대에 '타밀호랑이(*Tamil*

tigers)' 라는 조직을 만들어 분리 독립을 주장하며 스리랑카 정부와 갈등관계를 유지해 왔다. 2001년에 노르웨이의 중재로 양측의 심각한 폭력적 충돌은 줄었으나, 아직도 갈등의 불씨는 소멸되지 않은 것으로 보인다. 스리랑카에는 남방불교를 신봉하는 불교신자들이 70퍼센트로 수위를 차지하고 있으며, 그 밖에도 힌두교(15퍼센트) · 기독교(8퍼센트) · 이슬람(7퍼센트) 등 다양한 종교가 분포되어 있다.

스리랑카는 천연고무를 비롯하여 차(茶)와 코코넛 등 전통적으로 농산자원이 주요 국가 산업이며 관광자원도 풍부하다. 2007년의 경우, 국민총생산이 323억 달러를 기록하고 있으며, 국민소득도 1,680달러로 남아시아 국가 중에서 몰디브 다음으로 높다. 따라서 절대빈곤층도 23퍼센트(2002년)로 다소 낮은 셈이다. 우리나라는 1977년 11월 대사급 국교관계를 맺은 이래로 항공협정(1978) · 문화협력협정(1978) · 투자보장협정(1980) · 무역협정(1984) · 이중과세방지협약(1984) · 과학기술협력협정(1994) 등을 체결하였다.

4. 네팔(Nepal)

네팔(*State of Nepal*)은 1768년 이후 200년 이상 힌두왕국을 유지해 왔다. 그러다가 1995년부터 네팔공산당 소속의 급진주의자들이 무장봉기를 전개하여 2008년 5월 절대군주제를 무너뜨리고 공화제를 채택하였다. 제헌의회가 구성되어 민주적 형식과 절차를 만들어 가고 있지만, 사회혼란과 누적된 빈곤으로 네팔 정국은 매우 불안정하다. 네팔은 중국과 인도의 국경 사이에 존재하고 있어서 두 대국으로부터 원조와 간섭을 받고 있지만, 사회적 · 문화적 관계는 중국 보다는 인도 쪽에 훨씬 더 가깝다. 네팔 경제를 움직이는 주요 원자재와 원유 를 인도 쪽으로부터 공급받고 있으며, 경제 분야 전반에 걸쳐서 인도와 밀접하고 유기적으로 연결되어 있다.

네팔의 수도인 카트만두(Kathmandu)는 히말라야 산을 등정하기 위한 산악인들의 도시로서 많은 등산객과 관광객들이 즐겨 찾는 곳이다. '세계의 지붕'이라고 불리는 네팔은 원래 히말라야 '산기슭'이라는 뜻이며, 이곳으로부터 전 세계에서 가장 용감한 네팔 용병(傭兵)들이 탄생하였다. 이 나라는 관광서비스업이 전체 국민총생산의 40퍼센트를 차지할 만큼 높은 비중을 차지하고 있다. 2007년 이 나라의 국민총생산은 99억 달러를 기록하였고, 국민소득은 372달러로 최빈국을 겨우 면한 수준이다.

이 산악국은 1974년 5월 남북한과 동시에 공식적인 외교관계를 맺었다. 우리나라는 1969년 영사협정을 체결하고, 그 후에 무역협정(1971)·이중과세방지협약(2001)·항공협정(2004)·문화협정(2005) 등을 맺고 있다.

5. 부탄(Bhutan)

부탄 왕국(*Kingdom of Bhutan*)은 히말라야의 동쪽에 위치한 아주 작은 내륙 국가로써 북으로는 티베트와 남으로는 인도와 여러 주와 국경을 맞대고 있다. 부탄은 전통적으로 절대군주제 국가였으나 2008년 3월 총선거를 실시하여 절대군주제를 폐지하고 입헌군주제로 전환하였다.

이 내륙국은 라마교에 가까운 대승불교가 국교이며 전체인구의 75퍼센트가 불교신자이다. 그 밖에도 힌두교(25퍼센트)와 이슬람, 그리고 작은 숫자지만 기독교인들도 있다. 불교는 부탄의 지배적인 종교로서 국민들의 일상생활과 밀접하게 연결되어 있다. 국토의 대부분이 산악지대로 경작지가 넓지 못해서 경제적으로 어려운 상황이다. 또한 국가 전체가 산악지대인 까닭에 외부와의 소통에 어려움이 따르지만, 인도에 흡수되지 않고 독특한 불교문화를 보존하며 국가의 독립을 유지한 것은 부탄 사람들의 강인한 정신력을 말해 준다.

이 나라는 석회암과 백운석 등 광물자원과 더불어 임산자원이 풍부한 나라이다. 2007년의 경우 국민총생산이 10억 달러이며 국민소득이 1,496달러로 나와 있다. 우리나라와는 1987년에 수교하였다.

6. 몰디브(Maldives)

몰디브(*Republic of Maldives*)는 스리랑카 남서쪽에 위치한 작은 군도국가로 우리나라에는 신혼여행지로 알려져 있다. 이 나라는 수산업과 관광업 분야에서 각광을 받고 있으나, 매년 50센티미터 씩 국토가 해수면 속으로 잠긴다고 국제사회에 관심과 지원을 호소하고 있다. 2007년의 경우, 관광업과 수산업의 활황으로 국민총생산이 10억 달러를 돌파했으며, 국민소득도 남아시아에서 가장 높은 3,400 달러를 기록하였다.

몰디브는 2008년 10월 8일 이 나라 최초의 복수정당제 대통령선거에서 지난 1978년부터 30년 동안 군림해 온 가윰(Maumoon Abdul Gayoom) 대통령이 과반수 득표에 실패하였다. 이에 따라 10월 28일 실시된 결선투표에서 이 나라 최대 야당인 민주당(MDP)의 나시드(Mohamed Nasheed)가 54.2퍼센트 득표로 새 대통령에 당선되었다.

우리나라는 이 나라에 선박과 해양구조물을 많이 수출하고 있는데, 공식적인 외교관계는 1967년 11월부터 시작되었다. 우리나라와 몰디브 양 국은 1984년에 이르러 경제기술협력협정과 문화협정을 맺고, 1990년에 항공협정을 체결한 바 있다.

제 3 장

동남아 전통문화와 인도화(印度化)

I. 시작하는 말

동남아는 미얀마(버마) · 캄보디아 · 라오스 · 태국 · 베트남 등 5개 대륙부 국가와 말레이시아 · 싱가포르 · 브루나이 · 인도네시아 · 필리핀 · 동티모르 등 6개 해양부 국가로 구성되어 있다. 기원전부터 북부 베트남에는 비에트(Viet)족, 중부 베트남에는 참(Cham)족, 메콩강 계곡과 캄보디아 그리고 남부 베트남의 삼각주에는 크메르(Khmer)계 종족, 남부 미얀마의 이라와디(에야와디)와 살윈(딸르윈) 강에는 몬(Mon)족이 거주하고 있었다. 오늘날 종족적 실체로서는 사라진 것으로 보이는 티베트-버마 혼합족인 쀼(Pyu)족도 미얀마의 중부 평원에 살았었다. 곧 이어 타이(Tai)족이 처음에는 샨(Shan)족으로 미얀마에, 다음에는 라오(Lao)족으로 라오스에, 그리고 타이(Thai)족으로 태국에 등장하게 된다.

지리적으로 볼 때 동남아는 서쪽으로는 인도, 그리고 동쪽으로는 중국 사이에 놓여있는 지역을 의미한다. 그리고 우리가 동남아라고 말할 때 이들 국가들 간에 어느 정도 사회구조의 유사성과 과거 역사의 유사성을 염두에 둔 것이지만, 특히 문명의 역사 속에서 중국과 인도의 문명권 사이에서 이들의 문화를 많이 수용한 지역을 지칭하기 위한 말로 사용되었다. 그러므로 동남아는 인도와 중국의 문화를 적극 수용하였다는 점에서, 동남아의 문화 연구에 있어서 우선 인도와 중국과의 관계를 규명하는 일은 아주 중요한 의미를 갖는다.

인도문화는 기원전 1-2세기경부터, 그리고 중국문화는 기원전 2-4세기경부터 동남아 문화에 본격적인 영향을 미쳐 동남아의 문화적 성격을 형성하는데 중요한 역할을 하였다. 이들 외래문화의 영향으로 인하여 동남아 사회는 새롭게 변화하고 발전할 수 있었다. 이로써 아시아의 남동으로부터 인도양(*Indian Ocean*)에 이르기까지 광범위하게 펼쳐진 거대한 반도에 붙여진 명칭인 인도-차이나(*Indo-China*)라는 호칭이 단지 인도챠이나 반도뿐만 아니라 동남아 전체가 인도와 중국이라는 거대한 두 아시아 문화권 사이에 위치하게 된 것이다. 동남아는 양대 아시아 문화권 사이에 위치한다는 점에서, 그리고 그 문화를 수용하여 새로운 특색을 갖춘 기층문화를 형성하였다는 점에서 그 특성을 찾을 수 있다. 동남아의 전통적 문화 기반 위에서 동남아를 통합할 수 있었던 것은 분명히 인도와 중국의 문화를 받아들여 동남아의 고유문화라고 할 수 있는 기층문화(基層文化)를 형성해 나갔기 때문일 것이다.

실제로 동남아에서의 인도와 중국의 역할은 매우 큰 것이었다. 하지만 그 역할의 비중을 정확하게 구분한다는 것은 어려운 일이다. 그런데 중국의 동남아에 대한 관점은 정치적 패권과 경제적 이익이라는 다분히 외교적 측면에서 거의 모든 분야가 다루어졌으나, 인도의 동남아에 대한 관점은 민간적 차원에서 자유롭게 다루어졌다. 인도인들은 동남아 원주민들과 교역·왕래하고 또는 결혼하는 등 자연스럽게 교류하고 있었다. 그럼으로써 동남아인들에게 인도인들의 사고방식과 행동양식·정치체제·종교·언어·문자 등이 자연스럽게 소개되었다. 특히 인도의 종교는 무엇보다도 그들의 문화에 큰 영향을 주었다. 인도의 종교는 브라만교 · 힌두교 · 불교를 포함한 것으로, 넓은 의미에서 힌두교(*Hinduism*)로 통칭하는 경우가 많다. 그러나 특히 동남아에서는 힌두교와 불교(주로 대승불교)의 확연한 구분이 사실상 어려우며, 나중에는 불교(상좌부불교)가 인도문화의 중추적 역할을 담당하였다. 따라서 동남아의 왕족이나 귀족들은 문화적으로는 중국문화보다 인도문화에 보다 많은 영향을 지속적으로 받아 왔다.

동남아 국가들은 대체로 인도와 중국문화의 영향을 깊이 받아왔으나 이들 양대 문화가 동남아 문화의 전체를 형성하였다고는 볼 수 없다. 인도문화가 동남아 지역에 본격적으로 확산되기 시작할 무렵인 기원 전후의 시기에 이 지역의 주민들은 이미 어느 정도 발달된 사회제도를 갖고 있었다. 마을을 중심으로 무리를 지어 살면서, 여러 자연적인 대상을 숭배하고 있었다. 이들의 전통적인 신앙이었던 정령신앙과 조상숭배 신앙은 오늘날까지도 계속 유지되고 있다. 여러 종류의 외래종교가 여러 종족의 생활문화를 지배하는 요소로 작용했으나, 예로부터 깊이 뿌리를 내리고 있던 애니미즘적인 토속신앙을 완전히 대체하지는 못하였다.

중부 쟈바에 있는 보로부두르(Borobudur) 불교유적은 인도에서 불교를 어떤 식으로 받아들였는가를 보여주는 매우 좋은 사례가 된다. 불교는 물론 인도의 것이지만, 이러한 형태의 거대한 축조물은 인도에서는 볼 수 없는 독특한 것이다. 또 다른 예는 인도의 유명한 서사시인 『라마야나(Ramayana)』와 『마하바라따(Mahabarata)』의 경우인데, 이것도 많은 부분에서 수정을 가하면서 자신들의 문화로 수용하였다. 이처럼 동남아는 인도의 문화를 받아들이면서, 자신들의 독자적인 양식을 첨가하고 있다. 즉, 단순히 인도의 양식을 흉내 낸 것이 아니라 자신들의 창조력을 충분히 표현하고 있다는 것이다.

그러므로 동남아의 기층문화는 많은 부분이 인도의 영향으로 형성되었다고 볼 수 있지만, 그렇다고 모든 인도의 관습을 그대로 받아들인 것은 아니다. 인도 종교의 경우도 동남아 지역에 그대로 수용된 것이 아니고, 인도 종교를 받아들인 동남아 각 지역의 특성에 맞게 적절히 변용되었다는 점이다. 이들은 특히 인도인들의 사회생활을 지배하는 카스트 제도(*Caste System*)를 받아들이지 않았다는 점에 유의할 필요가 있다. 동남아 국가에서는 사회의 지배층이라고 할 수 있는 엘리트 계층이 형성되어 있었으나, 인도에서와 같은 카스트 제도로 발전하지는 않았다. 결국 동남아 원주민들도 외래문화가 들어오기 이전부터 그들의 독자적인 문화를 갖고 있었으며, 그들 고유의 생활문화를 바탕으로 하면서 인도와 중국의 문화적 영향으로 새로운 형태의 기층문화를 형성해 나갔다고 보아야 할 것이다.

한 민족이나 국가의 문화를 이해하기 위해서는 여러 가지 접근 방법이 있을 것이다. 그런데 여기서는 민족문화를 특징짓는 여러 요소 가운데서 외래문화(인도문화)의 영향이라는 점에 초점을 맞추어 동남아 문화를 살펴볼 것이다. 이를 위해서 동남아의 인도화(印度化: *Indianization*) 개념을 도입해 보고자 한다. 이 경우, 동남아는 인도화 된 나라와 인도화 되지 않은 나라로 나누어 살펴볼 수 있는데, 오늘날의 국가 단위를 기준으로 한다면 베트남과 필리핀을 제외한 모든 나라가 인도화 된 나라에 포함된다. 인도화 된 나라는 오늘날의 미얀마 · 라오스 · 캄보디아 · 말레이시아 · 인도네시아에 이르며, 인도화 되지 않은 나라는 필리핀과 통킹(Tonkin) · 안남(Annam) · 코친차이나(Cochin China)를 포함하는 베트남 지역 일대라 할 수 있다. 그러나 이 지역에서 조차도 중부 베트남 남부 지역은 일찍이 인도화를 경험했고, 필리핀도 여러 지역에서 인도화의 흔적이 발견되고 있는 것으로 보아 인도화 영향권의 범위를 짐작할 수 있다.

II. 인도화의 개념과 범위

1. 인도화의 개념

동남아는 인도와 중국의 중간지대에 위치하여 문화적으로 두 나라의 영향을 크게 받아왔다. '인도차이나(Indo-China)'라고 할 때 '차이나(China)'는 물론 중국을 의미하는 것이지만, 동남아의 지명(地名)에서 '인도(Indo)'나 '인도네시아(Indonesia)' 같은 단어는 인도의 영향을 의미하는 동시에 인도(India)라는 명칭을 차용한 것이다. 동남아의 문화적 유적이 거의 인도문화에 바탕을 두고 있음에서 알 수 있듯이 역사시대로 들어선 이후에 동남아 전 지역에서 뚜렷하게 나타난 현상은 인도문화의 파급과 인도문화의 수용이다. 베트남 등 중국 남서부의 민족과 국가를 제외한 동남아의 대부분의 종족과 국가는 인도문화의 영향을 받았다.

기원전부터 본격적으로 동남아 일대에 유입된 인도문화의 영향은 절대적인 것이었다. 쌀농사 기법으로부터 직조(織造) 방법을 가르쳐 물질문명에서 획기적인 변화를 가져 왔으며, 문자를 전수하고 힌두교와 불교를 전파함으로써 정신문화의 등불을 밝혔던 것이다. 또한 각지에는 인도의 대서사시인『라마야나』와『마하바라따』가 전해진 것으로 보아 동남아에서의 인도문화의 역할을 충분히 짐작할 수 있다. 이와 같은 인도문화의 전통은 오늘날까지 동남아 각지의 문화와 예술로 남아 있다. 앙코르 와트(Angkor Wat)를 비롯해서 보로부두르 등 세계적인 종교문화의 유적도 직·간접적으로 인도문화의 수용에서 비롯된 것이다. 그 후 이슬람 문화·중국문화·유럽문화가 차례로 이 지역에 유입되었지만, 인도문화의 영향은 중국문화가 우월적 지위를 차지하는 북부 베트남을 제외한 거의 모든 동남아지역에서 지속되고 있다는 것이다.

기원전부터 수 세기에 걸쳐 인도의 종교는 동남아 지역에서 가장 중요한 발전적 특성을 나타냈다. 9세기경부터 동남아 지역의 통치자들과 이들의 궁정에서 힌두교와 불교를 수용하였다. 동남아에서 인도의 종교문화가 크게 발전하였다는 점에 주목하여 꾸에데(G. Coedes) 등 서양의 역사학자들은 '인도문화의 확산'이라는 의미에서 동남아의 인도화(*Indianization*)라는 용어를 사용했다. 이 용어가 무엇을 의미하느냐에 따라 학자들 사이에 의견이 일치하고 있지 않지만, 동남아의 인도화 과정에 대해서는 대체로 견해를 같이 하고 있다. 서양학자들이 사용하는 인도화라는 용어에 대하여 인도학자 마줌다르(R.C. Majumdar)는 동남아의 인도화 과정을 식민지화(*Colonization*)라는 용어를 주장한다. 그는 동남아 국가에서 정치적 권위가 확립되기 이전에 이미 식민지화가 인도-동남아 교역 초기에 존재했으며, 그것도 기원전 수 세기 이전일 것이라고 확언하고 있다.

2. 인도화의 범위

인도화의 범위를 추정해 볼 수 있는 것은 광역 인도챠이나에서 인도문화가 확산되면서 생겨난 정치적 결과로 고대로부터 참파(Champa)와 후난(Funan)왕국처럼 인도 양식의 여러 왕국들이 발견되기 때문이다. 대륙부의 중부에서 남반부에 이르는 광활한 지역에는 기원전부터 참족·몬족·크메르족 등이 거주하고 있었다. 그들은 베트남 중남부에서 캄보디아의 메콩강, 타이의 짜오쁘라야강, 미얀마의 에야와디강의 하류지역에서 일찍부터 열려있던 해상교통로를 통하여 중국과 인도문화를 접촉하였다. 특히 인도문화와의 접촉과 그 수용을 통하여 왕국을 형성하였다. 참족과 크메르족은 힌두교와 대승불교를 수용하고, 몬족은 상좌부(上座部) 불교를 수용함으로써 강력한 왕국을 형성할 수 있었다.

상좌부 불교는 동남아에서 신봉하고 있는 불교에 대한 경칭이다. 동북아의 대승불교(大乘佛教)와 차별적으로 이해하기 위해서 칭하는 소승불교(小乘佛教)는 히나야나(Hinayana)라고 불린다. 히나(hina)는 '작다'는 뜻이며, 야나(yana)는 인생의 바다를 건너가는 '수레'라는 뜻이다. 그러므로 히나야나라는 소수의 수도자들이 타는 '작은 수레'라는 뜻이다. 이는 '열등(劣等)한 실천방법'이라는 의미를 가진 단어로 후대에 크게 융성한 대승불교를 따르는 불교도들이 초기 불교의 독선적인 실천방법을 혹평(酷評)한데서 연유하였다. 그러므로 대승불교 이전의 전통적이고 보수적인 불교 혹은 남방불교를 신봉하는 동남아의 불교도들은 당연하게 이러한 호칭에 거부감을 갖는다. 그래서 '윗자리에 앉은 장로(長老)'라는 뜻인 상좌부 불교는 흔히 남방(南方)불교 또는 테라바다 불교(Theravada Buddhism)로 불린다.

대륙부의 중부로부터 북반부에는 비엣족(베트남)·타이족·시노·티베트족·버마족 등이 거주하고 있었다. 이들은 11세기경부터 17세기까지 긴 세월에 걸쳐 대륙부의 남부 지역으로 남하하여 참족·몬족·크메르족의 문화를 수용하면서 강 하구 연안(沿岸)에 군거해온 토착종족들을 정복하거나 흡수하여 왕국을 발전시켰다. 버마족은 이 과정에서 몬족으로부터 상좌부불교를 도입하였고, 타이족은 몬족의 상좌부불교 이외에 크메르족으로부터 힌두교를 받아들였다.

해양부 동남아에서는 믈라유(Melayu)족이 두드러진다. 이들은 주로 수마트라와 말레이반도에 거주하였다. 그들은 역시 대륙부의 남부 지역과 같은 시기에 힌두교와 불교 등 인도문화의 영향으로 큰 왕국을 형성하였다. 수마트라의 말레이족과 쟈바의 쟈바족은 특히 경쟁과 흥망을 되풀이하면서 이 지역에 있어서 인도 문화 수용의 중심적인 역할을 하였다. 15세기 초 말레이 반도에 말라카(Malacca) 왕국이 발흥(發興)하여 말레이 세계(*Malay World*)가 동남아 이슬람문화의 중심지로 발전하면서 이들의 역할은 더욱 부각되었다. 그러나 오늘날 동남아 인도화(*Indianization*)의 깊이를 가장 쉽게 관찰할 수 있는 지역은 다름 아닌 인도네시아이다. 이 나라는 오늘날 외형상 세계 최대의 이슬람국가로 자리잡고 있지만, 여러 면에서 가장 많은 인도화 흔적을 남기고 있다.

동남아에서 인도화된 나라는 후난(Funan)왕국과 그 후계 왕국인 첸라(Chenla)왕국으로부터 시작하여 캄보디아를 지배하고 앙코르 톰을 건설한 고대 크메르(Khmer) 제국이 있으며, 세계 최대의 불교유적 보로부두르(Borobudur)를 중부 쟈바에 남긴 사일렌드라(Sailendra) 왕국과 수마트라의 빨렘방(Palembang)을 중심으로 말라카 해협을 제압해 권위를 떨친 해양왕국 스리비자야(Srivijaya) 왕국 이외에도 중부 베트남에서 남하한 비엣족과 수년에 걸친 항쟁을 계속했던 참족의 참파(Champa) 왕국 등이 이에 해당된다.

III. 인도문화의 전파와 주체

1. 인도문화의 전파과정

인도의 고대문헌 중에는 인도인들이 보물을 얻기 위해 위험을 무릅쓰고 바다를 건넜다는 기록들이 많이 보인다. 기원전 수 세기 경부터 벵갈(Bengal) 만(灣)과 인도 동남쪽 코로만델(Coromandel)연안에 상업거주지가 형성되어 있었는데, 여기에서 그들이 찾은 곳은 스와르나 부미(Svarna Bumi)와 스와르나 드위빠(Svarna Dwipa)라는 곳이었다. 스와르나 부미는 '황금의 땅'이라는 뜻이고, 스와르나 드위빠는 말은 '황금의 섬'이라는 뜻이다. 인도인들이 벵갈 만을 건너 동쪽으로 항해했던 이유는 코로만델 연안의 선원들에게는 가장 중요한 기후문제에 별다른 장애를 느끼지 못했기 때문이다. 그리하여 모험가나 상인들은 미얀마의 해안선과 말레이 반도와 수마트라나 쟈바 등 인도네시아 군도의 서부 도서지방으로 항해를 시작했다. 금이나 은 또는 여타의 다른 값신 보석류를 얻기 위해서였을 것이다.

인도 상인들은 이러한 상업 진출을 활발히 하기 위해서 2-3세기경부터 활동거점이 될 수 있는 곳에 소규모 집단이 모여 정착하기 시작했다. 그러면서 점차 식민지 국가를 세워 적극적인 세력을 키워나갔다. 예를 들면, 토착민 족장의 딸과 결혼하는 등의 방법을 통해 인도적 왕국을 세우게 된 것이다. 이것이 초보 단계의 동남아에서 인도화 과정의 한 방편이었다. 결국 이러한 교역 상인들의 동남아로의 활발한 진출과 더불어 불교와 힌두교 같은 인도 종교가 소개되면서, 이미 세워져 있던 근거지나 식민지를 중심으로 인도문화가 빠르고 광범위하게 전파되었다.

마우리야 왕조의 짠드라굽따 왕의 재상이었던 까우띨야(Kautilya)가 썼다고 전해지는 아르타사스뜨라(Arthasastra)는 원래 정치사상을 기록한 실리론(實利論)으로, 국가통치 이념을 광범위하게 설명하고 있다. 이것은 정치 · 군사 · 외교의 지침서라고도 할 수 있으며, 각론에서는 사회제도 · 법률 · 경제 · 교통 · 교육 · 종교 · 문화의 각 방면에 걸쳐 언급하고 있다. 그러므로 인도인들의 동남아로의 진출과 관련하여 아르타사스뜨라의 저술 동기가 무관하지 않을 것이며, 많은 학자들이 이 책을 인도화의 중요한 증거의 하나라고 보고 있다. 또 다른 주목할 만한 사실(史實)은 기원전 3세기 아쇼까 대왕(재위기간: 기원전 273-232)은 대규모의 불교 포교단을 오늘날의 남부 미얀마로 추측되는 지역으로 파견했다는 것이다. 이들 포교단이 귀국한 후부터 자신들이 방문한 곳(남부 미얀마)을 스와르나부미(황금의 땅)라 칭하게 되었다.

이 밖에도 인도의 여러 항구와 황금의 땅과 황금의 섬으로 향했던 모험항해에 대한 인도의 문헌자료들이 여러 개나 된다. 산스끄리뜨

어로 기록된 작품으로 기원 1세기경의 안드라(Andhra) 출신 작가 구나디야(Gunadya)라는 사람이 쓴 설화(說話) 문학집인 『브리하드까타(Brihadkatha)』와 불교의 『자따까(Jataka)』, 자이나교(敎)의 『사므라잇짜까하(Samaraichchakaha)』 등이 이런 예에 해당된다. 이들 설화집에 등장하는 대표적인 영웅들은 상인이 대부분이다. 그리고 이들은 무역이나 또 다른 방법으로 부를 획득하고자 하였다. 또 다른 설화집 『까타꼬샤(Kathakosa)』는 부(富)를 얻기 위하여 5백 척의 배로 '황금의 섬'에 갔던 영웅 나가닷따(Nagadatta)에 관한 이야기이다.

이처럼 인도의 설화문학이 인도와 동남아 사이에 열려진 정기 항해 항로에 대해서 언급하고 있는 것으로 보아 일찍부터 인도의 상인들이 교역을 목적으로 동남아의 여러 지역을 방문했던 사실에는 의심의 여지가 없다. 인도의 상인들은 다른 나라에서의 경우처럼 동남아를 탐험한 개척자였던 것이다. 그러나 이와 같은 '황금의 땅'과 '황금의 섬'에 대한 탐험여행의 기록으로 인도인들의 동남아 진출을 말해주고 있지만, 그 자세한 여행 과정과 실상에 대한 기록은 거의 없다. 그러나『라마야나』의 끼쉬낀다(Kiskindha Kanda) 편에 나오는 '황금의 섬'은 말레이(Malay) 반도이며, 야바 드위빠(Yava Dwipa)는 자바(Jawa)로 확인되어 있다. 그런데 인도 동쪽 연안을 항해했던 인도인들은 미얀마 남부의 저지대와 말레이 반도를 '황금의 땅'으로 여겼던 것으로 보인다.

『자따까』에는 인도 상인들의 항해에 관한 기록이 많이 나온다. 『자따까』에 의하면, 배들은 베나레스(Benares) · 빠뜨나(Patna) · 짬빠(Champa) 등지로부터 바다로 나가서 남부의 항구들과 스리랑카나 말레이 반도 쪽으로 항해하였다. 따밀(Tamil)의 옛 시(詩)로부터 남부에 있는 까베리(Kaveri) 강에서 까베리빠띠남(Kaveripattinam)항이 번창하고 있었음을 알 수 있다. 이 항구는 국제무역의 중심지였다. 배 한 척에 수 백 명의 상인과 이주민들이 탔다는 말이 『자따까』에 등장하고 있는 것을 보면 이

배들은 상당히 컸음에 틀림없다.

기원전 4세기 인도에서 마우리야 왕조(기원전 317-180경)가 성립한 후, 기원전 2세기 말에는 이미 벵갈 만 · 말레이 반도 · 인도챠이나 반도의 연안을 경유해서 중국에 이르는 해상교통로가 형성되어 있었다. 인도의 대외무역과 해상교통로에 대해 말하고 있는 네루(Nehru)의 설명을 인용하면 다음과 같다.

> "인도의 무역은 광범위하게 행해졌고, 인도상인들이 수많은 외국시장을 장악했다. 인도의 무역은 동쪽의 바다들을 지배했으며 지중해까지도 뻗쳤다. 후추와 그 밖의 양념류가 인도로부터 또는 인도를 거쳐 서양으로 갔는데 더러는 인도와 중국의 배로 나르기도 했다. 인도는 비옥한 땅이었으며, 다른 나라들에 부족한 물자 중 일부가 풍부하게 있었다. 그리고 삼면(三面)이 바다쪽으로 열려 있어서, 이런 물자들을 해외로 보냈던 것이다. 인도는 또 동쪽에 있는 섬들로부터 새로운 물자를 얻었고, 상인들이 이들을 수송하여 이익을 보았다. 그런데 인도는 그 이상의 장점을 갖고 있었다. 인도는 다른 나라들보다 오래 전부터 옷감을 제조해 왔다. 그래서 방직업이 발달했다. 인도의 직물은 먼 나라들에까지 팔려 나갔다. 염직에서 중요한 진전이 이루어져서 색깔이 바래지 않는 물감을 마련하는 특별한 방법들을 찾아내게 된 것이다. 이런 물감 중에는 인디고(*indigo*)가 있었는데, 이 단어는 인도로부터 그리스를 거쳐 파생된 것이다. 아마도 염색에 대한 이 지식이 인도의 대외무역을 크게 촉진시킨 것으로 보인다. 해외무역에는 해운업이 포함되어 있었으며, 내륙의 수로와 해상수송을 위한 선박 모두가 인도에서 건조된 것은 분명하다. '멀리서 오는 상인들'이 인도에 오면 관세를 냈다는 기록도 있다."

인도의 마우리야 왕조 때부터 시작하여 굽따 왕조(320-6세기 중반)가 성립되면서 인도 문화가 이 교통로를 따라 급속도로 동남아 각지에 전파되기 시작했다. 쉬바와 비쉬누 신앙을 주된 내용으로 하는 매우 발달한 굽따(Gupta)문화는 불교와 더불어 해상교통로를 통해 동남아의 각지에 전해져 이 지역에 인도문화가 형성되는 데에 중요한 역할을 하였던 것이다.

2. 인도문화의 전파주체

농경(農耕)문화가 번성하였던 동남아의 전통사회가 인도문화를 수용한 주된 요인은 군소왕국 체제로부터 보다 광범한 지역을 통합하기 위한 강력한 왕권을 확립하는 과정에서 새로운 형태의 국가와 사회질서를 위한 조직원리가 필요했기 때문이었다. 동남아 각 지역에서 왕권을 확립하는 기초적인 과정에는 두 가지 동인(動因)이 작용하였다. 하나는 농업이나 상업의 발전을 위한 필요성에서 나온 능동적 요인이었으며, 다른 하나는 동남아 지역과 중국이나 인도 방면으로 이어지는 교통망이나 교역루트와 관련된 지리적 요인이다.

분명하게 많은 수의 초기 동남아 군소 왕국들은 인도와 인도문화의 영향 아래 탄생하였다. 그들은 인도 관습대로 왕국의 의식과 통치방식을 따름으로써 당연하게 종교도 인도의 종교를 채택하였다. 이들 초기 동남아 왕국의 군주들은 동남아로 이주한 인도인들인 경우와 원주민 출신으로 지역의 수장(首長)이 된 후 인도관습을 받아들인 경우가 있었다. 물론 이들은 모두 인도에서 배운 높은 지식과 통치방법을 습득한 자들이었다.

초기의 인도와 동남아와의 상호 문화교류의 성격을 살펴보면, 외부로부터의 역사와 내부의 역사가 대조되는 상당히 이원적인 성격을 띠고 있다. 인도인들은 동남아의 학자와 상인과 다양한 형태의 이주자들을 받아들이는 한편 인도인들은 동남아를 여행하면서 자주 여러 인근 지역들을 드나 들었다. 일반적으로 인도의 무역상인과 승려 등이 가져

온 인도문화의 여러 요소를 동남아 군소왕국의 군주들이 이를 적극적으로 받아들였다. 이러한 과정을 통해서 동남아는 점차 '인도화' 되었다고 보는 것이다. 기원전 2세기부터 7세기까지 오늘날의 캄보디아에서 활발한 해상교역의 주역으로 활동을 했던 후난(Funan)왕국의 경우처럼, 인도에서 건너온 승려가 왕이 되었다는 기록이 역사서에 분명하게 남아 있는 예도 있다.

이러한 과정의 인도화에 대해서 일부 학자들은 다른 의견을 제시하고 있다. 이들에 의하면, 동남아의 인도화는 인도의 북서부에서 시작하여 주변지역으로 확산된 브라흐만화(*Brahmanization*)와 같은 현상이 해외에서 발생한 것이라고 보는 견해이다. 즉, 인도로부터 시작된 인도화가 아니라, 동남아 각지의 지역 군주들이 적극적으로 솔선하여 실행에 옮긴 과정에서 인도화가 이루어진 것이다. 이와 같이 '동남아 고유의 독창력'이 인도화를 주도하였음을 강조하는 반 로이어(van Leur)의 주장이 오늘날 동남아학 연구에 크게 공헌한 것으로 여겨진다.

이들 학자들은 일찍부터 시작된 인도의 동남아에 대한 교역활동은 인정하지만, 교역 자체를 인도문화에 의한 인도화의 결정적 근거로 삼을 수는 없다는 것이다. 이들의 견해는 지금까지의 학자들이 보통 생각하고 있는 것보다는 훨씬 더 동남아 토착민들의 적극적인 역할을 인정하려고 하는 것이다. 무역 상인들이 내도(來到)했다는 것만으로는 인도문화의 심층적인 영향을 모두 설명할 수는 없다는 것이다. 그래서 동남아의 군소왕국에서 역(逆)으로 인도에 사절단을 보내거나 어떤 특별한 목적을 위해서 인도에 들어갔을 것으로 생각하는 것이다.

이들이 여기에서 주목하는 점은 인도화가 결코 인도인에 의한 동남아의 정복이나 식민지화에 의해서 이루어진 것이 아니라는 점이다. 그 예로 동남아인들이 인도로부터 힌두교와 불교를 수용하였지만, 동남아에는 두 종교가 대체로 혼합된 신앙형태로 존재하고 있으며 이러한 형태는 인도에서는 찾아볼 수 없다는 점이다. 이는 불교가 가지고 있는 보편타당성이 계급제도를 기반으로 하는 인도가 아닌 다른 지역에서 꽃피울 수 있었다는 것과, 인도화가 수동적 현상이 아니라 동남아 토착민들의 주체적인 선택과 그들의 선택이 작용하였다는 것이다. 또한 인도로부터 들어온 종교는 남성 지배적이었지만 동남아의 전통사회에서는 여성이 중심이 되어 있었고, 이러한 전통은 계속 유지되고 있다는 점에 유의하고 있다.

결론적으로 말하자면, 동남아의 인도문화 수용의 특징은 정치적으로 속령(屬領)이 되어 지배된 경우와 유사한 인도화가 아니고, 교역망이 발전하면서 인적 왕래가 빈번해 지고 동시에 많은 인도의 승려가 동남아에 정착함에 따라 전파되었다는 것이다. 실제로 해상 교통로였던 말라카 해협 인근의 말레이 반도에서 발흥한 군소왕국들은 이주자나 혹은 토착 여성과 혼인한 사람들이 큰 역할을 하였다. 예를 들면, 동남아의 초기 왕국인 후난(Funan)의 인도화가 본격화 된 계기는 인도 승려인 카운딘냐가 현지의 왕녀와 결혼하여 왕에 오르면서 시작된 것으로 알려지고 있다. 이와 반대로 인도에 가서 종교와 학문을 배우고 돌아와 종교지도자가 되거나 군주가 된 경우도 있다. 전자의 경우처럼 인도인의 적극적인 문화활동이 '인도화'에 작용하였는지, 아니면 후자의 경우처럼 토착민의 주체적 문화수용의 의지가 '인도화'에 작용하였는지는 더 많은 연구를 필요로 하는 부분이다.

IV. 인도화의 실체

1. 인도화의 물증들

오늘날까지 동남아 각지에는 인도화를 나타내는 많은 유물과 유적들이 남아 있다. 보로부두르(Borobudur)로 대표되는 중부 쟈바의 유적과 캄보디아 앙코르 와트(Angkor Wat)의 유적 그리고 베트남 각지에 널려져 있는 참파(Champa) 유적들이 대표적인 것이다. 이들 인류문화 유산이 물론 모두 동남아의 인도화를 대변할 수는 없으나, 동남아를 대표하는 이들 고대 유적들이 많게건 적게건 인도문화의 영향을 받았다는 사실은 분명하다.

2세기 중엽까지 거슬러 올라갈 것으로 보이는 산스크리트어로 된 인장(印章)이 오늘날 남부 베트남의 코친차이나 지방에서 발견되었고, 2-3세기경에 제작된 것으로 보이는 불상도 같은 지역에서 발견되고 있다. 동남아에서 발견된 최초의 산스크리트어 비문(碑文)은 3세기 전반기까지 거슬러 올라가는데 오늘날의 캄보디아 여러 지방에서 발견되고 있다. 그 이후의 것으로 믿어지는 산스크리트어 비문들이 베트남 이외에도 미얀마 · 말레이 반도 · 인도네시아 등지에서 발견되고 있다.

쟈바에서 찬디(Chandi)는 신전(神殿)과 왕실의 무덤을 결합시킨 것으로 보인다. 같은 선상에서 보면, 사일렌드라(Sailendra) 왕조 때 축조된 보로부두르 사원의 복잡한 상징은 불교의 우주론(宇宙論)과 선왕(先王)에 대한 숭배를 결합시킨 것이라는 추론이 가능하다. 쟈바 신전의 그림들은 주로 『마하바라따(Mahabarata)』와 『라마야나(Ramayana)』의 서사시적인 내용과 붓다의 전생(前生)을 그린 『자따까(Jataka)』에서 차용(借用)한 것이다. 자따까는 흔히 본생담(本生譚)으로 번역되고 있는 붓다의 이야기다. 인도문학의 영향은 인도의 고전 『마하바라따』 등이 다양한 형태와 여러 유사한 이름으로 바뀌어 타이 · 미얀마 · 캄보디아 · 쟈바 · 말레이 반도 등지로 전파되었다.

이와 같은 동남아의 인도화는 어떤 동남아 국가의 어느 특정한 시기를 관찰하면서 인도문화의 영향이 어떤 하나의 종교에 의한 것으로 속단하기 어렵다. 이 경우는 단순한 종교로 한정적인 역할을 한 것이 아니라 당시 사람들의 가치관과 우주관으로부터 정치·경제·행정조직·과학기술·예술·언어와 문자에 이르기까지 복합적으로 나타나고 있기 때문이다. 이러한 형태의 인도화는 크게 네 가지로 나누어 볼 수 있다. 첫 째는 힌두교·불교 신앙으로 특징 지워지는 왕권개념이며, 둘째는 산스크리트어의 사용을 통한 문학적 표현 방식이며, 셋째는 서사시 형태로 산스크리트 문헌에서 받아들인 다양한 신화적 내용이며, 넷째는 마누 법전(法典)을 비롯한 법전류의 등장이다.

베트남에서 미얀마에 이르는 인도챠이나 반도·말레이 반도·인도네시아의 여러 섬 지역은 역사시대 이후의 중요한 유적이나 유물이 대부분 인도에서 유래한 종교예술이다. 중국의 문화적 영향이 짙은 베트남 북부를 제외한 대부분의 동남아 지역은 인도문화의 영향을 받아서 언어·종교·정치제도 등 모든 분야에서 토착문화에 인도적 요소가 깊게 스며들어 인도화로 불리는 문화융합을 이루었다. 중국인과는 달리 인도인들은 동남아의 영토를 침범하지는 않았다. 그러나 인도인들의 문화적인 유산은 이곳에서 중국문화 보다 깊고 넓게 자리 잡고 있다. 베트남·캄보디아·태국·미얀마·수마트라에서의 경우나, 그리고 쟈바의 군소왕국들은 인도의 종교와 정치사상을 최대한 이용했던 것이다. 인도문화의 해외로의 확산에 대한 역사는 오늘날까지 총체적으로 다뤄지지 않았다. 그런데 한 가지 분명한 것은 기원 전후로 한 시기에 인도네시아와 인도챠이나의 여러 인도화된 왕국의 성립은 분명하게 인도와의 접촉에 의한 결과가 분명하다는 것이다.

동남아는 인도와 중국의 중간지대에 위치하여 문화적인 면에서 두 나라의 영향을 크게 받아왔다. 이 지역의 명칭인 인도챠이나(Indo-China)에서 차이나(China)는 물론 중국을 의미하지만, 인도(Indo)나 인도네시아(Indonesia) 같은 명칭은 인도의 영향을 폭넓게 의미하는 것으로 동남아에는 이처럼 인도의 이름을 딴 것이 많다. 인도네시아의 중부 쟈바 요그

야카르타(Yogyakarta)와 태국의 아유타야(Ayuthaya)가 이런 예에 속한다. 이들 두 도시는 각각 인도네시아와 태국을 대표하는 문화도시인데, 크게 번성한 인도 고대왕국의 하나인 아요댜(Ayodya) 왕국명에서 차용한 것이 오늘날 같은 도시명(都市名)이 된 것이다. 동남아는 북쪽으로부터 중국문화의 영향을 받은 것처럼 서쪽으로는 인도문화의 영향을 받았다. 나아가서 동남아는 중국과 인도의 교차 지역에서 양대 문명의 연결고리 역할을 하였다.

역사시대에 동남아 전 지역에 걸쳐 뚜렷하게 나타난 문화적인 현상은 인도문화의 빠른 파급과 그 수용이다. 베트남 등 중국 남서부의 일부 종족을 제외하고 대부분의 동남아는 군소왕국과 그곳의 거주민들이 모두 인도문화의 영향을 받았다. 이들의 문화유적이 거의 모두 인도문화에 바탕을 두고 있다는 사실이다. 독일의 민족학자 아돌프 바스티안(Adolf Bastian)이 동인도제도(*East Indies*) 또는 외인도(外印度)라고 칭한 지역에 위치한 나라에 인도네시아(Indonesia)라는 명칭을 붙인 것도, 이 지역이 인도문화의 전파지역이었다는 사실에 착안하였기 때문이다.

동남아에서 인도문화의 확산과 전파는 이곳의 지명(地名)이 산스크리트어에서 기원하는 경우가 많다는 점에서 잘 나타나 있다. 예를 들어 말레이(Malay)는 남인도 드라비다어로 산(山)을 뜻하는 말라이(Malai)에서 유래한다. 이것이 산스크리트어로 말라야(Malaya)가 되었는데, 이는 남인도의 서(西)카츠(Western Ghauts) 산맥의 남부지역을 지칭한다. 수마트라 동부 지명인 인드라기리(Indragiri)는 산스크리트어 그대로 '인드라신(神)의 산'이라는 뜻이다. 싱가포르(*Singapore*)는 산스크리트어로 '사자의 마을'을 뜻하는 싱하뿌라(Singhapura)에서 따온 것이고, 스메루(Smeru)는 인도신화에서 우주의 중심이라는 수메르(Sumer) 산에서 유래한 것이다. 이 외에도 산스크리트에서 유래한 명칭은 동남아의 어디를 가든지 쉽게 발견할 수 있다.

종교와 예술 분야에서뿐만 아니라, 동남아 여러 나라의 문자도 직간접적으로 인도문화의 영향을 받았다. 미얀마 문자·타이 문자·라오스 문자·캄보디아 문자는 언뜻 보기에는 매우 다르지만, 모두 남인도의 드라비다 문자에 기원을 두고 있다. 그 가장 오랜 형태는 남인도의 그란타(Grantha) 문자이다. 이 문자는 인도 고대문자인 브라흐미(Brahmi) 문자의 남부형태로 다양하게 변이(變異) 되었으며, 오늘날 인도 남부의 드라비다어 계통인 말라얄람(Malayalam)어나 뗄루구(Telugu)어를 표기하는 문자도 그란타 문자에서 나왔다. 이 문자는 빨라바 왕조의 융성과 당시 해상교통 발달로 동남아 여러 지역으로 전파되어 쓰이게 되었다. 그런 이유로 동남아 지역에서 발견된 가장 오래된 비명(碑銘)은 대부분이 그란타 문자를 사용하고 있다. 뿐만 아니라 오늘날 사용되고 있는 타이 문자와 미얀마 문자 이외에 수마트라의 바딱(Batak)족들이 사용하는 문자나 발리(Bali) 문자 등은 모두 그란타 문자에서 유래한 것이다.

2. 힌두교의 수용

동남아 원주민들은 대체로 양호한 자연환경 속에서 생활해 왔으므로, 신앙적으로 애니미즘(*animism*)적인 관념을 가지고 있었다. 모든 자연현상을 신격화하였으며, 조상숭배의 신앙을 가지게 된 것이다. 이러한 바탕위에 기원 전후의 시기에 힌두교와 불교라는 새로운 종교가 들어오게 된다. 이들 두 종교는 공히 동남아와 유사한 풍토의 인도에서 성숙된 내세관(來世觀)을 중시하는 발달된 종교이다. 따라서 힌두교와 불교는 동남아 원주민의 원시신앙과 잘 융합되어 급속하게 확대되기에 이르렀다. 힌두교는 특히 쟈바(Jawa)와 수마트라(Sumatra)에서 번성하였는데, 오늘날까지도 인도네시아의 발리(Bali)에서는 힌두교가 성행하고 있다. 한편, 불교는 상좌부불교를 주축으로 하여 인도챠이나 반도

서부에서는 오늘날까지도 국교(國教)적인 위치에 있다. 그러나 베트남 북부지역은 중국에서 역수입된 대승불교가 중심이 되고 있다. 이들 외래종교는 원시종교와 융합해서 동남아의 전 지역에서 대부분의 주민들의 일상생활을 지배하고 있다.

동남아에서는 인도의 단일 종교를 받아들인 것이 아니라 브라만교·힌두교·불교 등 다양한 종교와 신앙적 요소가 융화된 종교사상을 받아들였다. 브라만교라는 명칭은 원래 불교와 자이나교 등의 비(非)브라만적 종교·비(非)아리아(Arya)적 토착신앙·이슬람교 등의 외래종교와 구별하기 위해서 유럽인들이 편의상 사용한 브라만이즘(*Brahmanism*)의 역어(譯語)이다. 그러므로 이러한 종교가 특정한 교단을 만들어 존재했다고 보아야 하는 것은 아니다. 오늘날까지도 브라만교를 종교(宗教) 영역으로 한정할 지, 아니면 브라만이 남긴 정신적·문화적 유산까지 포함할 지에 대한 논란이 있다. 종교의 영역으로 한정한다면, 기원전 10세기경에 브라만 계층에 의해서 형태가 갖추어진 베다(Veda)경(經)에 기원을 두고 기원 4세기경 힌두교로써 확립되기까지의 브라만 중심의 종교사상을 브라만교라고 보는 것이다.

인도화의 가장 중요한 매체는 힌두교와 불교였다. 이들 두 종교가 강조하는 사상이 좀 달랐지만, 오랜 시기에 걸쳐 동남아의 문화를 일구어 내는 동안 이들은 조화롭게 공존해 왔다. 그리하여 힌두(Hindu)의 동식물 숭배·정령신앙·주술(呪術) 등을 포함한 다채롭고 풍부한 다신교관(多神教觀)과 이를 인격화해서 숭배하는 삼신일체(三神一體) 신앙, 그리고 종교적 내세관을 포함하는 불교사상이 총망라되어 동남아에 소개된 것이다. 특히 동남아의 일반대중에게는 통속적인 힌두신들의 모습이 쉽게 받아들여졌다. 예를 들어, 파괴(破壞)와 재생(再生)의 신인 쉬바신은 남근(男根)을 상징하는 링가(linga) 형태로 쉽게 받아들여졌다. 동남아에 소개된 힌두교에서는 특히 우주 파괴자의 이미지가 강한 쉬바가 이들에게 강력한 인상을 주었다. 생성과 파괴라는 속성을 가진 쉬바 신은 농경의 현상과 쉽게 연결되어 농경의례와도 깊은 관련을 갖게 되었다. 특히 풍작(豊作)과 다산(多産)의 의미와 결부되어 쉬바의 링가숭배는 널리 행해졌다. 비쉬누 신은 세상을 구제하는 신이자 자애의 신이지만, 그의 모습 속에서 사람들은 현세의 행복이 기대된다고 생각할 수 있었다.

인도에서는 원래 창조의 신 브라흐마(梵天)는 최고신(最高神)이자 우주의 주재신(主宰神)으로 쉬바(파괴의 신)·비쉬누(번영의 신) 신과 더불어 삼신일체의 혼합적으로 통일된 신성(神性)을 만들어 냈다. 이러한 사상은 동남아에서 지배자들이 민중들의 세속(世俗) 세계에 현세적 통일체계를 만들어 통치자의 존재의미를 정당화하는 역할을 하였다. 그리고 여기에는 전문적인 사제(司祭)가 중요한 역할을 하였다. 동남아의 통치자들이 1세기경부터 적극적으로 남인도의 여러 왕들을 본받기 위해서 지식과 행정에 뛰어난 인도 승려들을 자신들의 궁정으로 맞아들인 이유가 여기에 있었다.

인도챠이나뿐만 아니라 동남아 전체에서 인도문화가 어떻게 쉽고 빠르게 확산되었는가 하는 점을 이해하려면, 우선 비(非)아리야적인 인도문화 요소와 몬순(*monsoon*)기후대에서 생존해 온 동남아인들의 생활문화가 많은 공통점을 가지고 있음을 이해해야 할 것이다. 동남아인들은 이질적인 문화처럼 보이는 인도문화의 영향에 어떤 반응이나 행동을 취하지 않았던 것으로 보인다. 토착군주들은 힌두교나 불교의 특정한 철학적·종교적 이론에 매력을 느끼고 이를 옹호하면서 받아들였다. 인도의 영향아래 있기까지 토착군주들은 통치력을 갖춘 행정체계를 갖추고 있지 못했다. 그러나 왕에게 신성한 권위를 부여하기 위한 철학적 사상이 뒷받침됨으로써 마치 유럽 중세에 기독교적 교권국가(敎權國家)가 출현한 것처럼 동남아에는 인도화(*Indianization*)된 수많은 왕국들이 출현하게 된 것이다.

3. 불교의 수용

붓다는 자신이 깨달은 바를 알리기 위해 열심히 포교활동을 하였으며, 불교 공동체인 상가(sangha)는 승가(僧伽)를 뜻하는데 포교에 효과적으로 활용되었다. 붓다의 추종자들은 반드시 출가하여 상가에서 생활해야 했는데, 그 후로는 속세로 돌아가 중생의 안녕을 위해서 노력하였다. 이러한 정신이 아쇼까(Asoka) 대왕으로 하여금 포교활동을 적극적으로 할 수 있게 한 것이다. 아쇼까 대왕에 의한 제3차 불전결집과 더불어 9개국에 불교 전도사를 파견한 것은 불교사(佛敎史)에서 가장 중요한 사건 중의 하나이다. 붓다로부터 이어져 아쇼까 대왕에 의해서 크게 번성한 포교활동은 이후 불교 역사의 특징을 이루었으며, 불교를 동남아의 다른 종교와 구별되게 하는 한 요인이 되었다.

인도인의 동남아로의 이주 원인에 대해서는 아직 정확하게 규명되지 못하고 있다. 그러나 아마도 인구증가로 인한 내부압력이나 남인도 국가의 국력신장에 따른 자연스런 팽창일 것이다. 아니면 북부인도로부터 일기 시작한 정치적 동요의 파장이 남인도를 거쳐 동쪽으로 밀려 왔을 것이다. 또한 이런 요소들이 동시 다발적으로 일어났다고 볼 수 있으며, 여기에 불교가 큰 역할을 했을 것이다. 불교는 혁신적인 종교로서 힌두교에 의해서 지배되는 사회적 악습을 일소하면서 새로운 분위기를 만들어 냈기 때문이다.

인도 밖으로의 불교포교는 승려들에 의해서만 전개된 것이 아니다. 동남아의 많은 지역은 인도의 개척자들과 교역 상인들에 의해서 불교가 소개되었다. 그들은 힌두교뿐만 아니라 전륜성왕(轉輪聖王)의 개념·상업 노하우·학문·과학 기술 등을 총망라하여 전했는데, 특히 붓다의 가르침은 가장 중요한 인도문명의 하나로 동남아 사회에 깊은 영향을 미치게 된다. 대륙부 동남아에서는 마침내 상좌부 불교가 전파되면서 불교가 우위를 차지하게 되지만, 인도화된 해양부 동남아국가에서는 힌두교가 불교와 융합되어 다소 상이한 문화적 유산을 남기게 되었다.

인도와 동남아 여러 지역 간의 해상교통로에 의한 접촉은 역사 자료에 분명히 기록되어 있는데, 기원전 2세기로 거슬러 올라간다. 『한서(漢書)』에는 중국 남방의 연안 지역에서 인도-차이나 해상을 남하하여 말레이 반도를 돌고 벵갈만으로 들어와 남인도의 칸치푸람에 이르는 교역로가 기록되어 있다. 그 후, 인도의 정치, 행정의 이념과 조직, 종교적인 사상과 신앙, 미술, 언어와 문자, 그 밖의 총체적인 문화는 동남아 각지에 전파되었다. 인도의 식민 국가는 없었지만, 인도 상인으로 동남아 현지에 거주하던 사람들이 있었음은 이미 잘 알려져 있고 이들에 의해서 동남아는 다양한 인도 문화를 받아들이고 있었다.

종교에 한해서 말하자면, 힌두교의 신(神)들과 관련된 의례(儀禮)와 힌두신들의 신화(神話)와 나아가서 힌두교의 세계관은 동남아 곳곳에 다양한 영향을 미쳤다. 불교 또한 인도 문화의 한 요소로서 수용되었다. 초기에는 스리랑카의 상좌부 불교가 받아들여졌다. 대승불교나 밀교(密教)도 인도에서 성립됨에 따라 곧 동남아로 전파되었다. 이러한 불교의 여러 종파와 힌두교가 동남아에서 어떻게 공존했는지, 또는 충돌이 있었는지 자세한 것은 알 수 없다.

그러나 오늘날의 라오스를 포함한 태국·캄보디아·미얀마 등에서는 종교적으로 매우 혼란스러운 상황에서 국가적 영웅이 등장하여 상좌부 불교를 국교로 정하고 왕국의 융성에 힘썼다고 설명하고 있다. 종교적 이유만이 아니라 다양한 정치적이고 사회적 배려도 당연하게 있었지만, 동남아의 남방불교(南方佛教)는 처음부터 상좌부의 가르침이 자연스럽게 전파된 것이 아니다. 혼란스러운 정치적·사회적 변화 속에서 상좌부 불교가 선택되어 국가종교로 발전한 것이다.

국가종교가 세속화되고 타락하면, 이를 바로잡는 일이 군왕과 왕가와 상가에 의해서 시도되었다. 당시 비구승(比丘僧)의 신앙생활은 지역에 따라 약간의 차이는 있었으나, 궁극적으로는 인도에서 전래된 율전(律典)이 이들의 규범이 되었다. 율전 없이 수행자의 자각에 맡긴다는 주관적인 계율관이 지배했다면, 동남아의 불교는 오늘날과 같은 비교적 단일한 형태로 전승되지 못하였을 것이다. 지나치게 형식적이라고는 하지만, 상좌부 불교에 있어서 율전의 존재 가치는 매우 큰 것이다.

동남아에서 불교는 크게 상좌부불교와 대승불교로 나누어 생각해 볼 수 있는데, 대승불교는 캄보디아와 인도네시아의 고대 왕국에서 중요한 역할을 하였다. 그러나 오늘날 대승 불교는 오직 북부 베트남 통킹(Tonkin) 지역에서만 찾아볼 수 있는데, 통킹 지역의 불교는 전통적으로 중국문화화 된 형태로 도교(道敎)의 영향을 받았다.

상좌부불교는 주로 인도의 빨라(Pala, 750-1200) 왕조 때 동부 인도와 스리랑카로부터 전래되었다. 이 상좌부불교는 힌두교와 대승불교 아래에서 발전된 정치문화를 근본적으로 변화시키지 않은 채 대부분의 동남아 불교를 개혁하였다. 붓다의 교리에 최대한으로 가까이하려는 상좌부불교는 어느 사상이나 믿음에도 의탁하지 않고 자신의 구원을 위해서 열심히 정진(精進: Vtrya)할 것을 요구한다. 상좌부불교의 교리는 신으로부터 받는 것이 아니고 교육되는 것이기 때문에, 이것은 권력의 정치적 구조로 해석할 수 있는 위계질서의 개념을 발전시켰다.

동남아에서 상좌부불교를 받아들인 대표적인 나라는 미얀마(버마)의 버강(Bagan) 왕조와 타이의 수코타이(Sukhothai) 왕조이다. 상좌부불교는 버강 왕조 이래 전통적으로 미얀마의 종교가 되었으며, 대략 13-14세기 이후에는 캄보디아, 라오스 그리고 타이의 중심종교가 되었다. 역사적으로 볼 때, 상좌부불교는 타이 · 라오스 · 캄보디아 왕국의 국교로써 군왕과 왕국으로부터 막대한 후원을 받았다. 후일 미얀마에서는 불교 부흥운동이 미얀마 민족주의와 발맞춰 전개되었다.

상좌부불교의 전개과정을 보면, 스리랑카로부터 타이와 미얀마 남부 연안지대의 몬족에 의해서 수용되었고, 크메르족 · 타이(Siam)족 · 버마족으로 퍼져 나갔다. 이미 5세기 경 미얀마 쀼족이 세운 왕국과 6세기 경 타이 남부 몬족의 왕국에 상좌부 불교가 전하여졌음을 빨리어 비문(碑文)이나 각문(刻文)을 통해서 짐작해 볼 수 있다. 미얀마 남부의 연해부 몬족의 따통(Thaton)이나 바고(Pegu)에서도 11세기까지 상좌부 불교를 기초로 하는 불교문화가 번영하였다. 버마족은 9-10세기경 쀼족의 나라가 붕괴한 후 남쪽으로 진출하여 11세기 중반 북부 미얀마의 버강(Pagan)에 아노라타(Anoratha) 왕이 통일국가를 건설하기에 이르렀으며, 왕권과 결합하여 상좌부불교가 확고한 지위를 얻게 되었다.

타이족도 버마족보다 2세기 정도 늦었으나 미얀마와 거의 같은 과정을 거쳐 불교 왕국이 되었다. 수코타이는 남서쪽 연안(沿岸)까지 지배권을 넓혀가는 과정에서 상좌부불교를 흡수하였다. 13세기 말 수코타이의 람캄행 대왕의 비문 등 태국문자로 된 사료(史料)는 민중들의 생활로부터 왕권까지 완전히 상좌부 불교화한 모습을 전하고 있다. 또한 람캄행 대왕은 스리랑카의 상좌부불교를 도입하기 위해서 승려를 초빙하고 있다. 14세기 중반에 짜오프라야(Chao Phraya) 하류 지역에 세워진 아유타야 왕국도 상좌부불교를 보호하고 육성하였다. 왕권 스스로가 불교를 숭배하는 솔선자임을 자처하면서 불교적 질서를 왕권 신장의 기반으로 삼았다.

그리하여 미얀마에서와 같이 타이에서도 상좌부불교의 왕권사상이 채용되었다. 그것은 왕권과 상가의 관계를 주축으로 하고 있다. 사실 고대 인도에서와는 달리 스리랑카와 동남아 국가는 상업적으로 발전도상에 있었으므로 상가의 가장 강력한 후원자는 왕이 될 수밖에 없었다. 왕과 귀족이 사는 수도는 힌두·불교적 대우주를 지탱하고 거기로 통하는 소우주라는 사고방식에 의존하여 세워진 도성으로써 그것이 곧 나라(negara)였다. 자연적인 것이나 혹은 인공적으로 만든 높은 언덕에 중앙사원을 축조하고, 이를 중심으로 만들어진 도성의 모양은 성벽을 쌓고 성벽 바깥에 큰 도랑을 파서 호수처럼 만들어 놓음으로써, 신성한 힌두·불교적 우주를 뚜렷하게 상징하려고 했다.

어쨌든 이러한 인도의 종교문화는 토착의 정치세력을 강력한 왕권으로 포장하는데 편리한 권위관념을 부여함으로써 왕조국가의 출현과 사회질서의 확립에 도움이 되었다. 따라서 도시에 사는 왕·귀족·고급관리와 일반 대중과는 점차로 엄격하게 구분되었다. 이처럼 불교의 수용은 민중사회의 단계에서 시작되었으나 결국은 왕권확립이라는 명제에 밀려 왕권의 주도 하에 본격화되었다.

동남아의 인도화에 힌두교와 불교 등 인도의 종교를 따르는 승려들의 역할이 절대적이었다. 이들은 정치체제의 정비와 확립에 크게 공헌하였다. 그런데 동남아의 인도화된 여러 나라에서는 힌두교와 불교가 혼합되어 일체화하면서 한 문화의 두 측면과 같은 형태로 수용되었다는 사실이다. 오늘날 태국의 예를 보더라도 왕의 즉위식이나 왕이 서거했을 때의 국장의식은 힌두 승려에 의해서 힌두교 방식의 의식으로 행하여지지만, 대부분의 국사(國事)와 관련된 의식은 불교 방식으로 왕궁사원에서 행해지고 있다. 그러므로 같은 인도문화로서 이들 종교는 보완적으로 평화공존하고 있다고 할 수 있다.

다른 예로 미얀마의 경우 왕권을 보호 유지해 주는 종교적인 힘으로 힌두교와 불교라는 두 가지의 분명한 근거가 있다. 그런데 이들은 서로 논리상의 관계가 있지 않으며, 여러 면에서 모순되는 원리를 바탕으로 하고 있다는 사실이다. 힌두 왕권의 전통은 왕에 대한 신성한 지위에 바탕을 두고 있다. 그리하여 왕궁에서는 힌두 사제의 협조로 왕궁의 권위를 나타내는 신비(神秘)한 주술적(呪術的) 힘이 강조되었다. 이에 비하여, 불교 왕권의 전통은 믿음의 수호자, 파고다(pagoda)의 건립자, 상가의 보호자이자 후원자와 같은 지도자의 기능이 강조되었다. 물론 이들 두 종류의 종교적인 재가는 미얀마에서는 왕에 대한 경배의 태도로 합체되었다.

또 다른 예로 쉬바 신과 붓다의 긴밀한 관계를 말하는 쉬바·붓다 신앙은 특히 인도네시아 쟈바(Jawa)에서 드러나는 독특한 종교적 특색이다. 이렇게 된 배경에는 근본적으로 힌두교와 불교가 하나의 뿌리에서 나왔다는 점도 있지만, 인도에서 불교와 힌두교가 종교적으로 혼합되었기 때문이다. 결과적으로 동남아에는 '힌두교의 세계'가 먼저 형성되었고, 이어서 '불교의 세계'가 형성되었다. 그리고 역사적으로 보면 결국 동남아는 힌두교와 불교가 공존하는 세계가 형성되었던 것이다.

V. 인도화의 역할

1. 인도화의 진행과정

동남아의 통치자들은 인도의 승려를 고용하거나 자신들이 거느린 엘리트들을 인도로 보내서 다양한 지식과 발달된 문물을 받아들였다. 이러한 반복된 과정을 통하여 동남아는 자연스럽게 인도화가 진행되었다. 이렇게 동남아의 통치자들이 인도의 승려를 초청함으로써 그들이 가져온 인도문화가 동남아 대부분 국가의 궁정에 전해지게 되었다. 동남아인들은 인도인들로부터 철학·신화·언어·문자·사원건축·조각·법률 그리고 정치이론 등 모든 면에서 새로운 문화를 받아들였다. 특히 불교와 힌두교가 이 지역에서 나란히 그 세력을 확장해 가면서 왕권의 신성함을 강조하는 인도인의 의식은 이 지역의 통치자들에게 큰 영향을 주었다. 이들은 바이욘의 경우처럼 스스로를 붓다와 같은 모습을 하거나 아니면 힌두의 신인 비쉬누와 쉬바를 사서하며 거대한 기념비를 세웠다.

동남아에 있어서는 힌두교와 불교의 차이점을 명확히 구분하여 선을 긋기가 어렵다. 특히 불교는 밀교(*Tantrism*)의 영향을 받았다. 그래서 이곳 불교의 밀교화(密教化)된 모습은 쟈바에서 흔히 볼 수 있는 쉬바-붓다(Siva-Buddha) 신앙의 힌두교와 크게 다르지 않음을 알 수 있다. 상좌부불교가 국교적 위치를 차지하던 미얀마 · 태국 · 캄보디아 등에서도 브라만 사제는 특히 궁정의 행사에서 빼놓을 수 없는 중요한 역할을 하였다. 이와 같이 불교와 힌두교가 동시에 공존하면서 서로 보완적인 형태의 모습을 갖추고 있는 것이 동남아 종교의 중요한 특색의 하나로 인도의 경우와는 매우 다른 모습이다.

인도의 예술형태도 이곳에서 크게 번창하였다. 그 이유는 이들 통치자들이 인도의 매우 발달한 종교의식과 신화 · 신학에서 그들의 통치권을 합법화하고 확장시키는 방법을 알아냈기 때문이다. 종교예술과 건축은 속세의 권력과 동떨어진 것이 아니라 오히려 밀접하게 연관되어 있었다. 캄보디아의 사원도시인 앙코르 와트와 앙코르 톰은 제왕숭배의 중심지였다. 이 도시들은 종교적인 기본 관념에 따라 배치되었고, '사원(寺院)의 산(山)'이라는 의미를 지닌 앙코르 와트(Ankor Wat)와 조화를 이루는 우주와 왕국의 소우주였다. 보살(관자재보살)의 관을 쓴 바이욘(Bayon)의 초월적인 얼굴은 만물을 내려다보는 왕 자신의 모습과 똑같이 만들어졌다.

이런 자신의 권위를 강하게 내세우는 제왕들이 많았기 때문에 동남아 각지에서 발견되는 상당수의 신상(神像)들은 사실상 왕 자신의 형상이다. 그것은 속세의 권력과 초월적인 영적 권위에 대한 고대의 관념을 합리화시켜 대변한 것이었다. 불교의 경우는 지금까지도 붓다의 가르침을 따를 것을 강조함으로써 비정치적인 속성을 그 특징으로 하며, 초기 불교는 이를 충분히 입증해 보이고 있다. 그러나 동남아의 불교국가에서 종교적인 요인이 정치·사회적 변동에 상당히 중요한 힘으로 작용하고 있음은 아이러니가 아닐 수 없다.

앞서 언급한 것처럼 기원전 1-2세기경 동남아에는 인도 상인들의 활발한 활동과 함께 힌두교와 불교가 널리 전파되면서 사회구조 면에서 뚜렷한 특징이 드러나기 시작한다. 곳곳에 인도화된 왕국들이 등장하여 이전까지의 형태인 부족단의의 작은 마을이 점차 통합되기 시작했던 것이다. 인도화를 통하여 부족 집단 사이에 신격화된 왕권이 확실하게 형성되었으며, 여러 지역에서 고대국가가 출현하게 되었다. 신격화된 왕권이 강력하게 형성되면서 그곳에서는 인도에서 최상위의 계급인 브라만들의 신앙이었던 브라만교에서 발전한 힌두교와 불교가 혼합되어 귀족문화를 형성하였다.

인도화가 진행된 것은 왕족이나 소수의 지배층과 그들의 사회였으므로, 일반 대중은 마을 공동체에서 예로부터 지켜온 관습을 고수하는데 불편함이 없었다. 그러므로 일반대중은 새로운 문화로부터는 그다지 큰 영향을 받지 않았다. 즉, 대다수 농촌의 일반대중은 인도화 영역의 밖에 떨어져 있었다. 한편 인도화한 왕족이나 귀족, 그리고 관리들은 일반대중과는 더욱 뚜렷한 상층계급을 형성하게 되었다.

인도의 최고 카스트에 의해 주도된 신앙인 브라만교는 본질적으로 귀족계급을 위한 종교로 받아들여졌으며, 힌두교나 불교도 역시 브라만교처럼 초기 귀족문화를 형성하는 종교로서의 역할을 하였다. 한편, 오랜 세월이 흐르면서 동남아 일반대중의 생활문화에 인도화의 영향이 서서히 그 모습을 드러내게 된다. 인도종교의 영향은 오랜 세월이 흐르면서 서민들의 생활이나 사상에 서서히 스며든 것이었다. 일반민중의 전통신앙이나 관습인 정령숭배·농경의례 등은 그대로 유지되면서 인도문화는 오히려 이들 고유의 전통을 풍부하게 하였다.

동남아는 인도로부터 많은 것을 받아들이고 있는데, 그 중에서도 가장 중요한 것은 왕권사상일 것이다. 왕권사상은 힌두교의 주요 신인 쉬바나 비쉬누 신과 현실의 왕을 하나로 묶는 사상으로, 여기에는 힌두 신관(神觀)의 특징인 화신(化身: *incarnation*)개념이 도입되었다. 그 결과 왕이 있는 곳은 우주의 중심이고, 그가 지배하는 나라는 우주 전체라고 인식되어 그것이 그 나라를 지배하는 근본적인 사상이 되었던 것이다. 화신은 권화(權化) 혹은 현현(顯現)으로 표현하기도 한다.

결국 동남아에 있어서 인도화의 내용과 역할은 앞에서 말한 대로 크게 네 가지로 요약할 수 있다. 첫째, 힌두교와 불교가 전파되면서 왕권개념이 도입되었고, 둘째, 문자와 더불어 산스크리트어가 전해지면서 인도의 문학적 표현방식이 도입되었으며, 셋째, 『바하바라따』와 『라마야나』로 대표되는 인도의 서사시(Mahakarya)와 뿌라나(Purana)와 여러 산스크리트 문헌에 나오는 신화와 왕족과 귀족사회의 이야기 등이 소개되었고, 넷째, 힌두교에서 말하는 신성한 법을 모아놓은 『마누법전』을 비롯한 법전류(法典類)(Darmasastra)가 알려지게 된 것이다. 마누법전은 기원전 2세기부터 기원후 2세기 사이에 만들어졌는데, 마누(Manu)는 '사람'이나 '인류'를 나타내는 말로 사용되었다. 마누법전은 베다(Veda)문학의 발전과 함께 신성시되어 인류의 시조 또는 온갖 법규(法規)의 최고 권위로 간주되어 인도의 모든 법전 중에서 가장 높은 권위를 부여받고 있다.

2. 상가의 확립과 왕권의 강화

1) 상가(sangha)의 확립과 왕권 강화

상좌부불교에서 상가(sangha)는 비구(比丘)(빨리 계율 227계를 따름)와 사미(沙彌)(20세 미만으로 빨리계율 10계를 따름)로 구성된 출가자(出家者) 집단이며 재가자(在家者)와 엄격하게 구별된다. 비생산자인 출가자는 오로지 교의와 계율을 지키며 불교의 사상을 연구하기 위해서 수행을 행하며, 생산자인 대중은 상가에 보시(布施: dana)를 하는 등 공덕을 쌓는 행위에 의해서 출가자의 생활을 보증한다. 재가자(민중)가 한 시기에 잠시나마 출가하는 것도 공덕의 일부이며, 상가는 공덕을 쌓아 열반의 경지인 해탈(解脫)에 이를 수 있는 기회를 제공해 주는 셈이다. 말하자면, 상가를 통해서 민중은 행위의 결과로써 현세와 내세에서의 행복을 약속 받는 일종의 교환관계이다.

이 관계는 또 국왕을 정점으로 형성된 위계적 사회질서인 국가와의 관계로 볼 수 있다. 국왕을 필두로 해서 국가는 상가에 물질적으로 후원하고, 정신적으로도 그 가치를 공인하고, 법률적으로도 모든 것을 보증하는 등의 비호를 해왔다. 대신 상가는 위계질서의 정점에 있는 국왕을 전세(前世)와 현세(現世)에서 최대한의 공덕을 쌓은 최고의 불교도로서 권위를 부여했다. 이처럼 상좌부불교 국가에서 상가의 역할은 중요한 의미를 갖는다. 국왕은 상가를 후원하고 비호함으로써 상가로부터 이에 상응하는 신성한 권력을 부여받았던 것이다.

결국 동남아 국가에서 왕권의 표준적인 개념에 대한 불교의 공헌은 주로 담마(dhamma)와 도덕적 모범으로서의 지도자의 역할을 강조하고 있다는 것이 주목할 만하다. 왕은 전륜성왕(轉輪聖王: Cakkavattin)으로서 도덕적 규범과 자연과 우주의 원리(dhamma)에 의존한다. 동남아 고대 왕권개념에 기본이 되는 것은 이와 같은 데바라자 의식과 더불어 전륜성왕의 개념이다. 불교도들은 붓다를 전륜성왕에 자주 비유한다. 즉, 전륜성왕은 세간적인 정법왕(正法王)임에 대하여 붓다는 출세간적인 성법왕이라는 것이다. 전륜성왕은 하늘로부터 윤보(輪寶)를 받아 천하를 정복하고 정의와 정법으로 나라와 백성을 통치하는 국왕의 이상상(理想像)인데, 이 전륜성왕의 이상(理想)이 불교 경전에 서술되고 있다는 것은 불교도들의 뇌리에 그려지는 이상적 국왕이 곧 전륜성왕이고, 또 불교도들은 전륜성왕의 출현을 간절히 소망하고 있었다는 점을 시사하고 있다.

인도로부터 동남아에 들어온 종교 가운데 힌두교와 더불어 거대하게 밀어닥친 종교적 · 정치적 파고는 바로 불교였다. 대승불교는 일찍이 5세기경 교역 상인들을 통하여 인도로부터 들어왔다. 대승불교도들의 이상(理想)은 보살(菩薩: Boddhisatta)인데, 이는 해탈은 했지만 모든 생물이 모두 다 함께 들어갈 수 있을 때까지 열반에 들어가지 않겠다고 선언한 인간이다. 그러나 보살에게 신과 같은 특성을 부여함으로써 대승불교는 왕을 데바라쟈(devaraja)라는 힌두교의 개념과 양립하는 붓다 또는 보살로서 왕을 신격화하는 길을 열어 놓았다. 데와 혹은 데바(deva)는 신(神)이며, 라자(raja)는 왕(王)이므로 데바라쟈는 신왕(神王)을 말한다.

3. 데바라쟈의 의식과 왕권의 확립

인도 형태의 정치체제를 갖춘 왕국이 성립되면서 종족과 지역 중심으로 수호신이나 자연 중심의 신앙을 가지고 있던 동남아의 군소 왕국들은 보다 강화된 단일 통치자의 권위아래 통합될 수 있었다. 이들 왕은 왕의 인격과 더불어 왕국의 통합을 상징하는 것과 깊은 관련이 있는 인도의 신에게 헌신하는 종교의식을 자연신(神)이나 인공(人工)으로 만든

산(山)에서 천명하였다. 이러한 관례는 인도챠이나의 인도화된 나라에서 새로운 왕국이나 왕조를 건설하려는 움직임과도 관련이 있다.

이는 토착적 초자연적인 존재를 숭배하는 관습에다가 인도의 왕권개념을 조화시킨 것이며, 통치와 관련하여 백성들을 하나의 통치자 아래 통합시키는 큰 집단의 신을 제공하게 된다. 이러한 의식과 사상은 인도문화 양식의 전형적인 예로 인도챠이나를 통해 확산된 이 두 문명 간의 상호작용이 초기 인도챠이나 문명을 형성하는데 어떻게 인도문화와 토착의 요소가 각각 역할을 하고 있는지 설명해 주고 있다.

데바라쟈의 엄숙한 의례가 9세기 초 자야바르만(Jayavarman) Ⅱ 세에 의해서 오늘날의 앙코르의 북서부에 있는 프놈 쿨렌(Phnoṃ Kulen)의 마헨드라빠르와따(Mahendraparvata) 산에서 거행되었다. 그 후 역대 왕들은 장소는 다르지만 이와 같은 의례를 행하였다. 그러므로 앙코르의 거대한 사원들은 '신의 왕들'(*god-kings*)로 숭배되던 이들에게 바쳐진 것이다.

캄보디아에서 신왕인 데바라쟈의 개념은 원래 인도의 쉬바 신앙에서 온 것이지만, 인도에서보다 훨씬 더 명확하게 이곳에서 그 모습을 드러내고 있으며, 왕국의 종교의식으로까지 발전하였다. 통치자인 왕의 '핵심적 요체'가 왕국의 수도이자 우주의 중심이라고 여겨지던 중앙에 정확히 위치한 '사원 산'(*temple mountain*) 위에 링가(linga)를 위치시킨다. 쉬바 신의 상징이며 초자연적 실체로서 남성 생식기로 상징되는 링가는 바로 쉬바 신 자체로 받아들여져 앙코르(Angkor) 왕조에서는 힌두 승려에 의해서 의식이 집행된 것이다.

데바라쟈 의례의 가장 중요한 사료는 스독 칵 톰(Sdok Kak Thom) 비문이다. 여기에서 사다쉬바(Sadasiva)라는 힌두 승려가 자신의 가계사(家系史)를 거슬러 올라가 살펴보면서, 데바라쟈 의례를 포함하는 사제의 직무를 수행함에 있어 독점적인 역할을 하였음을 말하고 있다. 이 비문을 통해 우리는 마헨드라빠르와따 산 위에서 신성한 의례가 행하여졌다는 것과 데바라자라는 엄숙한 의식의 목적은 자야바르만 Ⅱ 세가 자바(Jawa)로부터 독립하여 캄보디아로 와서 유일한 시상의 우주적 지배자라고 하는 전륜성왕으로서의 신성함을 나타내기 위함이었다는 것을 알 수 있다. 한편 이 신성화 작업은 쉬바 신상(神像)을 중심으로 그 주위에서 거행되었다. 여기에서 쉬바 신은 '신의 왕'(*god, who is king*), '세계의 주인'(*lord of the world*) 그리고 '지상의 주인'(*lord of the earth*)으로서 캄보디아의 왕들을 보호해 줄 수 있었다.

10세기 전후로 동남아에서 힌두교 예배의식에 대해 가장 폭넓게 논의되고 있는 것이 바로 '데바라쟈(Devaraja)'라는 종교의식일 것이다. 특히 캄보디아에서는 보다 분명하게 데바라쟈 개념이 신격화된 신왕의 의미로 받아들여졌다. 9-13세기의 이 신성화된 왕권의 예배의식에서 우리는 위대한 앙코르 유적의 탄생의 비밀과 고대 크메르 사회에서의 국가 통합원리의 근본적인 요인이 무엇인가를 발견하게 된다. 물론 데바라쟈와 관련하여 '세계의 산(*Mount of World*)'을 중심으로 하는 예배의식이 인도나 동남아에만 존재했던 것만은 아니다. 그러나 캄보디아에서 데바라쟈 의식은 기본적으로 힌두교의 쉬바 종단으로부터 직접 영향을 받은 것이다.

앙코르 와트 사원은 비쉬누 종파의 사원이고 바이욘은 대승불교 사상에 영향을 받아 성립된 것이지만, 쉬바 종단의 데바라쟈 개념은 '비쉬누의 왕(Visnuraja)'과 '불교의 왕(Buddharaja)' 등을 망라하여 여러 모습으로 현현(顯現)되어 그 모습을 나타내게 된다. 이러한 개념은 계속해서 이어져 왔기 때문에, 이를 입증해 보일 수 있는 사례들이 오늘날까지도 많이 남아 있다. 예를 들어, 캄보디아 수도 프놈펜(Phnom Penh)에 있는 상좌부불교 사원 와트 프레하 코(Wat Preah Koh)의 중앙에 위치한 실물 크기의 불상은 캄보디아 왕 노로돔(Norodom: 1859-1904)의 상(像)을 이상화(理想化)한 것이다. 이것은 물론 앙코르 와트 사원에 있는 '세계의 주(主)(Kamraten jagat)'의 상(像)들과 관련이 있는 것이다. 또한 시하누크(Sihanouk)가 한 때 주창했던 불교사회주의(*Buddhist Socialism*)도 데바라쟈 개념의 불교적 논리라고 볼 수 있다.

Ⅵ. 끝맺음 말

유럽 학자들이 동남아에 있어서 인도의 깊은 영향에 대해 깨닫기 시작한 이래, 인도의 영향이 동방을 향한 인도문화 확산운동의 결과라고 간주하였다. 1926년에 인도연구원(*Greater India Society*)이 델리에 설립되었고, 그 이듬해에 인도학자 마줌다르(R.C. Majumdar)는 '동아시아의 고대 식민지(*Ancient Colonies in the Far East*)'라는 자신의 테마연구 시리즈를 출판하기 시작했다. 독일학자인 야콥 반 로이어(Jacob Cornelis van Leur)의 혁신적인 새로운 가설은 동남아의 '인도화(*Indianization*)'의 개념에 대해서 언급하면서 동남아의 인도문화에 대한 주체적 수용 자세에 관심을 가졌다. 특히 이 분야의 대가인 프랑스 학자 꾸에데(G. Coedès)는 『동남아의 인도화 국가들(*the Indianized States of Southeast Asia*)』라는 저서를 통해 인도화에 대한 객관적이고 종합적인 연구를 시도했었다.

동남아의 인도화에 대한 연구에서 다음과 같은 과제들은 계속해서 구명(究明)되어야 할 것이다.

첫째, 인도인들의 사고방식과 행동양식, 인도의 정치체제·언어·문자·종교가 동남아인들의 문화에 큰 영향을 주었으며, 동남아의 왕족이나 귀족들은 문화적으로 중국문화보다 인도문화에 보다 많은 영향을 지속적으로 받아 왔다고 알려져 왔다. 그러나 동남아에서의 중국문화의 영향도 결코 간과되어서는 안 될 것이다. 즉 동남아의 기층문화가 인도문화의 영향에 의해서만 형성되었다는 단순한 논리전개는 지양되어야 할 것이며, 양 대 문화와의 영향관계에 대한 종합적인 연구가 이루어져야 할 것이다.

둘째, 이제까지 인도에서 가져 온 것이든 채택한 것이든 모두 인도화라는 표현으로 정당화해 왔다. 그러나 가져 오긴 했지만 동남아인들이 주체적으로 그들의 문화적 특성에 맞게 채택한 경우가 많았던 것도 사실이다. 가져 올 필요가 없는 것을 가져온 경우도 있었을 것이다. 가령 쌀농사 기술의 도입은 동남아의 쌀농사에 획기적인 발전을 가져왔다고 하지만, 별도로 가져 왔다고 보기보다는 그들 고유의 기술이 발전되었다고 보는 편이 옳다. 이와 관련하여 구체적인 논증이 더 필요할 것이다.

셋째, 인도화의 가장 중요한 매체는 힌두교와 불교였다. 원래 힌두교와 불교는 근본적인 출발점도 다르고 사상 및 강조하는 바도 크게 다르다. 그런데 오랜 시기에 걸쳐 동남아에서 새로운 문화를 일구어내는 동안 이들은 아주 조화롭게 공존해 왔다고 한다. 하지만 과연 힌두교나 불교 중에서 어떤 것이 더 인도화에 중요한 역할을 하였을까 하는 점은 생각해 볼 필요가 있다. 넓게는 이들 모두 인도문화라고 할 수 있지만, 힌두교는 카스트 제도라는 계급제도를 바탕으로 하고 있어 인도에서와 같이 계급제도가 존재하고 있는 경우를 제외하고는 과연 힌두교가 외부의 모든 사람들에게 깊은 영향을 미칠 수 있었을까 하는 점이다. 그렇다면, 만인평등을 주창하고 이에 대한 보편성을 가진 불교가 일반 서민들에게까지 깊이 영향을 미쳤을 것이라고 가정해 볼 수 있다. 이에 대한 구체적인 연구가 필요할 것이다.

넷째, 인도화의 과정은 역사학자들이 벌이는 증거확인 작업에 의해 증명되어 왔다. 그런 과정에서 분명히 왕·궁정·승려들의 세계에 대해서는 확실히 설명되었으나, 농업에 종사하는 자들이나 이와 유사한 직업을 가진 사람들의 세계에 대해서는 증거확인 작업이 미흡하다. 아마도 이는 하층민이 인도화에 덜 영향을 받았다는 증거일 것이다. 이에 대한 자세한 규명도 있어야 할 것이다.

다섯째, 종교적 혼합주의(*Syncretism*)의 정도에 관한 문제이다. 동남아의 인도화된 여러 나라에서는 힌두교와 불교가 혼합·일체화하면서 한 문화의 두 측면과 같은 형태로 수용되었다고 한다. 그러나 힌두교에서는 붓다를 비쉬누 신의 화신으로 받아들여 힌두 신의 하나로 인정해 버리지만, 불교는 이를 인정할 근거가 전혀 없다는 점이다. 그런 의미에서 불교는 불교 나름대로의 독창적이고 명확한 사상을 전파했다고 생각된다. 대승불교의 경우 밀교화하면서 힌두교와 혼융되었다고 할 수 있지만, 동남아 불교의 주류를 이루고 있는 상좌부불교는 이와는 다른 면모를 보여주고 있다. 그런 의미에서 두 종교가 동시에 공존하였다고 하지만, 그들의 수용계층과 각각의 역할에 대해서는 좀 더 구체적인 연구와 논의를 거쳐야 할 것이다.

제 4 장

동남아의 인교(印僑)사회와 인도문화

I. 시작하는 말

동남아는 일찍부터 인도와 연결되어 있었다. 계절풍에 따라 정확하게 열리고 닫치는 바닷길이 두 지역을 연결하였고, 수마트라와 말레이반도 사이에 위치한 말라카 해협은 인도로 향하는 중요한 길목이었다. 말라카 해협과 인근 쟈바(Jawa)해(海)는 12월 초부터 4월 초까지 동남풍(東南風)과 서남풍(西南風)이 만나는 지역으로 예로부터 크고 작은 무역왕국들의 터전이었다. 말라카 왕국이 후일 해상 실크로드 시대의 동방 거점으로 성장하였던 것은 결코 우연한 일이 아니었다.

말라카 해협과 쟈바 해에 산재되었던 무역왕국들은 인도를 오가는 교역(交易)과 함께 인도와 자연스럽게 문화적 교류를 하게 되었다. 힌두교와 산스크리트(Sanskrit)문자가 전래되었고 머지않아 인도의 브라만(Brahman)들이 동남아의 국소왕국에 모습을 드러내기 시작했다. 교역이 빈번해지고 물동량이 증가하면서 이곳의 군소 무역왕국들의 세력도 비대화하였다. 이들 왕국들에게 인도의 브라만들은 왕국의 권위(權威)를 높이고 백성들을 다스리는 방법 등 통치체제 전반에 걸쳐서 상세한 기법을 전달하는 역할을 하였다.

힌두교와 산스크리트 문자와 브라만들의 역할은 일찍이 동남아를 인도화(*Indianization*)하였다. 그러나 인도문화가 동남아를 석권하지는 못하였다. 해상 실크로드 시대를 전후하여 다양한 문화와 문물이 바닷길을 따라 동남아로 밀려들었기 때문이었다. 그 중에서도 대륙부 동남아와 연결된 중국 실용문화(實用文化)의 높은 파고(波高)는 인도양으로부터 불어오는 남동풍을 제압하였다. 그러므로 인도문화는 동남아의 여러 지역에 문화적 흔적을 남기고 중국문화에게 압도당하였다. 그럼에도 불구하고 해양부 동남아에는 여전히 많은 인도문화가 남게 되었다.

화교(華僑)와 함께 동남아의 양대 비(非)원주민계 거주민으로 분류되고 있는 인교(印僑)사회의 형성배경과 그들의 역할을 역사적인 관점에서 조명해 보는 것은 중요한 의미가 있다. 화교의 정의와 범위에 관한 많은 논란이 있어 왔으나, 가장 보편적인 논의는 이데올로기 경쟁시대가 종료되면서 화교(*Overseas Chinese*)에서 거주지 국가 소수종족의 하나라는 의미로 화인(*Chinese Minority*)으로 변화하거나 변모했다는 것이다. 이러한 논의는 특히 동남아에서 매우 유효하게 적용되고 있다.

동남아 인도문화의 흔적은 대륙부에 비해서 인도네시아 군도(群島)가 중심이 된 해양부에서 상대적으로 많이 발견되는데, 인교(印僑)사회가 두드러지게 형성된 지역은 인도 대륙에 인접한 미얀마(Myanmar)와 벵갈(Bengal)만으로부터 말라카 해협으로 연결되는 말레이(Malay) 반도 일대이다.

II. 동남아 인교(印僑)사회의 형성

1. 인도인의 해외 이주와 영국의 역할

많은 사학자들은 인도인들의 동남아 접촉은 상업적인 관계가 문화적인 관계 보다 선행되었을 것이라고 주장한다. 영국의 동남아사학자 브라이언 해리슨(Brian Harrison)은 기원 전 6세기경부터 인도의 무역상들이 금과 주석을 찾아서 동남아로 항해를 시작했다고 쓰고 있다. 그 후, 동남아의 여러 나라들이 인도문화를 수용하여 점차 인도화(印度化)되었다는 것이다. 그러나 이 과정이 인도인들에 의해서 주도(主導)되었는지, 아니며 동남아의 토착민들이 주역이었는지는 불분명하다는 것이다. 그러나 프랑스의 동남아사(東南亞史) 대가인 꾸에데(G. Coedes)는 인도의 여러 지역에서 내로한 다양한 계층의 사람들이 자신들의 문화를 동남아로 전파하는데 크게 기여했음이 분명하다고 주장하고 있다. 인도인들의 동남아 접촉은 먼저 무역 상인들에 의해서 평화적으로 시작되었다. 그 후 정치적으로 관심이 있는 사람들과 힌두 브라만과 불교 승려와 다양한 장인(匠人)들이 이 지역으로 이주해 갔다. 이들이 인도문화를 동남아에 소개하는데 큰 역할을 했다는 사실은 의심의 여지가 없다.

인도 학자들도 고대부터 인도인들이 계절풍을 따라 동남아로 항해했다고 했다. 그래서 이들은 '인도 무역 상인들은 동남아를 탐험한 개척자'라고 말하고 있다. 인도 무역 상인들이 중국과 무역을 하는 과정에서도 동남아와 접촉하게 되었다는 것이 이들의 주장이다. 인도 무역 상인들은 미얀마의 서남부를 잇는 해안선을 따라 말레이 반도의 서쪽과 수마트라 동부를 잇는 말라카 해협을 이용하였다. 이 천혜의 해양 무역노선은 인도와 중국을 연결하는 최단거리였고 이로 인해서 이 때문에 인도 무역상들은 자연스럽게 동남아 여러 지역을 접촉하게 되었다.

인도인들의 해외 이주는 고대부터 시작되었지만, 많은 수의 인도인들이 세계 여러 곳으로 이주한 것은 근대에 일어난 일이다. 대략 2,600만 명에 가까운 인도인은 전 세계에 산재되어 있는 것으로 추산되고 있다.[1)] 1980년 초의 한 조사에 따르면, 이 중 약 200만 명 이상이 동남아에 거주하고 있는데, 주로 말레이시아와 미얀마 그리고 싱가포르 등 3개국에 집중되어 있다. 인도네시아와 태국 등 나머지는 다른 동남아 국가에도 소수 집단의 인도인들이 발견되고 있는데, 이들은 대부분이 영국의 인도 식민통치 시대에 동남아로 이주한 사람들과 그들의 후손들이다.

동남아로 인도인들의 대규모 이주는 영국이 영령 인도를 완성한 후 동남아로 세력권을 확대하면서 시작되었다. 특히 해양제국 영국으로서는 말라카 해협의 전략적 효용성(效用性)에 크게 매료되어 있었다. 이로 인해서 이곳을 장악하고 있던 네덜란드와 쟁패(爭覇)를 거쳐 양분(兩分)하게 되었다. 이 기간 동안 인도인들의 동남아 이주는 대다수가 남(南)인도로부터 이루어졌으며, 이들 중 많은 사람들이 고무농원의 노동자로 일했다.

영국은 동남아의 천연자원을 개발하기 위해서 많은 노동력을 필요로 했다. 고무 이외에도 설탕·커피·차(茶)·담배·향료 등의 대단위 단일작물 재배는 영국 식민당국에게 막대한 경제적 이익을 제공하였다. 그러므로 동남아 지역의 대규모 농원은 속속 건설되었고, 인도인들의 값싼 노동력은 상당히 매력적이었다. 전통적 방식으로 자유스럽게 농업

---

1) 2001년도 발간 인도 외무성 자료는 600만 명의 해외 인도인(Non Resident-Indians)과 2,000만 명의 해외 인도계동포(Persons of Indian Origin)등 총 2,600만 명의 인도인이 세계 도처에 거주하고 있다고 설명하고 있다. 해외 인도계동포로 분류하는 PIO가 해당 국가 전체인구의 상당수를 차지하는 나라는 모리셔스(74%) · 가이아나(53%) · 피지(49%) · 트리니다드-토바고(40%) · 수리남(37%) 등이며, 미얀마 · 말레이시아 · 미국 · 남아공(南阿共) · 사우디아라비아 · 영국 등 6개국에는 각각 100만 명 이상의 PIO가 거주하고 있다.

에 종사해 온 현지의 토착민들이 대단위 농장에서 구속적으로 일하는 것을 달갑게 생각하지 않았다. 토착민들이 새로 건설된 농장을 기피한 것도 영국 식민당국으로서는 현지에서 이주 노동자 간의 마찰을 줄이는 중요한 사안의 하나였다.

2. 인도인의 동남아 이주과정

동남아의 여러 지역에 인도인들의 정착촌이 만들어지자 다양한 인도인들이 이주하기 시작했다. 이들 중에는 산스크리트(Sanskrit)학자 · 힌두교와 불교의 승려 · 여러 분야의 장인(匠人)들이 포함되었다. 이들은 동남아에 인도인들의 생활문화를 비롯해서 카스트제도를 토대로 한 정치체제를 전수하였고, 언어 · 종교 · 예술 등을 전파하기 시작했다. 이들은 인도 전역에서 이주해 왔는데, 특히 남인도인들이 자신들의 문화를 전파하는데 큰 역할을 했다. 그러나 초기의 이주민들은 당연하게 소수에 지나지 않았다. 인도인들의 집단 정착촌이 말레이 반도와 미얀마 그리고 수마트라 등지에 형성되면서 이주 규모가 점차로 커지게 되었다.

영국 식민통치 시대 인도인들의 동남아 이주는 대체적으로 체계적으로 이루어 졌다. 이는 이주 과정에 영국이 개입했기 때문이었다. 영국의 식민정책에 따라 식민 당국이 지원하는 노동자 이주가 본격적으로 시행되면서부터 노동자들이 이주민들의 주류를 형성하였다. 머지않아 영령인도는 영국 제국주의가 식민지로부터 부(富)를 축적하는데 필수적인 값싼 노동력의 원천(源泉)이 되었다. 영국의 식민통치가 본격화되었을 당시 인도인들의 해외 이주는 취업난과 경지(耕地) 부족이 야기하는 하층민들의 사회적인 불만을 해소하는 정책적인 차원에서 이루어진 면도 없지 않았다.

1833년 영국을 시작으로 프랑스와 네덜란드 등 주요 유럽국가에서 노예제도가 차례로 폐지되었다. 이에 따라 부족한 노동력을 공급할 수 있는 새로운 노동력 공급원을 찾게 되었는데, 인도인과 중국인이 동남아 플랜테이션에 적합한 순종적이고 값싼 노동력으로 인식되었다. 영국 식민당국의 지원에 의해서 이루어진 인도 노동자들의 해외 이주는 크게 세 가지 제도에 의해서 시행되었다. 즉, 노역계약(*Indentured Labour System*)과 캉가니(Kangani System) 그리고 마이스트리(Maistry System)라는 것이었다. 노역계약은 노동자가 고용주 개인의 소유권에 준하는 지배권을 인정하는 일종의 사회계약 형태였다. 그러므로 노역계약 기간 동안 고용주와 노동자 사이에는 봉건시대의 주인과 하인과 같은 관계가 설정되었다. 이에 따라 노동자에 대한 고용주의 권한은 막강했다. 이것은 노역계약의 특성 때문이었다.

인도인 노동자들을 고용하기를 원하는 고용주들은 노동자 모집 대행업체에 알선을 의뢰하였다. 이들 대행업체는 이주를 희망하는 노동자들에게 먼저 선금(先金)을 주는 조건으로 노역 계약서에 서명하게 했다. 서명을 한 노동자는 정해진 기간 동안 고용주의 소유권으로 들어가며, 노동자 임의로 고용주를 바꾸거나 노역(勞役) 장소를 바꿀 수가 없었다. 또한, 노동자들은 계약 당시 이미 고용주와 임금을 책정했기 때문에 나중에 임금 인상을 요구할 수 도 없었다.

고용주들은 노동자 모집에 필요한 비용과 이들을 운송하는 데 들어갈 모든 비용을 부담해야만 했다. 따라서 고용주들은 노동자들의 임금을 책정할 때, 이런 제반 비용을 감안해서 결정했다. 노동자들은 노역계약기간이 다 끝나면 다시 재계약을 할 수 있었다. 노동자들은 일반적으로 당초의 노역계약이 종료되는 경우에 재계약을 했다. 노동자들은 계약된 기간 내에 선금으로 받은 빚을 다 청산하였을 경우에 노역계약으로부터 해방될 수 있었다.

영국의 식민 당국이 관여한 이 제도는 1834년에 시작되어 1920년에 폐지되었다. 인도 노동자들의 초기 해외 이주는 대부분이 노역계약을 통하여 이루어 졌다. 노역계약에 의해서 인도인 노동자가 이주한 지역은 가이아나·피지·트리니다드-토바고·자메이카 등 영국 식민지와 과달루프(Guadalupe)와 마르티니크(Martinique) 등 프랑스 식민지, 그리고 네덜란드령 수리남(Surinam) 등지였다.

캉가니는 원래 노동자들을 직접 감독하고 지시하는 노동자들의 우두머리라는 의미를 가진 남부 인도의 타밀(Tamil)어(語)였다. 캉가니는 영국 식민 당국을 대신해서 인부들을 모집하는 일차적인 대리인 역할을 했다. 이들은 자신들의 지역에서만 노동자들을 모집할 수 있는 권한을 부여받았다. 영령(英領)인도의 식민당국은 캉가니들을 통해서 노동 이민을 통제하고 감독했다. 캉가니는 초기에 유럽인들이 운영하는 대농장에 고용된 노동자들의 십장(什長)이었다. 십장의 역할에 만족한 고용주들은 캉가니를 고향에 보내서 그를 잘 따르는 사람들을 노동자들로 데려오게 하였다.

유럽인 대농장 고용주들은 점차적으로 캉가니 제도를 통해서 인도 노동자들을 모집하고 고용하는 것을 선호하게 되었다. 스리랑카와 말레이 반도의 인도인 노동력은 모두 이 제도에 의해서 이주하였는데, 제반 이주비용을 크게 줄이면서 노동자들이 노역현장에서 이탈하는 것도 방지하는 일석이조의 효과를 가져왔다. 인도인 노동자들이 이 제도에 의해서 말레이 반도로 가장 많이 이주한 시기는 1880년대부터 1930년대까지였다. 이 기간 동안에 약 200만 명 정도가 말레이 반도로 이주하였다.

마이스트리는 캉가니 제도에 몇 가지 형태가 추가된 제도였다. 노동자들의 해외 이주를 강권(强勸)하고, 중간 모집책에게 노동자들의 노역권(勞役權)을 위임하는 것이었다. 노동자들의 임금은 당연하게 모집책과 고용주 사이에서 갖가지 불법적인 방법으로 삭감되는 것이 캉가니

제도와 다른 점이었다. 그러나 무지몽매(無知蒙昧)한 인도 촌락의 가난한 젊은이들은 이러한 제도를 악용한 사용자들의 농간(弄奸)에 의해서 많은 숫자가 미얀마 지역으로 일부는 말레이 반도로 이주되었다.

이러한 세 종류의 노동자 모집 제도에 의한 해외 이주 이외에도 자발적으로 또는 친구나 친지들의 권유에 따라 이주한 '자유승객'(*free passengers*) 이민자들도 적지 않았다. 이들은 주로 구자라트(Gujarat) 지역의 상인집단으로 19세기 말부터 노역계약이나 캉가니 제도에 의해서 이주한 인도인들을 상대로 장사를 할 목적으로 이주 대열에 참여하였다. 이들은 스스로를 자유승객이라고 칭하였는데, 스스로가 이주비용을 부담하였기 때문이었다. 자유승객들은 당연하게 자신들은 계약 노동자들과는 다르다는 인식이 강했다. 이밖에도 상인들이나 고리대금업자 또는 교육 수준이 비교적 높은 전문직 종사자들도 다양한 이유로 동남아로 이주하였다. 이들이 가장 선호한 동남아의 이주 지역은 미얀마와 말레이 반도였다.

3. 미얀마와 말레이 반도의 인교사회 형성

1) 상업지역 중심의 미얀마 인교사회

인도인들의 본격적인 미얀마로의 이주는 1852년 영국이 미얀마 남부지방을 지배하면서 시작되었다. 미얀마에서도 여타의 영국 식민지에서의 경우처럼 경제적 착취의 대상으로 대단위 농원에 동원할 노동력이 필요했다. 그러나 영국 식민당국은 미얀마 남부 삼각주 지대의 원예농업과 미작(米作)산업을 획기적으로 발전시킬 노동자들을 현지에서 충당(充當)하는 것은 무리하다는 판단을 내렸다. 이에 따라 해외로부터 노동자를 이주시켜야만 되었고, 바로 이웃에 있는 인도가 최적격이라고 판단했다. 따라서 매년 많은 수의 인도인들을 미얀마로 이주시켰다. 이들의 이주에는 마이스트리 제도가 주로 적용되었다. 1941년 제2차 세계대전이 발발하기 직전까지 인도인들의 미얀마로의 이주는 계속되었다.

남부 미얀마의 에야와디(Ayeyarwady) 강(江) 하류의 광대한 삼각주는 미얀마에서 가장 기름진 곳이었지만, 습지(濕地) 상태로 방치되어 있었다. 영국은 이곳을 중심으로 남부 미얀마를 개발하기 위해서 대규모의 인도인들을 이주시켰다. 영국 식민당국은 이 지역을 대단위 미작산지로 개발하여 양공(Yangon) 발전과 연계한다는 전략이었다. 미얀마의 도정(搗精)업자들도 값싸고 부지런한 인도인 노동자들을 선호했다. 인도의 미숙련 노동자들까지 미얀마인들이 기피하는 어렵고 힘든 일들을 잘 해 냈기 때문이었다.

영국이 1852년 남부 미얀마를 지배하면서부터 양공은 약 십여 년간에 걸쳐서 인도인 노동자들에 의해서 현대적인 도시로 개발되었다. 영국 식민정부는 주로 인도 부동산업자들에게 건물 부지를 매각하여 그 비용으로 양공 건설비를 충당했다. 양공은 빠르게 성장하는 농업과 무역의 발달로 하루가 다르게 확장되었다. 인도의 고리 대금업자 · 건축업자 · 투기꾼 등이 큰 이익을 바라면서 양공을 비롯한 여러 지역의 토지와 건물을 매입하였다. 무역 상인들도 많이 몰려들었고, 이들 중 일부는 투기에 가세하였다.

1881년 양공 시 인구의 약 44퍼센트에 해당하는 66,000명이 인도인이었다. 이후 인도인들의 숫자는 계속해서 증가하였다. 특히 1897년부터 미얀마가 인도의 직접적인 행정관할을 받게 된 1927년까지 집중적으로 증가하였다. 1901년에 실시된 조사에 따르면, 양공 시 인구의 절반인 약 100,000명이 인도인이었다. 양공은 영국의 식민정책에 의하여 짧은 기간 내에 인도인들이 넘쳐나는 대도시로 발전하였다. 이 시기에 수많은 인도인 이주 노동자들과 계절노동자들이 양공시를 경유하여 미얀마의 다른 지역으로 퍼져나갔다. 그 당시에 이미 미얀마의 중심도시로 발전했던 양공의 중요한 지역과 건물은 인도인들의 수중에 들어갔고, 도시의 상거래도 대부분이 인도인들이 독점하였다.

2) 대단위 농원 중심의 말라야 인교사회

인도인들이 본격적으로 말레이(Malay) 반도로 이주를 시작한 것은 1786년 영국이 북부 말라카 해협에 위치한 뻬낭(Penang)섬을 점령하면서부터였다. 그러나 인도인들의 대규모 이주는 영국이 말레이 반도를 식민지화하면서부터 전면적으로 이루어졌다. 그 이전에 말레이 반도로 이주했던 소수의 인도인들은 대개 금융업자이거나 무역 상인들이었으며, 일부가 인도의 우월한 문명이나 정치체제를 전수하는 브라만 계층 사람들이었다.

1937년 인도 정부가 노역계약이나 캉가니 제도에 의한 노동자 이민을 금지하기 이전까지 말레이 반도의 대단위 농장에 보내진 인도인 이주자들은 대부분이 극히 적은 임금을 받는 하층민 출신 노동자들이었다. 이들은 대개 문맹(文盲)이었으며, 계약서 내용을 읽지도 못하는 사람들이었다. 이러한 부류의 이주민들은 자발적인 경우 보다 식민정부가 지원하거나 묵인한 경우로 식민정부와 영국인 고용주 그리고 이주알선 대행업자들의 이익을 위해서 말레이 반도로 보내졌다. 이들의 이주는 때때로 대규모로 이루어지기도 하였는데, 영국 식민통치 하에 있던 당시 인도와 말라야(Malaya)의 정치적 · 경제적 상황이 중요하게 작용하였기 때문이었다.

타밀 사람들이 주류를 이룬 남인도의 노동자들은 영국 식민정부와 영국인 농장주들에 의해서 크게 환영을 받았다. 이들은 중국인이나 자바인들의 경우처럼 값 싼 노동력을 제공했다. 이들 이주 노동자들의 저임금으로 영국인 고용주들은 큰 이익을 남기게 되었다. 그러나 인도는 말라카 해협을 중심으로 1824년 뻬낭(Penang) - 말라카(Malaka) - 싱가포르

(Singapore)를 잇는 해협식민지와 함께 같은 영국의 식민통치를 받고 있었기 때문에 이주 희망자를 모집하여 송출하는데 별다른 어려움이 없었다.

뿐만 아니라 남인도인들은 유순하고 복종심이 강했으므로 영국 식민당국이나 영국인 농장주들은 이들을 더욱 선호(選好)하였다. 영령(英領) 인도에서 형성된 영국인과 인도인 간의 주종(主從)관계가 이렇다 할 저항 없이 이곳에서도 유지되었던 것이다. 이러한 사실은 중국인 노동자들이 막대한 부(富)를 찾아 말레이 반도에 왔다면, 남인도인들은 단순히 작은 임금(賃金)을 벌기 위해서 이주하였다는 중요한 차이가 있었다. 지리적으로도 남인도가 말레이 반도와 가까웠던 것도 선호의 조건이었다. 이러한 이유들로 해서 남인도로부터 많은 노동자들이 말레이 반도로 이주하게 되었다.

4. 동남아 인교사회의 발전

유럽에서 산업혁명이 본격화 하자 대량생산이 뒤따랐다. 이에 따라 원자재 공급과 생산품의 소비시장으로서 영령(英領) 말레이 반도의 식민지 착취가 가속화되었다. 동남아의 식민지는 유럽 열강들에게 전략적·상업적 보고(寶庫)일뿐만 아니라 식민정부를 운영하는 막대한 예산을 염출(捻出)할 수 있는 곳이었다. 다른 유럽인의 경우와 마찬가지로 말레이 반도를 지배하게 된 영국 사람들은 비옥한 토지로부터 많은 것을 얻을 수 있다는 사실을 알게 되었다. 그래서 그들은 식민지의 광활한 토지를 투자대상으로 삼아 눈독을 들이게 되었다.

동남아는 농사짓기에 아주 적합한 기후 조건을 가지고 있었다. 따라서 영국 정부는 말레이 반도에 대단위 열대 원예농업(園藝農業)을 장려했다. 이에 따라 다수의 영국인 자본가들이 말레이 반도 농업의 상업화에 투자하였다. 영국인들은 1790년대에는 정향(丁香)과 육두구(肉荳蔻)와 후추 등의 열대산 향신료(香辛料)를 대규모로 재배하기 시작하였고, 1830년대는 사탕수수에 눈을 돌렸으며, 1870년대는 커피를 재배하기 시작했다. 이들은 20세기 초반에 이르러서 고무나무 재배에 집중하게 되었다.

당시 영국 자본가들 사이에 백금(白金)으로 불린 고무나무의 하얀색 수액(樹液)은 대단한 수익을 보장하였다. 고무나무의 수액은 생고무로 가공되어 유럽의 자동차 산업의 발전으로 연결되었다. 이로 인해서, 많은 고무나무 농장이 서게 되고, 돈 많은 사람들은 너도나도 다양한 방식으로 고무나무 재배에 투자를 했다. 영국 식민당국은 말레이 반도에서 전개된 예상 밖의 경제발전에 크게 고무되었다. 이에 따라, 특히 원예농업 분야의 발전을 위해서 도로를 정비하고 철도를 부설하였으며, 국제적인 규모의 항만을 건설하기 시작했다.

말레이 반도는 연중 비가 많이 내리고 고온다습한 지역이었다. 토양도 매우 비옥하였으므로 원예농업 작물(作物)이나 잡초를 막론하고 모든 식물들의 성장이 빨랐다. 대규모 농원에서 시기를 놓치면, 잡초가 특용 작물의 성장을 능가하였다. 그러므로 기계영농을 할 수 없는 조건 하에서 대규모 농원을 운영하려면 많은 노동력이 필수적이었다. 19세기 후반기부터 20세기 초까지 말레이 반도에 등장한 영농기계는 많지 않았으며, 유럽산 영농기계가 말레이 반도 지역에 적합하지도 못했다. 더구나 고무나무 농원 등 이 지역의 원예농업 단지에는 영농기계를 이용하기 보다는 수작업(手作業)을 요하는 단순 반복 작업이 대부분이었다. 따라서 대단위 농장은 단순 노동자들을 많이 고용해야만 했다. 그 중에서도 고무나무 재배와 고무나무 수액 채취 작업에는 가장 많은 일손이 필요했다.

대부분이 농업 분야에 종사했던 노동자들이 대거 고무농원으로 동원되었다. 이외에도 다양한 업종의 상인들과 고리대금(高利貸金) 업자들이 이들과 함께 이주해 오기 시작했다. 이들은 영령 말레이 반도의 빠른 경제성장에 따라 점증(漸增)하는 사국민들을 상대로 장사할 목적으로 이주해 왔다. 주로 친지나 친구의 소개로 건너 왔으나, 이주 대행업자의 안내로 이주한 사람들도 적지 않았다. 이들은 이주 노동자들의 경우와 다소 다르게 대부분이 적극적인 의사를 가지고 자발적으로 이주한 사람들이었다. 이미 수 세기 전에 인도인들은 금과 주석 등 부(富)와 직결되는 광물(鑛物)을 찾아 동남아로 건너왔고, 이 지역의 인도화에 크게 기여한 바 있었다. 이 점과 비교한다면, 영령 말레이 반도 시대의 인도 상인들은 개인적인 치부(致富)에 치우쳤으므로 동남아의 사회발전에는 이렇다 할 영향을 미치지 못했다.

영국이 뻬낭(Penang) 섬을 지배하기 이전부터 이미 인도 상인들은 말레이 반도의 말라카 해협 쪽에 산재해 있는 항구에서 활동하고 있었다. 그러나 1786년 뻬낭이 공식적으로 영국 지배로 들어가면서 이들 인도 상인들이 모여들기 시작하였다. 초기에는 뻬낭 인근의 끄다(Kedah)와 뻐를리스(Perlis)로부터 이주하기 시작하여 나중에 말레이 반도 전 지역에서 모여 들었다. 머지않아 남인도의 여러 항구 도시에서도 상인들이 이곳으로 이주해 왔다. 인도 벵갈 지역의 항구와 뻬낭 사이에 정기 해상항로가 곧 개설되었다. 이에 따라 인도의 북서부 항구 도시들에서도 상인들이 뻬낭으로 모여들었다. 18세기를 마감하는 몇 년 사이에 인도에서 뻬낭으로 이주하는 무역 상인들은 연평균 1,300명에서 2,000명에 달했다.

양질의 값싼 노동을 제공하거나 무역과 상업에 밝은 남부 인도인 다음으로 북부 인도의 건장한 시크(Sikh)들이 군인이나 경찰 혹은 농장과 도시의 경비원으로 환영받게 되었다. 영국 식민통치 하에서 빠르게 발전하는 경제사회를 정비하기 위해서 법과 질서를 유지하는 문제는 매우 중요했다. 다양한 종족들이 말레이 반도로 몰려들었으므로, 현지의 이슬람교도와 불교도뿐만이 아니고, 인도인들의 힌두교와 유럽인들의 가톨릭과 기독교인들이 사이에 문화적 충돌이 일어나게 되었다. 유교에 바탕을 둔 중국인들의 다종교가 곧 가세했으므로 영국 식민당국으로서는 과도기적 치안유지가 중요한 문제로 대두되었다. 특히, 많은 수의 중국인들은 자신들의 이익과 세력규합을 위해서 크고 작은 비밀조직을 구성하였는데, 이들이 연루되어 사회혼란을 야기하는 경우가 많았다. 중국인들은 단순히 국내 법질서의 혼란문제 차원이 아니고 말레이 반도 전체를 혼란에 빠트릴 수도 있는 정치적 위협세력이 되었다.

영국 식민 당국은 인도의 북부의 펀잡(Punjab)과 서북부 변방지방의 소수 종족들에게 눈을 돌렸다. 이들 중에서 시크인들이 군인과 경찰로서 가장 적합하다고 여겨졌으며, 펀잡으로부터 말레이 반도에 필요한 경찰과 군인들을 충분히 공급할 수 있다고 판단하였다. 당시 인도 북부지방의 대다수 주민들이 빈곤에 허덕이었기 때문에, 이 지역 사람들은 저임금으로도 오랫동안 해외로 나가서 일할 만반의 준비가 되어 있기도 했다. 이들은 상관의 지시에 일사불란하게 움직였으므로 경찰이나 군사조직 등의 보안을 담당하는 일에 특히 적합했다. 더욱이 이들은 상대적으로 청렴(清廉)하여 부패에 연루되는 경우가 적어서 이 분야의 임무를 맡는데 적임이었다.

이슬람교리에 가까운 이슬람교와 힌두교의 혼합종교인 시크(Sikh)교를 신봉하는 시크인들이 경찰과 군인으로 선호된 가장 큰 이유는 이들이 다른 민족들에 비해서 전반적으로 신체가 크고 건강하고 용감하기 때문이었다. 오늘날까지도 인도의 경찰과 군인들은 많은 수가 시크교를 믿는 시크인들이다. 이들은 또한 타 종족에 비하여 자립심이 강하다는 장점을 가지고 있어서 근력(筋力)과 인내심(忍耐心)을 필요로 하는 여러 분야에서도 두각을 나타내고 있다.

시크교도 경찰들에 대한 신뢰는 머지않아 검증되었다. 1867년 영국은 홍콩의 중국인들을 통제하기 위해서 일부 시크인들을 경찰로 임명했다. 그들의 건장한 체격과 부패하지 않은 청렴성은 중국인들에게 무서운 존재로 인식되었다. 이와 마찬가지로, 말레이 반도에서도 시크인들은 중국인들을 통제하는데 효과적으로 활용되었다. 말레이 반도에 모여든 여타의 종족들과 다르게 시크인들은 같은 종족을 제외하고는 다른 종족과는 교류를 삼가고 있어서 이들을 통제하는 데도 어려움이 없었다.

III. 동남아 주요 국가의 인교사회 현황

1. 미얀마

미얀마인의 인도인에 대한 가장 큰 불만은 19세기 중반 이래 1948년 독립할 때까지 이들이 경제부분을 장악한 데 있었다. 인도인들은 19세기 중반에 대거 미얀마로 유입되었으며, 수에즈(Suez) 운하의 개통과 미작(米作)농업의 발전에 따라 번영을 누리기 시작했다. 이로서 인도인들은 짧은 시간 내에 미얀마 내에서 유럽인 다음으로 경제 분야에서 지배적인 위치를 차지하게 되었다. 인도인은 영어와 서구식 사업방식에 익숙하였으므로 영연방 내에서의 관세와 수입과 관련된 문제에서 유리한 위치를 차지할 수 있었기 때문이다. 또한 미얀마가 영령 인도의 식량 공급지이자 소비재 수입지로 전락하는 과정에서 영국인 다음의 중산사 위치에서 이익을 얻었다.

식민경제가 미얀마에서 확립되자 버마족의 우선적인 위치는 모두 사라졌다. 심지어 버마왕조의 통치 하에서 우위를 점했던 높은 경쟁력을 갖춘 중국인들도 영국식민지하에서는 자신들의 지위를 상실했다. 이것이 부분적으로 식민지 이후에 일어났던 무역의 향방을 설명해준다. 인도가 1868년 이후 미얀마의 주요 무역파트너가 되었으므로 미얀마의 인도인 기업가는 인도 기업가와 거래하거나 인도회사의 지점을 운영하는 방식으로 이득을 취했다. 반면에 이러한 인도의 관세제도 하에서 중국인들의 무역 거래는 당연하게 매우 불리하였다.

한편 인도인 사업가가 도시의 사업 활동을 지배하는 한편 곡창지대인 에야와디(Ayeyarwady) 평야가 있는 남부 미얀마의 농촌경제에도 인도인들은 큰 영향을 미쳤다. 농촌지역에서 체티야르(Chettiar)로 통칭되던 인도인 고리대금업자와 정미업자등은 인도 농촌의 싼 임금을 이용하여 큰 부(富)를 쌓았다. 이들 체티야르는 원래는 종족명이었다. 스리랑카·미얀마·말레이 반도·태국·인도네시아 등지로 진출한 인도인들은 주로 인도 대륙의 서남부 타밀(Tamil) 지역의 체티나드(Chettinad)에 집중적으로 거주하던 체티야르(Chettiar) 종족이었다.

인도인 고리대금업자가 쌀 경작의 발전에 기여하기도 했지만, 그들은 고율의 단기 내부의 운영방식으로 가난한 농민들에게 큰 부담을 주었다. 특히 1930년 경기 하락 때는 농촌의 부채비율이 빠른 속도로 증가하였고 남부 미얀마의 미작 농업경제에 있어서 외국인 토지소유화의 결과를 초래하였다. 1930년부터 1938년까지 미얀마의 경제가 급락하자 많은 농가들이 고율의 부채와 쌀값 하락으로 빚을 갚을 수 없게 되자 대부분 인도인 고리대금업자들인 외래인(外來人)들에게 자신의 토지를 넘겨야 했기 때문이었다.

미얀마 농부들의 경제적 고난은 인도인 고리대금업자뿐만 아니라 전체 인도인에 대한 원한으로 나타났다. 고리대금업자의 탐욕과 사기 행각 등에 관한 소문이 널리 퍼졌고, 독립 후의 바뀐 정치적·경제적 상황에서도 계속되었다. 농촌과 마찬가지로 도시경제에서도 적대현상이 나타났다. 인도인 인구가 최고조에 이르렀을 때는 1930년대 초였다. 1931

년의 경우, 총인구대비 인도인 인구가 6.9퍼센트에 이르렀는데, 인도인들은 양공(Yangon)이나 기타 도시지역에서 경제적으로 절대 우위를 차지하고 있었음이 분명하다.

1931년 자료에 따르면 산업화가 진행되고 있던 미얀마 대도시 인구의 30퍼센트가 인도인이었다. 그러므로 비농업분야의 중추는 대부분이 인도인이었다고 볼 수 있다. 기술직 근로자뿐만 아니라 준(準)전문 분야와 각종 전문직 그리고 상업계층은 대부분이 인도인이 독점하였다. 인도인의 가난한 계층 또한 미얀마로 건너와서 미얀마인의 생활터전인 최저의 위치와 극빈자들의 생활수단까지도 점탈(占奪)하였다. 당시 도시지역 청소부의 96퍼센트가 인도인이었다는 자료도 있다. 이들은 인도 본국에서 불가촉천민(*the Untouchables*)으로 분류되는 사람들이었다. 도시지역에 큰 공동체를 이루어 '작은 인도'에서 자신들의 종교와 카스트 제도 등을 지키며 살았던 인도인들의 대부분은 가능한 짧은 시일 내에 돈을 벌어 고국으로 돌아가기를 희망하였으며 미얀마에서 영구히 살 생각을 하지는 않았다. 인도인 대다수는 매달 자신들의 가족들에게 송금하는 독신남성이었다.

제 2차 세계대전이 시작할 무렵까지 대략 70년간 인도인과 미얀마인 사회는 정치적 이상(理想)과 경제적 이익 혹은 문화적 환경 등 어떤 분야에서도 공통점이 없었다. 단지 양자 간의 교류는 경제적 거래뿐이었다. 이전의 역대 미얀마 왕조에서 농업으로 국가경제의 근간(根幹)을 이루어 왔던 미얀마인들은 경제운영의 노하우와 자본 그리고 유통조직망 등이 부족하거나 부실하였기 때문에 인도나 인도인과의 단절은 미얀마 발전에 매우 불리하게 작용하였다. 특히 미얀마의 농부들과 도시근로자, 소규모 상인들은 식민정부 하에서 경제적으로나 정치적으로 제대로 대접받지 못했다.

제 2차 세계대전이 임박하고 미얀마가 독립을 목전에 두자 미얀마의 경제분야에서 인도인의 우위시대도 막을 내렸다. 일본군의 점령이 있기 전 1941년 말부터 1942년 초까지 대부분의 인도인들이 인도로 피신하였다. 이시기에 일부 예외도 있었지만 피난을 떠나는 인도인에 대한 미얀마인들이 행하는 폭력사태는 거의 없었다.

예상치 않았던 제2차 세계대전의 가장 중요한 결과는 처음으로 미얀마인이 영국과 인도로부터 벗어나 미얀마인들 만의 정부를 구성하게 된 것이었다. 정부의 최고위직으로부터 하위직까지 순수한 미얀마인들만으로 구성하여도 효과적으로 정부기능을 수행해 나갈 수 있었고, 이로 인해서 미얀마인들은 미래 국정운영에 대한 자신감을 가지게 되었다. 이러한 자신감은 결국 1945년 연합군의 승리로 전전(戰前)의 식민통치 상황으로 회귀할 뻔했던 사태를 방지하였고, 시민불복종과 민족주의자들의 저항으로 결국 영국은 미얀마에서 철수를 결정하였고, 1948년 미얀마는 독립을 쟁취할 수 있었다.

1948년 독립 후 미얀마정부는 행정과 경제 분야에서 자국민 우대정책을 펴기 시작하였다. 미얀마어가 정부의 공식용어가 되었으며, 주로 인도인으로 이루어진 외래인 출신 공무원은 미얀마의 시민권을 획득할 경우에만 계속 업무를 수행할 수 있었다. 국가 경제의 필수적인 대기업 운영에 있어서 현지인의 자본과 운영능력이 없었으므로 미얀마 정부는 목재 · 교통 · 석유와 같은 주요 산업분야를 국유화하고 개인 무역과 수출 분야에서도 수입허가와 쿼터제를 통해서 자국민들에게 더 많은 혜택을 주었다. 비록 이러한 정책이 인도인 사업가를 직접적으로 겨냥한 것은 아니었으나, 인도인의 주요 사업 분야가 수입업과 무역업이었으므로 인도인의 사업은 당연하게 심각한 타격을 받았다.

전후(戰後) 인도로 돌아갔던 인도인들의 일부가 돌아오는 경우도 있었으나, 행정부에서 일하던 더 많은 숫자의 인도인들은 직장에서의 신분과 고용 불안을 이유로 인도로 돌아갔다. 이로 인해서 전전(戰前)에

38만 명에 달했던 인도인 주민 숫자가 1953년에는 286,900명으로 감소했다. 또한 1931년 도시인구의 30퍼센트를 차지했던 이들은 1953년에는 10퍼센트 미만으로 줄었다.

눈에 띄게 많은 수의 인도인들이 본국으로 돌아간 것은 미얀마의 독립 전후였다. 정치권력이 미얀마인에게 이양(移讓)되었으므로 정부의 행정직이나 기술직을 맡았던 인도인들이 미얀마를 떠나는 쪽을 선택하였다. 정치적 불안과 안보상황 악화가 우선적인 이유였다. 이 밖에도 미얀마어의 공용어 사용으로 미얀마에서 행정직 수행이 불가능했을 뿐만 아니라 월급 송금도 제한을 받았기 때문에 계속해서 업무를 수행하기 어려웠다. 그러나 고리대금업자 이외에도 일부 인도인 기업체는 독립 후에도 미얀마에 남는 쪽을 택하였다.

2. 말레이시아

말레이 반도와 인도의 접촉은 기원전 이전까지 거슬러 올라간다. 오랜 세월에 걸친 이종족(異種族) 간 결혼, 문화적 접촉과 동화작용의 결과 이 지역에는 인도의 문화적 영향을 받는 많은 도시국가들이 생겨나게 되었다. 그러나 오랜 인도인의 이주 및 인도문화의 전파 역사에도 불구하고 본격적인 규모의 이주는 영국 식민통치 시기를 기점(起點)으로 이루어졌다. 따라서 오늘날 말레이시아에 거주하는 140만 명과 싱가포르에 거주하는 20만 명을 합친 약 160만 명의 인도인들은 대부분이 이 시기와 연관이 있다. 이들은 이민 1세대이거나 혹은 19세기 후반 영국 식민통치기에 식민당국에 의하여 본격적으로 이루어진 정책 이민의 후예들이다. 그러므로 인도인들의 말레이시아 이민 역사는 길지 않은 셈이다.

20세기 첫 20년간 말레이 반도는 경제적 부흥을 구가하였다. 이 같은 경제적 발전의 견인차가 된 것은 주석과 고무였다. 1898년부터 1906년까지 말레이 반도의 주석 생산은 전 세계 생산량의 절반 이상을 차지하였다. 주석이 높은 이익을 얻는 동안 고무는 서서히 주석을 대체할 말라야(Malaya)의 주요 특산물로서 주목을 받게 되었다. 당시 말레이 반도(*Malay Peninsular*)고무농장이 늘어나고 노동수요가 증가함에 따라 인도인들의 말라야 이주가 본격화되기 시작하였다. 그러나 오늘날 말레이시아에 거주하는 인도인들은 과거처럼 고무농장의 노동자로 남아 있지 않다. 다종족 국가인 말레이시아 사회의 정당한 구성원으로 자리 잡고 정치 · 경제 · 사회 · 문화 등 제반 영역에서 말레이인과 중국계 국민에 이어 3위의 주요 종족으로 자리매김하고 있다.

20세기로 들어 서면서 인도인 이민자들이 말레이 반도로 몰리게 된 것은 몇 가지 중요한 이유가 있었다. 말라카 해협 쪽 말레이 반도 북부의 국제 무역항인 뻬낭(Penang)항 개항(開港)과 함께 영국의 식민통치가 강화되면서 말레이 반도의 경제가 세계 경제체제로 편입되었기 때문이다. 1786년 뻬낭 획득을 시작으로 1909년 말라야 전역에 걸친 식민통치 체제를 확립한 영국 식민당국은 적극적인 투자유치정책으로 유럽자본을 유치하기 시작하였다. 말레이 반도의 정치적 안정은 당연하게 중요한 투자 유치 요인으로 작용했다.

1820년대 향신료와 후추 농장으로 시작된 유럽인들의 투자는 1830년대에는 설탕 공장으로, 1870년대에는 커피 재배 농장으로 확대되었다. 그리고 20세기 초엽부터 본격화되기 시작한 대규모 고무농원에 대한 투자는 최고조에 다다랐다. 고무농원에 대한 유럽인들의 투자는 곧 팜오일(*palm oil*)과 대규모 차(茶) 농장 개발로 이어졌다. 영령(英領) 말라야(Malaya) 정부도 이에 따라 플랜테이션 개발을 위해서 다양한 우대조처를 내 놓았다. 이를 테면, 토지를 제공한다든지 자본공여나 세제 혜택 또는 우량 품종 개발을 위한 각종 연구와 실험결과를 제공하였다. 나아가서 생산품의 수출을 위한 도로·철도·항만·통신시설 확충 등 식민정부 차원의 정책적 지원도 아끼지 않았다.

기계화가 이루어지기 전인 20세기 초엽까지만 해도 말레이 반도의 농장 개발은 전적으로 인력(人力)에 의존하였다. 따라서 단순 반복 작업이 주를 이루는 농장의 일은 비숙련 저임금(低賃金) 노동자들의 몫이었다. 토착 말레이인들은 일반적으로 근로의욕이 떨어지고, 중국인들은 농업보다 훨씬 부가가치가 높은 상공업 부문을 선호하며, 쟈바인들은 인력을 구하기도 힘들뿐더러 임금이 상대적으로 비싸다는 이유 등으로 인하여 자연스럽게 인도인들을 농장 노동자로 수입하는 방안이 제기되었다.

이에 따라 단순 반복 작업의 계속이라는 고무 채취 작업의 특성상 인도인들 가운데서도 품성이 온순하며 지시에 잘 따라서 관리감독이 용이한 인도 동남부 지역 출신의 마드라스(Madras)인들이 최적임자로 지목되었다. 무엇보다도 카스트 제도 하에서 신분이 가장 낮은 계층에 속하는 마드라스인들은 독립심이 강한 중국인이나 북부 인도인들과는 달리 고무나무 농원 같은 열악한 환경과 저임금에 대해서도 적응도(適應度)가 높다는 평가를 받고 있었다. 또한 북부 인도인들과는 달리 종교와 음식에 대한 터부(*taboo*)가 적고, 남부 인도 지역의 풍토가 말레이 반도와 유사하였기 때문에 기후 적응에도 별다른 어려움이 없는 것으로 인식되었다. 더욱이 그들은 중국인과는 달리 영국 식민통치의 경험이 있기 때문에 식민정부와 유럽인 사업가들과 의사소통이 보다 더 원활하다는 장점도 지니고 있었다. 마드라스는 오늘날 첸나이(Chennai)로 불리는 타밀(Tamil)인들의 중심지이자 타밀나두(Tamil Nadu)의 주도(州都)이다.

그러나 빈곤에 시달리던 남부 인도인들이 모두 말라야로 경제적 이주를 동경한 것은 아니었다. 말라야에서 받는 임금이 유사한 조건의 스리랑카나 미얀마의 2/3 수준에 불과한데다가 말라리아 등 풍토병에 걸릴 확률도 높다는 이유 때문에 오히려 대부분의 남부 인도인들이 말라야보다는 다른 지역을 더 선호하였다. 이에 따라, 지속적인 경제개발의 필요상 인도인 노동력의 지속적 유입이 절실했던 영령 말라야 정부는 남부 인도인들의 이민을 장려하고 관리감독하기 위하여 인도인이민위원회(*Indian Immigration Committee*)를 설립하게 되었다.

이 위원회는 곧 인도인들의 노동환경과 임금조건의 개선에 관심을 기울이기 시작하였다. 이를 위하여 인도정부를 설득하여 자국민의 이민을 규제하는 제반 법률 개정을 권유하는 한편, 이민 장려를 위한 대대적인 캠페인을 전개하였다. 이밖에 원활한 이민 관련 업무를 돕기 위하여 인도와 말레이 반도 두 곳에 각각 새로운 이민 캠프를 설치하였다. 이곳에서 노동인력의 모집에서 수송과 분류 및 배치를 도왔으므로 남부 인도인들이 말레이 반도로의 이주가 크게 증가하였다.

인도인 이주자들의 대다수는 정부보조 프로그램에 따른 정책적 이민자들이었다. 그러나 1930년대 초 이후 식민정부의 보조가 크게 줄어들고 인도정부도 1938년부터 비숙련노동자 송출을 위한 보조를 전면 중단한 것을 계기로 이민 희망자들의 성격에 변화가 일게 되었다. 정책적 이민자들의 비중은 감소하였으나 이와는 반대로 순수한 개인 자격의 이민자 비중은 상대적으로 늘게 되었다. 개인 자격의 이민도 2차 세계대전을 계기로 거의 중단되자 말라야 정부는 부족한 플랜테이션 부문 노동력 확충을 위하여 인도정부에 이민 재개를 요청하였다. 그러나 비숙련 노동력 송출을 국가적 위신 손상으로 인식하게 된 독립 인도정부의 정책변경에 따라 이를 거부하였으므로 인도인의 말레니 반도 이주 역사는 사실상 막을 내리게 되었다,

3. 싱가포르

싱가포르에서 인도인 공동체는 오늘날까지 소수집단을 이루고 있다. 이들 인도계는 역사적으로 전체 싱가포르 인구 중 6퍼센트에서 12퍼센트 가량을 차지하고 있다. 그러나 인도인 공동체는 매우 다양한 성향을 바탕으로 한다. 이들 인도인 공동체는 주로 출생지에 기초한 종족적 차이는 물론이고 직업·종교·교육·언어적 차이에 따라 다시 세분된다. 일반적으로 이 같은 구분은 북인도 출신 대(對) 남인도 출신, 그리고 무슬림 대(對) 힌두교도들이 다수를 차지한다. 남인도 출신의 무슬림들은 주로 코로만델(Coromandel)과 말라바르(Malabar) 에서 이주한 사람들이 대종을 이룬다. 북인도 출신들은 힌두교도거나 무슬림을 막론하고 상업과 전문직에서 두각을 나타내었다.

인도인들의 싱가포르로의 이주는 19세기의 초반에 주류를 이루었다. 특히 1867년까지 싱가포르에 정착한 이민자들은 영령 인도의 한 부분을 형성하였고 인도의 제반 법규가 이들에게도 그대로 적용되었다. 실제로, 인도인들이 싱가포르에 온 최초의 이민자들이었다. 인도인들의 이주 형태는 당시의 싱가포르가 보다 큰 식민지 인도의 한 부분으로 간주되었음을 잘 보여준다.

1824년 영국과 네덜란드는 조약(*Anglo-Dutch Treaty*)을 맺어 네덜란드가 관장하던 말라카(Malacca)를 당시 영국령이던 벤쿨렌(Bencoolen)과 교환하였다. 벤쿨렌은 오늘날 인도네시아 수마트라 서남쪽의 붕꿀루(Bengkulu)인데, 영국이 1685년 인도네시아 군도의 후추무역을 총괄할 목적으로 동인도회사를 설립한 이후 1714년에는 말보로(Marlborough) 요새를 축조하는 등 통치권 확보에 심혈을 기울였던 곳이었다.

영국과 네덜란드 간 통치지역의 교환에 따라 최초의 인도인 죄수 노동자들이 1825년 싱가포르에 도착하였는데, 이들은 벤쿨렌으로부터 이

송된 사람들이었다. 싱가포르를 형벌의 식민지로 사용하는 정책이 1860년에 개정되었지만, 인도인 죄수 노동자들은 1873년까지 싱가포르에 남아있었다. 이로써, 48년 동안 수천 명의 인도인 죄수 노동자들이 싱가포르의 인프라 시설을 건설하는데 그들의 노동력을 제공하였다. 많은 도로와 정부 건물 그리고 미개발지의 개간과 하수로 공사가 이들에 의해서 완성되었다.

당시 인도인 죄수 노동자들은 다양한 카스트와 종족이 한데 섞여 있었다. 이로 인하여 영국은 죄수 노동자들이 조직적으로 단결하여 식민 당국에 대항하여 저항이나 소요를 일으킬 우려를 크게 덜 수 있었다. 이들 인도인 죄수 노동자들은 싱가포르에서 그들의 형기를 마친 뒤 일부는 인도로 돌아갔지만, 대부분은 싱가포르에 남았던 것으로 알려져 있다. 한 예로서, 인도인 죄수 노동자들은 1838년의 경우 60퍼센트만 인도로 돌아갔다.

이러한 현상은 1860년대까지 이어졌다. 그러나 당시 싱가포르에 남았던 형기를 마친 이 노동자들이 기존의 인도인 공동체에 얼마나 통합되었는지 여부와 또한 이들의 후손들에 관해서는 거의 기록으로 남아있지 않다. 그렇지만, 당시 인도인 여성 죄수는 매우 적었다는 것을 감안한다면 남성 죄수들 중 많은 이들이 싱가포르 현지에서 결혼을 하였을 것이다. 이들이 '자위 삐깐'(Jawi Pekan) 혹은 인도계 말레이 공동체 속으로 통합되었을 것이라는 것이 학자들의 일치된 견해이다.

일반적으로 인도인들의 정착과 직업 유형은 함께 발전하였다. 인도인들이 최초로 집중된 곳은 마켓(Market)가(街)와 출리아(Chulia)가(街)지역이었다. 당시 여기에는 주로 소규모 가게소유주 · 관리인(수위) · 대금업자(貸金業者) · 은행가 · 법률가 등 전문직업인들이 모였다. 인도인들이 그 다음으로 집중한 곳은 싱가포르강의 북쪽에 위치한 하이 스트리트(High Street) 지역이었는데, 이곳에는 씬드인 · 구저라트인 그리고 시크교도들과 의류와 전자물품 상인들이 모여 들었다. 세 번째 집중 지역은 떨러구와 말라얄람 출신 인도인들이 모여든 딴종 빠가르(Tanjong Pagar)와 케펠(Keppel)가 일대의 항만과 철도역 근처였다. 슴바왕(Sembawang) 지역에는 해군 기지나 조선업에 관련된 타밀·떨루구·말라얄람 출신의 인도인들이 군거(群居)하였다. 또한 비취로드(Beach Road)와 대로(大路)라는 의미를 지닌 잘란 버사르(Jalan Besar) 사이에 있는 깜뽕 글람(Kampong Glam)지역은 보석과 직물을 취급하는 소규모 교역에 종사했던 다양한 인도인 무슬림들이 거주하였다.

싱가포르에서 인도인들이 전통적 방식에 따라 마지막으로 집중된 지역은 바로 스랑운(Serangoon)가(街)에 있었다. 이 지역은 처음에 힌두교도들이 신성시하는 소(牛)를 관리하는 업종에 종사하던 인도인들을 위한 지역이었다. 인도인들이 이곳에 모이게 된 또 다른 요인은 도비 곳(Dhoby Ghaut)의 브라스 바사(Bras Basah)가(街) 인근에 인도인 형무소가 있었기 때문이었다. 따라서 세탁업을 비롯하여 죄수 관련 업무에 종사하였던 인도인들이 자연적으로 슬러지(Selegie)와 스랑운가를 따라 형무소에 가까운 곳에 정착하게 되었다.

1880년대로부터 스랑운가는 남인도 출신으로 상업에 종사한 정착자들에 인기를 끌었다. 이들은 주로 북인도인들의 집단 주거지인 하이 스트리트 지역 혹은 남인도 출신 인도인들의 집단 주거지인 마켓 스트리트나 출리아 스트리트의 상업 센터에는 거의 공간을 차지할 수 없었다. 1936년 당국은 이곳의 소 방목을 금지하여 주거지역으로 변경하였다. 이에 따라 스랑운가 인근 지역은 이전보다 점차 더 인구가 밀집되게 되었는데, 특히 소규모 비즈니스가 이곳으로 집중하게 되었다. 오늘날 이 지역은 싱가포르의 '리틀 인디아'(*Little India*)로 불리고 있다. 인도적 문화요소를 접하기를 원하는 사람은 스랑운가에 가면 된다고 말 할 정도로 이곳은 싱가포르에서 전형적인 인도인 공동체를 유지하고 있는 지역이다.

스랑운가에 있는 리틀 인디아는 1930년대부터 출현한 주상(住商)복합건물들로부터 발전한 상업지대이다. 이곳은 오늘날 싱가포르 인도인들의 축제 문화의 중심이다. 그래서 일차적으로 리틀 인디아에서 펼쳐지는 사람들의 행동은 거의 대부분이 전형적인 인도문화의 유형이다. 그 한 예로서, 상가건물 속에서 현금 등록기에 가까운 벽 공간을 종종 차지하는 다양한 힌두 신(神)을 모시는 공간이 있다든지, 또한 남녀 간에 가급적 일정한 거리를 유지하려는 모습에서 드러난다. 인도인 재단사가 그들의 여성 고객의 옷을 맞출 때 가능한 한 신체를 접촉을 하지 않으려는 노력에서 잘 나타난다. 이곳에서는 인도인들이 인도인으로 살아가는데 필요한 모든 장신구와 조형물들이 전시 판매되고 있다.

4. 인도네시아

미얀마와 말레이 반도에 집중되었던 인도인들이 인도네시아 군도에는 상대적으로 많지 않다. 그러나 말레이 반도에서 고무농장이 크게 번성하면서 수마트라 쪽으로 인도인들의 수요가 늘어났고, 쟈바로 연결되었다. 그러나 수마트라와 쟈바등 인도네시아로 인도인들이 진출한 것은 어디까지나 말레이 반도와 인접해 있었기 때문이었다. 1930년 네덜란드 식민정부는 인종적 자기 정체성과 연관된 인구조사를 시행하였다. 이 때의 인구조사에 따라 자신들을 인도계로 간주하는 사람들의 통계 수치가 포함되었다. 그러나 자신들을 인도계로 간주하는 인도네시아인들의 수는 실제로 인도인의 수치와 반드시 같지 않다. 왜냐하면 당시만 해도 인도계 인도네시아인의 많은 숫자는 자신들을 인도인으로 동일시하지 않았기 때문이다. 따라서 결과적으로 이들은 인도계의 전체 수를 나타내는 통계 수치에 포함되지 않았다. 종족이나 민족의 구분에 따른 정체성 고양보다 국가의 통일이 강조되는 오늘날의 독립 국가를 지향하면서 인도네시아정부는 여러 차례의 인구조사에서 이데올로기적인 이유를 들어 종족 또는 민족의 정체성에 관련된 질문을 던지지 않았다. 다만 일부지역의 지엽적인 통계는 종종 발견된다.

동부 수마트라에서 20세기 초 담배 · 고무 · 차 · 야자나무 농장에 고용되었던 2.460명의 인도인 계약노동자들에 관한 기록이 있다. 그리고 이곳의 1930년 인구센서스는 총 18,904명의 유럽인도 중국인도 아닌 인도인들에 관한 기록을 남기고 있다. 1971년 수도 자카르타에 실시된 인구조사에서도 인도 국적을 가지고 있는 인도인들에 대한 통계 수치가 나와 있다. 이 조사에 따르면 806명의 성인 남성과 639명의 성인 여성, 499명의 남자아이, 410명의 여자아이로 구성된 총 2,354명의 인도국적 보유자를 기록하고 있다. 5년 뒤인 1976년에는 쟈카르타에 인도 국적 보유자의 숫자가 957명의 성인 남성, 617명의 성인 여성, 557명의 남자 아이, 503명의 여자 아이를 포함하는 총 2,634명으로의 변동을 보여주고 있다.

인도네시아 주재 인도 대사관도 인정하는 1980년대 후반의 각종 자료를 종합하면, 쟈카르타에는 약 6,000명의 인도인들이 살고 있다고 한다. 이중에서도 씬드인(Sindhi)들이 계속해서 다수를 이루고 있는데, 대략 3,500명인 것으로 추산된다. 이들은 대다수가 인도와 파키스탄 국경의 씬드(Sindh) 주(州) 출신들로 열악한 경제환경과 인도-파키스탄 국경분쟁을 피해서 해외로 이주한 사람들이다. 시크(Sikh)교도들은 약 1,500명으로 그 다음을 차지하고 있다. 씬드인들과 시크교도 등 두 종족이 쟈카르타 인도인 사회의 주된 구성을 이루고 있는데, 대부분이 전후(戰後) 이주자들이다. 이들의 거주 분포는 전전(戰前)에 종사했던 경제활동 영역에 인접해 있다. 쟈카르타의 인도인들의 경우 대개 빠사르 바루(Pasar Baru)지역에 밀집해 살고 있다.

신분노출을 꺼리는 많은 인도인들이 등록을 기피하여 인도네시아 주재 인도 대사관 측은 쟈카르타 내 인도인들의 정확한 수치를 알지 못한다. 그러나 믿을 만한 각종 자료에 의하면 인도네시아 국적을 취득하고 있는 인도인들의 숫자가 점점 늘어나고 있는 것은 분명하다. 1980년에는 376명의 인도인들이 국적을 신청해 인도네시아 시민권을 획득하였으며, 한편 124명의 인도인들은 자신들이 인도인임을 증명하는 그들의 인도행(行) 여행증서를 포기하였다. 따라서 1980년대 후반 이래로 쟈카르타 내 인도인들 사이에서 인도 국민이라고 밝히는 것은 점점 어렵게 되어가고 있다. 전전 세대들의 사망과 함께 대부분의 인도태생의 인도인들과 현지 태생의 인도계 인도네시아 거주민들이 인도네시아 국민의 범주에 포함되고 있는 셈이다.

쟈카르타의 씬드인들은 약 700가족으로 이루어져 있는데, 한 가족 당 평균 3명의 자녀들을 두고 있다. 이들의 대다수가 빠사르 바루 지역의 주택가에서 살고 있지만, 80년대 이후 인도네시아 경제가 호전되면서 쟈카르타 외곽의 부동산을 매입하였다. 그 중의 하나가 쯘빠가 뿌띠(Chenpaga Putih)인데 이곳에 대략 70 여 가구가 있고 대부분이 대저택을 가지고 있다.

쟈카르타에는 수카르노(Soekarno) 통치시대 이래로 35가구의 시크교도 대가족이 있었다. 그들은 여전히 '쟈카르타 시크교도'들로 일컬어지고 있어서 이들의 존재를 아는 사람들이 꽤 많다. 1960년대 이후 북부 수마트라의 메단(Medan)에서 이주해 온 약 70명의 시크교도 가족들이 이들과 합류하였다. 이들이 대개 빠사르 바루 지역에 거주하기 때문에 이곳은 시크교도들에게 중요한 밀집 지역이 되고 있다. 이곳 이외에 끄마요란(Kemayoran) 지역에도 일부 인도인들이 집단적으로 거주하고 있다.

쟈카르타의 인도인들 중 세 번째 그룹은 메단에서 온 타밀(Tamil)인들이다. 그들 대부분이 수하르토(Soeharto)가 통치하기 시작한 1965년 이후에 이주해 왔으며, 1970년대 중반 이래로 그 숫자가 점차적으로 증가하고 있다. 1982년의 한 통계에 따르면, 같은 해 메단에서 쟈카르타로 이주한 타밀 출신 인도인들은 100가족에 달했다. 이들은 인도네시아인, 중국인 또는 외국인 회사의 경영자의 신분으로 또는 전문 경영인으로 역할하고 있음에 따라 쟈카르타 전역에 흩어져서 거주하고 있다. 그러나 따나 아방(Tanah Abang)지역에는 성공한 타밀 출신 인도인들이 많이 거주하고 있어서 다른 타밀인들에게 점차 매력 있는 인도인들의 주거지가 되고 있다.

네 번째 그룹은 해외로 근무지를 옮겨 다니는 인도인들이다. 이들은 주로 쟈카르타에 거주하는데, 1978년의 50가족으로 시작해서 1982년에는 120가족으로까지 증가하였다. 이들의 주거지는 일정하지 않으며 대부분이 고용계약이 끝나면 인도로 돌아가든지 아니면 제 3국으로 떠난다. 이들은 주로 인도인과 인도네시아인 사이의 합작 벤처회사와 유엔 등 각종 국제기구, 그리고 소수의 다국적 기업에 근무하기 위해서 쟈카르타에 온 꽤 능력 있는 인도인들이다.

인도네시아에 정착한 인도인들은 대부분이 섬유업 관련분야에서 일하고 있다. 이들은 주로 원색의 옷감이나 이를 재료로 재단한 다양한 형태의 의류를 판매하는데, 가게 이름은 예외 없이 인도의 지명을 쓰거나 인도문화 혹은 힌두교와 관련된 것이다. 봄베이(Bombay)나 수르가(Surga) 혹은 나마스테(Namaste) 등이나 브라만(Brahman)이나 시바(Siva) 같은 것이 그 예이다. 이밖에도 각종 운동복을 비롯한 스포츠용품 도매상을 운영하고 있다. 이들의 직종 가운데 흥미로운 또 다른 하나는 영화산업과 관련된 사업을 하는 사람들이 꽤 있는데, 이들은 값 싼 인도영화를 수입하여 재미를 보고 있다고 한다.

IV. 동남아 인교사회의 문화적 특성

동남아 인교사회의 문화적 특징 중 가장 두드러진 부분은 전문직과 직능분야에서 탁월한 재능을 보이고 있다는 사실이다. 동남아 화교(華僑)들이 생활필수품의 유통업 분야를 비롯해서 상업 일반과 국제무역에 걸쳐서 폭 넓은 분야에서 절대적인 영향력을 행사했던 경우와 달리 인교(印僑)들은 전문직이나 전문 직능분야에 한정하여 관심을 집중하였다. 그 한 예가 영세(零細)금융업이었는데, 체티야르(Chettiar)로 알려진 고리대금업자는 거의 전부가 인도인들이었다. 체티야르는 미얀마에서 집중적으로 양산되었으나, 미작농업(米作農業)을 위주로 하는 말레이 반도와 수마트라 · 쟈바 등 일부 인도네시아 군도에서도 발견된다. 오늘날 싱가포르를 포함한 동남아 전 지역에서 인도인들이 거주하는 지역이면 쉽게 발견할 수 있는 환전상(換錢商)은 체티야르가 발전적으로 변화된 것으로 보인다.

말레이 반도와 싱가포르를 중심으로 인교사회에서 발견되는 또 다른 경제 분야 독점형태는 전문직이나 직능분야이다. 예를 들면, 의사 · 회계사 · 법률자문가 · 전문 기술자 등과 같은 직종이다. 이러한 분야는 사회발전에 따라 그 수요가 필수적인 분야이고, 복합 종족사회에서 어느 종족과도 경쟁을 통하여 타인이나 타종족에게 손해를 끼치지 않고 독립적으로 생존할 수 있는 분야라는 것이다. 이들의 뛰어난 능력은 때때로 실력자들에 의해서 보호를 받았으므로 거주국의 정치적 변동의 와중에서도 건재한 경우가 많았다. 이러한 예는 말레이시아에서 특히 많이 발견되고 있다.

두 번째 특징은 인도인들은 중국계 현지 주민들과 달리 정치조직을 만들고 정치적 행위에 적극적으로 참여하였다는 점이다. 이러한 예는 동남아의 몇몇 나라에서 쉽게 발견할 수 있다. 말레이시아에서 인도계는 믈라유(Melayu)인과 중국계에 이어 제3위의 다수 종족이며, 싱가포르에서도 이들은 중국계 국민과 말레이인에 이에 제3위의 종족이다. 이들 두 나라에서 인도계는 정치단체를 구성하고 적극적인 정치활동을 벌여 왔다. 또한 인도네시아처럼 과거 혁명기(1945-1949)의 혼란 중 소수의 외래 엘리트들에 대해서 심각한 거부감을 보였던 나라에서도 찾아 볼 수 있다. 인도계인 찰스 탐부(Charles Thamboo)는 인도네시아 혁명기(1945-1949)에 수카르노(Soekarno)와 핫타(M. Hatta)를 도와 국제적인 지지를 통해서 독립 쟁취를 완성하려는 노력에 크게 기여하였다. 그는 싱가포르와 마닐라 등 동남아와 미국의 여러 도시에서 왕성한 외교활동을 전개한 바 있다. 이러한 현상은 화교 또는 중국계 국민들이 경제분야를 독점함으로써 정치 분야 침투에 대하여 원주민들이 알레르기적 반응을 나타낸다는 점을 역이용(逆利用)한 것으로 분석할 수 있다.

인도 정부의 대외정책이 자신들이 거주하는 정부 정책과 상반되거나 이로 인해서 거주국에서 본국의 정책변화로 불이익을 당할 수 있다고 판단할 경우, 이들 인교사회는 대표단을 구성하여 본국을 항의방문을 하는 등 적극적으로 대처하였다. 이와 같은 경우가 거주국에서 발생할 경우에도 다양한 통로를 통하여 자신들의 입장을 알리고 적극적인 설득에 나서 인도인 사회에 이익이 되거나 혹은 피해가 최소화 되도록 설득하였다. 이는 동남아에서 화교사회에 비해서 규모면에서나 수적으로 열세한 인교사회가 전문분야와 정치 분야에서 이주지 현지 사회와 정부에 기여함으로써 자신들의 정체성을 보전하고 정치·사회적으로 급변하는 동남아 사회에 적응하는 전략적 생존방식으로 판단된다.

세 번째 특징은 동남아 인도인 사회는 자신들의 정체성을 유지 보전하되 현지 사회에 적응(適應)하려는 노력을 우선한다는 점이다. 이 점은 동남아에 한정된 것이 아님에도 불구하고 중국인 사회와 공존하기 때문에 특히 이 지역에서 부각되고 있다. 인도인들은 힌두 사원을 중심으로 자신들의 고유한 생활문화의 색깔을 유지하는데 조금도 소홀함이 없지만, 중국계가 독립적으로 또한 독자적으로 다소 비밀스럽게 화인 사회와 중국문화를 유지하는 방법과 차별적이다. 인도네시아의 경우 3 퍼센트라는 가장 적은 숫자의 화인인구(중국계 소수종족)로 전체 국가경제의 70-80퍼센트를 장악하고 있으나, 이들은 현지사회와 격리되어 있음을 다양한 경우에서 확인할 수 있다. 인도인들은 현지인들이 많이 모이는 시간을 마다않고 맥도널드햄버거 매장에 나타나지만, 중국계들은 이들과 혼잡한 시간을 피해서 밤늦은 시간에 햄버거 매장을 방문한다.

인도인과 인도사회의 현지적응 노력은 그들이 집중적으로 관심을 보이는 섬유산업이나 영화산업에서도 발견할 수 있다. 섬유산업의 경우, 고급제품이 없지 않지만, 대개 중저가의 값싼 제품을 공급함으로써 현지인들의 호감을 사고 있다. 영화산업의 경우도 마찬가지이다. 인도계 무역업자들은 동남아에 값 싼 인도영화 필름을 지속적으로 공급함으로써 현지 서민사회에 다가가면서, 정서적으로도 동남아문화와 인도문화가 거리가 없음을 알리는 부수적인 효과를 거두고 있다.

해외인도계동포(*People of Indian Origin*)에 대한 연구가 학문적 체계를 갖추고 있지 못하기 때문에 연구자의 성향과 연구방향에 따라서 당연하게 상이한 결과가 나올 수 있다. 한 국내학자는 해외인도계동포의 특징을 다음과 같이 설명하고 있다.

첫 째, 해외인도계동포들은 동질적 성격의 집단이 아니다.

둘 째, 비록 강도의 차이는 있지만, 이들은 인도인 종족적 정체성을 유지해 왔다.

셋 째, 대부분의 해외인도계동포들은 경제적으로 원주민 보다 우월한 지위에 있다.

넷 째, 지역적으로 다소 간의 차이는 있지만, 이들은 거주국에서 소수자의 지위를 벗어나지 못하고 있다.

V. 끝맺음 말

세계사에 연결되면서 동남아는 가장 먼저 인도문화와 접촉하였다. 대륙부 동남아를 인도차이나(Indo-China)로 칭하는 이유는 동남아가 특히 대륙부 동남아가 지리적으로 인도와 중국 대륙 사이에 위치하기 때문만이 아니다. 동남아는 일찍부터 알려진 바닷길을 통해서 인도상인과 브라만들이 전해준 다양한 문화적 소도구(小道具)와 이들의 기능과 역할을 통해서 인도문화에 심취하게 되었다. 이 지역에 남아있는 수많은 문화어휘(*cultural vocabulary*)가 이를 말해 준다. 그러나 인도문화는 정서적(情緖的)인 성향이 실용적(實用的)인 면 보다 우세하여 점차 실용적인 생활문화를 앞세운 중국문화의 공세에 밀려나게 되었다. 그럼에도 불구하고 거대한 남중국해(*South China Sea*)나 쟈바해(*Sea of Jawa*)로 격리되어 있는 해양부 동남아는 상대적으로 인도문화를 많이 유지하고 있는 것으로 보인다.

동남아의 인도인사회는 인도문화의 전파와 더불어 형성되었으나, 그 규모는 크지 않았다. 멀고 험한 바닷길을 오가는 무역 상인들이나 동남아의 군소왕국에 힌두교와 산스크리트어를 전수하고 왕국과 왕권의 위엄(威嚴)을 갖추는 기법을 가르친 브라만들의 숫자가 그리 크지 않을 것이기 때문이다. 동남아 여러 지역의 대규모 인교(印僑)사회의 형성은 유럽 열강의 식민통치의 산물이었다. 영국과 네덜란드와 프랑스 등은 전문 직종에서 인도인들의 탁월한 재능을 인정하였던 것이다.

그러나 대규모 인교사회 형성은 특히 영령(英領) 인도가 영향력을 주변으로 확대하면서 본격화 되었다. 차(茶)와 담배 등 유럽시장으로 공급하던 열대원예작물과 고무와 주석 등 전략물자의 수요가 늘어나면서 이들의 공급지였던 동남아에 인도인 노무자들이 대거 몰려들었던 것이다. 영령 인도의 변방이었던 미얀마와 말레이 반도를 중심으로 해서 동남아 인교사회는 19세기 말부터 20세기 초에 이르기까지 크게 번성하였다. 태국과 베트남 등에서는 행정부의 고문으로 혹은 특정분야의 전문인으로 인도인들의 활약이 두드러지게 나타났다.

제2차 세계대전 이후 동남아 각국이 새로운 정부를 만들고 국가 이데올로기를 창출하는 과정에서 화인(華人)사회뿐만 아니라 인교사회도 큰 변화를 경험하였다. 이 과정에서 화인사회에 비해서 인교사회는 비교적 고통과 피해의 정도가 적었다. 인교사회의 현지사회 동화 노력과 화인사회와 차별적인 경제활동의 행태(行態)가 원주민들에게 이렇다 할 피해를 주지 않았기 때문이다. 뿐만 아니라 인교사회는 혼란의 연속인 정치적 격변 속에서도 현지 정부와 현지인 사회에 적응하려는 노력을 아끼지 않았기 때문이다.

그럼에도 불구하고 오늘날 동남아에서 인교사회와 인도문화가 부각되거나 발전하고 있지 못한 이유는 화인사회의 경제적 영향이 계속해서 절대적인 위치를 점하고 있고 현지 정부의 원주민 우대정책에 따라 그들의 경제활동 참여의 기회가 증가하고 그만큼 그들의 몫이 증대되기 때문이다. 또한 교육기회의 확대는 원주민 엘리트 계층으로 하여금 보다 많은 전문 직종을 선호하게 하는 결정적인 유인(誘因)이 되어 인교사회의 정체성이자 독창성으로 자리매김하였던 전문직 분야가 이들의 도전 대상이 되었던 것이다.

제 5장

미얀마와 인도의 애증(愛憎) 관계

I. 시작하는 말

미얀마와 인도는 동남아와 남아시아의 접경국가로 총 1,643km의 긴 국경을 접하고 있으며, 양국 관계는 긴 국경선 보다 훨씬 더 긴 장구(長久)한 세월을 함께하며 애증(愛憎)의 관계를 엮어 나왔다. 기원 수세기 전부터 인도는 오늘날의 미얀마 하부 지역과 태국 서북부 지역을 '황금의 땅'이라는 의미의 수반나부미(Suvannabumi)라고 칭하며 교류해 왔다. 특히 인도에서는 브라만 사제와 무역상들이 종교 전파와 교역을 확대하기 위해서 이 지역에 내도(來到)했고, 이들이 전파한 힌두 · 불교가 오늘날 미얀마 불교문화의 근간이 되었다. 대부분의 미얀마인들은 오늘날까지 개인적인 일이나 가족의 일, 또는 국가적인 대소사를 앞두고 점성술(占星術)을 이용하여 장래를 예견하는 관습이 남아 있는데, 이는 왕조시대 인도 브라만 사제들이 왕실에서 행한 의례(儀禮)로 승려들에 의해서 전수되어 일반 시민사회에 뿌리 내린 것이 분명해 보인다. 생활문화에 대한 영향은 말할 것도 없다. 고금(古今)을 막론하고 전통적으로 미얀마인들이 애용하는 통치마 롱지(lounji)와 슬리퍼 퍼낙(panak)도 인도로부터 전래된 것이다.

인도 문화가 미얀마의 문화에 지대한 영향을 미쳤다는 점에 대해서는 어느 누구도 이의를 제기하지 않는다. 그럼에도 불구하고 양국 국민들의 상대방에 대한 감정은 매우 복잡하게 표현되며, 특히 미얀마 내 인도인들에 대한 미얀마인들의 시각은 대체로 비(非)우호적이다. 미얀마에 거주하는 인도인들은 대부분 무슬림으로 불교도 미얀마인들의 종교적 편견의 대상이 되거나 매사에 게으르고 돈만 아는 사람들로 치부되는 경향이 짙다. 중국계 소수종족을 지칭하는 미얀마의 화인(華人)들에 비해서 인도인 또는 인도계 혼혈 미얀마인들이 이 나라의 정치계에서 이렇다 할 성공을 거두지 못하는 이유도 보이지 않는 종족 차별의 한 단면이다.

미얀마인과 인도인 간의 불편한 관계만큼 양국의 국가관계도 협력과 갈등의 애증관계를 거듭해 왔다. 미얀마는 영국으로부터 독립한 후, 인도와 중국 등 주변 강대국의 틈바구니에서 국가 생존을 위한 외교정책을 채택했다. 우 누(U Nu) 정부가 출범했을 당시 미얀마-인도 양자관계는 주로 초기 양국 정치인들 간의 개인적인 친분 관계로 유지 발전되었다. 그러나 급진적인 사회주의 경제를 추구했던 네 윈(Ne Win)의 통치시기에는 양국의 특별한 관계는 더 이상 진전되지 않았다. 뿐만 아니라 미얀마 거주 인도인들에 대한 네 윈 정부의 차별 대우와 이들에 대한 강제 송환(送還)조처로 인해서 미얀마-인도 양국의 국가관계는 후퇴하게 되었다.

미얀마와 인도 양국의 국가관계는 냉전 종식으로 극적인 반전(反轉)의 계기를 맞았다. 양국 관계의 발전은 화해와 상생의 원칙에 따른 적극적인 외교 교섭의 결과라고 할 수 있으나, 이 보다 중요한 점은 새롭게 재편(再編)된 국제적 · 지역적 · 국가적 환경이 긍정적으로 작용하였기 때문이었다. 미국의 패권주의 강화와 중국의 세력 확장이라는 국제정치 환경의 변화가 우선적인 요인이 되었다. 이 밖에도 미얀마-인도 양국 간의 고질적인 국경문제와 마약 유통망 근절 등 산적된 양국 간의 난제를 시급하게 해결해야 하는 국내적 요인이 복합적으로 작용하였다.

역사적으로 애증 관계를 지속해 온 미얀마-인도 양국이 상호 국가적 이익을 제고하기 위하여 협력관계를 복원한 이면에는 매우 복잡한 국제적 · 국내적 요인이 얽혀 있다. 인도는 서남아를 벗어나 동남아로 진출하면서 동남아 지역 패권국으로 부상한 중국을 견제하기 위한 교두보로서 미얀마를 선택하였다. 이에 대해서 미얀마는 탈냉전 이후 지나치게 중국 일변도로 고착(固着)될 위험성이 있는 대(對) 베이징(北京) 군사적 · 경제적 의존도를 완화하면서 폐쇄적 군사정부에 유화적 태도를 가진 새로운 외교노선을 확보하기 위해서 인도와의 급속한 관계개선을 추구하고 있는 것이다.

II. 미얀마-인도의 역사적 관계

미얀마 꽁바웅(Konbaung)왕조의 알라웅퍼야(Alaungpaya)왕 치세기에 미얀마는 오늘날의 방글라데시(Bangladesh) 영토인 치타공(Chittagong)과 아쌈(Assam) 지역을 점령했었다. 그러나 이미 인근 지역에 진출했던 영국과의 이해관계가 얽히면서 미얀마는 1824년부터 1826년까지 그리고 1852년과 1885년 등 세 차례에 걸쳐서 영국과 전쟁을 하게 되었다. 미얀마는 결국 영국에 패하여 식민통치를 받는 운명을 맞게 되었다. 영국은 1886년부터 1937년까지 약 50년 동안 미얀마를 영령인도(*British India*)의 한 주로 편입시켰다.

영국의 식민통치로 인해서 미얀마의 전통적인 가치관은 일시에 붕괴되었다. 신왕(神王) 중심의 왕조국가는 서구의 세속적인 자유주의 사상에 기초한 정부로 대체되었다. 이와 더불어 고산족과 인도인을 위시한 외래 동양인들이 국가 행정의 요직을 차지하면서 미얀마 전통사회의 엘리트 계층이 붕괴되었다. 경제적 이권(利權)도 대부분이 영국 식민관리와 이 지역에 유입된 외래동양인들 중 특히 인도인들에게 이양되었다. 미얀마는 광활한 영토 면적에 비해서 인구가 상대적으로 적어서 효율적으로 쌀농사를 중심으로 한 농업을 발전시킬 수 없었다. 이에 반해서 인도는 저임금의 노동력을 대량으로 미얀마에 제공할 수 있었다. 더구나 지리상으로 인도와 미얀마는 이웃한 나라이기 때문에 영국은 인도와 미얀마를 행정적으로 연계시키는데 큰 어려움이 없었다.

영국 식민당국은 쿨리(*coolie*)라 칭한 대규모의 인도 노동이민자를 미얀마와 말레이 반도 등 동남아의 식민국가로 송출했다. 쿨리는 원래 중국인 노동이민자(苦力)를 지칭하는 단어였으나, 점차로 '악조건 하에서 힘들게 일하는' 노동이민자라는 보통명사가 되었다. 1920년대 초반 미얀마에 거주하는 인도인의 숫자는 미얀마 전체 인구의 10퍼센트를 차지하는 200만 명에 달했고, 같은 시기에 양공(Yangon) 인구의 절반 이상이 인도인 이주노동자들이었다. 이들은 주로 농업에 종사했는데, 점차로 농업 이외의 분야에도 손을 뻗혔다. 특히 인도 남부 타밀 나두(Tamil Nadu) 지역에서 이주한 타밀(Tamil)종족들은 목재와 직물사업 이외에 고리대금으로 부(富)를 축적했다.

식민정부는 미얀마인들에게 과중한 세금을 징수하였다. 현금이나 환금작물을 소유하지 못한 농민과 노동자들은 높은 이자를 감수하고 체티야르(Chettiar)로 알려진 고리대금업자로부터 현금을 차용했다. 이들 인도인 고리대금업자들은 상환 기간을 지키지 못한 미얀마인들의 토지나 임야를 강제로 몰수하는 교묘한 방법을 구사했으므로 미얀마 주민들은 식민당국과 체티야르로부터 이중적으로 수탈을 당했다.

1930년대로 들어서면서 세계적인 대공황이 발생하였다. 이로 인해서 미얀마에서 수출하던 쌀값이 대폭 하락하자 수입이 더욱 줄어든 미얀마 농민들의 체티야르에 대한 반감은 곧 인도인들에 대한 무력충돌로 이어졌다. 인도인들에 대한 대표적인 무력 충돌사건은 1930년 발생한 서야 상(Saya San)운동과 1938년 발생한 오일폭동(*oil strike*)이었다. 전자는 1929년 미얀마 남부 따야와디(Thayawaddy) 지역을 중심으로 영국의 식민지배와 인도인의 경제적 수탈에 항거하여 일어난 대규모 농민운동으로 서야 상과 우 아웅흘라(U Aung Hla) 등이 주도했다. 후자는 인도인들이 미얀마 불교를 폄하(貶下)한 것이 계기가 되어 일어난 사건으로 미얀마 역사에서 '1300년 대혁명'이라고 불릴 정도로 수많은 미얀마 민중들이 반(反)인도 폭동에 동참하였다.

1935년 체결된 몬타그-첼램스포드협약(*Montague-Chelmsford Act*)에 따라 미얀마는 1937년 영령인도로부터 분리되었다. 행정상으로 인도에서 미얀마가 분리된 이후에도 인도인과 미얀마인들의 유혈 충돌이 지속되었지만, 아웅산(Aung San)과 우 누(U Nu) 등 민족지도자들은 인도 정치인들과 긴밀한 유대관계를 계속해서 유지했다. 영국 식민통치 하에서 공동의 식민종주국을 가졌던 이들 양국 지도자 간에는 정서적인 공감대가 형성되어 있었기 때문이었다. 인도가 영국으로부터 부분적인 자치권을 부여받은 이후 인도 민족주의자들의 독립을 향한 항쟁을 본격적으로 전개했고, 이는 곧 미얀마 민족주의자들의 본보기가 되었다.

우 누 수상은 자서전『우 누, 토요일의 아들(*U Nu, Saturday's Son*)』에서 인도의 네루(Jawaharlal Nehru) 수상과의 각별한 우의 관계를 피력했다. 갑작스런 아웅산(Aung San)의 피살로 인해서 독립 이후의 버마연방(*Union of Burma*)의 정국을 책임지게 된 우 누는 각료들을 대동하고 1947년 12월 인도를 전격 방문했다. 이 때 이후로 우 누는 미얀마의 국정운영에 필요한 지원과 자문을 위해서 최소한 1년에 한번 씩 네루 수상을 방문했고, 인도 방문 전에는 개인적인 서한을 주고받았다고 했다. 미얀마는 독립 이후 소수종족과 공산주의자에 의해서 분리 독립 또는 중앙정부를 전복시키려는 무장투쟁이 시작됐는데, 인도는 1949년부터 소총 등 개인화기를 비롯한 많은 군수물자를 원조하여 우 누 정부의 전복 위기를 극복할 수 있게 도왔다. 또한 양국은 1952년에 맺은 상호경제협력 조약에 의거, 인도가 주로 원조와 차관을 제공하는 등 미얀마의 주요 교역 대상국이 되었다.

미얀마와 인도는 공히 영국 식민지를 경험한 국가로서 제국주의를 청산하기 위한 시대적 사명감을 공유했고, 이로 인해서 양국의 외교 전략은 매우 유사하게 전개됐다. 1954년 실론(스리랑카)의 콜롬보(Colombo)에서 미얀마 · 인도 · 파키스탄 · 실론(스리랑카) · 인도네시아 등 5개국이 콜롬보 파워(*Colombo Power*)를 결성하였고, 다음 해인 1955년 인도네시아 반둥(Bandung)에서 아시아 · 아프리카의 29개국이 모여 비동맹 중립노선을 구체화하였다.

1962년 쿠데타로 정권을 장악한 네 윈(Ne Win)은 우 누 정부와 마찬가지로 중립 · 비동맹 · 자립 · 반제국주의 등 비동맹과 중립을 내세운 외교노선을 채택했다. 그러나 네 윈을 비롯한 네 윈 정부의 미얀마 정치인들은 우 누 정부와 달리 인도 정치인들과 긴밀한 인적 관계를 형성하지 않았다. 네 윈 수상 스스로 중립적 외교노선을 내세우면서도 개방적 외교정책이 아니라 폐쇄적 외교정책을 고수했다. 예를 들어 1962년 9월에 촉발된 중국-인도 국경 분쟁에서 네 윈 정부는 어떠한 입장도 표명하지 않았다.

네 윈은 경제적 독립이야말로 진정한 독립을 쟁취하는 길이라고 확신하였다. 이에 따라 네 윈은 '버마식사회주의(*Burmese Way to Socialism*)'를 내세워 자본주의의 잔재(殘在)를 청산하는 과정에서 미얀마 거주 인도인들이 가장 큰 피해를 보게 되었다. 네 윈은 국내에 거주하는 외국인 소유의 재산뿐 아니라 외국자본에 의해서 운영되는 모든 경제적 요소들을 강제로 몰수하고 국유화하였다. 네 윈 정부는 이들을 강제 추방하는 등 배타적 경제민족주의를 주창하였다. 이러한 급진정책은 국가적 소명의식이 구체화된 것이 아니라 네 윈의 개인적 성향인 외국인혐오증(*xenophobia*)이 외교정책에 반영된 결과였다.

1963년 10월 네 윈 정부가 공포한 기업국유화법에 따라 외국자본의 미얀마 국유화와 외국인재산 몰수가 전격적으로 전개되었다. 이에 따라 1964년부터 1966년까지 10만 명이 넘는 외국인들이 미얀마를 떠나 인도와 파키스탄으로 건너갔는데 대부분이 인도인이었다. 1964년 인도 외무장관이 자국민에 대한 보상 문제를 논의하기 위해서 두 차례에 걸쳐 미얀마를 방문했고, 네 윈 정부는 보상을 약속했다. 그러나 미얀마를 떠난 인도인들이 받은 보상금은 지극히 형식적인 수준에 불과 했다.

미얀마의 정부시책에 의해서 미얀마 거주 인도인들이 경제적 피해를 본 사례는 이때가 처음은 아니었으나 정책집행 방식에는 큰 차이가 있었다. 우 누 정부 통치기에 실시된 국유화 경제정책에 따라 1948년부터 1950년대까지 발생한 인도인들의 경제적 손실에 대해서 인도 대표단이 미얀마를 방문한 뒤 미얀마 의회에서는 이들의 손실액과 동등한 수준의 금전적 보상을 의결했으며, 이를 집행한 바 있었다. 네 윈의 극단적인 국유화정책으로 미얀마-인도 양국의 국가관계는 당연하게 위축되기 시작했다. 1960년대에 들어서면서 양국의 고위급 인사의 교차 방문이 있었으나 비동맹중립노선을 확인하는 수준에 그쳤고, 상호 교역량도 현격하게 줄어들게 되었다.

1960년대로 들어서면서 인도의 외교정책은 큰 변화를 겪게 되었다. 무엇보다도 1964년 인도의 중립외교를 진두지휘하던 네루 수상이 사망한 것이었다. 뿐만 아니라, 티베트(Tibet)를 두고 벌인 중국과의 영토분쟁이 촉발되었으며, 1960년대 초부터 시작된 미국의 대(對)인도 원조정책에 따른 인도 주변의 강대국 간의 첨예한 이해관계와 인도-파키스탄 분쟁 등 초대형 외교정책 이슈가 쏟아져 나왔다. 제2차 세계대전 이후 인도가 외교정책에서 공을 들인 소련과의 탄력적이며 안정적인 우호관계 진전에 따라 인도 정부는 소련이 후원하는 동남아 국가와의 전략적 연대와 비동맹중립노선에 대한 지지를 아끼지 않았다.

1988년 민주화를 요구하는 시민혁명을 무력으로 진압하고 권력을 장악한 미얀마 신군부에 대해서 인도 정부는 직접적이며 원색적인 비난을 서슴치 않았다. 영국의 BBC 방송과 함께 인도의 전인도라디오방송(*All India Radio Broadcasts*)은 1988년부터 1992년까지 미얀마 군사정부의 퇴진과 군사정권의 연성화(軟性化)를 요구하는 방송을 국제사회에 호소했다. 라지브 간디(Rajiv Gandhi) 수상도 미얀마의 민주화를 국제사회에 호소했고, 간디 수상 정부의 라오(Narasimha Rao) 외무장관도 민주화 운동 이후 인도로 망명한 인사들과 단체들을 보호하기 위한 법안을 의회에 제출하기도 했다.

1992년 7월 인도 정부는 미얀마 민주화투쟁을 위한 망명인사들이 설립한 버마연방국민연합정부(NCGUB)의 사무실을 뉴델리에 개설토록 허가했다. 특히 인도 정부는 아웅산 수찌(Aung San Suu Kyi)의 어머니인 도 킨지(Daw Khin Kyi) 여사가 1960년대에 장기간 인도 대사로 근무한 경력을 특별한 양국 관계로 부각시키며 반체제 인사들에 대한 지원을 아끼지 않았다.

III. 탈냉전 이후 인도의 대(對)동남아정책

1971년 인도는 소련과 향후 25년간 우호와 협력에 관한 조약을 체결한 후 아시아 국가 중 소련의 최우방국이 되었다. 따라서 인도는 미국 주도하에 창설된 동남아국가연합 아세안(ASEAN)을 제국주의의 산물로 폄하했고, 동남아는 인도를 소련의 하수인으로 격하하는 등 인도와 동남아 관계는 당시의 냉전체제 자체처럼 불편한 관계로 시작됐다. 1981

년 인도가 소련과 함께 베트남 공산세력의 후원을 받은 캄보디아 헹 쌈린(Heng Samrin) 정부를 승인함에 따라 아세안과 대립각(對立角)을 세우기도 하였다. 당시 아세안 국가들은 헹 쌈린 정권을 베트남의 괴뢰정권으로 치부하여 캄보디아의 신정부로 인정하지 않았다.

미소(美蘇) 양 진영의 세력균형 와해에 따른 갑작스러운 냉전체제 종식은 미국의 패권주의 심화(深化)와 미국 중심의 패권주의와 세력균형을 유지하기 위한 다극(多極)체제로의 전환이라는 새로운 국제정치 구조를 형성하였다. 이 과정에서 중국은 동아시아 지역질서를 제패하려는 새로운 외교 전략을 세웠다. 무엇보다 먼저 중국은 미국이 내세우는 민주주의와 보편적 인권의 가치관을 정면으로 반박하면서 철저한 내정불간섭주의를 주창함에 따라 동남아의 비민주적 체제의 국가들과의 공감대를 마련해 두었다. 이는 또 하나의 새로운 다극체제를 형성하기 위하여 동아시아의 새로운 세력권의 맹주로 등장한 중국과 비민주적 체제를 유지하고 있는 동남아 국가들 간의 연합세력 구축 가능성을 의미하는 것이다. 뿐만 아니라 냉전체제 종식 이후, 미일(美日) 간의 신(新)안보동맹과 중국-러시아 간의 전략적 제휴 등 동남아를 둘러싼 국제정치 환경을 더욱 복잡하게 만들었다.

인도 입장에서 전통적인 우방국 소련의 붕괴는 중국으로 하여금 인도와 중국이 공유하던 이 지역 패권을 독점하려는 기도에 박차를 가하게 만들었다. 상대적으로 인도는 모스크바에 편향(偏向)되었던 외교 노선을 다양화해야 한다는 당위성이 대두되었다. 인도 일각에서는 아시아·태평양 지역의 21세기는 '중국의 세기(*Chinese Century*)'가 될지 모른다는 우려스런 예측을 내놓기도 하였다. 이러한 우려에 따라, 뉴델리 정부는 중국 헤게모니를 수용할 것인가 아니면 중국과 세력균형을 유지할 것인가를 고심하게 되었고, 국가 규모와 인구 등 구조적 측면에서 아시아에서 중국을 견제할 수 있는 유일한 국가가 인도라는 잠정적인 결론에 도달했다. 21세기 아시아의 패권국이 되기 위한 선결 조건으로 인도는 미국과 중국 등 강대국과의 우호적 외교관계를 유지하는 한편, 국내적 안보문제를 해결하고 경제개혁을 성공해야 한다는 결론에 도달하였다.

이에 따라 인도는 1980년대를 통하여 연평균 6.1퍼센트의 경제성장률을 구축한 후, 1990년대로 들어서면서 10퍼센트에 육박하는 높은 GDP 성장률을 기록하기 시작하였다. 이와 더불어 인도 정부는 경제공동체로서의 위상을 높여 가고 있는 아세안에 주목하며 동남아로 접근하는 새로운 외교 전략을 채택하였다. 아세안을 비롯하여 일본·한국·대만 아시아 신흥공업국과의 경제교류가 자국의 경제성장을 돕고 아시아 패권을 차지할 수 있는 지름길이라는 점을 인지한 것이다. 1991년 말 당시 인도의 라오(Narasimha Rao) 수상은 중국·일본·한국·베트남 등 동아시아 국가를 순방하고 우선적으로 아세안과 무역·투자·관광 분야의 파트너십을 구축했다. 이에 따라, 1992년의 양자 간 무역 규모 23억 달러 규모가 2002년에는 74억 달러로 3배 이상 증가하였다.

동아시아의 가능성을 확인한 인도 정부는 1992년 공식적으로 주요 아시아 국가들과 경제협력을 위한 동방정책을 채택하였다. 2003년 당시 바즈빠이(Atal Bihari Vajpayee) 수상이 이끄는 인도 정부의 야스완트 씽(Yaswant Shingh) 외무장관은 '과거에는 동일한 식민지 경험과 문화적 연대로 아시아를 형제국가로 간주했으나, 현재는 아시아 국가와의 무역과 투자 등 경제협력에 중점을 둘 것'이라고 역설하였다. 인도가 추진하는 동방정책이 동남아와 동아시아 주요국과의 경제협력 제고가 주요 외교정책임을 강조한 것이다.

1990년대 초반부터 주요 동남아와 아세안의 지도자들이 인도 방문에 나섰다. 1992년 동남아의 부국(富國) 브루나이술탄왕국의 볼키아(Haji Hassanal Bolkiah)국왕과 파와(Sharad Pawar) 말레이시아 국방장관이 뉴델리를 방문하였다. 이때부터 인도와 동남아 간의 외교채널이 바쁘게 가동되기 시작했다. 인도의 동남아 진출과 아세안 접근은 싱가포르의 역할이 크게 작용했다. 싱가포르는 1994년 고촉동(Goh Chok Tong, 吳作東) 수상이 인도를 방문하고 인도와 포괄적 경제협력협정을 체결하였고, 인도가 아세안지역포럼(ARF)의 정회원이 되는데 중추적인 역할을 했다. 아시아 외환위기 당시에도 싱가포르는 말레이시아와 함께 인도의 IT산업 투자를 유치했다. 리셴룽(Lee Hsien Loong, 李顯龍) 총리도 2005년 6월 인도를 방문한 자리에서 인도의 유엔 안보리상임이사국 진출과 동아시아정상회의(EAS) 참가를 적극적으로 지지했다.

인도는 1992년 아세안의 부분대화상대국의 지위를 구축한 후, 1995년에는 완전대화상대국으로 격상되어 아세안과 공식적인 대화 채널을 갖추는 등 동아시아와의 전략적 연대를 추구하기 시작했다. 냉전체제의 종식 이후, 국경분쟁 · 내전(內戰) · 이념적 갈등과 같은 전통적 개념의 안보 문제보다 마약 · 테러 · 환경오염과 같은 새로운 형태의 안보 이슈가 등장함에 따라 2002년부터 아세안과 인도는 이러한 문제를 공동적으로 대처하기 위해서 정상회담을 연례화하기로 합의하였다. 뿐만 아니라, 1990년대 후반에 이르러 인도가 주축이 된 서남아와 아세안 중심의 동남아 등 두 지역을 아우르는 경제협력기구도 등장했다.

1997년 벵갈(Bengal)만(灣) 연안국가인 방글라데시 · 인도 · 스리랑카 · 미얀마 · 태국 등 5개국이 자유무역협정(FTA)을 체결하기 위한 경제협력기구로 빔스텍(BIMSTEC)을 결성했다. 빔스텍 회원국들은 2004년 2월 태국 푸켓에서 장관급 회담을 가진 이후 같은 해 7월 회원국이 최종적으로 2020년까지 관세 장벽을 철폐하는 자유무역지대인 벵갈만경제공동체(*Bay of Bengal Economic Community*) 설립에 합의했다. 이들 회원국들은 경제 분야의 협력에 국한하지 않고, 중국 공산당을 추종하는 소수종족 분리주의자들과 이슬람 근본주의자들이 야기(惹起)하는 테러에 대하여 공동으로 대응하고 마약 퇴치에도 보조를 같이할 것을 선언하였다. 또한 메콩(Mekong)강 유역의 인도·미얀마·태국·라오스·캄보디아·베트남 등 6개국 외무장관들이 2000년 7월 방콕에서 개최된 아세안외무장관회담(AMM)에서 메콩강개발공동프로젝트(MGC)에 합의하였다. 이들 국가들은 MGC에 공동 출자(出資)하여 메콩강을 공동으로 개발하고 그 과실(果實)을 공동으로 이용한다는 것이다. 메콩강은 대륙부 동남아에서 가장 길고 지류가 많은 국제하천으로 농업을 주로 하는 이들 국가에 필수적인 수원(水源)이지만, 우기에는 자주 범람하여 큰 피해를 입혔다.

냉전 시기를 통하여 인도와 동남아 간의 교류는 비동맹중립 외교노선에 따른 인도와 인도네시아 같은 일부 국가들 사이에 명맥을 유지하였으나, 양 지역 간에 경제협력 같은 실질적인 교류는 거의 없었다. 그러나 인도-동남아 관계가 탈냉전 이후 우호협력 관계로 급진전 된 배경은 다음과 같다.

첫째, 인도와 동남아는 문화적·언어적 이질성, 불법 노동자 문제, 이념적·종교적 차이 등의 문제에도 불구하고 양 지역이 전쟁과 같은 물리적 충돌 사례가 없다는 점이다. 이는 독일과 터키가 모두 한 때 유럽세계의 맹주국이었지만, 역사적으로 이들 두 나라는 직접적인 충돌을 한 적이 없다. 독일에 체류하는 가장 많은 외국인근로자가 터키 출신이며, 국가 종교가 이슬람이라는 이유 때문에 가입이 보류되고 있는 유럽연합(EU)에서 터키 가입을 적극적으로 주장하는 나라가 또한 독일인 점을 상기할 필요가 있다.

둘째, 냉전 종식 이후 인도와 동남아의 상대방에 대한 시각과 견해가 달라졌다. 인도는 동남아를 오랜 식민시대를 통하여 무지와 빈곤에 허덕이는 저개발 지역으로부터 지식과 과학기술을 바탕으로 획기적인 경제발전을 이룩한 지역으로 인식하기 시작했다. 민주체제로 전환한 동남아 일부 국가들도 인도 정치의 발전 양상을 묵과(默過)하지 않았다.

셋째, 인도는 아세안이 친미(親美) 일변도의 지역협력기구라는 기존의 부정적 입장을 철회하고 유럽연합에 버금하는 성공한 지역협력기구로 인식했다는 점이다. 이는 인도가 내세운 동방정책과 아세안 국가와의 경제협력 제고노력으로 증명되고 있다.

이러한 인도의 동남아 진출 과정에서 주목해야 될 점은 미얀마-인도 관계의 변화이다. 인도는 네 윈 이후의 미얀마 신군부를 비합법적인 정권으로 규정하고 아웅산 수찌 등 민주화 지사에 대한 외교적 지지를 아끼지 않다가 1992년 동방정책을 실시하면서부터 정치상황에 대한 언급을 지극히 자제하면서 미얀마 군부와 적극 협력하는 자세로 급선회했다는 사실이다.

인도가 대(對)동남아 유화정책(宥和政策)을 취하면서 헤게모니를 창출하기 위해서는 경제협력 분야 이외에도 안정적 안보환경 구축이라는 어려운 문제가 있다. 이들 문제는 그동안 인도-미얀마 양자 간의 주요 외교적 현안으로 대두되어 왔다.

첫째, 1989년 이후 군사 분야에서 중국은 미얀마의 최대 후원국이 되면서 동남아 진출의 전진기지로 미얀마를 채택하였다. 중국은 미얀마에 대한 군수물자 지원뿐만 아니라 벵갈만과 안다만(Andaman) 연안(沿岸)의 코코(Coco)섬 등 전략적 요충지에 레이더 기지를 설치하는 등 해상을 감시하면서 인도를 전방위적으로 압박해 오고 있다. 인도 입장에서 중국의 세력 확장을 저지하는 것이 안보 딜레마를 극복할 수 있는 유일한 대안이자 지역 패권에 도전할 수 있는 필수적 요건임이 분명하다. 이를 극복하기 위해서 인도는 중국으로 기울어진 미얀마의 군사적 의존 관계를 자국으로 유도해야 하는 어려운 상황에 봉착하였다.

둘째, 경제협력 부문에서도 중국은 인도 보다 먼저 미얀마를 선점(先占)했다. 민주화의 지연과 인권탄압이란 명목으로 미국이 1989년부터 미얀마에 대한 경제봉쇄 조치를 취하자 미국의 외교정책을 정면으로 반박해 온 베이징(北京) 정부는 국가전복의 '위기 상황'을 공유한 미얀마에 대해서 대대적인 경제적 지원을 시작했다. 특히 냉전 종식으로 인해서 미얀마와 중국 국경에서 활동하던 반정부 공산주의자들의 활동이 와해되고, 분리주의운동을 주창하던 미얀마 소수종족들이 미얀마 군사정부와 정전협정(停戰協定)을 맺음으로써 새로운 환경 아래 양국의 국경무역이 폭발적으로 증가했다. 이러한 상황 하에서 인도가 취할 수 있는 선택의 폭은 좁을 수밖에 없다.

셋째, 인도-미얀마 간의 현안 가운데 가장 중요한 문제의 하나는 양국의 안보를 위협하는 분리주의자들과 이들의 과격한 반정부활동이다. 분리주의자들이 준동(蠢動)함에 따라 국경무역을 통한 양국 간의 경제교류는 답보상태에 머무를 수밖에 없고, 불안한 국경문제로 인하여 과중한 추가 군사비를 지출하고 있는 실정이다. 미얀마와 국경을 맞대고 있는 인도의 나가랜드(Nagaland) · 마니뿌르(Manipur) · 미조람(Mizoram) 등 3개 주에 거주하는 소수종족들은 냉전 종식 이후에도 종족적 유대감의 중요성을 내세워 계속해서 분리독립을 주창하고 있다.

IV. 인도-미얀마의 새로운 양자관계

1. 정치 및 군사분야

냉전 종식 이후 인도와 미얀마 양국의 공식적 정부 간 대화는 1993년 인도 외무성의 관리(J. N. Dixit)가 미얀마를 방문하여 마약 퇴치와 무장분리주의자들의 축출 등 국경문제가 걸린 사안에 대한 군사적 협력 방안을 논의하면서 시작되었다. 이에 앞서 1992년 8월 미얀마 외무성의 우 바스와(U Baswa) 차관이 인도를 방문하여 미얀마의 민주화 복원 문제에 대해서 인도가 인내와 여유를 갖고 기다려 달라고 주문한 바 있다. 당시 인도 측 대표와 우 바스와는 안보와 정치적 문제를 공유하는 부분에 대해서 양국이 공동이익을 추구하고, 양국이 경제와 기술 분야에서 상호 협력하기로 합의한 바 있다. 그러나 1995년 네루상 수상자로 아웅산 수찌가 결정되자 미얀마 정부는 인도 정부에 대해서 난색을 표명하였다. 이처럼 1990년대 중반까지도 인도의 대(對)미얀마 외교정책은 인도 정치인들의 이상주의와 미얀마의 지정학적 중요성을 간과(看過)하는 수준에 머물러 있었다.

1998년 국민당의 바즈빠이(Atal Bihari Vajpayee) 수상이 집권한 후 인도는 미얀마에 대하여 '현실정치'를 강조하는 실용적 외교정책으로 전환했다. 그 이후로 인도와 미얀마 간의 실질적인 대화 창구가 개설되었는데, 미얀마 군부의 고위 인사들이 먼저 인도를 방문하였다. 2000년 미얀마 국가평화발전평의회(SPDC) 부의장인 마웅에(Maung Aye) 장군이 인도 부통령의 초청으로 두 차례에 걸쳐 뉴델리를 방문한 이후 인도 고위 관료와 미얀마 군부의 상호 답방이 이어졌다. 2004년 10월에는 네 윈이 1984년 인도를 방문한 이후 20년 만에 땅쉐(Than Shwe) SPDC 의장이 미얀마 국가정상의 자격으로 인도를 방문했고, 2006년 3월에는 압둘 칼람(Abdul Kalam) 인도 대통령이 미얀마를 공식 방문하였다. 압둘 칼람의 미얀마 방문은 인도 국가원수로서는 최초의 방문이었다.

2004년 땅쉐 장군의 인도 방문을 앞두고 인도의 미얀마에 대한 외교 노선은 철저하게 '내정 불간섭' 원칙에 입각한 실용주의 노선으로 전환되었다. 2003년 5월 아웅산 수찌와 반체제 인사들을 겨냥해서 발생한 '디베인(Depayin) 학살사건'에 대해서 인도는 함구(緘口)로 일관했다. 같은 해 7월 땅쉐 장군의 특사로 인도를 방문한 윈아웅(Win Aung) 당시 미얀마 외무장관에게 인도 정부는 미얀마의 내정에 일체 간섭하지 않겠다는 의사를 분명하게 전했다. 또한 유엔인권위원회에서 제기된 미얀마 국내 인권문제에 대하여 인도는 미얀마를 보호해 주었다. 이에 대해서 미얀마는 인도가 유엔안보리 상임이사국이 되는 것을 강력히 지지하였으며, 국경 지역에 거주하며 인도와 미얀마 국경을 넘나들고 있는 소수종족들의 무장반정부 활동과 마약문제에 공동 대처한다는 정치적 약속을 거듭 확인하였다.

2006년 압둘 칼람 인도 대통령이 미얀마를 방문했을 때, 미얀마의 신헌법 제정에 인도의 경험을 전수해 줄 수 있다는 제안하는 등 미얀마의 내정에 조심스런 접근을 하기 시작했다. 중국이 미얀마 군부를 후원하면서도 빠른 국민통합과 종족 간의 화해를 미얀마 정부에 요구하는 것과 같은 맥락으로 인도는 경협관계를 넘어 미얀마 정부에 정치적 영향력을 행사하고자 하는 것이다. 실제로 미얀마는 1947년 헌법 제정 당시 인도 헌법학자들과 정치인들의 도움을 받았다. 1990년대 중반까지 아웅산 수찌를 옹호하던 인도 정부의 외교정책과 비교할 때, 인도가 미얀마에 취하는 정치적 접근 제스쳐는 큰 변화가 아닐 수 없다. 인도의 내정불간섭정책은 국제사회에서 미얀마 군사정권의 정통성을 보장해 주거나 집권 신군부의 이미지를 개선하는데 의미있는 역할을 한 것으로 보인다.

1989년 미얀마 군부의 고위 인사가 중국을 방문한 후 다량의 중국제 재래식 무기를 구매하자 중국은 추가로 많은 군수물자를 무상으로 미얀마에 공여하였다. 중국이 무상으로 제공한 군수물자가 인도 국경지역에 배치되자 인도는 대(對)미얀마 접근정책을 취하는 과정에서 자국 안보문제에 대한 딜레마에 빠지게 되었다. 이에 더하여 1992년부터 미얀마 해군은 중국의 지원을 받아 안다만(Andaman) 연안의 주요 해상기지를 근대화 했는데, 이 사실이 서구 언론에 알려지면서 미얀마 기지를 활용한 중국의 인도 견제정책이 확연하게 드러났다. 탈냉전 이후, 중국은 윈난성(雲南省)에서 시작하여 남쪽으로는 미얀마, 서쪽으로는 방글라데시 · 인도 · 유럽으로 향하는 남서(南西) 실크로드의 부활을 염두에 두고 미얀마 인근의 새로운 해양 안보망 구축에 공(功)을 들이고 있다.

미얀마 해군의 낙후된 시설 때문에 태국 어선들이 자국 영내를 침범하여 어로활동을 하는 것을 효과적으로 통제하지 못하자 중국의 기술력에 의존하여 해군기지를 근대화했을 가능성도 있다. 인도의 안보적 시각으로는 중국 해군의 안다만 해역 진출이 매우 위험하다고 보는 것이다. 이에 따라, 인도는 중국 해군의 미얀마 해역 진출을 강력히 비난하기 시작했다. 인도는 중국이 이미 미얀마에 해군기지를 건설하고, 그 곳에 일단의 중국 해군을 주둔시킬 것이라는 소문을 기정사실화 하였다. 1994년 중국 정보원이 미얀마 선원으로 신분을 위장하여 안다만해 연안을 탐사하다가 인도 해안경비대에 체포당한 사례가 있고, 이와 유사한 사건들이 그 후 계속해서 발생하고 있다고 인도 안보 소식통이 전하고 있다.

페르난데즈(George Frenandez) 인도 국방장관은 1998년 국영TV 방송에 출연하여 중국이 파키스탄에 미사일을 판매하고 미얀마 군부에게 훈련비용을 지원하여 공중과 육상에서 인도의 안보를 위협하고 있다고 지적했다. 미얀마는 계속 되는 인도의 비난을 무마하기 위해 1999년 SPDC의 실력자 킨늉(Khin Nyunt)은 말릭(Ved Prakash Malik) 인도 육군사령관 등 인도 국방관계자들을 초청하여 중국 기지가 설치된 곳으로 인도가 의심하는 군사지역을 시찰토록 하였다. 당시 인도의 참관단 중에는 안다만과 니코바르(Nicobar) 지역을 관장하는 해군제독이 포함되어 있었다. 인도 해군 역시 중국 해군의 미얀마 진출을 견제하면서 동시에 중국의 대(對)미얀마 진출과 유사한 방법으로 안다만 연안을 장악하고 동시에 동아시아로 향하는 교두보를 마련하려는 의도를 드러낸 셈이다.

미얀마는 인도와 중국의 사이에 위치한 지정학적 이점을 최대한으로 활용하여 중국으로부터의 안보위협을 극복하는 방법으로 주변국가와 연대(連帶)를 모색하는 완충국(緩衝國)의 위상을 부각시키려고 노력하고 있다.

이러한 주장은 몇 가지 근거에 의해서 뒷받침되고 있다.

첫째, 미얀마는 전통적인 중국 편향(偏向)의 외교관계로부터 인도와 중국 간의 등거리 외교관계로 전환하고 있다. 중국이 대규모 군사원조를 통하여 미얀마 내 군사기지를 현대화 한 것에 대응하여 인도는 2000년대 들어서서 미얀마와 합동 해군훈련을 실시하고 해군 장교의 군사교육을 전담하고 있다. 2006년에는 미얀마 해군이 독자적으로 생산한 UMA 아노여타(UMA Anawratha)호가 인도 해군의 승인 하에 안다만해 깊숙한 지역까지 진입하였다. 이와 함께 미얀마 군부는 인도산 방공포와 항공기 등 군사물자 구입을 타진하고 있다. 특히, 미얀마는 아직까지 어떤 주변 국가와도 군사협정을 맺지 않았다는 점에서 중국과 인도 등 두 강대국의 사이에서 정치적 · 군사적으로 독자적인 행보(行步)를 하려는 의도로 파악되고 있다.

둘째, 중국과 인도와의 정치적 · 군사적 교류협력을 통해서 미얀마는 최대한의 국익 제고를 추구하고 있다는 것이다. 미얀마의 해안선은 총연장 2,276km로 주변 5개국과의 국경선 보다 길다. 그러나 미얀마 해군장비는 매우 낙후되어 있었다. 냉전 시기 동안 북부 산악지대를 중심으로 소수종족과의 분쟁에 육군을 전적으로 투입하였기 때문이었다. 이로 인해서, 미얀마 해군은 전투 경험이 전혀 없고 작전 수행능력이 떨어져서 사기가 크게 저하되어 있었다. 더구나 2000년대에 들어선 이후 안다만해 연안의 천연가스와 원유 시추와 어업권을 둘러싼 태국과의 빈번한 해상 충돌이 이 지역의 새로운 문제로 대두되고 있다. 그러나 미얀마 해군의 군사력과 작전 수행능력을 감안할 때 독자적으로 궁극적인 문제해결에 나설 가능성은 낮아 보인다. 따라서 미얀마는 중국의 자본과 군사기술 지원을 받고, 인도와 공동으로 새로운 해상 안보환경을 구축하여 경제적 비용을 최소화 하면서 동시에 안정적인 안보환경을 확보하려는 것이다.

2. 경제협력분야

탈냉전 이후 인도-미얀마 양국의 경제협력 관계는 여타의 외교 관계에 비해서 가장 활발하게 전개되고 있다. 특이할 점은 양국이 동등한 수준의 수출입 보다 인도가 미얀마에 무상으로 사회간접시설을 구축해 주거나 IT산업을 지원하는 등 미얀마가 인도에 의존하는 경제교류 형태를 띠고 있다는 것이다. 1981-1982년 사이 양국의 총 교역량은 1,240만 달러에서 2004-2005년에는 5억 6,900만 달러로 크게 증가했다. 특히 2003년 공동무역위원회가 발족된 이후 2006년 한 해 동안 양자의 교역량은 10억 달러를 돌파했다. 2006년 뉴델리에서 열린 제2차 공동무역위원회 회담에서 양국의 교역 및 산업분야 장관들은 IT분야·관광분야·식품공업분야·인적자원 개발분야에서 우선적인 공동협력에 합의했다.

인도-미얀마 양자 무역은 1995년 양국 간의 협정으로 발효된 국경무역을 중심으로 전개되고 있는데, 양국의 중심도시는 인도의 마니뿌르주 모레(Moreh)와 미얀마 저가잉주의 따무(Tamu)이다. 서방세계로부터 오랫동안 경제제재 및 경제봉쇄를 당해 온 미얀마는 일찍부터 국경무역에 치중해 왔다. 그러나 대(對)인도 국경무역 규모는 양국의 교역이 활성화된 이후에도 중국·태국·방글라데시 등 미얀마 주변국가 교역량의 절반 수준에도 미치지 못하고 있다. 특히 미얀마-중국 간의 국경무역량 대비 1/40 수준에 머물러 있다.

미얀마-인도 양국 간의 교역량 증가가 지지부진한 몇 가지 이유가 있다. 첫째로는, 미얀마로 수입되는 생필품의 대부분이 인도에서도 수입되기 때문에 수출을 통한 상대적 이익이 없다는 사실이다. 수출입 품목 또한 22개 제품으로 제한되어 있기 때문에 교역량이 증가할 수 없는 구조적 한계를 보이고 있다. 2006년 미얀마를 방문한 압둘 칼람 인도 대통령이 인도와 미얀마의 전통 의약품을 상대방에 수출하는 방안을 제안했다는 점을 고려할 때 양자 간의 무역 분야 확대가 절실하다. 둘째는, 국경을 중심으로 활동하고 있는 소수종족 분리주의자들의 활동으로 정상적인 국경무역이 방해받고 있다는 사실이다. 이들 무장 세력들은 활동자금을 마련하기 위해서 불법무역을 하거나 교역품을 약탈하는 행위를 일삼으면서 국경지역에 불안을 조성하고 있다. 실제로 인도 정부군 소속의 아쌈 소총대대(*Assam Rifle*)와 소수종족 무장단체 간의 총격전이 빈번하게 발생하여 국경도시 모레 시장 상인들이 불안에 떨고 있다. 그 뿐만 아니라, 불법 무역상들이 활개를 치기 때문에 수출입 허가증을 소유한 상인들이 정상적인 무역행위를 통해서 이익을 내기가 어렵다는 것이다. 이로 인해서 이들 무역상들은 불법 국경무역을 퇴치해 줄 것을 강력하게 요구하고 있다.

인도로서는 비록 교역규모가 작다고 하더라도 미얀마 시장을 절대로 포기할 수 없는 입장이다. 두 가지 중요한 이유가 있다. 경제공동체의 위상을 높이고 있는 아세안을 향한 교두보가 아세안 회원국인 미얀마이기 때문이다. 대 미얀마 교역량이 2000년대 이후에도 미미한 수준에 머물러 있으나, 대 아세안 교역을 확대하기 위해서는 미얀마의 협조가 필수적이기 때문이다. 이는 인도가 미얀마에 도로와 철로를 비롯하여 항만 등 사회간접시설을 무상으로 건설해 주는 것으로 입증되고 있다.

인도 바즈파위 전 총리가 2003년 발리에서 열린 아세안정상회담에서 제안한 인도-아세안 랠리(*India-ASEAN Rally*)를 아세안 회원국 중 미얀마가 가장 먼저 승인했다. 인도 정부는 메콩강과 빔스텍(BIMSTEC)을 중심으로 하는 경제협력이 활기를 띨 것에 대비하여 인도-아세안 간의 철도망(鐵道網)을 부설하고자 하는 열망을 가지고 있다. 이와 관련하여, 인도는 미얀마를 시작으로 관세 자유지대를 실현하기 위해서 인도와 미얀마 국경을 잇는 장거리 철로를 개발하고 있다. 인도-미얀마 양국의 국경도시를 잇는 총 연장 250km의 도로가 완공되었으며, 인도 국경에서 미얀마 버강(Bagan)을 통과하여 태국의 메솟(Mae Sot)에 이르는 고속도로가 건설될 예정이며, 미얀마 여카잉주의 싯뜨웨(Sittwe)를 중심으로 대규모 항만 시설이 인도의 지원으로 재건축되고 있다.

더욱 중요한 이유는 인도의 에너지문제 해결할 수 있는 국가가 미얀마가 될 가능성이 높다. 미얀마는 세계 10대 천연가스 보유국으로 향후 30년간 사용할 수 있는 90조 입방피트의 확인 매장량을 보유하고 있다. 더구나 이들 주요 광구가 인도와 지리적으로 가까운 안다만 연안에 집중적으로 위치하고 있다는 것이다. 압둘 칼람 인도 대통령이 미얀마를 방문한 이유 중 하나는 인도가 중국·방글라데시·태국·한국 등 주요 경쟁국을 제치고 장기적으로 천연가스를 안정적으로 수입할 수 있는 권한을 획득하기 위해서 였다.

인도는 가파른 속도로 성장을 거듭하고 있는 국가경제를 유지하기 위해서는 장기적인 에너지 수급정책이 필수불가결하다. 그러나 에너지 수입을 중동의 산유국에만 의존할 수도 없고, 안정적인 수입도 보장 받을 수 없다는 사실이다. 이에 비하여 미얀마산 천연가스는 무엇보다 지리적으로 가깝고, 원유에 비해서 친환경적이며 저렴하다는 여러 가지 장점을 가지고 있다. 또한 경제개발 경쟁국으로서 중국이 미얀마로부터 천연가스 도입에 진력하고 있기 때문에 대(對)중국 경쟁에서 승리할 경우 인도가 향유하게 될 경제적·비(非)경제적 이익은 몇 배로 늘어날 것이라는 판단이다.

그러나 미얀마 정부는 2006년 인도가 제안한 미얀마-방글라데시-인도를 잇는 파이프라인 공사를 공식적으로 거절하고, 중국 국영 페트로

챠이나(*Petrochina*)가 안다만 해의 A-1 광구에 대한 30년 천연가스 사용권을 허가했다. 미얀마는 국내 수요를 충당하고 잉여분을 수출하는 형식임을 강조하고 있으나, 미얀마 군사정부는 중국이 베푸는 정치적·경제적 지원에 대한 상응한 조처로 천연가스 사용권을 거의 전적으로 중국에 넘긴 것으로 분석된다.

3. 소수종족 문제과 마약문제

인도의 나가랜드주(州)를 비롯한 마니뿌르주와 미조람주 등 3개 주와 미얀마의 저가잉(Sagaing)주에 거주하는 소수종족의 일부는 1940년대부터 중앙정부에 대하여 분리 독립을 요구해 왔다. 미얀마는 1995년 소수종족과 대대적인 정전협정에 합의를 했고, 분리 독립을 주장하던 소수종족들이 스스로 무장 투쟁을 포기함에 따라 내부적 위험요소는 사라졌다. 그러나 오늘날 인도 동북부에 광활하게 분포하고 있는 종족 가운데 나가랜드에 집중되어 있는 나가(Naga)족은 종족적 유대감을 내세우며 무장투쟁을 통한 분리 독립을 주창하고 있다. 이들은 인도와 미얀마뿐만 아니라 방글라데시 국경을 넘나들며 공동 군사작전 같은 유형의 나가족 연대 활동을 통해서 소기의 목적을 달성하고자 획책하고 있다.

나가족이 결성한 대표적인 분리주의 집단은 나가랜드사회주의평의회(NSCN: *National Socialist Council of Nagaland*)이다. NSCN은 대(大)나가랜드(*Nagalim*)를 실현하려는 나가족들이 인도 정규군의 대대적인 공격을 받은 후 1946년 나가민족평의회(NNC: *Naga National Council*)라는 이름으로 창설되었다. 1975년 NNC는 인도 정부와 실롱협정(*Shillong Accord*)을 맺었으나, 이에 불만을 가진 스우(Isak Chisi Swu)와 무이바(Thuingaleng Muivah) 등 두 지도자가 NNC를 탈퇴하였다. 이들 두 지도자는 1980년 공동 지도자가 되어 미얀마 저가잉주의 후꽁(Hukong) 계곡에서 새로운 결사단체를 만들고 NSCN라 명명하였다. NSCN은 그 후 내분으로 인하여 두 단체로 분리되었으나, 이들은 공히 마니뿌르주와 저가잉주를 중심으로 마오쩌뚱(毛澤東) 사상에 의거하여 나가족을 위한 사회주의공화국을 건설하거나 인도가 헌법으로 마니뿌르주에 나가족 자치구를 보장해 줄 것을 끈질기게 요구해 왔다. 이들 중 한 분파는 2000년 7월 인도 정부와 정전협정을 맺었으나, 이에 동참하지 않는 일부 극단주의자들이 미얀마로 잠입하여 지속적인 게릴라 작전을 벌이고 있다. 이들은 1960년대부터 1970년대 초기까지 중국 공산당의 후원을 받은 버마공산당(*Communist Party of Burma*) · 까친독립군(*Kachin Independence Army*) · 친민족전선(*Chin National Front*) 등과의 연대하여 미얀마 밀림에 비밀리에 게릴라 캠프를 설립하고 무장투쟁을 함께 한 바 있다. 이들은 아직도 샨독립군(*Shan Independence Army*) · 까렌독립군(*Karen Independence Army*) · 버마공산당의 잔당세력 등과 군사적 연대를 구축하고 있는 것으로 알려지고 있다.

사회주의공화국을 표방하며 1979년 창설된 아쌈연합자유전선(ULFA: *United Liberation Front of Assam*)도 미얀마와 인도 국경에서 활동하는 분리주의 무장단체와 연대하고 있다. ULFA는 1986년 까친독립군과 공동으로 군사훈련을 실시하기 위해서 미얀마 영내에 캠프를 설치했고, 이후 NSCN과도 연계하여 3개의 무장단체가 공동으로 군사훈련을 실시해 왔다. 까친독립군이 미얀마 정부와 정전협정을 맺자 ULFA는 미얀마 영내에서 암약하고 있는 무장단체들과 공조하며 활동영역을 확대하고 있는 것으로 확인되고 있다. ULFA는 불법으로 차(茶)무역에 깊이 관여하는 것으로 드러나 있는데, 이외에도 미얀마 국경도시인 따무(Tamu)와 마니뿌르주 모레(Moreh)와 임팔(Imphal)을 거점으로 대규모 마약 밀거래 루트를 개설하고 있다.

19세기 말 미얀마에서 마니뿌르주로 이주한 꾸끼인들이 NSCN과 헤로인 등 마약 재배를 두고 국지전을 벌인 바도 있다. 인도-미얀마 국경지역의 마약 재배와 유통은 이들이 관장하고 있는 것으로 믿어지고 있다. 통계 수치는 매년 약간씩 차이가 있지만, 인도-미얀마 국경지역에는 약 10-20만 헥타르의 마약 재배지가 형성되며 매년 약 1,000톤 분량의 아편과 헤로인 등이 생산되어 비밀리에 유통되고 있다. 임팔 계곡에 본부를 둔 인민자유군(PLA: *People's Liberation Army*)도 NSCN나 까친독립군 등과 연합하여 마약 운반에도 참여하고 있다.

인도와 미얀마 국경의 반정부 무장단체들은 분리 독립을 위한 무장투쟁과 마약 재배 및 밀무역을 하는 이외에도 현지 주민을 대상으로 종종 무차별적인 테러를 자행하고 있다. 이로 인해서 이들은 국경 주민들의 혐오와 경계의 대상이 되고 있다. 인도-미얀마 양국은 1995년 골드버드(*gold bird*)로 명명한 합동 군사작전을 통해서 NSCN · ULFA · PLA · KNA 등 무장 세력에 대한 대대적인 소탕작전을 펼쳤다. 이와는 별개로 미얀마는 2000년 2월부터 2001년 5월까지 인도 정부군의 공세를 피해서 국내로 잠입한 무장 분리주의자들에 대한 장기적인 소탕작전을 벌이기도 하였다. 2000년 9월 인도-미얀마 양국은 미얀마에서 인도 동북부로 유입되는 마약 밀거래에 대한 공동통제에 합의한 바 있다.

인도와 미얀마 양국이 반정부 무장단체에 대해서 강압 정책으로 일관하는 이유는 두말할 것도 없이 이들을 진압하여 국경 지역의 안보를 유지하고 국경 무역을 활성화하기 위함이다. 동방정책을 채택하고 있는 인도로서는 경제발전이 필수적이며, 이를 위해서는 미얀마와의 국경문제를 조속히 해결해야 할 필수적인 선결과제로 보고 있다. 그러나 국경문제를 해결하려는 양국의 꾸준한 노력에도 불구하고 상호 불신의 벽은 아직 허물지 못하고 있다. 정부 당국자 간에 국경 안보를 공동으로 구축하기로 합의하고 있음에도 불구하고 인도는 미얀마에서 정치적 이유로 망명한 난민에 대해 인도적 입장을 견지하며 이들을 보호하거나 정치적으로 지원하는 이중적 정책을 펼침으로써 미얀마 정부의 심기를 불편하게 하고 있다. 2003년 미조람주에서 친족과 버마족 등 미얀마에서 망명한 난민들과 지역 주민들 간에 물리적 충돌이 발생하여 인도에서도 미얀마 난민들에 대한 불유쾌한 감정이 형성되고 있다는 점에도 유념할 필요가 있다.

미얀마도 인도정부에 대하여 반(反)인도 무장투쟁을 하고 있는 소수종족들을 소탕하는데 적극 협력할 것을 확인해 주고 있다. 그러나 미얀마 측은 몇 차례 공동 소탕작전에 참여한 이외에 인도 정부가 만족할 만한 제도적 장치를 마련하고 있지 않다. 인도는 부탄(Buthan)의 불법 노동자나 난민에 대해서 강경책을 쓰고 있는 자국의 불법이주자에 대한 정책을 미얀마가 따라 주기를 희망하고 있다.

이와는 별개로 미얀마에서 미얀마족에 대한 쇼비니즘(*Chauvinism*) 성향을 가진 군부는 영내의 소수종족이자 기독교도들에 대해서 강한 반감을 가지고 이들을 미얀마 영토로부터 영구 추방하기를 희망하고 있다. 미얀마 정부의 소수종족 차별은 단지 미얀마 영내에 거주하는 불법 외래종족뿐만 아니라 불교도가 아닌 소수종족 모두를 대상으로 하고 있다는 사실이다. 방글라데시 국경과 미얀마 여카잉(Arakhan)주에 집중적으로 거주하는 무슬림 로힝자(Rohingya)족에 대한 미얀마 정부군의 지속적인 소탕작전이 대표적인 사례이다. 미얀마 정부는 1982년 제정된 시민법에 의거 공식적으로 소수종족에 대한 차별화를 제도화하고 있기도 하다.

V. 인도의 대(對)미얀마 정경분리 원칙

2007년 8월에서 9월 사이 미얀마에서 발생한 반정부 시위는 인도의 대 미얀마 정책이 새로운 국면으로 전개될 수 있는 기회로 작용했다. 인도뿐만 아니라 인도와 우호적 외교 관계를 맺고 있는 미국과 영국 등 서방 주요국들은 인도가 미얀마 사태에 적극적으로 개입하여 미얀마의 민주화에 중요한 역할을 해 줄 것을 촉구했다. 미얀마 군부에 의해서 유혈진압 사태가 발생하자 미국은 즉시 미얀마 군부가 무력 진압을 포기하고 정치적 변화에 나설 수 있도록 인도 정부에 적극적인 영향력 행사를 요청하였다. 콘돌리자 라이스(Gondoleezza Rice) 미국무장관은 아세안(ASEAN) 회담에 참석하여 미얀마의 민주화를 위해서 노력해 줄 것을 촉구하는 연장선상에서 탈냉전 이후 미국의 주요 우방국이 된 인도의 리더십 발휘를 당부한 것이다. 2008년 1월, 고든(Gordon Brown) 영국 총리도 미얀마의 민주적 전환에 인도의 역할을 강조했고, 감바리(Ibrahim Gambari) 유엔 특사도 평화롭고 안정적인 미얀마 정세 속에서 인도의 투자가 성공적으로 이루어질 수 있다고 역설했다.

인도 정부가 미얀마 사태에 적극적으로 개입해 줄 것으로 요구하는 움직임은 인도 국회의원들로부터 시작되었다. 인도 상원의원들은 인도 정부가 나서서 미얀마 정부가 아웅산 수찌를 포함한 정치범을 조속히 석방하도록 압력을 가하라고 요구했다. 또한 인도 언론인들은 아웅산 수찌가 인도에서 유년시절을 보냈고, 민주주의를 위해서 헌신한 공로로 네루상을 수상했다고 강조하면서 미얀마 사태를 수수방관하는 인도 정부는 세계 최대의 민주국가로서 그 역할을 제대로 행하지 못하는 것이라고 정부의 소극적인 대 미얀마 정책을 거세게 비판하였다.

2007년 미얀마의 유혈사태 발생 시 인도의 고위 관리가 천연가스전 개발과 천연가스 구매 계약건으로 미얀마를 방문하여 미얀마 정부 부처의 책임자들과 회동하고 있었다. 거리 시위가 가라앉지 않고 소요사태가 지속되고 있던 유혈사태 몇 주 후에도 '깔라단(Kaladan) 프로젝트'로 명명한 인도 농부 해안과 미얀마 서부 해안을 잇는 나양한 연결공사를 협의하기 위해서 인도-미얀마 양국의 고위급 회담도 예정대로 진행되었다. 인도 정부는 9월 26일에 이르러 미얀마 유혈사태에 대해서 "모든 구성원들이 대화를 통해 문제를 평화롭게 해결하기를 희망한다"는 미온적인 표현의 공식 정부 입장을 발표했다.

2008년 4월 마웅에 SPDC 부의장이 2006년에 이어 다시 인도를 방문했다. 방문의 주요 목적은 2007년 9월 양국 간 합의에 이른 깔라단 프로젝트의 최종 확인 작업이었다. 이 자리에서 미얀마 정부는 미얀마 신헌법안(案)에 대한 국민투표와 2010년으로 예정된 총선 일정을 인도 정부에 통지하였다. 인도에서 발원하여 미얀마 여카잉 주도(州都)인 싯뜨웨(Sittwe)로 흐르는 깔라단 강을 양국이 동시 개발하는 깔라단 프로젝트는 운송노선의 단축으로 물류비용을 절약하고 양국 간 무역증대 등 총 1억 3,500만 달러의 경제적 효과를 누릴 것으로 전망되고 있다. 인도는 깔라단 강을 경유하여 콜카따까지 이르는 육로를 개발하여 에너지 자원 수급에 유리한 전략적 교두보를 확보할 수 있을 것으로 기대하고 있다.

인도는 구미(歐美) 각국의 정치적 압력과 미국과의 군사적 동맹에 대한 아세안의 비난에도 불구하고 미얀마와 정경분리의 입장에서 경제협력을 우선 정책으로 채택한 것으로 보인다. 그러나 2007년 발생한 미얀마 유혈사태는 1992년 이래로 금기시 되어 온 인도의 대 미얀마 외교정책에 작은 변화를 야기하였다. 인도 정부의 미얀마 사태에 대한 미온적 공식 입장은 시간이 흐르면서 인도의 대 미얀마 영향력에 대한 우려로 발전되었다. 먼저 2007년 10월 유엔인권위원회(UNHRC)의 인도 특사는 미얀마 정부가 아웅산 수찌를 석방하고 민주적 체제로 전환할 것이라고 낙관적 입장을 피력했다. 이 언급은 미얀마 냥윈(Nyan Win) 외무장관이 유엔총회에서 미얀마 내정을 간섭하는 국가들을 신제국주의자라고 비난하는 성명을 발표한 직후여서 양국 관계가 급속도로 냉각될 가능성도 있었다. 이어 2008년 1월 인도를 방문한 냥윈 외무장관에게 인도 총리는 미얀마의 조속한 정치개혁과 국민화해를 촉구하였다.

인도는 미얀마와 국가 간의 교류제한과 같은 극단적인 정책노선을 변화시키지는 않았다. 그러나 아웅산 수찌와 정치범 석방 같은 민감한 사항을 공론화함으로써 내정 불간섭의 원칙을 거듭 확인한 중국의 외교노선과 차별적인 입장을 취하기 시작한 것이다. 또한 2007년 9월 이후 세계 여론을 감안하여 그동안 지속해온 대 미얀마 무기 수출을 일시적으로 중지하기도 하였다. 그럼에도 불구하고 인도의 실리를 추구하는 대 미얀마 외교 전략이 크게 변경되었다는 징후는 없다. 다만, 미국과 영국 등 우방 국가와의 관계개선을 위해서라도 인도는 더 이상 미얀마 내정에 대해 수수방관 할 수 없는 입장에 처하게 된 것은 분명해 보인다.

VI. 끝맺음 말: 인도-미얀마 양자관계 전망

미얀마와 인도 양국 관계는 한일관계(韓日關係)와 유사하게 전개되었다. 이웃 나라라는 지정학적 요인과 역사적인 갈등관계를 배경으로 시대적 상황변화와 정부 수장의 정책변화에 따라 협력과 갈등 관계로 점철되었다. 특히 냉전 종식에 따라 인도를 적극 후원해 온 소련의 해체와 중국의 급부상으로 인도는 독자적인 생존 전략을 세우고 새로운 동맹 관계를 구축하게 되었다. 인도의 전략적 접근 대상은 서방세계이다. 우선적으로 인도는 미국과 미사일공동방어체제(MD)를 구축하여 서방세계와의 연대를 통한 지지를 확보하고 있으며, 부차적으로 동방정책을 표방하며 경제개발을 통해서 중국을 극복하고 동아시아 패권을 장악하려는 의지를 보이고 있다. 인도는 동방정책을 성공적으로 추진하기 위해서 미얀마 군부에 대한 비난을 철회하고 미얀마와 적극적인 협력 관계 구축에 나섰다. 이를 위해서 양국 정상은 2004년과 2006년 각각 국빈 방문과 답방을 통해서 선린관계를 다지고 있다.

인도는 정치적으로나 경제적으로 중국과 대등한 관계를 구축하고, 아세안으로 진출할 수 있는 발판을 마련하기 위해 미얀마와의 연대를 추구하고 있다. 미얀마도 인도의 적극적인 접근정책 의도를 간파하고 중국 의존적인 자국의 정치·경제구조를 발전적으로 변화시키기 위해서 인도를 위시한 인도 주변의 남아시아 국가들과 관계개선에 진력하고 있다. 그러나 2008년까지 미얀마는 계속해서 베이징에 의존하는 외교정책을 펼치고 있으며, 인도는 미얀마의 민주화를 요구하는 국내 인사들과 내정불간섭을 주장하는 실용정부의 주장이 상충(相衝)되어 미얀마-인도 양자 관계의 성과는 기대에 미치지 못하고 있다.

이러한 인도-미얀마 양국의 협력관계 발전에 대한 시각 차이는 이해관계를 갖고 있는 주변 국가들의 다양한 입장으로 표출되고 있다. 무엇보다도 미얀마에 대한 인도의 정치적·군사적 지원과 원조에 대해서 유럽연합(EU)은 불편한 입장 표명을 명백하게 하고 있다. 인도 주재 영국 고등판무관은 미얀마 제재에 대한 EU의 가이드라인을 무시한 채 인도가 미얀마에 군사 장비를 판매하는 것에 대해서 엄중 경고하였다. 서방세계가 인도의 대 미얀마 접근정책에 불편한 심기를 드러내고 있기 때문에 미얀마 입장에서는 인도의 군사적 위협을 받을 가능성도 적고 향후 현재의 중국 중심의 군사지원에서 인도 중심으로 전환할 경우에도 자국의 안보에는 큰 위협이 없을 것이라고 판단하고 있다.

인도의 동방정책이 탄력을 받기 위해서는 미얀마 군사정부의 선택과 변화가 최우선적이다. 미얀마 군부가 중국 중심의 외교정책에서 인도 지향적으로 전환할 경우나 미얀마 정치체제가 연성화(軟性化) 방향을 지향할 경우 그 가능성은 높아진다. 인도가 미얀마의 체제 변동에 조언을 아끼지 않겠다고 강조하고 있다는 사실은 미얀마의 민주화 가능성과 정치체제 변화 과정에서 국익을 위해서 자국의 영향력 행사가 가능하다는 점을 분명히 하고 있는 셈이다.

중국도 미얀마의 헌법 초안과 향후 정치체제에 대해서 다양한 채널을 통하여 자문하고 있음을 고려할 때, 미얀마의 체제변동에 대해서 인도와 중국 등 두 강대국은 자국의 영향력 행사를 위한 노력을 아끼지 않고 있음을 알 수 있다. 이는 곧 두 강대국이 대 미얀마 영향력 행사를 두고 심각한 경쟁에 이를 수도 있음을 시사하는 것이다. 인도가 미얀마와의 연대를 철회하고 아세안 국가와의 직접적 교류 가능성을 타진할 수 있겠지만, 미얀마에 대한 중국 변수를 고려할 때 그 가능성은 희박해 보인다. 아세안 회원국 역시 미얀마를 배제한 인도의 대 아세안 유화정책에는 크게 반응하지 않을 것으로 보인다.

미얀마에 대한 인도 외교정책은 아세안의 미얀마에 대하는 외교적 접근방식과 유사한 방향으로 전개되고 있다. 동남아 지역협력기구의 회원국으로서 조직이 요구하는 자발적 정치적 전환인 아세안의 '건설적 개입(*constructive engagement*)'에 대해서 미얀마 군사정부는 장기간의 유예기간을 요구하며 어떠한 변화도 추진하지 않고 있는 실정이다. 이와 유사하게 인도는 자국의 국익 방향에 따라 미얀마 정부와 긴밀한 관계를 유지할 뿐 국제사회에서 미얀마 문제가 거론될 때마다 후방으로 물러서거나 미온적인 태도로 일관하고 있다. 심지어 양국의 고위급 회담 때마다 미얀마의 민주화를 요구하는 인도측 인사들은 회담 참석에서 배제하고 있는 실정이다.

실리를 추구할 것인가 아니면 국제사회의 보편적인 가치기준에 따를 것인가의 선택을 놓고 인도 정부는 딜레마에 빠져 있는 셈이다. 이러한 인도의 고민이 명백하게 방향을 나타낼 경우, 인도와 미얀마 관계는 향후 더욱 우호적인 관계로 발전될 수도 있고, 크게 후퇴할 수도 있을 것이다.

제 6 장

태국과 인도의 문화교류관계

Ⅰ. 태국의 인도문화 개요

태국의 주 종족인 타이족은 본래 7세기경 오늘날의 중국 운남성(雲南省) 지역에서 난짜오(Nanchao)왕국을 건설하여 번성하였다. 그 후 타이족들은 1253년 몽고의 침략으로 점차 남하하여 오늘날의 태국영토에 정착한 후 13세기 초 북부지역에 쑤코타이(Sukhothai) 왕국(1238-1438년)을 건설하였다. 타이족이 오늘날의 태국 영역에 정착하기 이전에도 이 지역에는 이미 여러 종족들이 거주하고 있었으며, 크메르(Khmer)와 몬(Mon) 종족의 문화를 비롯한 여러 문화가 혼재(混在)하고 있었다. 이러한 역사를 바탕으로 오늘날에는 타이족 외에 중국인을 비롯하여 라오(Lao)인과 인도(印度)인, 그리고 여러 갈래의 고산족 등 다양한 종족들이 각기 고유의 언어 · 문화 · 풍습을 유지하며 태국의 여러 지역에서 거주하고 있다.

이처럼 태국에 거주하는 소수 종족의 하나로 인도인들이 있다. 이들 대부분은 방콕의 파후랏(Pahurat)과 반캑(Ban Kaek)지역에 거주하며, 나머지는 북부의 치앙마이 · 치앙라이 · 람빵 등지와 남부의 푸켓에 군거(群居)하고 있다. 인도인과 태국인과의 접촉은 쑤코타이 왕국 시대까지 거슬러 올라가지만, 인도인들이 본격적으로 태국으로 이주하기 시작한 것은 19세기 초로 당시에 이주했던 사람들은 대부분이 태국사회에 동화되거나 인도로 되돌아갔다. 오늘날 태국에 거주하고 있는 인도인은 대개 1920년대 이후 이주한 사람들이다. 이들은 자신의 고유한 문화를 고수하고 인도에 남아 있는 가족이나 친척과 긴밀한 관계를 유지하면서 태국사회의 중요한 구성원의 하나로 존재하고 있다. 태국의 인도인들은 오늘날 인도와 태국 중심으로 발전되고 있는 동남아-서남아 간의 경제협력기구 빔스텍(BIMSTEC)에 크게 기대하고 있음이 분명하다.

인도문화가 동남아문화의 기반이 되었음은 의심할 여지가 없다. 인도문화의 매개자들인 인도인들은 힌도교와 불교를 전파했으며, 무역을 통해서 정치체제와 문자를 태국에 전파했다. 쑤코타이 왕국의 람캄행 대왕이 1238년 몬과 크메르 문자를 기초로 하여 창제한 태국문자도 그 기원을 인도 산스크리트 문자에서 찾을 수 있다. 태국의 아유타야(Ayuthaya) 왕국의 왕권 권위에 대한 개념은 상당부분 고대 힌두 정치이론에 근간을 두고 있어 국왕을 신격화함으로써 브라만교를 적극적으로 정치에 이용하였다. 또한 인도문화의 전파 과정에 핵심적 역할을 담당한 브라만들은 토착 왕권과 왕조를 위해 이념적, 의식(儀式)적인 이론 바탕을 제공했다. 이 후 브라만교는 19세기 중반부터 불교의 근대화를 추진하면서 태국에서 크게 쇠퇴되었으나 그 영향은 태국사회에서 아직까지도 뚜렷하게 남아 있다.

동남아 다른 국가들에서와 마찬가지로 태국에서도 인도문화의 영향은 언어와 종교문화 그리고 생활문화의 다양한 의식(儀式)에 많이 남아 있다. 언어적 측면에서 오늘날 태국과 라오스에서 사용되고 있는 루앙프라방(Luang Phrabang) 문자는 13세기말 쑤코타이 왕국의 람캄행(Ramkamhaeng, 1279-1298) 대왕이 만든 쑤코타이 문자가 바탕이 되고 있는데, 이 쑤코타이 문자의 원천(源泉)은 인도의 브라흐미(Brahmi) 문자에서 발달된 남인도 계통의 문자에서 출발한 것이다. 이 브라흐미 문자에서 크메르(Khmer) 문자가 파생되었고, 크메르 문자는 다시 태국문자에 영향을 끼쳤다. 이러한 인도계 문자의 도입은 단순한 차용이 아니라 불교와 힌두교가 동남아에 도래(到來)하면서 함께 전해진 빨리(Pali)어와 산스크리트(Sanskrit)어(語)로 쓰여진 경전(經典)에서 비롯되었다.

종교적 측면에서는 불교와 브라만교 및 힌두교의 영향을 들 수 있다. 인도 불교가 동남아 지역으로 확산된 시기는 3세기 무렵부터 7-8세기까지로 여겨지는데 상좌부(上座部)불교가 주류를 이루었다. 태국의 경우 타이족이 이주하기 전 6세기에서 10세기에 걸쳐 짜오프라야(Chao Phraya) 강(江)의 하류지역인 중서부 태국 지방에 몬족의 찬란한 불교문명이 나타났다. 그 후 13세기경 쑤코타이 왕국의 람캄행 대왕 치세기에 태국에 상좌부불교가 수립된 것으로 보인다.

메남(Maenam)지역에서 타이족은 인도문화의 영향을 많이 받았다. 이곳의 통치자들은 말레이 반도로부터 이슬람이 확산되어 고통을 받을 때, 인도의 벵골 지역으로 사신을 보냈다. 이때부터 태국 건축물은 보드가야(Bodhgaya) 사원(*stupa*)의 형태를 복제하기 시작했는데, 그 좋은 예가 치앙마이(Chiang Mai)에 있는 쳇욧(Chet Yot)사원이다. 통치자들이 지속적으로 인도 종교를 포용함에 따라 수 많은 태국 조각가들은 불상(佛像)을 형상화하기 시작했다. 또한 크메르족이 답습했듯이 태국의 통치자들도 힌두교와 힌두사상에 입각한 통치이념을 수립하였다. 이때부터 태국에는 데바라자(devaraja)라 칭하는 신왕(神王)사상이 확립되었으며, 그 전통은 오늘날까지 이어지고 있다.

인도의 브라만들은 일찍이 크게 발흥한 크메르 왕국에 진출하여 왕국의 번성에 따라 영향력을 확장하였다. 크메르 왕국이 태국 영토까지 통치권을 갖게 되자 자연스럽게 태국 왕실은 브라만교를 수용하게 되었다.

1782년 성립되어 현존(現存)하고 잇는 태국의 랏따나꼬씬(Rattaanakosin) 왕국은 초기부터 브라만교 의식을 받아들였다. 이로 인해서 오늘날 태국 왕실의 문장(紋章)도 '번영의 신' 비슈누(Vishinu)를 상징하는 가루다(Garuda)상(像)으로 하고 있다. 당연하게 불교와 함께 브라만교는 태국 사회에 적지 않은 영향을 끼쳤다.

태국의 전통 의식에는 브라만 의식이 많이 남아 있어서 불교 의식과 구분하기가 어려운 것들이 많다. 오늘날까지 남아있는 러이끄라통 행사는 태국력(음력) 11월과 12월 보름에 행하여지는데, 이 행사는 쑤코타이 왕국 때부터 시작된 왕실의 브라만의 의식이었다. 이것은 힌두교의 브라만 · 시바 · 비슈뉴 등 세 주신(主神)을 기리기 위한 것으로 연꽃 모양의 등(燈)을 만들어 강물에 띠워 한 해의 액운을 씻는 의식이다.

II. 태국의 인도인 사회형성

1. 인도인의 태국 이주과정

인도인들이 언제부터 태국으로 이주하기 시작했는지를 명확하게 밝힐 수 있는 사료(史料)는 없다. 그러나 쑤코타이 왕국과 아유타야(Ayuthaya) 왕국(1350-1767) 시대에 태국을 여행한 서양 사람들이 '태국 왕실에 종사하고 있었던 많은 수의 인도인들을 목격했다'는 전언(傳言)을 기록한 역사적 편린(片鱗)들을 통해서 태국사를 연구하는 역사학자들은 오래 전부터 인도인들이 태국 왕실과 관련을 맺은 것으로 보고 있다. 이 시기 인도문화의 영향은 종교 의식과 각종 왕실 행사와 왕실에 관련을 가지고 있던 인도인들의 예의범절에서 뚜렷하게 나타났다고 한다. 당시 인도인들은 일부가 왕실의 업무를 돕거나 종교활동에 자문을 하였으며,

대부분은 무역활동에 중요한 역할을 담당하였다. 그러나 18세기말 유럽 국가들의 영향력이 태국에 뻗치기 시작하면서 인도인들의 태국왕실과 무역부문에서 전통적인 역할이 현저하게 줄어들었다.

인도인들이 본격적으로 태국으로 이주하기 시작한 것은 19세기 초엽 이후이다. 그러나 인도의 여러 지역으로부터 여러 종족이 상이한 목적과 경로를 통하여 태국에 도착했으므로 서로 다른 이주의 역사를 가지고 있다. 인도인들의 태국으로의 이주는 각 종족이 종사한 경제적 활동 영역에 따라 크게 두 갈래를 통해 이루어졌다. 하나는 인도의 캘커타(뭄바이)에서 말레이 반도 북부의 항구도시인 빼낭(Penang)이나 그리고 싱가포르를 경유하여 푸껫을 비롯한 남부 지역에 정착한 후 방콕 등 대도시로 이주한 경우이며, 다른 하나는 미얀마를 경유하여 북부지역에 정착한 후 방콕으로 이주한 경우이다.

첫 번째 경우에 해당하는 종족으로는 태국에 가장 먼저 이주한 타밀인과 디우디보라인을 들 수 있다. 타밀인은 원래 말레이의 빼낭과 싱가포르에 거주하다가 태국의 남부 푸껫으로 이주하여 목축업과 관련된 무역업과 보석 채광업에 종사하였다. 또한 19세기 중엽 몽꿋(Mongkut)왕의 치세기간(1851-1868) 중 태국 왕실이 근대화에 착수하면서 다수의 영국인 엔지니어와 기업가들이 초청되었다. 이들은 영령(英領)인도로부터 많은 숫자의 인도인 노무자들을 데리고 들어왔는데, 이들의 대부분이 타밀(Tamil)인이었다. 이들 인도인 노무자들은 주로 관개사업·수도설비·철도건설·방콕 인근의 방조제(防潮堤) 공사 등 태국 왕실이 주도하는 대규모 건설공사에 참여하였다.

19세기 후반부터 방콕은 크게 발전하여 상업적으로 중요성을 가진 태국의 중심 도시가 되었다. 이에 따라, 빼낭·싱가포르·푸껫 등지에 거주하던 타밀인이 그들의 경제활동 영역을 확장하기 위해서 대거 방콕으로 이주했다. 가장 먼저 방콕에 이주하여 정착한 타밀인 중에 바이티

파다야치(Vaiti Padayatchi)와 탐비 싸이부 마라이카야르(Thamby Saibu Maraikayar) 같은 인물은 오늘날까지도 태국 거주 타밀인들이 잘 기억하고 있는 초창기 타밀 공동체의 지도자들이었다. 바이티는 방콕에서도 목축무역업자로 크게 성공하여 방콕 중심부의 씰롬(Silom)가(街)에 씨마리암만(Sri Mariamman) 힌두사원을 설립했다. 오늘날까지 남아 있는 씰롬가의 '써이 바이티(바이티 골목)'도 그의 이름을 따서 명명한 것이다. 한편, 탐비는 보석무역상으로 방콕에 마리찬(M.T.S. Marican) 보석회사를 설립했다. 오늘날 탐비의 4대손이 경영하고 있는 이 회사는 방콕 중앙우체국과 인접한 씰롬가와 니우가를 따라 많은 부동산을 소유하고 있다. 바이티와 마찬가지로 씰롬가에는 탐비의 이름을 따서 명명한 '써이 탐비(탐비 골목)'가 남아있다.

목축무역에 종사했던 타밀인들이 삐낭과 푸껫을 경유하여 처음으로 방콕에 이주했고, 보석 채광을 위한 소규모 광산을 경영한 사람들이 뒤를 이었다. 이들 대부분은 힌두교도인 타밀인으로 씨마리암만 힌두사원 주변 지역에 정착했다. 방콕의 태국인들에 의해서 인도인들의 사원이라는 의미로 보통 '왓캑'으로 불리는 이 힌두사원은 오늘날까지 타밀인들의 결속을 다지는 구심점이 되고 있어서 사원 주변에는 언제나 많은 타밀인들이 모여 있음을 알 수 있다. 한편, 싱가포르를 경유하여 방콕으로 진출한 타밀인은 대개 무슬림(Muslim) 타밀인들이었다. 이들은 싱가포르에서 소규모의 기업을 운영하거나 무역업에 종사하던 사람들로 방콕으로 이주해서는 대부분이 방콕중앙우체국 건너편 씰롬가와 뉴로드(New Road)인근지역, 그리고 꺼사원(Wat Ko) 지역에 정착했다.

타밀인 이외에도 인도인으로서 초창기에 태국으로 이주한 또 다른 주요 종족으로 다우디보라(Daudibora)인들이 있다. 이들은 태국 남부지역을 거쳐 짜오프라야강 연안 촌부리(Chonburi) 지역에 자리를 잡았다가 태국의 정치와 무역활동의 중심지가 방콕으로 옮겨지자 촌부리로부터 멀지 않은 랏차웡쎄가(Ratchawongse Road)로 이동하여 정착했다. 이들은 주로 영국 제품을 수입하고 태국 산품을 수출하여 무역업자들로 크게 성공하였다.

방콕에 정착한 타밀인과 다우디보라인들은 태국에 이주한 초창기부터 제1차 세계대전이 발발할 때까지 상업 및 무역 분야와 노동집약적인 제조업 분야에 종사하였다. 이들은 보석 가게와 직물 가게를 운영하며 착실하게 경제적 기반을 닦아 태국사회에 뿌리를 내렸다. 이들 두 종족들은 특히 무역방면에 탁월한 수완을 발휘하며 태국의 경제발전에 기여한 유명한 기업인들을 많이 배출하였다. 제1차 세계대전이 종료된 이후, 타밀인과 다우디보라인 대부분은 태국인과의 혼인을 통해서 태국사회로 동화되었다.

타밀인과 다우디보라인들과 다른 경로를 통해서 태국으로 이주한 인도 종족으로는 펀잡(Punjab)인들과 우따르프라데시(Utarpradesi)인들이 있다. 이들은 대개 오늘날의 대표적인 인도 공용어인 힌디(Hindi)를 구사했으며 1920년대 초부터 태국으로 이주하였다. 이들의 태국 이주를 촉진한 이유는 경제적인 요인이었다. 20세기 초 10여 년 동안 인도 펀잡지역은 극심한 가뭄으로 시달렸다. 이로 인해서 농산물의 수확량이 격감(激減)하고 실업(失業)이 만연하여 이 지역 농민들에게는 최악의 시기였다. 따라서 많은 펀잡인들이 경제난으로부터 피난(避難)을 위해서 이미 오랜 전부터 버마로 이주해 온 친족 주변으로 이주하였다. 이들은 그 후 생활 여건이 나은 태국으로 이주하여 태국 북부 지역에 정주하거나 방콕으로 이주하여 정착하는 과정을 거쳤다.

이들을 태국으로 이주시킨 또 다른 이유는 정치문제가 복합된 종교적 요인도 있었다. 1947년 인도와 파키스탄이 분리 독립하게 되자 파키스탄 영내에 있던 시크(Sikh)교도는 파키스탄의 무슬림들에게 격심한 박해를 받았다. 인도 영내에 거주하고 있던 무슬림들과 힌두교도들 사이에서도 폭동 수준의 소요가 발생하여 박해와 저항이 전개되었다. 인도와 파키스탄의 분리 독립은 힌두교와 이슬람교의 투쟁이 주요인이었다. 이 때 인도를 떠나는 무슬림들과 교환되어 최소한 250만 명의 시크교도가 파키스탄을 떠났다. 인도에 와서 주로 카시미르(Kashimir) 지역에 정착하게 된 시크교도는 당연하게 경제적으로 심한 곤경에 처하게 되었다. 그리고 초창기 태국으로 이주한 타밀인과 다우디보라인들이 태국사회에서 경제적으로 성공한 점도 당연하게 많은 펀잡인들을 태국으로 유인한 중요한 요인이 되었다.

펀잡인과 같은 시기에 이주한 종족으로 우따르프라데시인이 있다. 이들은 힌디를 구사하는 힌두교도들로 초창기 많은 수가 방콕의 유럽계 무역회사의 고용인(주로 경비직)으로 근무하였다. 이들은 경제적 활동 영역이 점차 확장되면서 인도에 있는 가족이나 친족들을 끌어들였으며, 오늘날 태국에 거주하는 인도인 중 두 번째로 큰 종족을 형성하고 있다. 이 밖에 태국 영내에 정착한 인도인들로는 씬드인·바부인·벵골인 등이 있는데, 이들 대부분은 1970년대 이후에 이주한 종족들로 그 규모가 매우 작다.

2. 태국의 인도인 사회구조

태국에 얼마나 많은 인도인이 정착했는지를 정확하게 나타내는 통계나 지표는 없다. 인도인들의 이동과 이주가 은밀하게 이루어졌으며, 이들이 다양한 형태로 태국 사회에 정착했기 때문이다. 특히 혼합 결혼을 통하여 태국에 정착하는 경우는 더욱 그러하다. 1921년에 만들어진 신빙성이 떨어지는 기록으로 당시 20,746명의 인도인들이 거주했다는 자료들이 있다. 1947년에 작성된 태국정부의 인구조사에서는 인도인이 11,189명으로 이 중 여성이 3,388명이었다. 태국 정부는 1947년에는 국별 외국인의 이주를 200명으로 제한하는 조처를 취했지만, 인도인들은 계속해서 이 수치를 초과한 것으로 보인다. 1967년의 태국 정부의 인구조사에서도 약 25,000명이 거주하는 것으로 나타났다. 태국 주재 인도 대사관은 1981년 태국에 거주하는 인도인 숫자가 약 20,000명에 이른다는 공식 통계를 내놓은 후, 1999년에도 같은 수치를 공식 통계로 발표하였다. 이에 앞서 태국 통계청이 1996년에 조사한 인구주택조사에 의하면, 방콕에 거주하는 인도인의 수는 27,625명으로 같은 해 방콕 시민의 0.38퍼센트를 차지하였다. 이러한 다양한 통계에 대해서 태국의 인도인 공동체 지도자들은 약 30,000여명 정도로 파악하고 있다. 이들 중에는 펀잡인들이 20.000여 명 수준으로 가장 많고 타밀인과 우따르프라데시인이 뒤를 따르고 있으며, 소수의 바부인 · 벵골인 · 씬드인 등이 있다.

태국으로 이주한 펀잡인들은 대부분이 인도와 파키스탄이 분리되기 이전에 파키스탄 지역으로 분류된 구제란왈라(Gujeranwala) · 시알콧(Sialkot) · 섹후푸라(Shekhupura) 등 세 지역 출신으로 시크교(*Sikhism*)와 힌두교(*Hinduism*)를 신봉하는 두 그룹으로 대별된다. 이 들 중 시크교를 신봉하는 펀잡인들은 흔히 시크인으로 불리는데, 태국 거주 인도인들 중에서 압도적으로 많은 숫자를 가지고 있다. 시크인들은 자신들의 종족적 전통과 인도문화에 대한 애착심이 매우 강하다. 이들 대부분은 방콕의 반캑과 파후랏 지역에 집중적으로 정착하여 거대한 인도인 공동체를 형성했다. 시크인들을 다른 종족과 구별하는 큰 특징은 머리에 감아 쓰는 터번(*turban*)과 턱수염과 남자들의 긴 머리카락인데, 그들은 시크신이 그들에게 하사한 신체를 완전하게 본래대로 지켜져야 한다고 믿고 있다. 시크인들의 인구가 늘고 상업 활동 영역이 증대됨에 따라 이들의 거주 지역도 파후랏가와 랏차윙쎄가 사이에 위치해 있는 삼펭(Sampeng) 지역으로까지 확대되었다.

시크교를 신봉하는 펀잡인들에 비교하여 힌두교를 신봉하는 펀잡인의 수는 매우 작다. 이들은 약 2,000여 명 정도로 단일집단을 구성하고 있다. 이들은 대부분 방콕에 거주하고 시크인들과는 친족관계를 유지하고 있으며, 집단 거주지에 위치한 힌두사원에서 매일 예배를 본다. 또한 힌두교도와 불교도가 같이 예배를 보는 브라만 신전도 있다. 인도에서의 경우와 달리 태국의 힌두교도 사회에서 카스트 계급 간의 구분은 그렇게 명확하지 않다. 다만 브라만 계층의 사람들은 힌두교 종교행사에 일반인들로부터 존경의 대상이 된다.

이들 이외에도 1970년대 이후에 이주해 온 매우 작은 규모의 종족들도 있다. 바부(Babu)종족이 그 중의 하나인데, 20세기 초에는 미얀마에 많은 숫자가 거주했었다. 이들 중 일부가 태국으로 이주해 왔으며, 주로 외국회사의 경비원과 낙농업에 종사하고 있다. 다음으로 뱅골인과 씬드인은 서비스 중심의 무역업에 종사하거나 중소 규모의 개인 사업을 하고 있다. 이 밖에도 태국 북부의 치앙마이(Chiang Mai)와 인근 농촌지역에 정착한 푸쉬투(Pushtu)어를 구사하는 소수 종족도 있다.

이처럼 태국에 거주하는 인도인들은 다양한 종족으로 구성되어 있다. 인도인들의 공동체의 형성과 사회문화적 상호작용을 결정하는 주요한 요소로는 언어로 구분되는 친족관계와 종교를 들 수 있다. 과거에는 같은 언어를 사용하는 동족 혹은 같은 지역 출신의 사람들이 공동체를 형성하는 경우가 많았지만, 오늘날에는 사용언어나 출신지역보다는 종교적인 이유가 앞서기도 한다. 특히, 종교인구 분포 상 신자수가 거의 반반인 시크교와 힌두교가 태국에 거주하는 인도인들의 상호작용에 큰 영향을 미치고 있다.

인도인들은 방콕과 방콕 인근에 집중적으로 거주하고 있다. 그중에서도 방콕은 인도인들이 가장 선호하는 지역이다. 이들이 가장 많이 거주하는 지역은 지난 70년대까지 태국 무역의 중심지로 알려졌던 프라나컨(Pranakorn) 지역의 파후랏과 쌈펭가인데, 이곳은 섬유무역에 종사하는 펀잡인들의 주요 무대였다. 두 번째로 인도인들이 많이 거주하는 곳은 프라카농(Prakanong) 지역이다. 특히 이 지역의 쑤쿰윗가(Sukhumvit Road)는 1980년대 이후 부유층을 겨냥한 고급 주택지와 관광객을 위한 쇼핑센터가 형성되면서 방콕이나 여타의 다른 지역에서 경제적 기반을 쌓은 인도인들이 집중적으로 모여 들었다. 이곳에 정착한 인도인들은 주로 기성복 가게를 운영하거나, 양복점과 포목상(布木商)을 하고 있다. 세 번째는 방콕의 짜오프라야강 동쪽에 위치한 클렁싼(Klongsan)과 톤부리(Thonburi) 지역이다. 특히 클렁싼 지역은 인도인이 방콕에 정착한 가장 오래된 지역의 하나이며, 또한 1980년대 초 일부 인도인들이 방콕의 복잡한 중앙 상업지역에서 이곳에 나낙빌라(Nanak Villa)라고 부르는 주택단지로 이주하여 정착하면서 인도인 공동체가 형성된 곳이다.

이처럼 대부분의 인도인들은 방콕의 상업 중심지를 중심으로 집단적으로 거주하기를 선호하고 있다. 가장 최근에 인도인들이 많이 정착하기 시작한 쑤쿰윗가를 제외하고 역사적으로나 문화적으로 인도인들의 거주 지역으로 유명한 곳은 파후락과 반캑 지역을 꼽을 수 있다. 파후랏 지역은 쌈펭에 있는 차이나타운(*China town*)과 인접하여 인도인이 경영하는 섬유가게들의 중심지로 알려져 있다. 인도인들은 대부분 3-4층짜리 건물을 소유하여 아래층은 섬유나 섬유 관련 상품을 전시 판매하거나 다양한 기성복과 의복에 부착하는 각종 장식품을 파는 소매 가게로 사용하며, 위층은 창고나 주거공간으로 사용한다.

반캑 지역 역시 지명에서도 알 수 있듯이, 인도인들이 집중적으로 거주하는 지역의 하나로 톤부리에 있는 중국인들의 상업과 무역 중심지와 인접해 있다. 그러나 반캑 지역은 인도인들의 상업 활동의 중심지로 보다는 거주지로 더 유명한 곳이다. 태국어로 '반'은 거주지를 의미하며 '캑'은 태국 내 거주하는 인도인을 포함한 말레이인 · 인도네시아인 · 파키스탄인 등 외래 이방인들을 비하(卑下)하여 총칭하는 말이다. 중국인들이 차이나타운을 중심으로 거대한 중국인촌을 형성하는 것과는 달리, 인도인이 거주하고 있는 지역은 외관상 인도인이 많이 발견되거나 인도인이 경영하는 가게와 식당이 많다는 것을 제외하고는 방콕의 다른 일반 지역과 별 차이가 없는 것이 또 다른 특징이다.

III. 태국의 인도인 사회발전

해외 인도인 공동체의 번영과 발전은 종족·인구규모·경제활동의 범위 그리고 성별 비율에 따라 특이한 양상을 띤다. 인도인이 태국으로 이주한 가장 큰 이유는 경제적 이유가 으뜸이었으며, 이주 인도인의 대부분 자발적인 의지에 의해서 이루어졌다. 태국 이주 초창기의 대표적인 종족인 타밀인과 다우디보라인들은 태국에 정착하면서 경제적으로 어느 정도 성공을 거두자 본국에 있는 친족들이나 같은 마을 사람들을 태국으로 이주시키려는 노력을 전개했다. 그러나 인도와 태국이 너무 멀고 두 나라 정부 간의 빈약한 커뮤니케이션으로 인도인들의 태국으로의 이주는 제약을 받을 수밖에 없었다. 더욱이 당시 태국보다는 말라야(Malaya)가 인도인들에게 더 많은 경제적 기회를 제공했기 때문에 태국 내 인도인 공동체의 규모는 당연하게 소규모였다.

타밀인과 다우디보라인의 초기 이주는 가족 단위가 아닌 주로 남성들이 중심이 되었다. 그래서 이들은 태국 여성들과의 혼인을 통해 쉽게 태국사회로 동화되었다. 특히 힌두교도가 아닌 이슬람을 신봉하는 인도인들은 종교적 이유로 인해서 태국의 무슬림들과 쉽게 혼인할 수 있었다. 태국 사회가 대부분이 불교문화권이고 대부분의 태국인들이 불교도지만, 태국 남부지역에는 광범위하게 이슬람 문화권이 형성되어 있고 대도시에도 비록 소수이기는 하지만 무슬림 사회가 존재하였던 까닭이었다.

힌두교도 타밀인은 가축 사육과 가축 수출업에 집중하였으나, 무슬림 타밀인은 방콕의 꺼사원 지역 주변에서 옷감 판매와 보석 무역에 종사하였다. 또한 다우디보라인은 태국 직물의 수출과 영국산 직물의 수입 업무를 담당하여 많은 재산을 축적했다. 제1차 세계대전 이후 방콕으로 이주해 온 펀잡인 또한 다우디보라인과 마찬가지로 대부분 직물과 관계된 일에 종사하였다. 그들은 처음에 먼저 이주한 인도인 또는 다른 외국인이 경영하는 직물회사에 고용인으로 일하거나, 혹은 직물 행상으로 시작하여 나중에는 소규모의 직물이나 옷 가게를 소유하는 발전 과정을 거쳤다.

펀잡인들은 태평양전쟁 말기에 화교(華僑) 상인공동체의 권유에 따라 한 때 일본 상품을 배격(排擊)하고 영국 등 유럽 국가들과의 직교역에 전념한 적이 있었다. 그 이유는 당시 직물무역에 중추세력이었던 화교들이 1932년 중일전쟁(中日戰爭)의 여파로 태국에서 일본상품을 완전히 몰아내려고 했기 때문이었다. 그러나 질적(質的)인 면에서는 유럽 상품에 비해서 열등하였으나, 가격면에서 훨씬 저렴한 일본산 직물(織物)을 태국인들이 크게 선호하였다. 이러한 태국인의 선호도는 펀잡인에게 새로운 무역시장의 주도권을 잡을 기회를 제공해 주었다. 일본 무역상들이 기존 시장의 활로(活路)를 모색하던 중 화교 대신 펀잡인들과 손을 잡음으로써 펀잡인과 일본 사이에 새로운 직물 무역의 고리가 형성되었던 것이다. 그 결과 1930년대 말에는 많은 펀잡인들의 무역회사들이 일본에 지사를 설치하면서, 그들의 무역을 멀리 일본으로까지 크게 확장시킬 수 있었다.

이러한 펀잡인들의 직물 무역의 확장은 펀잡인의 가족 구성에 의해서 가능하였다. 즉 펀잡인은 대부분 가족 단위나 혹은 친족 그룹을 이끌고 태국으로 이주하였기 때문에 친척관계를 경제적 유대관계로 연결하여 무역회사를 설립하는 경우가 많았다. 펀잡인 보다 먼저 직물무역에 손을 댄 타밀인 등 다른 종족들도 있었다. 그러나 기존의 인도인 직물 무역상들은 공동의 경영자로 참여시킨 후 이익을 분배하는 형태로 사업을 운영하였다. 그러나 펀잡인들은 모든 참여자에게 동등한 기회를 제공하고 후에 사업이 확장되었을 때, 이익을 분배하는 방식을 취하였다.

펀잡인들의 대(對)일본 직물무역은 크게 활기를 띠었다. 제2차 세계대전이 발발하기 직전까지 코랏에 5개소, 우본에 3개소, 우던에 2개소, 프라야에 4개소, 우뜨라딧에 2개소, 쏭클라에 2개소, 치앙마이에 6개소, 람빵에 3개소, 치앙라이에 2개소, 그리고 방콕에는 총 15개소 등 총 44개의 인도인 소유 직물회사가 있었다. 이들은 모두 도매 및 소매업을 취급하는 대규모회사였으며, 또한 각 회사마다 '소매상연합체' 같은 산하조직을 구성하여 상권(商圈) 형성이 덜 된 작은 도시까지 직물 판매망을 확장하였다.

제2차 세계대전은 태국으로 진출했던 인도인 기업인에게 큰 행운이었다. 대규모 전쟁이 터지자 군복(軍服)제조에 직물산업이 집중되었으므로 당연하게 모든 의복에 즉각적인 영향을 미쳐서 옷감 품귀현상이 벌어졌다. 이에 따라 인도인 무역업자들은 막대한 이익을 취할 수 있는 기회를 잡게 되었던 것이다. 또한 전쟁기간 중 일본과의 무역에 큰 역할을 담당하면서 태국 거주 인도인들의 지위는 급상승했다. 이러한 무역을 통한 이익과 지위 상승으로 인한 부수적인 이익으로 인도인들은 인접한 중국인 상업지역인 쌈펭지역에서 많은 중국계 기업들과 가게들을 사들일 수 있었다. 그 결과 전쟁이 끝나자 특히 펀잡인들은 중국인들을 밀어내고 태국의 직물 시장을 장악하여 높은 경제적 지위를 누릴 수 있었다. 또한 제2차 세계대전 이후 인도인들은 유창한 영어 구사 능력과 전쟁 기간 중 축적된 자본을 바탕으로 미국과의 직물무역에 나서게 되었다. 이에 따라, 뉴욕 등 대도시에 인도인들의 지사가 설치하면서 그들의 활동무대는 더욱 확대되었다.

그러나 1950년대 초 펀잡인들이 주도하던 태국의 직물시장에는 큰 변화가 일기 시작했다. 일본이 가격이 저렴하고 품질이 더욱 향상된 직물을 공세적으로 태국 시장에 직접 공급하기 시작한 것이었다. 이로 인해서 과거 일본의 고객이었던 인도인 소유의 직물관련 기업들은 경쟁력을 상실하여 태국 시장 점유율에서 크게 뒤쳐지기 시작했다. 그 결과 이 시기 인도와 무역을 하고 있었던 많은 기업들이 손해를 보거나 파산하였으며, 업종을 전환한 펀잡인들도 많았다.

이러한 변화 속에서 타밀인 무슬림들은 보석 무역을 독점하는 쪽으로 돌아섰고, 다우디보라인들은 고부가(高附加) 기술집약적 상품을 취급하는 무역 분야를 개척하여 새로운 경제활동을 모색하였다. 그러나 주로 경비(警備) 관련 직종에 종사했던 우따르프라데시인들은 전쟁 기간 중에 대부분이 실직을 당했으므로 경제적으로 곤경에 처하게 되었다. 또한 공공부문에서 태국정부의 외국인 고용에 대한 규제가 엄격해지자 젊은 사람들까지 개인 회사의 경비직으로 전락하거나, 혹은 값싼 비숙련 노동자가 되어 펀잡인이 경영하는 직물회사에 고용되었다. 그러나 일자리를 찾을 수 없었던 나이 많은 사람들은 빈손으로 인도를 향해서 귀국길에 오르는 최후의 선택을 해야 했다.

태국에 정착하게 된 인도인들도 50년대 이후 변화를 겪었다. 외국인들에 대한 국적 취득이 엄격해 진 것이다. 이에 따라, 인도인들은 태국에서 태어나 태국 국적을 취득한 자녀들을 경영진에 참여시킴으로써 새로운 기업으로 등록할 수 있었다. 또한 자녀들의 명의로 부동산에 투자하여 사업을 확장하는 방법으로 새로운 활로를 찾았다. 1960년대 미국의 동남아 등장과 인도차이나 전쟁은 태국의 인도인들에게 사업 확장의 새로운 기회를 제공해 주었다. 그들의 유창한 영어 실력은 미국의 군사기지 주변에서 가게를 열 수 있도록 했고, 또한 미군이 필요로 하는 물건을 납품하면서 사업의 확장을 꾀했다.

1970년대로 들어서면서부터 태국 인도인들의 사업 영역이 다양화되기 시작했다. 그러나 대부분 소규모였으며 여전히 직물무역이 가장 중요한 경제적 활동영역이었다. 태국의 인도인들이 직물무역을 중시하는 추세는 70년대 이래로 계속되고 있는 것으로 보인다. 오늘날에는 과거와는 달리 태국 인도인들은 일본과 인도의 자본과 기술을 끌어들여 합작형태로 공장을 세우는 등 직물산업 분야에 투자하여 사업을 확대하고 있으며, 직물 분야 이외에도 제지와 펄프 · 염료 · 전선과 로프 생산 등으로 사업 영역을 확장하고 있다.

오늘날 태국에 거주하는 펀잡인들의 약 60퍼센트는 직물제품 판매와 전기 관련 제품과 장비를 취급하는 상인들이다. 일부 우따르프라데시인과 타밀인도 이 분야에 종사하고 있지만, 그 숫자는 매우 적다. 이들 펀잡인들의 경제 수준은 태국의 중산층보다 앞서고 있다. 약 15퍼센트의 또 다른 펀잡인들은 기업이나 가게 소유주들로 경제적으로 매우 부유한 계층에 속한다. 이들은 태국 중산층 보다 훨씬 큰 저택을 소유하고 있고, 대부분의 자녀들을 해외로 유학 보내고 있다. 나머지 25퍼센트의 펀잡인들도 직물 분야에서 종사하거나 일부 부유한 계층과는 비교되지 않지만, 이들의 평균소득도 태국인들의 평균소득 보다 더 높은 것은 분명하다.

IV. 태국 인도인 사회의 특성

1. 교육에 대한 높은 관심

오늘날 태국 사회에 뿌리를 내리고 있는 인도인들의 교육 수준은 태국인들의 평균치보다 높으며 남성과 여성의 교육 수준의 차이도 그다지 크지 않다. 남성들의 경우 40퍼센트 정도가 태국에서 교육을 받은 반면 34퍼센트는 인도를 비롯한 외국에서 교육을 받는다. 여성의 경우도 이와 비슷한 수치를 나타내고 있다. 남성의 경우 대부분 고등학교 수준의 학력을 마치고 가족이나 친척이 경영하는 사업에 종사한다. 여성의 경우도 이와 동등한 학력을 가지는데, 특히 태국이 아닌 다른 국가에서 공부할 경우 대개 전문대학이나 대학 수준의 학력을 가지게 된다.

부유한 인도인 자녀들은 7-8세 때부터 태국을 떠나 인도에서 교육을 받거나 혹은 다른 외국에서 공부한다. 약 50퍼센트 이상의 부유층 자녀들이 태국을 떠나 다른 국가에서 교육을 받는데, 대부분이 모국 인도로 유학을 간다. 그러나 부모가 부유하지 못한 아이들은 태국에서 교육을 받는다. 태국의 공립학교에서 공부하는 경우가 대부분인데, 이외에 태국어로 하는 인도인 학교나 혹은 선교학교에서도 공부하는 경우도 흔하다. 인도인 자녀들은 태국정부의 의무교육 장려에 따라 태국 초등학교에 입학하는 경우도 있으나, 일반적으로 태국인 학교보다는 인도인 학교를 더 선호하고 있다.

태국을 떠나 외국으로 유학을 떠난 남자아이들 대부분은 17-18세 때 다시 태국을 돌아와 그들의 가족이나 친척이 경영하는 사업에 참여하기 시작한다. 1950년대 중반까지 인도인들은 자녀들을 방콕의 힌디 · 펀잡어 · 영어 · 태국어를 가르치는 바라스 비다얄라(Bharath Vidyalaya)나 혹은 시크 비다얄라(Sikh Vidyalaya)학교로 보내는데 만족했다. 그러나 최근 경제적 수준이 높아지면서 돈 많은 부모들은 보다 나은 교육을 위해 자녀들을 모국인 인도로 보낸다. 이들은 인도에서 모국어와 함께 인도의 문화와 영어를 함께 배우게 함으로써 인도인으로서의 자긍심을 잃지 않도록 하는 동시에 학업을 마치고 돌아와 가족이 경영하는 사업에 참여시키고 있다.

이와 같이 인도인 부모들은 자녀들이 보다 나은 여건에서 교육을 받기를 갈망한다. 이들은 대개 모국인 인도를 선호하는데, 교육여건 이외에도 인도에 남아 있는 가족과의 관계와 교육비 등을 고려한 결과이다. 또한 모국에서의 교육을 통해서 그들의 자녀들이 태국사회로 완전히 동화되는 것을 막을 수 있다는 인식을 하고 있기 때문이다. 인도에서 공부한 인도인 자녀들은 대부분 펀잡어 보다는 영어와 힌디 공부에 더 비중을 두는데, 특히 이들의 영어 실력은 유창하여 귀국 후 무역업에 종사할 때 가장 훌륭한 언어수단으로 이용되고 있다.

대부분의 개도국 사회와 마찬가지로 태국에 정착한 인도인 자녀들의 고학력 획득 과정은 학생 자신들의 능력과 학습 동기에 의해서 결정되기 보다는 부모들에 의해서 크게 영향을 받는다. 부모들의 사회적·경제적 지위가 높은 부류가 그렇지 않은 경우와 비교하여 그들의 자녀들 또한 상대적으로 더 많은 교육의 기회를 누리게 된다. 태국 사회에 자리 잡은 인도인들의 교육열은 매우 높은 편이어서 자녀들을 인도나 다른 외국으로 유학 보내기를 선호한다. 그러므로 이들의 교육 수준은 태국인들에 비해서 당연하게 높은 편이다.

2. 특정한 경제활동 분야

인도인들의 경제적 지위는 대부분 남성인 가장의 경제활동에 의존하며, 따라서 가장의 직업이 가족 구성원 모두에게 중요한 영향을 미친다. 여타 가족 구성원이 가계에 기여를 하고 있는 경우도 있으나 가장이 주된 소득 제공자의 역할을 한다. 일반적으로 여성들은 외부활동을 하지 않으며, 주부로 가정에 머물러 있는 경우가 대부분이다. 필요한 경우, 남편의 일을 돕는 경우도 있으나 적극적으로 참여하는 편은 아니다.

태국의 인도인들이 가장 많이 종사하고 있는 분야는 무역과 상업 부문이다. 이들이 가장 선호하는 상품은 각종 직물(織物)이며, 도매나 소매로 직물을 판매하는 사업이 가장 중요한 소득의 원천이 되고 있다. 자신이 매장을 소유하고 있는 경우, 자식이나 친척들을 끌어 들여 공동으로 운영하거나 가속 또는 친족 중심으로 운영한다. 아직 매장을 소유하지 못한 인도인들은 오토바이를 타고 돌아다니며 직접 직물 관련 상품을 판매하는 방식을 취한다.

이들 인도인들이 직물 무역과 상업 활동에 큰 역할을 담당할 수 있었던 까닭은 근면성이나 사업 수완과 같은 개인적인 자질 때문이다. 그러나 보다 근본적인 이유는 태국인에 비해서 동남아 각국에 산재되어 있는 인도인 집단들을 통해서 무역과 상업거래가 용이한 까닭이다. 또 다른 이유는 과거에 상업이 농업에 비해서 덜 안정적이고 소득이 적다하여 태국인이 기피했다는 점이다.

시크교도이거나 힌두교도인 펀잡인들은 방콕의 삼펭과 파후랏 지역에 있는 직물취급 상인들로 이들은 언어와 전통문화적 측면에서 강한 동족애(同族愛)를 유지하고 있다. 펀잡어와 힌디가 이들의 직물무역에서 가장 많이 사용되고 있기도 하다. 이들에 비하여, 경비업무나 비합법적인 금전 대여업이나 기타 소규모 사업 등에 대부분 종사하고 있는 우따르프라데시인들은 펀잡인들처럼 강한 유대감을 보이지 못하고 있다. 그러나 이들도 나름대로 자신들의 영역에서 동족애를 유지하고 있다.

태국에 정착한 인도인들의 평균 소득은 대체로 태국인들 보다 높으며, 파후랏 지역의 상인들이 반캑 지역의 상인들 보다 윤택한 생활을 하고 있다. 이들 인도인 가정의 약 70퍼센트 이상이 태국 북동부 출신의 가정부를 고용하고 있으며, 이들을 통해서 태국어를 배우는 경우가 많이 있다. 또한 많은 수의 태국 인도인들은 인도에 부동산을 소유하고 있어서 언제라도 인도로 돌아갈 경우에 대비하고 있다.

3. 정치지향적인 사회조직

인도인들과 그들의 후손들이 주축이 된 사회조직은 태국사회에서 자신들의 공동체를 유지하는데 중요한 역할을 한다. 태국의 인도인 공동체는 각 종족의 출신지 언어와 종교적 유대 관계와 이들과 관련된 다양한 사회조직에 의해서 구분된다. 초창기에 이주한 힌두교도 타밀인들은 방콕 중심부에 위치한 씨마리암만 사원을 중심으로 타밀인 공동체를 형성했었다. 오늘날도 건재한 씨마리암만 힌두사원은 비록 소수이긴 하지만 여전히 타밀인의 구심체가 되고 있다. 이 사원을 운영하고 있는 사람들은 과거 그들의 타밀인 조상과 태국 여성들 사이에서 태어난 후손들이다.

태국 내 최대의 인도 출신 종족인 펀잡인 중 시크인들은 시크교를 구심점으로 자신들의 공동체를 형성하고, 시크교의 구루(Guru)들을 성인(聖人)으로 받들면서 시크인과 시크교 그리고 자신들의 공동체를 발전시켜 나왔다. 시크교도들의 공동체를 유지하는 가장 중요한 사회적 조직인 구루다와라(Guru Dawarah)는 시크인들의 종교적·사회적 활동의 중심이자 이들의 결속과 유대관계를 더욱 긴밀하게 하는 가교 역할을 하고 있다.

구루다와라는 방콕의 상업지역 중심에 위치해 있는데, 아래와 같은 조직을 가지고 있다.

- 태국청년시크협회: 주로 20-30대의 젊은 시크교도들로 구성된 조직
- 시크비다야라야(Sikh Vidyalaya): 고등학교 수준의 인도인 학교
- 구루나낙미션(Guru Nanak Mission): 시크교 선교재단
- 시크도서관: 펀잡어와 영어서적을 비치하고 시크교도에게 개방하는 공공 도서관
- 구루나낙재단(Guru Nanak Foundation): 시크교 대학생들을 위한 장학재단

구루다와라는 이 처럼 시크인들의 75퍼센트가 집중되어 있는 방콕에서뿐만 아니라 지방도시에서도 모든 시크인들의 정체성을 지키는 구심점이 되었으며, 이 조직과 관련된 사회활동은 태국에서 시크인의 존재와 문화적 동질성의 상징이 되고 있다. 이렇듯 시크교도들은 시크교라는 종교적인 동질성과 직물무역이라는 동일한 형태의 경제활동을 하면서 공통된 언어인 펀잡어를 사용함으로써 종족 간의 강력한 일체감을 갖게 되었다. 이러한 시크교도의 단결과 화합은 비(非)시크교도들을 시크교로 개종하게 하는 부수적인 결과도 가져왔다.

종족이나 그들이 신봉하는 종교별로 중심 사원을 만들고 그 주변으로 모여드는 현상은 태국에 거주하는 인도인들의 보편적인 현상이다. 힌두 사맛(Hindu Samaj)과 뎁 만디르(Dev Mandir)는 힌두교를 가진 펀잡인들에게, 타밀무슬림협회(Tamil Muslim Association)가 방콕에 설립한 이슬람사원은 타밀 무슬림들의 종교적·사회적 교류의 중심지가 되어왔다. 힌디를 사용하는 우따르프라데시인들의 경우, 1920년 방콕에 설립된 비슈누 만디르(Vishnu Mandir)를 통해서 종족의 정체성을 유지하고 있다. 특히 사원 내에 설치한 도서관은 힌디(어)와 힌디문학에 관한 서적을 많이 보유하고 있어서 태국에서 출생한 인도인들의 후손들에게 힌디와 인도문화교육에 중요한 역할을 하고 있다. 또한 인도로부터 정기적으로 비슈누 만디르 도서관에 도착하는 신문과 잡지는 간접적으로나마 모국과의 유대관계를 유지시키는데 큰 도움을 주고 있다.

V. 태국 사회로의 문화적 변용

1. 태국어 사용을 통한 태국사회 적응

태국의 인도인들이 현지어인 태국어를 사용하는 정도와 여타의 언어를 구사하는 정도를 파악함으로써 태국사회에서 그들의 문화적 변용과 사회적 동화(同化) 수준을 이해하는 데 도움이 될 것이다. 제2차 세계대전 이전에 이주한 제1세대인 인도인들은 대부분 펀잡어를 사용하며 영어와 인도의 대표적인 공용어인 힌디(Hindi) 구사 능력은 보잘 것 없었다. 태국인들과는 시장 수준의 태국어를 사용하지만 읽거나 쓸 줄 모르며, 무역관련 분야에서는 주로 영어를 사용하였다. 그러나 이들의 자녀들은 대개 대학교육 과정을 거쳐 영어가 매우 유창하여 부모 세대의 가업(家業)을 발전시키는데 도움을 주었다. 이들은 또한 태국어의 일상용어 구사능력은 수준급이지만, 태국어를 읽고 쓰는 데는 부족한 경우가 많았다.

태국 거주 인도인 중 종족 집단이 가장 큰 펀잡인들의 경우, 1990년대 초의 통계로 일상생활에서 종족어인 펀잡어를 주로 사용하는 인구가 15퍼센트이며, 가장 큰 부분인 53퍼센트가 펀잡어와 태국어를 병용(竝用)하고 있다. 이들 중에서도 방콕의 반캑 지역에 거주하는 인도인들은 태국어를 주로 사용하지만, 파후랏 지역의 인도인들은 펀잡어를 더 많이 사용하는 것으로 알려지고 있다. 이는 반캑 지역이 현지인인 태국인이 많이 거주하는 지역 가운데에 위치해 있고, 또한 이 지역의 인도인들이 출행 이후 오늘날까지 계속해서 같은 지역에 거주하고 있는 젊은 세대가 많기 때문이다. 이에 비하여, 파후랏 지역은 차이나타운과 인접해 있고 대부분이 인도에서 직접 이주하여 정착한 사람들이 많기 때문이다. 방콕 이외의 지역에 거주하는 인도인의 경우에는 태국어 보다는 자신의 고유 언어를 사용하는 경우가 많은데, 일상생활에서 태국인들과의 접촉 보다는 주로 인도인 공동체와 더 밀접히 관련되어 있다.

경제활동에 있어서 인도인들은 대부분 중국과 태국인 고객들과 상대하기 때문에 태국어가 가장 많이 사용되는 언어이다. 펀잡어와 힌디는 다른 인도인 기업가나 고용인들과 상대할 때, 그리고 영어는 다른 외국과의 무역 업무에 많이 사용된다. 인도인들은 특별하게 인도음식이나 인도인 고유의 종교활동에 필요한 상품을 필요로 할 경우를 제외하고는 일상생활에서 사용하는 생필품은 주로 태국시장에서 조달한다. 그러므로 당연하게 태국인들과 접촉 할 기회가 많으며, 이런 경우에 인도인들은 80퍼센트 이상이 태국어를 사용하는 것으로 나타났다.

1990년도 태국 정부의 통계에 따르면, 태국에 거주하는 인도인 또는 인도계 국민의 약 80퍼센트 정도가 사업운영에 필요한 영어와 태국어를 구사할 수 있는 것으로 공식 확인되었다. 또 다른 정보에 따르면, 파후랏 지역에 정착한 일부 인도인들의 외국어 능력은 출중하여 그들 중에는 중국어 방언뿐만 아니라 독일어·불어·라오어 및 일본어까지 구사할 줄 안다고 했다.

이 처럼 인도인들은 가정에서는 펀잡어와 힌디를 사용하고, 자녀들을 태국식 학교에 보내기를 꺼려하는 편이다. 태국인들과 태국어로 어느 정도의 의사소통은 가능하지만, 실제 태국어를 읽고 쓸 수 있는 인도인은 많지 않다. 따라서 태국어의 사용은 제한된 범위 안에서만 이루어지며, 이러한 인도인의 높은 태국어 문맹률은 인도인을 태국사회로 동화시키는 데 있어 중요한 장애 요인의 하나로 남아 있다. 태국어에 대한 높은 문맹률과 함께 인도인 여성의 지위 또한 문제가 되고 있다. 이들은 인도인의 문화적 정체성을 유지하는데 긍정적으로 작용하고 있으나, 동시에 인도인이 태국사회로 동화하는데 큰 장애가 되고 있다.

일반적으로 인도인 여성들은 태국 여성들의 경우와 매우 다르게 남편의 일을 도와주거나 종교와 관련된 사회적 활동 이외에는 집밖으로 나서는 경우는 거의 없다. 그들은 태국을 떠나 인도나 다른 국가에 유학하지 않는 한 대부분이 10대 후반인 15세부터 19세 사이에 결혼한다. 결혼한 여성이 행하는 일은 육아와 주부로서 가정과 관련된 일과 종교행위로 국한된다. 가정 내에서나 바깥으로 외출할 때에는 항상 전통적인 인도 고유 의상을 입으며, 태국인이나 다른 외국인들과 접촉하는 일이 거의 없다. 태국인과 접촉하는 경우는 그들이 고용한 가정부가 이를 대행한다.

2. 국적 취득을 통한 태국사회 적응

태국에 정착한 인도인 중 구성비가 가장 높은 펀잡인들의 90퍼센트 이상은 태국 국적을 취득한 것으로 나타나 있다. 이들 중 40퍼센트가 국적 취득을 위한 속지주의(屬地主義) 원칙에 따라서 태국에서 출생하여 태국인이 된 경우이다. 그러나 펀잡인 이외의 인도의 다양한 종족들은 태국 국적 취득이 50퍼센트를 넘지 못하는 것으로 알려지고 있다. 중국인과 그들의 후예들의 경우, 태국뿐만 아니라 동남아의 어느 나라에서도 자신의 이름을 현지인처럼 바꾸는 것은 매우 흔한 현상이다. 인도인이나 그들의 후예들 또한 예외가 아니다. 자신의 현지화(現地化)를 나타내는 상징성이 높기 때문이다. 그러나 무역부문에 종사하는 태국의 펀잡인들의 경우, 대부분이 자신들의 이름을 여전히 펀잡식을 고수하고 있다. 이들의 후예들은 부모 세대와 동일하지는 않다. 이들이 가정생활에서는 계속해서 펀잡식 이름으로 펀잡인임을 잊지 않고 있지만, 젊은 인도인 자녀들은 어릴 때부터 태국식 이름을 사용하며 태국사회에 적응하려고 노력하고 있다. 이들에 비해서, 시크교가 아닌 이슬람을 택한 다양한 종족의 인도인들은 대부분이 태국식 이름을 가지고 태국 국적을 취득함으로써 태국 사회에 동화되었다.

인도인들은 자신들의 공동체를 형성하여 가족과 친척이나 친지들과 함께 지내면서 태국의 특정 지역에 집단적으로 거주하고 있다. 인도인 가장(家長)의 약 60퍼센트 이상이 공동체 내 가까운 곳에 살고 있는 친족들과 매우 밀접한 관계를 가지고 있다. 이들은 계속해서 가족이나 친인척이나 혹은 같은 마을의 동족(同族)을 자신들의 정착지로 끌어들임으로써 자연적으로 인도인들이 태국의 일부 특정 지역에 모여 사는 형태를 띠게 되었던 것이다. 인도인들 사이에서 동족 간의 사회적 관계는 매우 밀접하나, 태국인이나 중국인 등 다른 종족과의 사회적 관계는 대부분 피상적(皮相的)이며 주로 경제적인 이유에 의해서 이루어진다.

일반적으로 태국인들과 태국 거주 중국인들의 인도인에 대한 인식은 그다지 긍정적이지 못하다. 그들은 편잡인이거나 우따르프라데시인을 막론하고 모든 종족의 인도인들은 욕심 많고 인색한 사람들이라는 생각을 가지고 있다. '사나운 얼굴에 턱수염이 덥수룩한 터번 쓴 사람들' 혹은 '독특한 싸롱(salong)을 입고 우스꽝스러운 모자를 쓴 사람들' 로 인식되고 있다. 특히 인도인 고리대금업자들은 '터무니없는 방법으로 막대한 이익을 추구하는 세상에서 가장 무자비한 사람들'이라는 비난을 받는다. 이렇듯 부정적인 인식은 오늘날까지도 태국인들이 인도인들을 지칭할 때 '캑'이라는 단어를 사용하는 데에서도 알 수 있다. 따라서 인도인들과 같은 지역에 거주하는 태국인과 중국인들은 인도인들과의 관계는 단지 경제적 목적을 위해서만 유지한다고 생각한다.

태국에 정착한 인도인들은 태국 여성들과의 혼인을 통해서는 자신의 사회적 지위향상에는 한계가 있다는 인식을 하고 있다. 대부분의 인도인들은 태국에서 자신들의 지위는 오직 경제적 지위를 확보함으로써 유지되고 향상될 수 있다고 생각한다. 이들은 경제면에서 자신들이 정착한 태국이 모국 인도보다 우월하다고 인식하고 있다. 이로 인해서, 특히 젊은 세대들의 경우에는 인도로 돌아가려는 생각보다는 영원히 태국에 안주하기를 바라고 있다. 태국에 정착한 인도인들과 그들의 후예들은 빠른 속도로 태국사회에 동화되고 있는 셈이다.

태국에 거주하고 있는 인도인 종족 간의 상호관계는 인도인들이 많이 모이는 시장이나 인도인 식당 또는 인도 상품을 취급하는 가게 등에서 주로 이루어진다. 이들의 의사소통은 펀잡어나 힌디 또는 태국어로 이루어진다. 특별하게 종교의식에 필요한 소모품을 위시하여 인도인들의 전통적인 일상용품이나 의복·음식·장식품 등이 필요한 경우 주로 파후랏 지역에 위치한 인도인 가게를 찾는다. 그러나 기타의 기초적인 생필품은 대부분 집 근처의 태국인 가게를 이용한다. 또한 의료와 관련된 서비스 시설을 이용할 때도 마찬가지이다. 따라서 이들 가게들은 인도인과 태국인 또는 중국인들 간의 상호관계에 있어서 중요한 장소가 되고 있다.

인도인들은 사회활동을 통해서 태국사회와 상호작용하고 있다. 태국-바라스문화센터(*Thai-Bharath Cultural Lodge*)에서는 인도인들이 태국인들을 위한 요가강좌를 정기적으로 개최하고 있다. 인도-태국상공회의소는 인도와 태국 간의 무역의 증진을 목적으로 1944년 설립되었으며, 무역활동에 참여하는 모든 인도인들에게 있어서 가장 중요한 단체이다. 회원의 80퍼센트 이상이 도매 또는 소매 직물무역업에 종사하고 있는데, 인도인들의 회원 자격은 태국 국적을 취득한 사람이어야 한다. 이 단체에서는 펀잡어가 쓰이지 않고 태국어와 영어를 사용한다. 또한 약 2,000여명의 회원을 가지고 있는 인도-태국상공회의소는 태국의 중요 행사에 적극 참여하고 있다. 다소 성격이 다르지만, 구루다와라 구성원들은 태국의 종교행사에 자주 기부금을 내거나 정기적으로 헌혈행사를 벌임으로써 태국인과의 관계를 돈독히 하고 있다. 최근에는 부유한 인도인들의 태국 왕실의 설립된 자선단체에 기부금품을 많이 전달하고 있는 것으로 알려지고 있다.

방콕의 인도인 사회는 지난 1990년대 중반 이후로 크게 변화했다. 방콕과 뉴델리 간의 직항노선 개통으로 태국 내 인도인들의 인도 방문과 관광객을 비롯한 많은 인도인들의 왕래가 이루어지면서 인도에 있는 친족들과의 종교적·문화적 유대가 증대된 것이다. 태국 거주 인도인들은 모국인 인도와의 접촉이 더욱 잦아지고 긴밀해 진 것이다. 대부분의 가장들이 인도에 가족이나 친족을 가지고 있는데, 이들 중 약 8퍼센트 정도만이 태국으로 이주한 이후 인도를 방문한 적이 없다고 답한 보도가 있었다. 이들이 인도와 계속 접촉하고 있는 이유는 다양하지만, 가족이나 친척과 친지를 만나는 것 이외에도 관광과 결혼, 그리고 사업관계 등이다.

태국에 정착한 인도인 가장의 대부분은 자신의 미래와 관련하여 앞으로도 태국을 떠나지 않겠다는 생각을 하고 있으며, 동시에 태국에서 출생한 자녀들은 더구나 거의 모두가 태국을 떠나 인도로 돌아갈 생각이 없다고 말하고 있다. 이러한 경향으로 보아 오늘날 태국에 거주하고 있는 인도인들 대부분이 태국생활에 만족하고 있으며, 인도와 비교할 때 태국이 여전히 자신들의 경제적 미래를 위해 더 나은 기회를 제공해 줄 것으로 확신하고 있음을 알 수 있다.

제 7 장

비동맹운동과 인도-인도네시아의 역할

I. 비동맹운동의 태동

비동맹(非同盟)(*Non-Alignment*)은 제2차 세계대전 이후 강대국의 식민통치로부터 벗어나 독립하게 된 신생국들이 미국을 중심으로 한 민주주의 진영과 소련을 중심으로 한 공산주의 진영 등 두 진영 중 어느 한 쪽에 종속(從屬)되기를 거부한 국가군(群)이 형성한 독자적인 정치적 노선을 말한다. 비동맹운동(NAM: *Non-Alignment Movement*)은 비동맹 노선을 택한 신생국들이 자신들의 국가이익에 입각한 정체성을 모색하는 연대를 시도하면서 생겨났다.

독일·이탈리아·일본 등 제2차 세계대전을 야기한 국가들을 타도할 목적으로 결집되었던 연합국은 승전 후, 전후(戰後) 처리문제를 둘러싸고 미국과 소련 등 두 대국이 사사건건 대립하게 되었다. 이에 따라 제2차 세계대전 후 국제질서는 전승국들을 주축으로 평화체제가 정착된 것이 아니라 동·서 양 진영이 첨예하게 대립하는 소위 냉전(冷戰) 체제(*Cold War System*)로 들어서게 되었다. 윈스턴 처칠 영국 수상은 1946년 3월 미국 웨스트민스터대학에서 행한 강연에서 "발틱(Baltic)해에서 아드리아(Adria)해에 이르기까지 유럽대륙을 횡단하여 '철의 장막'(*iron curtain*)이 쳐지고 있다"면서 소련의 봉쇄정책을 비난하고, 자유와 기독교 문명을 옹호하기 위한 영국과 미국의 단결을 강조하면서 냉전체제를 공식적으로 인정하였다.

그 후 미소(美蘇) 양대 세력을 정점으로 하는 냉전체제가 빠르게 구축되기 시작하였다. 미국을 주축으로 한 서방진영에서는 대소(對蘇) 견제정책을 최우선으로 하였다. 이를 위한 공동 전략으로 1947년 3월 미국의 트루먼 대통령은 "전체주의(全體主義)를 강요하려는 침략의 위협으로부터 자유를 갈구하는 국가의 자유 시민을 구호하여, 그들이 자유로운 제도와 민족적 통일을 유지하는 것을 돕는다."는 명목으로 그리스와 터키를 지원하기 위한 4억 달러의 원조를 미국 의회에 요청하였다. 이는 이른바 '트루먼 독트린(*Truman Doctrine*)'으로 알려진 대외 원조정책으로 그리스와 터키 양국의 국내경제 파탄에 편승(便乘)한 공산주의자들의 파괴 활동과 공산혁명을 저지하려는데 그 목적이 있었다. 트루먼 독트린은 결국 소련의 세력팽창에 대항하기 위해서 수립된 봉쇄정책이었다. 이로써 냉전체제는 가시화되기 시작하였다. 트루먼 독트린에 이어 등장한 '마셜플랜(*Marshall Plan*)'은 전후의 유럽경제부흥계획 이었다. 이 계획은 경제적 파국에 직면한 유럽 국가들을 구제한다는 명목으로 미국의 마셜 국무장관에 의해서 제창된 것이었다.

미국 중심의 서방 진영의 세계전략에 대항하여 소련은 동구(東歐)국가들과 연대를 강화하기 시작하였다. 이들은 이른바 '몰로토프플랜(*Molotov Plan*)'에 따라 소련을 중심으로 한 공산 진영의 경제부흥과 공동방위체제를 강화하였다. 1947년 9월에는 폴란드에서 유럽 공산당대회가 개최되었다. 이 자리에서 1943년 5월에 해산된 코민테른(Comintern)를 대체할 코민포름(Cominform: *Communist Information Bureau*)이 결성되었다. 코민프롬은 소련과 동구 공산권 국가 공산당의 정보교환기관으로 선전(宣傳)정책의 통일화로 공산진영의 결속을 도모함으로써 서방의 자유진영에 대항하려는 것이었다.

이와 같은 미국과 소련을 중심으로 한 서방진영과 공산진영의 대립은 1948년 6월 베를린 봉쇄 사건으로 마침내 절정에 이르게 되었다. 이러한 분위기는 사전에 다양한 경로를 통하여 감지되고 있었던 것이다. 미국은 서방진영의 결속을 더욱 강화할 필요를 절감하고 1949년 1월 트루먼 대통령의 연두교서에서 이를 강조하였으며, 같은 해 4월 북대서양조약기구(NATO: *North Atlantic Treaty Organization*) 결성으로 구체화 되었다. NATO는 실질적으로 서방진영의 반공(反共) 군사동맹의 성격을 가지는 기구였으므로, 미국과 소련 주도의 냉전은 점차 첨예화의 방향으로 치닫게 되었다.

서방진영의 결속에 따라 공산진영에서도 자체 경제협력을 제고하기 위한 체제 정비에 박차를 가하게 되었는데, 그 결과 코메콘(COMECON: *Council of Mutual Economic Aid*)이 만들어 졌다. 냉전체제 하의 양극화 물결은 마침내 아시아로 밀려들었다. 1949년 10월 베이징(北京)에 중화인민공화국이 성립되고, 1950년 2월에는 중국 · 소련우호동맹과 상호원조조약이 체결되었다. 또한 1955년 5월에는 COMECON 가맹 8개국에 의해서 NATO에 대항하는 공산진영의 군사동맹인 바르샤바조약기구(*Warsaw Treaty Organization*)가 체결되어 냉전체제는 세계적 규모로서 더욱 공고화되었다.

제2차 세계대전 이후 냉전체제가 고착화되는 과정에서 미국 주도의 서방진영의 대소(對蘇) 견제정책은 공산권을 포위하고 그 팽창을 철저하게 봉쇄하는 것이었다. 이것이 이른바 봉쇄정책이었다. 이는 주변기지 전략이라 하여 공산권 국가들과 접경해 있는 국가들을 대상으로 일차적으로 자기 진영의 국가들과의 관계는 더욱 굳건히 하고 아직 어느 쪽에도 속하지 않은 공백지역의 신생국들은 자기편으로 영입하거나 예속화하는 것이었다. 이러한 전략은 소위 '민주주의의 수출(*exporting democracy*)'이라는 이름으로 행하여진 민주주의 이식(移植)의 한 방식이었다.

제2차 세계대전 이후 전 세계를 휩쓴 이른바 민주주의의 수출은 다양한 방법으로 이루어졌다. 군사적 · 경제적 · 공작적 · 교육문화적 방법 등 크게 네 가지 방법이 동원되었다. 첫 번째 군사적 방법은 직접적 군사개입 이외에도 반공단체를 지원하거나 병참지원의 방법 등으로 나누어볼 수 있다. 직접적 군사개입은 한국전쟁(1950-1953), 레바논침공(1958), 도미니카침공(1965), 베트남전쟁(1964-1975), 그라나다침공(1983), 파나마점령(1989), 이라크전쟁(1991) 등 직접 미군을 파병하여 소련의 진출을 막고 민주정부를 지원하여 민주주의를 확립한다는 분명한 목표를 가지고 시도되었다. 그러나 베트남전쟁처럼 미국의 처참한 패배로 끝나는 경우도 없지 않았다. 다음으로 내전(內戰) 상태에 있는 신생국의 파벌단체 중 반공단체나 친미(親美) 세력을 지원하여 소련의 진출을 막는 방식이었다. 앙골라(Angola)에서 소련과 쿠바가 지원하는 앙골라해방인민운동(MPLA)에 맞서 싸우는 앙골라해방국민전선(FNLA)과 앙골라독립국민연합(UNITA)에 대한 경제적 · 군사적 지원 등의 형태였다. 아프가니스탄에서 소련이 지원하는 정부군에 대항한 무자헤딘 무장세력 지원과 니카라과에서 산디니스타 독재정권에 항거하는 니카라과 콘트라집단 지원 같은 경우가 대표적인 사례이다. 마지막으로 병참지원을 통한 군사원조의 방식이다. 팔레스타인(1948) · 대만(1948-1949, 1954-1955) · 이집트(1956) · 카리브해 도서국가군(1959-1960) · 콩고(1964, 1967) · 키프로스(1975) · 크메르공화국(1976) 등이 이에 해당된다.

두 번째는 경제 원조를 통한 방법이었다. 1947년 트루먼 독트린에 의한 그리스와 터키 원조를 시작으로 1948년 유럽부흥계획인 마샬 플랜이 그 대표적인 사례라고 할 수 있다. 이러한 계획은 그 후에도 계속되어

1961년 중남미 신생국을 대상으로 '사회개발을 위한 범아메리카펀드'가 만들어 졌다. 특히 미연방정부 내에 해외원조를 전담하는 국제개발처(AID)를 설립하고 적극적인 대외 원조활동을 전개하였다.

세 번째는 공작적 방법으로 주로 미중앙정보국(CIA)에 의하여 미국의 국익에 반하는 국가의 지도자를 암살하거나 반미 성향의 정부를 은밀한 방법으로 전복(顚覆)하는 것이었다. 이란(1953), 과테말라(1954), 칠레(1971) 등에서 선거로 들어선 좌익정부가 미국의 공작에 의해서 전복되었다. 1963년에는 베트남의 지엠(Ngo Dinh Diem) 정권을 무너뜨리기 위한 친미 쿠데타를 지원하였는데, 이러한 CIA에 의한 공작적 방법은 아프리카와 중남미에서 다양한 형태로 진행되었다.

네 번째는 교육문화적 방법이었다. 미국의 소리 방송(VOA)이나 미국공보원(USIA)을 통한 교육과 정보활동을 통하여, 또는 평화봉사단(*Peace Corps*)의 봉사활동 형태나 풀브라이트(*Full Bright*) 등 장학기관을 통하여 장학금을 지급하고 미국에서 수학케 하는 방법이었다. 미국정부와 관변단체는 다양한 방법을 동원하여 신생국 엘리트들을 초청하여 미국식 민주주의와 서양문화의 가치관을 교육함으로써 친미주의자(親美主義者)들을 양산하였다. 이들 신생국 엘리트들은 귀국 후 당연하게 친미정책의 일선에 서게 되었다.

이에 맞서는 소련의 전략도 미국과 비슷했다. 국경을 접하고 있는 주변의 국가들을 위성국(衛星國)화 하였으며, 친소 성향이 있거나 이데올로기적 갈등을 겪고 있는 신생국가를 상대로 공산주의의 우월성을 강조하기 위하여 다양한 정치세력과 각종 사회단체들을 상대로 공작을 벌였다.

제2차 세계대전 후 미국과 소련 등 동서 양 진영을 대표하는 두 대국에 의해서 무차별적으로 전개된 신생 독립국 쟁탈 경쟁은 경제원조·무력개입·국가 지도급 인사의 회유(懷柔) 등을 통해서 다양하게 전개되었다. 이를 통하여 신생국 정부를 마음대로 조정하였다. 이들 국가들은 명목상의 독립은 주어졌어도 실질적으로는 미국이나 소련 등의 대국에 종속되는 이른바 '신식민주의'의 양상으로 전개되었다. 이러한 경향은 신생국의 의식(意識)있는 지도자들로 하여금 자성과 자각을 촉구하는 계기를 제공하였다.

비동맹운동의 선구자격인 인도의 네루(Pandit Jawaharlal Nehru), 인도네시아의 수카르노(Soekarno), 유고의 티토(Josef Broz Tito), 이집트의 낫세르(Gamal Abdel Nasser), 가나의 엥크루마(Kwame N'Krumah) 등 주요 신생국의 지도자들은 바로 이와 같은 양극화 냉전구조의 전후 국제사회에서 다시 대국에 예속되기를 거부하고 나섰다. 이들은 당시 진행되는 국제정치 양상은 그 속성상 대국중심의 세계관에 의한 것이기 때문에 그들 나름의 정체성을 찾아 독자적인 노선을 모색하지 않으면 신식민주의의 운명을 면할 길이 없다는 것을 자각하게 되었다. 비동맹운동은 이러한 자각적(自覺的)인 발상에서 태동되었다.

인도의 초대 수상 네루의 외교정책은 이러한 자각적 발상에 기초한 것으로 비동맹의 원형으로 받아들여지고 있다. 1947년 8월 인도가 독립하였을 때, 미소(美蘇) 양국에 의한 냉전(冷戰)이 표면화 되어 냉전 구조의 어느 일방에 속하느냐를 강요당하게 되었다. 당시 상황에서 어느 쪽에도 가담하지 않고 중립을 지킨다는 것은 매우 어려운 선택이었다. 결국 네루는 어느 일방에 치우치지 않음으로써 국제분쟁의 외곽에 머물면서 국제분쟁에 말려들지 않겠다는 중립의 길을 선택했다. 네루는 1947년 12월 인도 의회연설에서 "우리들은 어떠한 블록에도 참가치 않음으로써 외교적인 분규를 피하려고 노력해왔다. 타인의 싸움에 말려드는 것을 피하는 것이 우리의 정책이다. 개입이 적으면 적을수록 좋다."고 천명하였다.

네루의 중립정책은 초기에는 이와 같이 소극적인 중립주의 형태로 나타났으나, 1950년 6월 한국전쟁을 계기로 소극적 중립주의에서 탈피하여 적극적인 중립주의로 전환(轉換)하게 되었다. 즉, 세계평화를 유지하는 문제와 반식민주의 문제를 비롯하여, 세계적인 군사블럭화로부터 비동맹을 제기함으로써 군사적 협력분야에서도 비동맹주의의 원형을 제공하였다. 결국 비동맹운동은 초기 주요 지도자들의 성향(性向)에 따라 '중립주의'·'적극적 중립주의'·'비동맹중립주의' 등 다양한 신조어를 만들어 내었다. 그러나 그 기본적인 자세는 어느 한 쪽에 가담을 하지는 않으면서도 그렇다고 국제문제에 무관심하거나 외면하지는 않는다는 것을 의미하였다.

II. 비동맹운동에 대한 서방의 인식변화

비동맹운동은 반(反)식민·반(反)제국주의를 바탕으로 하였기 때문에 식민종주국인 구미(歐美)에서 비동맹을 보는 시각은 매우 부정적이었다. 특히 1950년대 들어서서 미국에서는 매카시즘(*McCarthyism*)이라는 반공(反共) 선풍이 몰아닥쳐 공산주의와 공산주의자를 철저하게 색출하여 응징하자는 분위기가 팽배해 있었다. 매카시즘은 미국 위스콘신주(州) 출신의 공화당 상원의원이자 당시 상원의 국내치안분과 위원장이었던 조셉 레이먼드 매카시(Joseph R. McCarthy)의 이름에서 따왔다. 그는 1950년 2월 상원 연설에서 미국 국무부에 205명의 공산주의자가 있다는 폭탄적인 발언을 하면서 이들을 즉각적으로 색출하라고 촉구한데서 발단했다. 그는 1949년 이래 수년에 걸쳐서 상원의 반미(反美)활동특별조사위원회를 통해서 미국의 국익과 이데올로기에 반하는 공산주의자들을 색출하고 이들을 엄중 처벌하도록 여론을 조성하는 데 앞장을 섰다. 매카시즘은 제2차 세계대전 후 냉전체제가 점차 심각해지는 상황에서 미국 국민으로부터 광범위한 지지를 받았다. 전통적인 미국 자본의 시장이었던 중국 대륙이 공산화되고 한국전쟁이 발발하는 등 공산주의와 공산세력의 급격한 팽창에 크게 위협을 느꼈기 때문이었다.

매카시즘이 우선적 공격 목표로 삼은 것은 대(對)중국정책에 영향을 미친 고위 외교관과 중국전문 정치학자와 국제법학자를 위시하여 국무성의 고위관리들이었다. 원자탄 개발의 아버지로 널리 알려졌던 오펜하이머 같은 당시 미국 최고의 학자들도 공산주의자로 몰렸다. 트루먼 대통령도 공산주의자에게 약하다는 호된 여론의 비난을 받았으며, 당시의 국무장관 덜레스 같은 행정부 내 최고위 관리들도 매카시즘 공포에 떨었다. 이로 인해서 미국의 외교정책은 자연히 필요 이상으로 경색된 반공노선을 띄게 되었으며, 유력한 정치인이나 지식인들도 매카시즘의 무차별한 공세에 두려움을 느끼고 이에 대한 이렇다 할 반론을 제기하지 못했다.

이 처럼 경색된 사회 분위기 속에서 아이젠하워 대통령의 미국 공화당정권은 '공산주의보다는 죽음을 선택 하겠다'는 등의 표현으로 극도로 경직된 냉전관(冷戰觀)을 표명했다. 이러한 극단적인 미국의 보수주의 분위기는 자연스럽게 '중립은 부도덕한 것'으로 몰아 세워 배척하였다. 미국이 비동맹운동을 비도덕적인 것으로 치부한 본질적인 이유는 따로 있었다.

제2차 세계대전 이후의 정치사조 발전과정에서 볼 때, 반제국주의와 반식민주의를 절규(絕叫)하는 그룹들은 진보적 자유주의자들이거나 공존(共存) 논리에 입각한 세계평화를 주창하는 민족주의자들의 성격이 농후했기 때문이었다. 그러므로 그들이 실질적으로 공산주의자들이거나 공산주의 신봉자가 아니더라도 그들의 주장은 볼셰비키 혁명 이후 사회주의 소련이나 소련의 주도하에 전개되고 있던 국제공산주의운동의 슬로건과 일치하였다.

더욱이 소련은 아시아와 아프리카 대륙의 식민지화에 개입한 적이 없었기 때문에 그들의 반제국주의·반식민주의의 호소력은 정치적 완전독립과 국가건설을 갈망하던 신생국의 정치지도자들에게 강렬한 메시지가 되었던 것이다. 여기에 볼셰비키혁명 이후 자본주의 국가들의 포위와 각종 방해에도 불구하고 짧은 기간에 공업화를 이룩한 소련의 세계강국으로의 부상은 사회주의형 국가건설의 성공사례로 인식되어 신생국 정치지도자들에게는 선망의 대상이 되었다. 이와 같은 과정을 통해서 전후 냉전체제 하에서 전개된 비동맹운동은 자연스럽게 좌경(左傾)화 진보노선(進步路線)을 걷는 민족주의자들에 의해서 장악되었다.

그러나 1960년대 초 케네디 행정부가 출범하면서 국제사회는 경직된 냉전구도로부터 다극화 구도로 변화하기 시작하였다. 이에 따라 냉전체제 초기 대두되었던 '공산주의보다 죽음'이나 '중립은 부도덕'하다는 등의 강경한 보수적 논리들은 차츰 설자리를 잃게 되었다. 케네디 대통령도 기존의 흑백논리를 지양하고 정책선택의 다양화를 천명함으로써 국제정치는 새로운 장(場)이 열리게 되었다. 국제정치의 변화에 따라 비동맹 대열에 동참하기를 주저하고 있던 온건한 신생국들이 대거 비동맹운동에 참여하게 되었다. 그 결과 60년대 이후에 들어와 우후죽순처럼 탄생한 다수의 아프리카 신생국들이 비동맹운동에 참여함으로써 비동맹의 성격 변화에도 영향을 주었으며 국제사회의 다극화 구조에도 큰 영향을 끼치게 되었다.

III. 비동맹운동의 확립

1. 중국-인도 정상회담과 평화5원칙

비동맹운동은 1947년 3월 인도 뉴델리에서 개최된 아시아 관계국회의가 효시(嚆矢)가 되었다. 아시아에서 8개국의 독립 국가를 포함하여 총 29개국 정부대표가 모여 독립문제·인종문제·식민지경제 탈피문제·민족경제 형성문제·농지개혁 및 공업개발 등의 문제에 대하여 관계 당사국의 협조를 다짐하였다. 이 회의는 비록 당시 아시아 여러 지역에서 빈발(頻發)하던 과거 식민지 종주국들의 재(再)식민지화 시도에 대해서 아무런 공동의 대응책을 내놓지 못했지만, 최초로 아시아 주요국의 지도자들이 모여 아시아의 제반 문제를 논의했다는 점에서 중요한 역사적인 의미를 갖는다. 그래서 1976년 8월 스리랑카 콜롬보에서 열린 제5차 비동맹 정상회담에서 1947년의 뉴델리 아시아 관계국회의가 비동맹운동의 효시임을 재차 확인하였다. 이는 비동맹의 기본적인 발상(發想)이 일찍이 아시아에서 시작되었다는 점을 재확인했다는 의의가 있다. 그러나 1940년대 말에는 이러한 아시아인들의 자각이 국제적인 운동으로 발전되지 못하였나 하는 아쉬움을 감출 수 없다.

비동맹의 구체적인 형태가 갖추어지기 시작한 것은 1950년 한국전쟁의 발발과 베트남전쟁의 확대로 제3차 세계대전의 위기에 직면하면서부터였다. 네루 수상이 주창한 인도의 외교정책은 세계평화·반식민주의·군사블럭 불참가 등 세 가지 항목이 기초가 되었다. 네루수상은 50년대 초 한반도와 인도챠이나반도에서 촉발된 냉전(冷戰)의 열전화(熱戰化)가 세계평화를 위협할 것이라며 1953년 2월 소위 '제3세계론'을 주창하였다. 네루는 제3세계론에서 동서 양 진영에 모두 가담하지 않는 세력이 필요하며, 이들을 통해서 평화세력의 확보와 평화지역의 설정이 가능할 것이라고 주장하였다. 이 같은 네루 외교의 적극적 중립주의론은 1953년 7월에 체결된 한국전쟁의 정전협정 체결에 직접적인 영향을 미쳤으며, 1954년 4월 제네바에서 개최된 인도차이나전쟁 종결을 위한 제네바 국제회의에도 파급되었다.

1954년 6월 주은래(周恩來) 중국 수상은 제네바 국제회의 휴회기간 중에 인도를 방문하고 네루 인도 수상과 회담하였다. 중국과 인도의 정상회담에서 양국은 영토주권의 상호존중 · 상호불가침 · 내정불간섭 · 호혜(互惠)평등 · 평화공존 등 '평화 5원칙'에 합의하고, 이를 양국관계의 기본원칙으로 삼을 것을 천명했다. 양국 정상은 나아가서 인도-중국 간의 평화5원칙은 아시아뿐만 아니라 범(凡)세계적으로 적용되어야 하며, 세계평화와 평화지역 확보에 필수적 요소라고 강조하였다. 평화5원칙에 의한 평화지역 구상은 중국-인도 정상회담에 이어 속개된 제네바 회담에 반영되었다. 이에 따라 1954년 7월에 합의된 인도차이나 휴전협정에 베트남 · 캄보디아 · 라오스 등 인도차이나 3개국의 독립보장 · 주권존중 · 내정불간섭 · 군사동맹 불참 · 군사기지화 금지 등을 명시하게 되었다.

인도와 중국 간의 평화5원칙 선언의 영향은 신속하게 아시아 신생독립국들에게 파급되었다. 1954년 5월 말 콜롬보에서 인도를 비롯한 버마(미얀마) · 인도네시아 · 세일론(스리랑카) · 파키스탄 등 동남아와 서남아의 4개국 수뇌가 회동하였다. 이 회담에서 참가국들은 인도차이나전쟁의 종결과 인도차이나반도 3개국의 완전 독립 · 핵무기 사용금지 · 중화인민공화국의 국가승인에 합의하고 신식민주의 기도를 반대하는 공동선언문을 채택하였다. 이를 계기로 이들 국가들은 '콜롬보세력(*Colombo Power*)'으로 불리게 되었다. 그러나 콜롬보세력의 구상은 제2차 세계대전 후 아시아 지역의 새로운 맹주임을 자처하고 등장한 미국의 냉전관(冷戰觀)과 크게 상치(相馳)되었다. 미국은 이에 대한 대응책의 일환으로 동남아 반공(反共)국가들의 군사동맹인 동남아조약기구(SEATO)를 결성하였다.

2. 반둥10원칙과 비동맹의 친소화(親蘇化)

동남아 반공국가를 중심으로 미국이 주도한 군사동맹 결성은 동남아와 인도 등 서남아 국가들에게 큰 위협으로 받아들여졌으며, 결과적으로는 새로운 대결체가 결성되는 빌미를 제공하였다. 콜롬보세력을 구성한 5개국은 새로운 상황에 직면하여 공동의 대응책 논의의 필요성을 절감하였다. 이에 따라, 인도네시아 수카르노(Soekarno) 대통령의 제안에 따라 1955년 4월 인도네시아 반둥(Bandung)에서 '아시아·아프리카 회의'를 개최하게 되었다. '반둥회의'로 더 잘 알려진 이 국제대회는 초청국인 인도네시아 이외에 콜롬보세력 회원국을 포함하여 총 29개국이 정상들이 참가하여 아시아와 아프리카 대륙의 신생독립국들이 단합을 과시하였다. 수카르노는 반둥회의의 개회사에서 '인류 역사상 최초로 유색인종(有色人種)이 거주하는 양 대륙 간 회의'라며 그 의미를 크게 부각시켰다.

반둥회의 참가국들은 한결같이 반식민지주의와 민족주의를 근간으로 한 독립보장을 역설하였다. 이들은 전쟁 대신 평화를 강조하고, 아시아·아프리카 대륙국가 간의 견고한 연대와 문화적·경제적·사회적 협력을 위한 방안을 토론하였다. 참가국들은 네루와 주은래가 주창한 기존의 평화5원칙을 토대로 보다 새롭게 강화된 '반둥10원칙'을 채택하였다.

- 기본적인 인권과 유엔 헌장의 존중
- 모든 국가의 주권 · 영토보전의 존중
- 모든 인종에 대한 평등한 대우와 모든 국가에 대한 승인

- 타국의 내정불간섭과 국내문제 불개입
- 유엔헌장을 준수하는 모든 국가의 개별적 또는 집단적 자위권의 존중
- 대국의 특수 이익을 위한 집단적 방위협정 금지와 타국에 압력 금지
- 모든 국가의 영토보전과 정치적 독립에 대한 무력행사 금지
- 모든 국제분쟁의 해결은 유엔헌장에 따라서 교섭 · 조정 · 중재하며, 이해 당사국 간에 평화적인 방법으로 해결
- 모든 국가 간의 상호이익과 협력의 촉진
- 국제사회의 정의와 국제적 의무에 대한 존중

그러나 반둥10원칙은 참가국들의 다양한 입장에 따라 구체적인 실천으로 이어지지는 못하였다. 무엇 보다 참가국 자체가 구성면에서 다양성을 내포하고 있었다. 중화인민공화국이나 북베트남(월맹) 같은 공산국가가 있었는가 하면, 일본 · 필리핀 · 터키 같은 친서방국가도 포함되어 있었다. 따라서 반둥회의에서 채택된 경제협력 · 문화협력 · 인권문제 · 민족문제 · 세계평화와 협력문제 등에 대한 입장 차이로 유기적인 국제기구로 발전되지는 못하였다. 그러나 당시 아시아 · 아프리카 신생국의 공통된 관심사를 같은 장소에서 회동하여 자발적으로 논하였다는 차원에서 그 의의가 매우 큰 것으로 평가받고 있다.

1950년대 후반의 국제상황은 아시아 · 아프리카 신생국들이 반둥10원칙에 고무되어 반식민주의 · 민족자결주의 · 세계평화 등을 외치고 있었다. 이에 대해서 미국은 동남아조약기구(SEATO)에 이어 중동지역에서 반공(反共) 군사블럭을 형성하였다. 미국 · 영국 · 프랑스 등 3개 서방선진국이 주축이 되고 터키 · 이라크 · 파키스탄 · 이란 등 중동지역의 강국들이 망라된 중동조약기구(METO)를 결성하여 공세적 자세를 취하였다. 후일 중동지역기구(CENTO)로 변경된 친서방 세력의 확산으로 소련 역시 베트남에서 공산화를 시도하는 등 동남아와 중동지역에서 자국의 영향력과 공산주의의 확산에 진력하였다.

이러한 혼란스러운 상황에서 이집트의 낫세르 대통령과 인도의 네루 수상은 1956년 7월 유고슬라비아를 방문하여 티토 대통령과 3자 회담을 가졌다. 브리오니 섬에서 개최된 이 회담에서 이들 비동맹 거두(巨頭)들은 반둥정신을 바탕으로 비동맹주의를 확고하게 견지하고, SEATO와 METO 등의 군사동맹을 반대하는 공동성명을 발표했다. 이 코뮤니케에서 3국 수뇌들은 '평화는 분열에 의해서 달성되는 것이 아니고, 세계적 규모의 집단안전보장을 이루려는 노력과 한 나라에 의한 다른 나라 지배를 종식시키고 자유지역을 확대함으로써 달성될 수 있다'고 선언하였다. 동시에 대만(臺灣)이 아닌 중화인민공화국이 중국의 정식대표가 되어야 한다며 유엔이 보편성원칙에 따라 자격을 구비한 국가의 유엔 가입을 승인할 것을 주장하여 친 대만정책을 고수하고 있던 미국과 맞서는 입장을 취했다.

그러나 비동맹 주요국의 지속적인 노력에도 불구하고 중동의 정황(政況)은 점차 악화되었다. 1956년 10월에는 영국 · 프랑스 · 이스라엘 3국이 수에즈(Suez)운하를 전격적으로 점령하여 제2차 중동전쟁으로 비화되었기 때문에 사태는 더욱 복잡한 양상을 띠게 되었다. 미국 또한 '아이젠하워 독트린'을 내세워 중동문제에 적극적으로 개입하기 시작하였다. 이러한 서방세계의 지속적인 공세는 비동맹 국가들의 결속을 촉진하는 계기가 되었을 뿐만 아니라 이들의 정치적 성향을 비동맹과 중립으로부터 친소(親蘇) 좌경화(左傾化)의 성격을 띠게 하는 계기가 되었다.

3. 비동맹과 아프리카 신생국의 부상

1950년대 후반기에 들어서면서는 아프리카 대륙에도 탈(脫)식민주의 바람이 불어 닥치기 시작했다. 영국식민지 황금해안(Gold Coast)의

지도자 엥크루마는 고대 흑인왕국의 이름을 따서 1957년 가나(Ghana) 공화국을 수립하였다. 1958년에는 프랑스령 기니(Guinea)의 지도자 세꾸 뚜레도 드골대통령이 제안한 프랑스공동체 잔류를 거부하고 "식민지 지배 하에서 낙원과 같이 사는 것보다는 독립 속에서의 지옥을 택하겠다"며 독립을 선포했다. 이들 국가에 이어 1960년에는 아프리카 대륙에 독립의 회오리바람이 거세게 불어 한 해 동안 17개 신생국이 탄생하였다. 이들 국가 중 모로코(Morocco)와의 영토분쟁을 벌이던 모리타니아(Mauritania)를 제외한 총 16개국이 유엔에 가입하여 1960년은 '아프리카의 해'로 불리게 되었다.

그러나 다수의 아프리카 신생국들은 친(親)비동맹 그룹과 친(親)서방 그룹으로 나뉘게 되었다. 모로코 · 이집트(Egypt) · 가나 · 말리(Mali) · 기니 · 알제리(Algeria) 임시정부 등은 비동맹을 지지하고 나섰는데, 이들을 카사블랑카그룹(*Casablanca Group*)이라고 불렀다. 이들의 결속에 반대하는 중앙아프리카공화국(Central African Republic) · 차드(Chad) · 브라자빌콩고(Republic of Congo) · 베넹(Benin) · 가봉(Gabon) · 코트디부아르(Cote d'Ivoire) · 말라가시(Malagasi) · 모리타니아(Mauritania) · 니제르(Niger) · 세네갈(Senegal) · 어퍼볼타(Upper Volta) · 카메룬(Cameroon) 등 12개국은 별도의 그룹을 형성하고 브라자빌그룹(*Brazzaville Group*)으로 명칭을 달리 했다. 브라자빌그룹에 곧 리베리아(Liberia) · 토고(Togo) · 나이지리아(Nigeria) · 튀니지아(Tunisia) · 이디오피아(Ethiopia) · 리비아(Libya) · 소말리아(Somalia) · 시에라레온(Sierra Leone) 등의 8개국이 합세하여 몬로비아그룹(*Monrovia Group*)으로 개칭하게 되었다.

카사블랑카그룹은 1958년 4월 가나(Ghana)에서 개최된 제1회 아프리카독립국가회의에서 결의한 비동맹 정신을 계승하여 논리적으로 발전시켰으나, 몬로비아그룹은 이에 동조하지 않았기 때문에 서방 세계의 사주(使嗾)에 의해서 결성되었다는 주장이 제기되었다. 그러나 이들 두 그룹의 갈등은 1963년 5월 이디오피아에서 아프리카통일기구(OAU)가 창설되어 공통의 문제점에 대한 해결방안을 모색하면서 대부분이 해소되었다. 1950년대 국제사회가 냉전구소의 양극화 현상으로 대표되었나면, 1960년대는 탈냉전적 다극화라는 변화를 가져왔다. 결국 이들 두 그룹의 갈등관계 해소도 다극화 구조의 진전에 따른 것이었다.

IV. 비동맹운동의 변화와 발전과정

1. 베오그라드 비동맹정상회담

1961년 9월 유고슬라비아(오늘날의 세르비아)의 베오그라드(Belgrade)에서 유고슬라비아 · 인도 · 인도네시아 · 가나 등 총 28개국이 참가하여 제1차 비동맹정상회담이 개최되었다. 베오그라드 정상회담의 공식명칭은 '비동맹 국가원수 및 정부수반회의'(*Conference of the Head of States or Chief Ministers of the Non-Aligned Nations*)였다. 이 회의는 1960년 제15차 유엔총회에서 회동하였던 티토 유고슬라비아 대통령 · 낫세르 이집트 대통령 · 네루 인도 수상 · 수카르노 인도네시아 대통령 · 엥크루마 가나 대통령 등 다섯 명의 비동맹운동 창시자의 주도로 열리게 되었다.

베오그라드 비동맹회의가 개최되기 직전에 '베를린 장벽사건'이 터졌다. 냉전체제의 긴장을 격화시킨 이 사건은 소련의 사주를 받은 동독이 동서 베를린 경계에 장벽을 설치한 것이었다. 이로 인해서 동서 진영간의 위기가 크게 고조 되었으며, 뒤 따른 소련의 핵실험 재개로 냉전구도는 더욱 고착(固着)되었다. 이러한 일련의 사건들이 발생하여, 비동맹정상회담 참가국 내부에서도 약간의 견해 차이가 드러났다. 네루 수상은 식민지주의는 이미 역사적 유물로 사멸되었으므로 반식민주의와 반제국주의를 추구하는 것은 국제적 위기나 전쟁의 공포에 비교하면 부차적인 문제라고 주장하면서 전쟁종식과 평화정착에 문제의 초점을 맞추려고 하였다. 그러나 대다수의 참가국 정상들은 국제위기나 전쟁의 근본적인 원인이 제국주의와 식민주의에 있기 때문에 이에 대한 근절이 더욱 중요하다는 입장이었다.

베오그라드 비동맹회담은 총 27개 항목을 담은 공동선언문을 만장일치로 채택하였다. 그 중 가장 중요한 것은 다음과 같은 항목이었다.

- 항구적인 세계평화는 제국주의와 식민주의를 근절해야만 이루어진다.
- 전쟁을 근절할 수 있는 강대한 평화세력의 존재가 필요하며, 상이한 정치체제를 가진 국가들 간의 평화공존이 필요하다.
- 일체의 핵무기를 금지하고 전면적이고 완전한 군축(軍縮)이 이루어져야 한다.

베오그라드 공동선언은 신식민주의의 침투와 싸우기 위하여 신흥 독립국가의 경제적 독립을 중시하였다. 이 공동선언에 기초하여 1962년에는 중립국가 경제회의가 열리고, 1964년에는 유엔 무역개발회의(UNCTAD)가 열리게 되었다.

제1차 비동맹정상회담은 신생 독립국들이 주체적으로 신생국의 동질성을 비동맹주의에서 찾고, 이를 위하여 정치적 협력뿐만 아니라 신생국 상호간의 경제협력도 모색하였다. 따라서 점차로 비동맹 그룹을 확대하고 비동맹 외교노선을 정착시키는데 기여하였다.

이후의 국제정세는 급속한 변화를 가져왔다. 1962년의 쿠바위기가 평화적으로 해결된 것을 계기로 미국과 소련 간의 협조가 본격적으로 시작되었고, 1963년 8월에는 미국·영국·소련 등 주요 핵보유 3국간의 부분적인 '핵실험금지조약'이 조인되었다. 이에 앞서 1963년 5월에는 대부분의 아프리카 신생국들이 참여하는 아프리카통일기구(OAU)가 결성되었다. 한편 아시아에서는 1961년 이후 남베트남에서 미국의 군사개입이 본격적으로 강화되어 1964년 8월에는 통킹 만(*Bay of Tonkin*) 사건을 구실로 북베트남에 대한 확전(擴戰)의 신호탄이 된 미국의 북폭(北爆)이 시작되었다.

2. 카이로 비동맹정상회담

1964년 10월 이집트 카이로(Cairo)에서 개최된 제2차 비동맹정상회담은 아시아와 아프리카의 급변하는 정세가 크게 반영되어 10개 옵서버 국가 포함한 총 57개국이 참가하였다. 카이로 회담의 참가국들은 베오그라드 회담의 두 배에 달하여 비동맹에 관한 국제사회의 높은 관심을 증명하였다. 카이로 회담에서도 베오그라드의 경우와 마찬가지로 수카르노와 엥크루마 등 반제국주의·반식민주의를 비동맹의 기본 노선으로 상정하는 다수 국가들의 입장과 미국과 소련의 해빙무드를 높이 평가하려는 샤스트리 인도 수상 등 일부 국가 지도자 간의 입장 차이가 극명하게 드러났다. 네루 수상이 사거한 후 후임 수상으로 취임한 샤스트리는 미국·영국·소련 간의 부분적 핵실험금지조약을 높이 평가하고, 중화인민공화국의 핵무기 개발에 압력을 가할 것을 제안했다. 그러나 이에 대하여 수카르노는 '식민주의는 사멸(死滅)되지 않았다'며 식민주의와의 전면적인 투쟁을 역설하였다. 다수의 참여국 정상들도 수카르노에 동조하여 신식민주의와 투쟁해야 한다는 당위성과 필요성을 강조하였다.

카이로 정상회담 결과 '평화와 국제협력을 위한 강령'이 채택되었다. 이 비동맹국가의 행동강령은 미(未)독립국의 조속한 해방과 신구(新舊) 식민주의와 제국주의의 소멸을 지향하는 총 11개 항목을 담고 있다. 이

강령은 한편으로 평화공존·군축·국제분쟁의 평화적 해결 등 인도의 주장을 받아들이면서 다른 한편으로는 전자에 대한 기조를 반제국주의·반식민주의에 두고 '식민주의가 소멸되지 않는 한 세계평화는 불가능'함을 명백하게 지적하였다.

카이로 비동맹정상회담은 참가국 숫자가 배가된 이외에 다음과 같은 특징을 꼽고 있다.

- 아시아와 아프리카 신생국 이외에 쿠바와 옵서버 국가로 아르헨티나와 멕시코를 포함한 총 10개국이 참가하였으며,
- 촘베 콩고 수상 같은 친(親)서방 인물이 회담 참가를 거부하였고,
- 샤스트리 인도 수상의 평화공존노선 주장이나 중화인민공화국에 대한 비난이 거의 받아들여지지 않았으며,
- 인도네시아와 가나 등 반제국주의·반식민주의를 강조하는 국가들의 리더십이 강화되었다는 것 등이었다.

카이로 비동맹정상회담의 비동맹 중립노선 강조에도 불구하고 동서 냉전체제의 갈등은 지속되었다. 1965년부터 미국의 베트남 군사개입 확대되어 베트남 문제는 최대의 국제문제로 비화되었다. 미국의 본격적인 베트남전 개입은 비동맹그룹의 입장에서 보면 제네바협정을 위반한 것으로 간주되었다. 이에 따라 1965년 3월 아프가니스탄·네팔·가나 등 비동맹 17개국이 베오그라드에서 회동하고 '무조건적인 평화교섭'을 골자로 하는 비동맹 17개국 정상의 견해를 채택하였다.

이 무렵 아시아와 아프리카 대륙의 주요 비동맹국가에서 잇단 정치적 격변이 일어났다. 1965년 6월 알제리에서 쿠데타에 의해 벤디라 정권이 붕괴되었고, 인도네시아에서는 수카르노 정권이 붕괴되었으며, 가나의 엥크루마 정권 또한 쿠데타로 붕괴되었던 것이다. 이와 같은 일련의 정치적 변화로 비동맹운동은 일시적인 정체기를 맞게 되었고, 원칙

적으로 3년마다 개최될 예정이었던 정상회의도 제대로 열리지 못했다.

3. 루사카 비동맹정상회담

제3차 비동맹정상회담은 1970년 9월 잠비아(Zambia)의 수도 루사카(Lusaka)에서 열렸다. 1960년대 후반 아시아와 아프리카에서 벌어진 정변에 따라 3년마다 개최하기로 결정했던 정상회담이 1967년을 건너뛰고 1970년에 열리게 된 것이다. 루사카 정상회담의 참가국은 제2차 때보다 7개국이 늘어 54개국으로 증가되었다. 회담 개최지가 아프리카였고, 참가국의 다수가 아프리카국가들이었기 때문에 회담은 남(南)아프리카공화국의 신구(新舊)식민주의와 인종차별정책에 대해서 매우 비판적이고 격앙된 분위기에서 진행되었다. 또한 베트남전쟁과 인도차이나 분쟁에 대해서는 1965년 베오그라드에서 채택한 비동맹 17개국 정상의 견해를 근거로 해서 '모든 외국군의 즉각적이고 완전하며 무조건적인 철수'를 강력하게 요청하는 결의안을 채택하였다.

루사카 비동맹정상회담에서는 또한 신식민주의의 경제적 침투와 지배에 대응하기 위해서 비동맹 회원국 상호 간의 협력과 비동맹의 경제적 독립을 강력하게 요구하였다. 동시에 세계경제 구조의 조속한 변혁을 비동맹의 슬로건으로 내걸기도 하였다. 또한 '평화 · 독립 · 개발협력 및 국제관계의 민주화'에 관한 선언과 '비동맹과 경제발전'에 관한 선언을 채택하였다. 이러한 공통된 목소리를 통하여 1970년대 국제사회에서 비동맹 국가들은 국제정치무대에 적극적으로 참여하면서 국제사회가 비동맹에 대하여 정치적 · 경제적 배분을 해 줄 것을 요구하게 되었다.

1972년 8월 비동맹 회원국들은 가이아나의 수도 조지타운에서 외무장관회의를 열고 루사카 정상회담의 후속조처를 취하였다. 비동맹 외무장관들은 루사카에서 보였던 다소 모호한 회원국들의 입장을 정리하고, 정치적 · 경제적 측면에서 보다 선명한 반제국주의 · 반식민주의 입장을 내세웠다. 이 회의에서는 정치적 독립 이후에도 계속되는 제국주의국가들에 의한 경제적 지배를 통렬하게 비판하였다. 이들에 의해서 경제적 독립을 도모하고, 정치적 독립을 강화한다는 주장이 채택되었는데, 이는 비동맹운동의 성격과 방향을 명확하게 설정해 준 획기적인 사안이었다.

4. 알제이 비동맹정상회담

비동맹의 조지타운 외무장관회의의 성과에 이어 비동맹운동의 비약적인 발전의 계기가 된 것이 1973년 9월 알제리(Algeria)의 수도 알제이(Algiers)에서 개최된 제4차 비동맹정상회담이었다. 이 회담은 총 75개국의 정부 대표와 9개 옵서버국, PLO 등 12개 민족해방운동조직의 대표가 참가한 비동맹운동 사상 최대의 국제회의로 기록되었다.

알제이 회담은 제국주의국가들의 간섭과 억압정책이 계속되어 착취와 수탈이 지속되고 있음을 비난하고, 비동맹 국가가 대동단결하여 정치적 · 경제적 독립을 쟁취한다는 공세적인 태도를 선명하게 내세웠다. 이 회담에서 채택된 '알제이 선언'은 비동맹운동의 기본강령이라 할 수 있는 정치선언과 함께 13개 항목에 달하는 정치 분야의 결의와 6개 항목의 경제 분야의 결의를 내놓았다. 특히 경제 선언은 조지타운 외무장관회의의 논의에 따라 경제적 독립을 추구하자는 것이었다. 이 선언에는 천연자원의 국유화와 국유화 보상결정 권한이 자원보유국 소유임을 확인하며, 다국적 기업을 격렬하게 규탄하는 내용이 포함되었다. 이 선언의 영향으로 1973년 10월에 발발한 제4차 중동전쟁으로 아랍 국가들은 '석유전략'에 입각하여 신(新)국제경제질서 시현을 위한 아시아 · 아프리카 · 라틴아메리카 등 세 대륙 비동맹국가의 단결된 투쟁을 전개하였다.

비동맹 외무장관회의는 1975년 8월 페루의 수도 리마에서 다시 개최되었다. 이 회의에서는 북한·베트남·파나마·PLO의 비동맹 가입을 승인하고, 한국의 신청을 기각하였다. 또한 리마 외무장관회의는 알제이 정상회담에서 논의된 신국제경제질서 수립을 위한 구체적인 방안을 논의하였다. 이들은 서방 강대국들의 분열 책동에 대비하여 비동맹의 단결을 강조하였다. 이를 위해서 아시아·아프리카·라틴아메리카 등 세 대륙의 비동맹 회원국들의 연대가 필수적임을 천명하고, 이를 위한 방안으로 신국제경제질서가 수립되어야 한다고 역설하였다.

5. 콜롬보 비동맹정상회담

1976년 8월, 스리랑카(당시는 세일론)의 수도 콜롬보(Colombo)에서 개최된 제5차 비동맹정상회담에는 당시 유엔 회원국의 2/3에 해당하는 86개국의 정부대표가 참가하였다. 이밖에도 9개국의 대표가 옵서버로 참가하고 다수의 해방운동조직과 유엔을 비롯한 다양한 국제조직의 대표가 참가하여 비동맹 사상 최대 규모의 회의가 되었다. 이로써 비동맹 콜롬보 정상회담은 비동맹운동이 세계의 대세로 발전하고 있음을 내외에 과시했다.

콜롬보 정상회담에서 채택된 정치선언에서는 1961년 이래 15년간 비동맹운동의 역할과 성과에 대해서 집중적으로 검토하고 신구식민주의와 제국주의에 대항한 민족해방운동에 커다란 진전이 있었다고 자찬(自讚)하였다. 또한 국제정세가 비동맹 측에 유리하게 전개되고 있음에 주목하고, 이와 관련하여 모든 국가의 진정한 독립과 평화공존이라는 비동맹의 목표와 합치된 새로운 정치적 국면 전개가 필요하다고 결론지었다. 이 선언은 또한 핵무기 전면금지와 세계군축회의 개최문제를 의제로 하는 유엔총회 특별회의를 빠른 시기에 개최하도록 권고하였다.

콜롬보 정상회담의 경제선언에서는 아시아·아프리카·라틴아메리카 신생국가의 경제현상이 채무부담의 증대로 심각한 사태를 야기하고 있으며, 이에 대한 구체적 방안이 실현되지 않고 있음을 지적했다. 그 이유는 서방 선진국의 방해라고 확신하고, 이러한 사태를 해결하기 위하여 선진국들의 억압적인 경제제재에도 불구하고 생산과 수출에서 비동맹이 연합세력을 형성하여 공동의 목표달성을 위한 노력을 전개할 것을 공언하였다. 제5차 정상회담은 알제이 정상회담 이후 크게 증대된 비동맹운동의 역할을 강화하여 아시아·아프리카·라틴아메리카의 신생국가들의 단결을 통하여 반제국주의와 반식민주의를 고취하는 정치선전 무대가 되었다.

6. 아바나 비동맹정상회담

제6차 비동맹 정상회담은 1979년 9월 쿠바(Cuba) 수도 아바나(Havana)에서 열렸다. 아바나 정상회담에는 이란과 파키스탄을 포함하여 7개 새 회원국과 2개 해방조직(남서아프리카인민해방기구와 짐바브웨애국전선)이 참여하여, 비동맹은 총 92개 회원국과 3개 해방조직이라는 커다란 세력으로 확대되었다. 이로써 비동맹운동은 강대국에 대항하여 비동맹 운동을 발전시키고, 국제정치 동향에 영향력을 행사하는 거대 국제정치세력으로 자리매김 하였다. 이는 비동맹운동 참가국들이 사회체제·정치체제의 차이, 정치적 입장이나 견해의 차이를 극복하고 군사동맹반대와 반제국주의라는 공동의 구체적인 과제에 대하여 일관된 운동을 전개한 결과였다.

아바나 정상회담은 제국주의 국가들의 비동맹 분열책동을 극복하고 80년대로 향한 새로운 발판을 마련할 수 있느냐하는 중대한 과제가 걸린 회의였다. 결과는 성공적이었다. 아바나 회담에서는 정치적으로 팔레스타인 민중(民衆)과 남아프리카 민중의 해방투쟁을 비롯하여 세계 각지에서 전개되고 있는 해방운동에 대한 지지와 지원을 재차 확인하였다. 또한, 경제적으로 비동맹은 강대국의 방해로 진전되지 못하고 있는 신(新)국제경제질서의 수립을 위한 단결과 핵무기 철폐를 위한 공동의 목표를 더욱 발전시킬 것을 확인하였다. 이러한 구체적인 회원국의 합의를 이끌어 낸 것은 강대국들과의 대결자세를 더욱 강화한다는 데 의견일치를 본 것으로 제6차 정상회담의 중요한 성과로 보고 있다.

이 아바나 회의에서는 그동안 논의를 거쳐 온 비동맹 원칙에 대한 견해를 보완하는 문제를 매듭짓는 성과를 거두었다. 기존의 비동맹 원칙이 다음과 같이 보완되었다.

> "비동맹 정책은 기본적으로 비동맹 본래의 원칙과 성격에 따라서 미국이나 정치 및 경제적 블록화 정책에 반대해서 투쟁할 뿐만 아니라, 제국주의・신구(新舊)식민주의・시오니즘을 포함한 인종차별과 격리정책, 그리고 모든 형태의 외국의 침략・점령・지배・간섭・패권추구에 반대하는 투쟁을 의미한다. 따라서 비동맹 정책의 원칙은 '독립・주권・영토보전・주권의 평등을 바탕으로 모든 국가의 자유로운 사회발전・강대국의 약소국의 내정에 대한 불간섭・모든 분쟁의 평화적 해결' 등이다."

7. 뉴델리 비동맹정상회담

제7차 비동맹 정상회담은 인도 수도 뉴델리(New Delhi)에서 개최되었다. 1983년 3월 7일 개막식에서 주최국 인도의 인디라 간디 수상은 "인류는 국제경제질서의 붕괴와 핵전쟁의 위협으로 인하여 절멸(絶滅)의 갈림길에 서있다."고 선언하였다. 제7차 비동맹 정상회담은 1982년 이라크의 바그다드에서 개최될 예정이었지만, 1981년 9월에 발발한 이라크-이란 전쟁으로 인해서 이듬해인 1983년에 개최되었다.

제6차 아바나 정상회담 때부터 비동맹은 비동맹에서 캄보디아 대표권 문제, 비동맹에서 이집트의 자격정지문제, 아프리카 북부지역의 분쟁문제, 서(西)사하라문제 등 크게 네 지역의 분쟁해결을 요구 받고 있었다. 당시 쿠바는 정상회담의 개최국이라는 점을 활용하여 '사회주의와 비동맹은 본래의 동맹자'라는 논리를 폄으로써 비동맹 운동에 새로운 '블록화' 가능성을 강하게 내비쳤다. 이로 인해서, 비동맹 내부에서 분쟁의 소지도 있었지만, 비동맹 운동은 외부의 도전세력에 대항하여 가능한 한 통일된 보조를 취한다는 논리가 우세하였다. 실제로 비동맹은 1972년의 조지타운에서 있었던 외무장관회의 이래로 신생독립국의 '해방투쟁 지원'과 '민족자결 원칙'을 명백하게 지지하고 지원해 왔다.

1970년대 말부터 제7차 비동맹 정상회담이 개최된 1980년대 초까지 국제정세는 매우 불투명하였다. 이 시기에는 1970년대 중반에 나타났던 긴장완화의 기운이 퇴조하고, 핵무기 개발을 포함한 경쟁적 군비증강으로 국제정세는 긴장의 연속이었다. 제7차 정상회담의 정치선언은 군축과 평화에 대한 비동맹 회원국의 강한 의지를 담았다는 특징이 있다. 이 선언에서 비동맹 정상들은 이전의 경우와 차별적으로 군축문제를 강조하였던 것이다. 비동맹회원국들이 제6차 정상회담에서는 제국주의 비판을 전면에 내세웠으나, 제7차 뉴델리 회담에서는 군축과 경제문제를 부각시켰던 것이다.

이밖에도 제7차 정상회담을 통하여 비동맹 정상들은 개도국(開途國)의 외채(外債)누적에 심각한 우려를 나타내면서 국제적인 금융위기에 대처하기 위한 긴급구제조치의 필요성에 동감하였다. 이에 따라, 간디 수상이 제창한 '통화와 금융을 위한 국제회의' 결성 주문에 만장일치로 찬의를 표명하였다. 제7차 뉴델리 비동맹 정상회담은 비동맹운동을 둘러싼 내부의 갈등과 외부의 무력화 기도를 극복하고 비동맹 본래의 원칙을 고수하는데 성공하였다. 간디는 뉴델리 정상회담을 '사상 최대의 평화세력 집회(集會)'로 명명하여 가장 성공한 비동맹운동으로 자평(自評)하였다.

8. 하라레 비동맹정상회담

제8차 비동맹 정상회담은 총 101개 회원국이 참가하여 1986년 9월 짐바브웨(Zimbabwe)의 수도 하라레(Harare)에서 개최되었다. 1980년 영국으로부터 짐바브웨는 독립 후 불과 6년 만에 비동맹 정상회담을 하라레로 유치하여 자원부국으로 남부아프리카의 잠재적 강대국인 짐바브웨가 비동맹을 바탕으로 국제사회에 나서려는 야심을 드러내었다. 제8차 정상회담에서는 '하라레 선언'과 '남부아프리카 특별선언'이 채택되었다. 비동맹 창설 25주년 기념으로 열린 이 회담에는 11개 국제조직도 옵서버로 참가하였다.

9. 베오그라드 비동맹정상회담

제9차 비동맹 정상회담은 1989년 9월 유고슬라비아의 베오그라드에서 열렸는데, 지난 1961년 9월에 제1차 정상회담 개최 이래 28년 만에 같은 장소에서 개최되는 역사적 의미가 부가되었다. 총 28개국이 참가하였던 제1차 정상회담에 비하여 회원국이 100개국 이상으로 증가하는 외부적 변화가 단연 돋보였다. 제9차 정상회담에서는 개도국의 경제문제 해결이 강조되고 정치 분야와 마찬가지로 경제면에서도 데탕트가 필요하다는 '신(新)베오그라드선언'이 채택되었다.

10. 쟈카르타 비동맹정상회담

수카르노 통치시기에 비동맹운동의 지도국으로 자타가 공인했던 인도네시아는 수하르토 정부의 경제개발 우선정책에 따라 친(親)서방정책을 폄으로써 비동맹에서 영향력이 크게 위축되었으며, 당연하게 입지는 좁아질 수밖에 없었다. 비동맹에서 제대로 국세(國勢) 평가를 받지 못하는 곤혹스런 과정을 거쳐 인도네시아는 제10차 비동맹 정상회담을 쟈카르타(Jakarta)로 유치하게 되었다.

1992년 9월 쟈카르타에서 개최된 제10차 비동맹 정상회담은 총 108개국이 참가하여 외형상 성황을 이루었다. 이 회담은 소련과 동구(東歐) 공산권의 몰락 이후 처음 열린 비동맹 정상회담이라는 면에서 의의가 있었다. 그러나 쟈카르타 정상회담은 1961년 비동맹 창설 이래 동서 간의 냉전(冷戰)이라는 대립적 국제질서 속에서 정치적 대립 분위기를 조성해 왔던 기존의 정치노선이 냉전체제 종식으로 방향을 잃은 와중에서 속개되었다는 사실이다. 이에 따라 정치적 이념논쟁이 사라지고 남북(南北) 또는 남남(南南) 간의 경제협력에 비동맹운동의 진로(進路)가 맞춰졌다. 그러나 쟈카르타 정상회담에서도 회원국 개별 국가 간의 문제를 어떻게 해결할 것인가 하는 구체적인 방안은 제시되지 못하였다.

쟈카르타 정상회담에서는 극심한 내분(內紛)을 겪고 있는 비동맹 국가들이 증가하고 있다는 새로운 상황이 부각되었다. 신(新)유고연방의 보스니아 내 이슬람교도에 대한 극심한 박해 등 비인도적 만행 때문에 비동맹의 이슬람국가들이 유고연방의 회원국 자격박탈을 주장했지만, 비(非)이슬람국가들이 전례가 없다는 이유로 반대하여 무산되었다. 이처럼 다소 격앙된 분위기에 따라 전임 의장국이 해온 개막연설을 유고연방이 포기하는 사태가 벌어졌으며, 개최국인 인도네시아 대통령이 개막연설을 대신하게 되었다. 또한 쿠바의 카스트로 수상, 이집트의 무라바크 대통령, 이라크의 후세인 대통령, 리비아의 가다피 대통령 등 제2세대 비동맹 지도자들이 모두 불참함으로써 비동맹운동의 세대교체가 예고되었다. 비동맹의 세대교체는 국제정세가 '이데올로기 경쟁으로부터 경제 경쟁으로' 급격하게 변화하고 있음을 보여주는 하나의 사례라고 말할 수 있다.

11. 카르타헤나 비동맹정상회담

제11차 비동맹 정상회담은 1995년 10월 콜롬비아(Colombia)의 카르타헤나(Cartagena)에서 총 113개국이 참가한 가운데 개최되었다. 지난 제10차 자카르타 회담에서 회원국들은 비동맹운동이 계속되어야 한다는데 의견을 모았지만, 급변하는 국제환경에 적합한 구체적이며 새로운 방향설정에는 합의를 거두지 못했었다. 따라서 카르타헤나 정상회담을 통해서 이에 대한 구체적인 방안을 찾아내려는데 초점이 맞추어졌다. 이에 따라, 향후 비동맹운동의 방향을 빈국(貧國)의 경제문제를 돕기 위해서 부국(富國)들이 경제적 비용을 분담하도록 촉구하는 쪽으로 설정하였다.

카르타헤나 정상회담에서는 한반도 문제가 논의되었으며, 이에 관한 조항이 최종 선언문에 채택되었다. 그러나 북한이 강력하게 희망했던 한반도 정전협정 폐기와 평화협정 체결을 촉구하는 문항은 채택되지 않았다. 최종 선언문에 포함된 한반도 조항은 '한반도 통일노력을 지지하고, 한반도 평화·안보의 중요성을 인식하며, 북한 핵문제와 관련된 북한·미국 간의 제네바 합의와 콸라룸푸르 합의를 존중하여 이에 대한 전면적인 이행(履行)을 촉구'하는 내용이었다. 비동맹 정상회담에서 북한과 미국 간의 제네바 합의 이행과 북한의 국제원자력기구(IAEA)에 대한 전면적인 협조를 종용하는 등 핵문제에 대하여 회원국과 서방세계의 공동협력을 촉구한 것은 카르타헤나 회담이 처음이었다.

제11차 비동맹 정상회담이 결실한 최종 선언문의 주요한 내용은 다음과 같다.

- 전면적인 유엔 개혁이 필요하며,
- 유엔이 세계를 대표하려면 유엔 기구와 각종 절차를 민주화하는 것이 필요하며,
- 이를 위해서 유엔 회원국의 2/3에 해당하는 개도국들 참여와 역할이 확대되어야 하며,
- 남남협력과 남북문제도 개도국이 세계경제발전의 주도적 역할을 해야 한다.

12. 더반 비동맹정상회담

제12차 비동맹 정상회담은 113개 회원국이 참가한 가운데 1998년 남아프리카공화국(*Republic of South Africa*) 의 더반(Durban)에서 열렸다. 지난 1975년 페루(Peru)의 리마(Lima)에서 개최되었던 비동맹 외무장관회의 때 비동맹에 남북한 동시가입을 신청한 이래 한국은 최초로 더반 비동맹 정상회담에 '게스트국(*guest state*)'으로 참가하게 되었다.

북한은 리마 외무장관회의에서 한국을 제치고 비동맹에 단독 가입한 이래로 비동맹이 주최하는 각종 국제회의를 한국 정부와 한미동맹(韓美同盟)을 공격하는 정치선전장으로 이용해 나왔다. 그러나 한국의 꾸준한 경제성장과 성공적인 88올림픽 개최 등으로 1980년대 후반 이래로 비동맹의 한국에 대한 시각이 변화하기 시작하였다. 1991년 가나에서 개최된 비동맹 외무장관회의에서는 '한반도 문제의 평화적 해결과 남북대화를 강조하는 비동맹의 입장'이 공식문서에 반영되기도 했다.

1997년 3월 비동맹 조정위에서 북한은 한국의 게스트국 참여를 반대했으나, 나머지 112개 회원국이 '게스트국 초청은 만장일치가 아님'을 내세워 한국에 대한 지지를 결의하였다. 조정위가 열린 다음 달인 1997년 4월 비동맹 외무장관회의가 인도 뉴델리에서 열렸다. 74개국 외무장관이 참석한 이 회의에 한국의 박수길 유엔대사는 한국 대표로 비동맹

외무장관회의의 개막식과 폐막식에 참석하였다. 일단 게스트국으로 초청된 국가는 차기 회의에도 사실상 자동적으로 초청되는 것이 통상적인 예(例)이기 때문에 한국 외교의 숙원(宿願)이었던 비동맹외교가 본격적인 단계에 들어선 것으로 볼 수 있었다.

한국이 게스트국으로 참석한 더반 비동맹 정상회담에서는 국제통화기금(IMF)의 개혁과 아시아 각국의 경제위기 극복방안 등 국제금융문제가 논의의 주제가 되었다. 이에 따라 당초 주요 의제의 하나로 예상되었던 남북문제와 이와 관련된 이해 당사국 간의 새로운 관계정립에 관한 논의는 별로 다루어지지 않았다. 더반 정상회담은 개발도상국의 이익을 실현하기 위해서 유엔과 IMF의 개혁이 필수적임을 강조하는 '더반선언'에 합의를 이루었다. 특히 회원국 정상들은 '아시아의 경제위기는 거액의 외환투기가 주된 원인'이 되었다고 지적하고, 자본과 외환거래에 대한 규제와 감시체제가 조속히 마련되어야 한다는데 의견을 같이 하였다.

더반 정상회담에서도 회원국이 관련된 국제분쟁문제는 집중적으로 다루어졌다. 콩고 분쟁문제를 해결하기 위해서 짐바브웨·르완다·우간다 등 관련국 정상을 참석시킨 자리에서 짐바브웨 대통령으로부터 '평화협상을 통한 분쟁해결'에 노력하겠다는 약속을 받아내기도 하였다.

13. 콸라룸푸르 비동맹정상회담

제13차 비동맹 정상회담은 2003년 말레이시아(Malaysia)의 수도 콸라룸푸르(Kuala Lumpur)에서 열렸다. 콸라룸푸르 정상회담에서는 '북한의 NPT 탈퇴에 대하여 비동맹 회원국들이 유의(有意)'한다며, 북한의 핵개발 문제가 평화적으로 해결되기를 촉구한다는 내용을 정치의제의 선언문에 포함시켰다. 이 선언문에는 9·11 테러사태 이후 미국이 대

(對)테러전(戰)을 빌미로 이라크 침공을 획책하고 있다고 비난하면서, 이라크에 대해서는 대량살상무기(WMD)파괴를 위한 유엔결의를 준수하라고 촉구하여 국제정치에 균형을 유지하려는 의지를 보였다. 이밖에도 핵문제의 평화적인 해결을 강조하는 내용도 포함됐다.

평화의제에서 콸라룸푸르 정상회담의 참석자들은 '문명(文明) 간의 대화와 평화공존'을 촉구하였다. 특히, 국제적 테러위기가 고조됨에 따라 선진국에서 나타나고 있는 반(反)이슬람적 분위기 해소를 강조하였고, 미국 등 선진국이 주장하는 '악(惡)의 축(軸)'에 빗대어 선진국의 대도시를 '부(富)의 축'으로 규정하며 동일한 국제사회의 일원으로서 빈한한 비동맹 회원국들의 국가발전에 대한 권리를 주장하였다. 그러나 비동맹운동 국제회의의 단골 의제였던 아프리카의 기아(饑餓)문제 · 에이즈(AIDS)퇴치문제 · 중동평화문제 등은 주요 의제에서 조용히 제외되었다.

14. 아바나 비동맹정상회담

제14차 비동맹 정상회담은 2006년 9월 쿠바 수도 아바나에서 열렸다. 제14차 아바나 정상회담은 지난 1979년 제6차 비동맹 정상회담을 개최한 이후 27년 만에 다시 비동맹 의장국이 된 쿠바의 변함없는 비동맹 중시정책을 말해 준다. 총 118개 회원국 중 56개국의 정상이 참여한 아바나 정상회담을 AP통신은 '비동맹 정상회담이 아니라 반미(反美)정상회담'이라고 표현하였다. 페레스 로케 쿠바 외무장관은 제14차 아바나 정상회담을 계기로 비동맹 운동은 지도력을 회복했다고 자신의 견해를 밝혔으며, 이번 회담에 옵서버로 참석한 코피 아난 유엔 사무총장도 '새로운 남방시대'의 부활이라며, 활기찬 비동맹 정상회담의 분위기를 전했다.

차베스 베네수엘라 대통령은 "미국의 제국주의는 쇠퇴하고 있으며, 세계는 새로운 양극체제로 전환하고 있다"고 선언하였다. 이와 같은 차베스의 선언은 과거 냉전시대 미국과 소련 중심의 대립체제가 사라지고, 사멸(死滅)해 가는 미 제국주의와 비동맹이 중심이 된 제3세계 간의 대결체제로 바뀌어 가고 있다는 것이다. 그러므로 제3세계가 반미전선으로 단결하여 투쟁한다면, '미국이라는 제국주의의 생명은 길지 않다'는 것이 차베스의 주장이다. 그는 미국이 악의 축으로 일컫는 쿠바·북한·이란·이라크·시리아 같은 나라가 각 대륙에서 비동맹의 선봉에 서서 반미투쟁을 벌이고 있음이 그 증거라고 말했다.

아마디네자드 이란 대통령은 이란의 핵(核)프로그램은 평화적 이용을 목표로 하고 있으며, 핵을 빌미로 위협을 가하는 강대국은 바로 미국이라고 주장했다. 그는 미국이 이스라엘의 핵무기에 대해서는 함구하면서 이란의 원자력 발전(發電)을 문제시하는 이중 잣대는 절대로 용납할 수 없다고 말했다. 아바나 회담에 참석한 56개국 대표들도 이란이 핵에너지를 개발하여 연구하고 생산할 권리를 가지고 있다는 내용을 정상회담의 합의문에 포함시켰다. 이 합의문에는 원자력의 평화적 이용은 모든 나라의 자율적인 의지에 따라서 결정되는 것이며, 미국의 위협이 가해지면, 원자력은 언제든지 무기로 전환될 수 있다고 밝혔다.

북한의 김영남 최고인민위원회 상임위원장은 미국이 북한에 불필요한 제재를 가하여 한반도 비핵화를 논의하기 위한 남북한과 미국·중국·러시아·일본 등 6개국이 참가하는 6자회담을 지연시키고 있다고 비난하였다. 그는 미국이 북한을 '악의 축'에 포함시키고 세계평화와 안전에 심각한 위협을 가하고 있다며, 한반도의 평화와 안전을 확보하기 위한 견제력 차원에서 북한은 핵무기를 보유하고 있다고 말했다. 김영남은 6자회담이 재개되고 북한-미국 간의 제네바 9·19공동성명이 이행되지 않는다면, 북한의 자위적 억제력인 핵무기는 북한에만 머물러 있지 않고 제3세계 각국으로 전파될 것이라는 점도 분명히 하였다.

제14차 비동맹 정상회담에서 참가국 정상들은 한결같이 민주주의를 보편적인 가치로 인정하면서 세계의 모든 나라들이 자국의 정부형태에 관한 선택권은 개별국가의 기본적인 권리라고 밝혔다. 이러한 공통된 견해에 따라 이란의 평화적 핵개발을 지지하였다.

유엔의 역할과 기능이 변화되어야 한다는 주장도 강력하게 제기되었다. 유엔 안보리의 5개 상임이사국들의 거부권 행사를 제한해야 하고, 총회의 역할과 기능은 확대되어야 한다고 유엔 개혁을 강력하게 주장하였다. 특히 미국이 안보리를 자국의 정책을 관철시키는 장(場)으로 변모시켰다며, 유엔이 미국에 의해서 휘둘리고 있음을 비난하였다. 코피 아난 유엔사무총장도 유엔이 모두 반대하는 이스라엘의 레바논 헤즈볼라 공격을 미국이 단독으로 지지했음을 상기시켰다.

1961년부터 2006년까지 총 14회의 정상회담을 거쳐 오는 동안 비동맹운동은 신생국들을 중심으로 국제정치의 한 축으로 발전되어 나왔다. 비동맹운동은 냉전시대 소련을 중심으로 한 사회주의 진영과 미국을 중심으로 한 민주주의 진영을 모두 거부하고 이들 신생국들이 패권국가의 지배와 간섭을 배격하고 자주적이며 평화적인 국가건설을 목표로 전개되었다. 이로 인해서 이들 그룹을 제3세계로 불리기도 하고, 경제적으로는 개발도상국으로 분류된 나라들이다. 지난 반세기의 비동맹 역사에서 비동맹운동이 추구하는 이슈들도 변화를 겪었다. 비동맹 출범 당시의 탈(脫)식민주의 · 반(反)제국주의로부터 탈냉전체제 하에서 핵문제와 국제분쟁의 평화적 해결, 문명 간의 대화와 평화공존 문제 등으로 상당히 큰 폭의 변화를 거듭하고 있다.

V. 비동맹운동과 인도-인도네시아 관계

동서 냉전시대에 양 블록에 참여하기를 거부한 과거 식민통치 시대의 피(被)식민통치국가이자 제2차 세계대전 후에 독립을 쟁취한 약소국들의 모임이었던 비동맹과 그들의 통일된 반제국주의와 반식민주의 운동인 비동맹운동, 그리고 그 이데올로기인 비동맹주의는 인도 초대 수상 네루의 중립정책(中立政策)에서 출발하였다. 이른바 '네루외교'에서 비동맹 외교노선은 어떠한 블록에도 참여하지 않음으로써 외교적인 분쟁에 말려들지 않는다는 것이었다. 제2차 세계대전이 끝난 후 냉전체제가 태동되면서 인도가 택한 외교노선은 이처럼 국제분쟁의 외곽에 머물면서 전쟁에 휘말리지 않겠다는 소극적인 정책이었다. 그러므로 인도가 이끈 초기 비동맹운동은 피식민통치국가로서 피해의식 속에서 전개된 셈이다.

이와 같은 인도의 비동맹 중립외교의 입장은 1950년대에 벌어진 한국전쟁과 인도챠이나전쟁에서 그대로 유지되었다. 인도의 비동맹 외교정책은 1954년 중국과 인도-중국 양국 관계의 기본원칙으로 합의한 '평화 5원칙'으로 이어졌다. 아시아를 대표하는 양 대국은 영토주권의 상호존중·상호불가침·내정불간섭·호혜(互惠)평등·평화공존에 합의한 것이다. 1955년 인도네시아의 반둥에서 비동맹 회원국들의 외교정책으로 공식 채택한 '반둥 10원칙'도 '평화 5원칙'에 근거한 것이었다. 1961년 베오그라드의 제1차 비동맹 정상회담을 시작으로 매 3년마다 비동맹 회원국의 수뇌들이 회동하는 비동맹 정상회담도 네루 수상의 제의에 따라 창설되었다. 그러므로 비록 소극적인 정책노선을 표방하면서 시작하였으나, 비동맹 이데올로기의 탄생으로부터 1960년대 초반까지의 비동맹운동은 인도 네루 수상의 주도하에 있었다.

그러나 1964년 네루 수상이 사거하고 그 뒤를 이은 샤스트리 수상도

1966년에 타계하자, 인도는 비동맹운동의 선도그룹에서 물러나있게 되었다. 1960년대와 1970년대 비동맹운동의 주도권이 아프리카의 신생독립국의 급속한 증가로 이들에게 넘어 가면서 비동맹운동의 성격이 공세적으로 바뀌기 시작하였다. 이러한 새로운 추세에 따라, 제2차 · 제3차 · 제4차 비동맹 정상회담이 잇달아 이집트의 카이로(1964년), 잠비아의 루사카(1967년), 알제리의 알제이(1973년) 등 아프리카에서 열리게 되었다.

인도는 1966년 인디라 간디 수상 집권 이후 다시 비동맹운동에 적극적으로 참여하여 1983년 제7차 비동맹 정상회담을 뉴델리로 유치하였다. 인디라 간디 수상은 뉴델리 정상회담을 통해서 비동맹 회원국들을 '세계 최대의 평화애호세력'으로 지칭하여 크게 공감을 불러일으켰다. 정상회담에서 군축(軍縮)문제와 개도국의 경제문제를 부각시키는데 성공한 인도는 다시 한번 비동맹운동의 선두에 서게 되었다. 그러나 1984년 인디라 간디 수상이 암살되고, 후임 라지브 간디 수상도 폭탄테러로 사망한 후 잦은 정권교체로 인도는 또 다시 비동맹운동의 주도권을 상실하게 되었다.

1980년대의 비동맹운동은 동서진영의 화해의 분위기에 따라 경제협력을 강조하게 되었고, 특히 1980년대 말부터 1990년대 초 사이에 공산권이 붕괴하면서 이러한 현상은 더욱 두드러지게 되었다. 따라서 소련과 동구 공산권이 붕괴한 후 1992년 인도네시아 쟈카르타에서 열린 제10차 비동맹 정상회담에서는 이제까지 냉전체제의 대립적인 국제정치질서 속에서 이데올로기적 대결 분위기를 고조시켜 왔던 기존의 비동맹 노선이 남북(南北) 또는 남남(南南) 간의 경제협력을 모색하는 건설적이고 실용적인 방향으로 전환되고 있음을 확인하게 되었다. 이에 따라, 이데올로기 경쟁시대의 비동맹운동 지도자들이 대거 퇴진하는 세대교체가 이루어졌다.

1990년대 후반부터 두드러지게 나타난 국제정치 현상의 다극화 경향에 따라 비동맹운동의 정체성이 점차 모호해지기 시작하였다. 그러나 2003년 콸라룸푸르 정상회담과 2006년 아바나 정상회담을 거치면서 비동맹운동은 새로운 방향에서 국제정치의 지도력을 되찾게 되었다. 총 118개 회원국 중 56개국의 정상이 참석한 2006년 아바나 정상회담은 '반미(反美)정상회담'으로 표현되었다. 반미(反美)라는 새로운 분위기로 회원국들의 주의를 집중시킨 아바나 정상회담에서 참가국들은 민주주의를 보편적인 가치로 인정하면서 세계의 모든 나라들이 자국의 정부형태에 관한 선택권은 개별국가의 기본적인 권리라고 밝혔다. 유엔의 역할과 기능이 변화되어야 한다는 주장 또한 강력하게 제기되었다. 비동맹은 또 다시 새로운 방향으로 변화하고 있는 셈이다.

동아시아 시대가 구체화 되어 가면서 동남아-서남아 관계가 점차 긴밀해 지고 있다. 무엇 보다 오랜 역사를 통하여 인도와 중국 사이의 변방이자 광의(廣義)의 인도차이나(*Indo-China*)로 불려온 동남아가 부각되고 있기 때문이다. 역사의 뒷전에 떨어져 있던 동남아는 냉전체제가 종식된 이후 '하나의 아세안'을 이루고 자원 · 시장성 · 노동력을 무기로 동북아(한국 · 중국 · 일본)와 미국과 유럽을 상대로 대등한 관계를 발전시키고 있다는 것이다. 이로 인해서 인도는 서둘러서 미얀마와 태국 등 동남아 국가가 포함된 빔스텍(BIMSTEC)을 결성하고 동남아로 향한 실질적인 협력관계 모색에 나섰다. 인도는 내심 인도-인도네시아 관계 발전이 인도가 주축이 된 서남아의 동남아 접근에 활로(活路)가 될 것으로 보고 있다. 역사적으로 양국 간의 악연(惡緣)이 없었을 뿐만 아니라 비동맹 창설과 관련하여 네루 수상과 수카르노 대통령이 매우 돈독한 관계를 유지했었다는 사실 때문이다.

비동맹 창시자의 한 사람인 인도네시아의 수카르노 대통령은 비동맹의 순수성 확보를 통한 회원국의 단결과 협력을 모색하였으며, 능동적이고 자주적인 비동맹 중립외교를 역설하였다. 수카르노는 1954년 5월 스리랑카(세일론)의 수도 콜롬보(Colombo)에서 인도 · 미얀마(버마) · 스리랑카 · 파키스탄의 지도자들과 함께 콜롬보세력을 형성하여 인도차이나 전쟁 종결 · 인도차이나 3국 완전독립 · 핵무기 사용금지 · 중화인민공화국 국가승인 · 식민주의 반대 등을 강조하는 공동성명을 발표하였다.

이들 5개국은 콜롬보세력으로 불리게 되었는데, 수카르노가 주도하여 동남아-서남아 주요국이 협의체를 결성하여 전 아시아 문제를 다루었다는 사실은 당시의 국제정치 상황으로 보아 매우 획기적인 사건이었다. 수카르노는 콜롬보에서 확보한 자신감을 바탕으로 이듬해인 1955년 4월 반둥(Bandung)에서 '제1회 아시아 · 아프리카 회의'를 성공적으로 개최함으로써 인도네시아가 비동맹운동의 주역으로 우뚝 서게 만들었다.

그러나 수카르노는 비동맹 세계에서의 명성과는 달리 허약한 지지기반 때문에 국내문제에는 계속해서 고전을 면치 못했다. 그래서 수카르노가 착안한 것은 서구식 의회민주제도 대신 대중에게 의존하는 선동정치(煽動政治)를 시작했다. 1956년 10월 그는 서구식 의회민주제도는 인도네시아의 실정에는 맞지 않다면서 '교도(敎導)민주주의(*Guided Democracy*)'를 제창했다.

인도네시아의 이슬람공동체에서 장로들이 주민들의 토론을 지도하고 의견을 조정하면서 실력자가 원하는 결론을 이끌어내었던 전통방식을 국가운영에 원용해야 한다는 것이 그 요체였다. 수카르노는 이와 함께 1959년 권력 기반을 강화하기 위해서 새로운 정치체제로 나사콤(NASAKOM) 체제를 구축했다. 이 체제를 통하여 수카르노는 민족주의자 그룹과 이슬람 종교세력과 공산당(PKI) 등 세 정치세력들이 상호 견제하고 경쟁하게 유도함으로써 자신에게 대항하는 세력들을 효과적으로 무력화하거나 약화시킬 수 있었다.

이로써 인도네시아공산당은 독립 초기의 좌절을 딛고 다시 인도네시아 정지의 장(場)에 등상하여 반공(反共) 군부와 경생하게 되었나. 수카르노는 이처럼 반식민주의의 기치 아래 자신의 권력을 공고히 하고 1963년에는 종신 대통령이 되었다.

1960년대로 들어서면서 수카르노는 비동맹국가 중 급진좌경국가와 신생공산국가들을 '신생국가'(NEFOS: *New Emerging Forces*)로 분류하였다. 그는 NEFOS 국가들과 신식민주의·제국주의국가들과 그들의 주구(走狗)국가들은 영원히 대립할 것이라며 친(親)공산주의적 주장을 폈다. 그는 이들 두 그룹 간의 대립에서 신생국가들의 승리를 위해서 '자카르타-프놈펜-하노이-베이징-평양 축선(軸線)'의 구상을 내놓았다. 이에 앞서 수카르노는 1957년말 서부 이리안(*West Irian*)의 해방(解放)전쟁을 선포하여 네덜란드와 적대관계를 형성하고, 1963년에는 영국의 지원 아래 말레이시아연방이 결성되자 말레이시아를 '영국 식민주의자들의 괴뢰'로 매도하였다. 이로써 수카르노는 반영(反英)·반서방(反西方)정책을 전개하여 자신이 주창한 비동맹정신의 손상을 가져왔다.

이와 같은 수카르노의 좌경 중립외교정책은 대내적으로 공산당이 득세하고 대외적으로 인도네시아가 소련과 중국으로 접근하는 동인(動因)이 되었다. 수카르노의 좌경화 정책으로 공산당과 군부가 첨예한 갈등을 겪은 후 1965년 결국 군부가 승리를 거두게 되어 수카르노(Soekarno)는 수하르토(Soeharto)에게 권력을 이양하게 되었다. 인도네시아는 동남아 최대국가라는 이점을 내세워 제2차 세계대전 이후 계속해서 유엔을 위시하여 비동맹(NAM)·이슬람국제기구(OIC)·동남아국가연합(ASEAN) 등 다양한 국제정치무대에서 '능동적인 중립과 독립을 위한 외교정책'을 펼쳐 나왔다. 이 과정에서 인도네시아와 인도는 각각 동남아와 서남아를 대표하는 대국이라는 공통점을 바탕으로 정치·

외교적으로 느슨하지만 지속적인 협력관계를 유지해 나왔다.

인도와 인도네시아는 역사적·문화적으로 가까운 관계를 유지해 왔다. 이로 인해서 인도네시아의 독립 투쟁은 인도 민족주의자들의 전폭적인 지지를 받았다. 네루는 1926년 프랑스 파리에서 열렸던 제국주의 저항국제회의에서 처음으로 인도네시아 초기 독립운동가인 모함마드 핫타(Mohammad Hatta)를 만나게 된다. 그 이후로부터 양국의 독립운동 지도자들은 끊임없이 접촉을 가져 왔다. 네루는 1945년 인도네시아가 독립을 선언한 후 임시정부의 수상으로 임명되었던 수탄 샤흐리르(Sutan Syahrir)를 네덜란드가 억류하자, 그를 구출하여 뉴델리로 데리고 왔다. 또한, 네덜란드가 인도네시아를 재식민통치하려고 시도했을 때, 네루는 인도네시아 독립을 지원할 목적으로 아시아 국가의 수뇌회담을 소집하기도 했다.

인도와 인도네시아는 비동맹운동의 지도국으로서 밀접한 국가관계를 견지하였다. 반둥의 아시아·아프리카 회의의 성공도 네루와 수카르노의 개인적인 친분관계가 많이 작용하였다. 그러나 1950년대 후반 이후 수카르노가 중국에 편향되어 인도-파키스탄 분쟁문제에서 인도의 입장을 지지하지 않고 중립정책을 취했기 때문에 양국의 협력관계는 소원(疏遠)해 지게 되었다. 인도-인도네시아 양국 관계는 1985년 수하르토의 대 인도 유화정책으로 회복되었으며, 1993년 인도네시아가 비동맹운동의 의장국이 된 이래로 남북문제와 비동맹 외교무대를 통해서 과거의 긴밀한 국가관계를 재구축하게 되었다.

VI. 비동맹운동의 의의와 전망

비동맹 운동의 목표는 과거 식민통치시대의 유산으로 세계 도처에 잔존해 있는 식민체제를 청산하고, 약소민족을 해방하며, 모든 국가의 독립을 보장하며, 나아가서 제2차 세계대전 이후에 독립한 신생국들의 정치적·경제적 발전을 위해서 비동맹과 국제사회가 공동으로 노력한다는 것이다. 또한 세계대전을 방지하여 평화를 보장하며, 기존의 유럽 중심의 세계질서를 비판하여 강대국과 제3세계가 완전한 평등한 관계를 유지하기 위한 새로운 국제질서를 수립한다는 것이다.

비동맹 운동의 원칙들은 비동맹이 지향하는 목표와 마찬가지로 아래와 같은 형태로 다양하게 제기되었다.

> 첫째, 강대국이나 정치적 · 군사적 동맹으로부터 독립을 보장 받고, 독립국가 마다 독자적으로 사회적 · 정치적 · 경제적 체제를 스스로 결정할 수 있는 자결권(自決權)의 원칙이 가장 많이 논의 되었으며,
>
> 둘째, 제국주의와 신구(新舊)식민주의를 비롯한 모든 형태의 외세의 침략 · 지배 · 간섭 등에 대한 투쟁과 민족해방운동에 대한 항구적인 지원 등 국가주권에 대한 평등원칙이 다음으로 많이 제기 되었으며,
>
> 셋째, 무력 불사용과 국제분쟁의 평화적 해결을 통한 평화공존의 원칙 또한 주요 원칙의 하나로 제기 되었다.

오늘날 국제정치의 핵심적인 추세는 정치적인 이데올로기 경쟁시대로부터 경제적 실리(實利)를 위한 경쟁시대로 변화해 가고 있다는 것이다. 비동맹 정상회담도 1970년 잠비아의 루사카에서 개최된 제3차 정상회담을 고비로 반제국주의·반식민주의 투쟁으로부터 빈곤타파와 경제개발을 위한 경제협력에 보다 역점을 두고 있음을 알 수 있다. 그러므로 제3세계는 비동맹이라는 큰 협력의 장을 가지되 스스로 정치적 독립

과 경제적 독립을 위해서 투쟁하지 않으면 안된다는 것이다. 그러나 21세기로 들어선 오늘날까지 제3세계 국가들이 '홀로 서기'를 할 수 있는 국제적 환경이 조성되어 있지 못하다는 사실이다. 핵무기의 위협과 테러문제 이외에도 종교 간의 갈등과 남북문제와 남남대립까지 겹쳐서 비동맹 약소국들의 정치적·경제적 독립을 저해하고 있는 실정이다. 개도국의 누적된 채무 문제·아프리카의 기아 문제·동남아의 환경파괴 문제 등도 계속해서 비동맹운동의 과제로 남아있다.

제 8 장

인도의 대외정책

I. 시작하는 말

탈냉전 후 21세기로 접어들면서 미국·중국·일본 등 국제사회의 주요 강대국들이 앞 다투어 경쟁적으로 인도와의 관계증진을 도모하고 있다. 마치 세계 주요 정상외교의 무대가 인도가 되고 있는 것 같다. 2008년 1월에도 영국과 프랑스 정상이 연이어 인도를 방문했다. 탈냉전 시대가 도래하면서 그 동안 유지되었던 세력균형이 무너지고 미국 유일의 단극체제 등장과 함께 중국의 위상 강화는 세계 각국들에게 새로운 세력균형을 모색하게 했다. 세력균형을 추구하기 위한 일환으로 세계 주요 국가들은 인도와의 경제협력은 물론 정치 및 군사안보부문에서 협력을 강화해 나가고 있다.

미국은 세계적 차원에서 지속적으로 자국의 헤게모니를 유지하려는 외교정책을 구사해 나오고 있다. 아시아 지역에서 세력균형 유지를 위해서 미국은 중국을 견제할 수 있는 세력으로 인도를 지원하면서 양자간의 긴밀한 협력을 추구하고 있다. 이런 현상은 2001년 9.11테러 발생 이후 미국의 신보수주의적 일방주의 외교정책이 지속되면서 강화되고 있다. 이에 중국은 위기의식을 느끼면서 1989년 천안문 사태 이후 추진해온 전방위적 선린외교를 더욱 강화하고 있다. 이를 위해서 중국은 주변의 주요 국가들과의 전략적 안정과 협력이 필수적이라고 판단하고 러시아나 인도와 경제협력은 물론 군사안보협력도 강화해나가고 있다. 일본은 미국과 중국이 인도를 놓고 경쟁적으로 관계증진을 추구하고 있는 상황에서 인도와 양자 간의 긴밀한 협력관계를 추구하고 있다. 이는 중국 군사력의 팽창·에너지 안보강화·아시아 공동체에서의 중국의 일방주의를 견제하기 위한 주요 정책의 일환이다.

이렇듯 세계 주요 강대국들이 인도를 위협의 대상으로 보지 않고 협력의 대상으로 보고 있는 것은 국제정치에서 인도의 국제적 지위를 높여주는 요인이 되고 있다. 인도는 이를 누구보다 잘 파악하고 있으며 교섭력을 제고하기 위해서 미국·중국·일본 등 주요 강대국과 주요 관심사항 별 동맹(*issue basis alliance*)을 추구하고 있다. 인도의 위상이 높아지고 주요 강대국들의 대(對) 인도 접근이 강화된 시점은 9.11사태 이후 두드러지게 나타났다. 중요한 것은 주요 강대국들이 앞 다투어 인도와 긴밀한 협력을 추구하고 있는 상황에서 인도의 부상은 이제 필연적이라는 것이다. 그러므로 인도는 이제 더 이상 선택의 대상이 아니라 생존전략의 대상으로 다가오고 있다.

II. 인도의 주요 대외정책

1. 동방정책(*Look East Policy*)

1) 아세안과의 협력강화

인도의 동아시아 지역정책은 일차적으로 인도-아세안 관계를 돈독히 하여 아세안을 인도경제권으로 편입시킨 후, 동북아시아 지역협력체에 접근하겠다는 것이다. 이미 이러한 인도의 전략은 부분적으로 실현되고 있다. 새로운 경제사유화 정책과 탈냉전시대의 국제환경변화에 맞추어 인도는 지난 1991년부터 동방정책을 적극적으로 추진해 오고 있다. 인도의 동방정책은 지역협력체에 적극참여하고 쌍무경제협력을 강화하며, 고대문화(古代文化) 관계를 회복하고 지역안보를 강화한다는 4가지 핵심 부문에 대하여 초점을 맞추고 있다. 인도의 동방정책은 1994년 9월 라오(Rao) 인도 총리가 싱가포르를 방문하여 행한 연설에서 공식적으로 언급되었다. 이후 인도 외무부는 1995-1996년 외무부 연보(年報)에서 처음으로 동방정책을 인도의 주요 외교정책 중의 하나라고 언급한 바 있다.

1990년대 인도의 외교정책은 주로 동남아 지역과의 관계강화와 무역 및 투자에 집중되었다. 이 결과 인도는 남아시아지역협력연합(SAARC: *South Asian Association for Regional Cooperation*)의 문제점을 보안하고 동남아 국가들과 경제협력을 확대를 목적으로 1997년 BIMSTEC(Bangladesh-India-Myanmar-Sri Lanka-Thailand Economic Co-operation)을 주도적으로 창설하였다. 또한 아세안과 FTA을 추진하면서 개별 국가인 태국과 싱가포르 등 두 동남아 국가와 FTA를 채결한 바 있다. 계속해서 인도는 2002년에 아세안-인도 정상회담을 성취하고, 2003년에는 아세안+3(한·중·일)+1(인도) 정상회담을 갖는데 성공하여 제1단계 동방정책의 토대를 쌓았다.

2) 동북아와의 협력강화

인도 동방정책의 제2단계는 2003년 9월 인도 외무부장관 야쉬완뜨 신하(Yashwant Sinha)가 인도-아세안 비즈니스 회담에서 이를 공식적으로 발표하면서 시작되었다. 제1단계 동방정책이 아세안에 집중되었다면, 제2단계는 호주로부터 동남아(아세안)와 중국을 포함한 동아시아 전체를 포함한다는 내용이었다. 인도의 아시아와 동방(東邦)에 대한 개념이 확대되면서 인도의 해양안보 영역도 동시에 확대되었다.

제2단계 동방정책은 순수 경제협력은 물론 해양안보와 국제테러협력 등을 포함한 안보문제까지 포괄하고 있다. 경제적인 측면에서 제2단계 동방정책은 자유무역협정(FTA) 등 제도적으로 동아시아지역 전체 및 개별국과의 경제협력을 구축하는 것을 목표로 하고 있다. 제2단계 인도의 동방정책은 또한 인도와 동아시아지역과의 물리적 연계를 강화하기 위해서 도로망과 항공로를 확대하는 것이다. 이런 정책의 일환으로 인도는 현재 인도-미얀마-태국을 잇는 도로와 델리(Delhi)와 하노이(Hanoi)를 잇는 철도건설을 추진 중에 있다. 이러한 인도의 동방정책은 실질적으로 중국을 견제하고 경제협력을 강화하며, 동북부지역을 개발한다는 3대 목표를 달성하기 위해 추진되고 있다.

인도가 제2단계 동방정책에서 역점을 두고 있는 지역은 내륙 동남아와 한국·일본·중국 등 동북아 3국이다. 이 정책의 일환으로 현재 인도는 이들 국가들과 FTA는 물론 정치·군사협력도 강화해 나가고 있는데, 제2단계 동방정책은 인도가 2005년 동아시아정상회담(EAS) 가입으로 가시화(可視化)되기 시작하였다.

2. 미래지향정책(*Look Ahead Policy*)

인도의 동방정책은 새롭게 추진한 미래지향정책으로 한층 강화되고 있다. 인도는 전통적 라이벌 국가인 파키스탄은 물론 중국과도 우호협력관계를 증진해 나가고 있다는 사실에서 이를 확인할 수 있다. 이는 인도가 동방정책과 더불어 2003년부터 추진해 온 미래지향정책이 중요하게 작용했다. 바즈빠이(Vajpayee) 전 총리는 2003년 7월 31일 상원(Rajya

Sabha) 연설에서 자신의 중국 · 러시아 · 독일 · 프랑스 방문은 미래지향 정책의 일환으로 추진된 것이며, 파키스탄에 '우정의 손'을 내민 것도 이 정책의 연장선에서 이루어진 것이라고 밝혔다. 그는 국제정세의 변화를 지적하면서 "우리는 이제 미래를 내다보아야 하며, 역사(歷史)가 시사하는 바를 정확하게 파악하여 역사의 미로(迷路) 속에서 시간을 낭비하지 말아야 한다."고 강조하였다. 즉, 파키스탄을 포함한 여타 국가들과의 외교관계에서 과거사에 얽매여 미래를 잃어버리는 우(愚)를 범하지 말아야 한다고 주장한 것이다.

인도의 이러한 미래지향적 외교정책은 2003년 바즈빠이 총리와 페르난데스(George Fernandes) 국방장관의 중국 방문에서 명백히 들어 났다. 바즈빠이는 인도 총리로서 10년 만에 중국을 방문하여 '인도-중국관계 원칙 및 전면적 협력선언'과 경제 · 과학기술 · 문화 분야 등 9개 분야의 협정서에 서명함으로써 중국과의 미래지향적인 우호관계의 초석을 마련하였다는 평가를 받았다. 페르난데스 장관은 1998년 핵실험을 감행한 이후 중국은 인도 제1의 위협국이라고 말한바 있는 인도 정부 내 대표적인 대중국 강경파로 알려졌던 인물이다. 그러나 페르난데스는 사스(SARS)가 기승을 부리던 시기에 중국을 방문하여 적극적으로 중국과 우호협력관계를 모색하는 적극적인 제스쳐를 취했던 것이다.

인도의 이런 미래지향정책은 파키스탄과의 관계에서 더욱 명확히 드러나고 있다. 2001년 12월 13일 인도 의사당(하원) 테러사건과 2002년 5월 14일 이슬람 무장괴한에 의한 카시미르 주둔 인도군부대 습격사건으로 인도와 파키스탄은 전쟁 일보직전까지 갔었다. 그러나 2003년 4월 18일 바즈빠이 총리가 카시미르 방문 중 파키스탄에 우호관계 회복을 위한 우정의 손을 내밀면서 양국은 화해국면으로 접어들기 시작했다. 이후 양국은 카시미르 지역을 중심으로 대립과 갈등을 지속했던 과거사를 버리고 화해와 협력을 모색하게 되었다. 이런 인도의 미래지향적 외교정책은 최근 미국 등 세계 주요 국가들에게 접근하여 외교적 교섭력을 발휘하면서 인도의 국익증진에 크게 기여하고 있다.

III. 인도의 대외관계

1. 대미 관계

인도와 미국간의 관계증진은 냉전이후 1991년부터 점진적 이루어졌으나 1998년 인도가 핵실험을 하자 양국 관계는 소원해졌다. 그러나 이러한 양국 관계는 2001년 9.11테러가 발생하면서 급속히 회복되었다. 미국이 9.11테러 이후 범세계적 동맹네트워크를 재구축해 나가는 과정에서 인도는 남아시아 지역 반테러 네트워크의 중심축이 되고 있다. 이를 위해 미국은 인도-파키스탄 관계를 이용하고, 중국 위협론(威脅論)을 부각시키는 한편 인도와 군사협력도 강화해 나가면서 산업용 핵 협력을 추진하고 있다.

1991년부터 인도와 미국의 관계가 증진된 배경에는 아프가니스탄에서 소련군의 철수와 더불어 냉전 종식도 중요하게 작용했지만 무엇보다도 인도의 경제개혁이 실질적으로 양국 간의 관계개선을 주도하였다. 인도가 1991년 중반 오랫동안 추진해왔던 네루(Nehru)식(式) 사회주의 경제정책을 버리고 시장경제 원칙을 도입하는 획기적인 경제개혁을 단행하자 미국은 인도의 방대한 시장에 매력을 느꼈다. 인도는 사회주의식 사회건설 목표를 달성하기 위해서 정치적으로 의회민주주의 체제를 받아들였고, 경제적으로는 국가주도의 강력한 계획·통제·폐쇄정책을 추구하였다. 경제적 사회정의 구현을 목표로 사유재산과 민간기업 활동은 허용하였지만, 모든 경제활동에 있어서 시장원리 보다는 사회적 공동이익이 최우선시 되는 국가주도의 경제체제가 추진되었던 것이다. 학자들은 이러한 인도 경제체제를 일컬어 혼합경제(*mixed economy*), 혼합자본주의경제(*mixed capitalist economy*), 부분국가자본주의(*partial state capitalism*) 등으로 묘사하였다. 1991년 이전까지의 인도 경제체제를 네루식사회주의경제로 표현하는 학자들도 많다.

탈냉전 이후 미국의 대외정책이 정치·안보 우선의 정책에서 경제적 헤게모니를 우선하는 정책으로 변하면서 경제 자유화를 추진한 인도와의 관계증진을 도모하게 되었다. 인도는 자국의 경제개혁을 위해서는 미국의 지원이 절대적이었다. 이 때문에 인도는 미국과의 관계정상화에 적극적이었다. 이 결과 양국 관계는 상업적 동반자 관계를 구축해 나가는 한편 경제협력을 중심으로 발전해 나갔다. 하지만 양국 관계는 아직까지 전략적 동반자 관계로 향상되지 못하고 인도의 핵실험으로 급속히 냉각되었다.

이와 같은 양국 관계는 9.11 테러사건 이후 미국이 테러와의 전쟁에 대한 확고한 의지를 가지고 국제적으로 반테러 공감대를 형성해 나가면서 다시 회복되기 시작했다. 미국의 테러와의 전쟁으로 인하여 처음으로 카시미르를 포함한 남아시아 갈등 문제 해결에 대한 국제 정치·안보 환경이 조성되었다. 아프가니스탄 사태 이후 미국은 카시미르 문제뿐만 아니라 스리랑카의 싱할리족과 타밀족 간의 내전문제, 네팔 마오이스트(Maoist) 반군의 테러리즘 문제 등 남아시아 지역 갈등 문제에 깊은 관심을 가지기 시작하였다.

냉전체제 하 미국은 인도와 파키스탄을 동시에 고려한 대(對) 남아시아정책을 추구해왔지만, 탈냉전체제 이후 개별 국가에 대한 독자적인 남아시아정책을 추진한다는 의사를 밝힌바 있다. 이는 미국이 인도와의 관계에서 새로운 동반자 관계를 추구하겠다는 의미로 받아들일 수 있다. 이에 대한 적극적인 제스쳐로 미국은 최근 파키스탄에 압력을 가하여 인도령(領) 카시미르 국경을 넘나드는 테러리스트를 차단하도록 하였다.

최근 인도와 미국 간의 관계증진 배경에는 인도 보다 미국의 적극적인 유화정책이 중요하게 작용했다. 미국이 세계적인 차원과 지역적인 차원에서 반(反)테러와 민주주의의 확산·중국견제·경제협력이라는 중대한 목표 달성을 위해서 인도와 긴밀한 관계구축을 추구했기 때문이다. 이에 따라 양국은 전략적 동반자관계를 모색하게 되었다. 미국과 인도와의 전략적 동맹관계의 실질적인 성과는 양국 간의 핵 협력에서 찾아볼 수 있다. 라이스 미 국무장관은 2005년 3월 인도를 방문하여 싱 총리에게 미국이 오랫동안 견지(堅持)해 왔던 핵비확산정책을 포기하고 인도와 산업용 핵 협력을 추진하겠다고 밝힌바 있다. 이러한 미국의 입장은 싱 총리가 2005년 6월 미국을 방문했을 때, 부시 대통령에 의해서 재확인되었다. 이후 2006년 3월 부시 대통령이 인도를 방문했을 때, 양국은 상호 산업용 핵 협력을 추진해 나가겠다고 발표했다.

미국은 핵확산금지조약(NPT)체제를 훼손하고 북한과 이란의 핵문제를 악화시킬 수 있으며, 중국과 인도 간의 대결적 관계를 초래할 수도 있다는 등의 거센 국제적인 비판에도 불구하고 NPT회원국도 아닌 인도에게 산업용 핵시설에 대한 연료와 기술을 제공하기로 합의한 것이다. 또한 군수용으로 분류되는 인도의 핵시설에 대해서 사찰을 면제하고 핵기술에 대한 비밀을 보장하기로 합의했다. 인도-미국 양국은 인도의 원자력 시설에 대하여 군사용과 산업용으로 분리하기로 합의하고, 22개소의 인도 원자력발전소 중 14개를 평화용으로 분류하여 국제원자력기구(IAEA)의 안전조치를 2006년부터 2014년까지 8년에 걸쳐 단계적으로 수용하기로 합의했다.

미국 의회는 인도와 미국 간의 핵 협정의 후속조치로 2006년 12월 인도와의 민간핵협정을 승인하고, 인도의 민간핵산업에 미국의 투자를 허용하는 것을 골자로 하는 미국-인도 평화적 원자력 협력법을 통과시켰다. 이에 따라 인도와 미국은 2007년 7월 123협정(123 Agreement)에 합의했나. 123협정의 내용은 향후 인도-미국 양국 간의 핵협정이 발효되기 위해서 인도가 먼저 국제원자력기구(IAEA)와 산업용 핵시설에 대한 안전조치협상을 타결해야 하고, 원자력공급자그룹(NSG)이 수출통제 지침을 개정해야 하며, 이후 양국은 의회의 협정비준을 받아야 된다는 내용 등을 포함하고 있다. 이러한 파격적인 조치는 미국이 인도를 '공인된(de jure)' 핵 보유국로 인정하겠다는 것이다.

미국 정부의 인도에 대한 전략적 동반자적 관계로의 격상은 향후 더욱 강화될 것이라는 전망이다. 미국의 여론조사 전문기관인 퓨 리서치(Pew Research)가 경제 · 군사 · 외교적 측면에서 어떤 나라가 미래의 미국 동맹국으로 더 중요할 것으로 생각하느냐에 대해서 총 520명에 달하는 교수 · 외교전문가 · 안보전문가 · 언론인 · 군부 지도자 · 종교지도자 등 8개 전문분야 인사들을 심층 면접 조사한 결과, 이들 중 안보와 외교분야의 전문가들은 일본이나 중국보다 미국의 미래 동맹관계에 있어서 인도가 보다 중요한 국가가 될 것이라고 응답했다.

카시미르 분쟁 이후 미국의 외교정책은 자국의 주도적 지위와 국제현안에 적극 개입하는 국제주의(*internationalism*)적 경향의 신보수주의 입장을 견지하고 있다. 이는 군사력의 우위와 헤게모니 유지를 중시하면서도 민주주의 확산을 위해서 테러리즘을 지지하거나 비호하는 독재국가들의 정권교체를 꾀하는 일방주의 노선을 추구한다는 것이다. 2002년 9월 미국이 발표한 국가안보전략보고서(*National Security Strategy*)는 방어와 반격에 중점을 둔 기존의 전략에서 공격과 예방을 중요시하는 전략을 내포하고 있다. 이 보고서에서 주목할 사항은 해당 국가 국민들의 동의 없이도 민주주의 확산을 위해서는 미국의 판단으로 정권교체를 추진할 수 있다는 '선제(先制)공격론'이 일방주의의 대표적인 예라 하겠다.

이러한 미국의 외교정책은 부시 2기 행정부에서도 지속되고 있다.

부시 행정부의 외교정책은 인도인들에 의해서 적극적으로 지지받고 있는 것으로 분석되었다. 국제여론조사 기관인 글로브스캔(Globe Scan)과 미국 동아시아연구원이 공동으로 조사한 부시 행정부 재선에 대한 세계인들의 대미(對美) 여론조사에서 인도는 23개 국가 중 부시 재선이 세계평화 및 안보에 미치는 영향을 가장 긍정적으로 평가하고 있다. 영국·호주·한국·터키 등 전통적인 친미(親美)국가에서조차 부시 재선이 세계평화안정에 미칠 영향을 부정적으로 보고 있는 상황에서 냉전시대를 통해서 반미(反美)감정이 강했던 인도가 이렇게 긍정적으로 돌아선 것이다. 이는 최근 미국과 반테러와 중국견제론 등 미국의 대 인도 접근 목표가 인도의 이해관계와 어긋나지 않기 때문이다.

2. 대중 관계

중국이 인도에 접근하는 이유는 다양하다. 미국의 일방주의와 미국-인도 간의 협력관계를 견제한다는 기본적인 목표 이외에도 남아시아 지역의 안정을 꾀하고, 경제협력을 제고 한다는 부차적인 목표를 달성하기 위해서이다. 이를 위해 중국은 러시아와 함께 인도와 3국 협력을 강화하고, 양국간의 국경 문제해결을 적극적으로 나서면서 군사협력도 확대해 나가고 있다. 또한 최근에는 에너지 개발 부문에서도 상호협력을 증진하면서 인도의 유엔 상임이사국 가입을 지지하겠다고 밝혔다. 2008년 1월 인도 총리가 중국을 방문했을 때 양국이 발표한 공동성명서에 인도의 유엔 안보리 상임이사국 진출에 대한 이해를 명시했다. 또한 양국은 경제협력을 강화하기 위해서 국가적 범위를 뛰어넘어 지역 간의 무역협정(*Regional Trade Agreement*) 체결을 서두르고 있다.

중국이 인도와 경제협력을 강화하고 군사합동훈련까지 실시하는 것은 일차적으로 미국과 인도간의 협력을 견제하고 미국의 일방주의를 저지하기 위한 목표가 있다 하겠다. 동시에 낙후된 동부지역 개발을 위해 한반도의 안정을 추구하는 것처럼 서부지역 개발을 위해서 인도와의 화해협력이 필수적이라고 보고 있다. 또한 전통적 라이벌 국가인 인도와 함께 협력을 강화해 나감으로써 국제사회에 책임 대국적 이미지를 부각시키는 효과도 가져올 수 있다고 판단하고 있다.

중국의 대(對)인도 관계는 화평발전론(和平發展論)에 입각하여 우호증진·주변안정·경제협력이라는 3대 원칙에 따라 전개되고 있다. 2002년 말부터 중국은 자국의 현대화를 위해서 안정된 국제환경이 필수적이라고 판단하고 화평굴기(和平屈起)라는 외교논리를 펼쳤다. 이에 따라 중국의 원자바오 총리는 2005년 4월 인도를 방문하여 만모한 씽 인도 총리와 정상회담을 갖고 양국 간의 '평화와 번영의 새로운 시대'를 천명하는 공동선언문을 채택했다.

이로써 지난 40여 년 동안 불편한 관계를 보였던 양국의 24억의 인구가 전략적 협력관계를 구축하기로 합의하였다. 양국 총리는 해묵은 과제인 국경문제도 상호 동등한 안보 원칙에 따라 평화적이고 우호적인 방법으로 해결하기로 하였다. 이에 따라 양국은 군사적 긴장완화를 위해서 국경지역에서 대규모 군사훈련을 자제하고 주둔군 간부들이 수시로 회동하여 상호 신뢰를 구축해 나가기로 했다. 국경문제에 대한 양국 간의 입장은 2008년 1월 인도 총리의 중국 방문에서 재확인되었다.

이와 같은 중국의 대 인도 접근은 경제 부문에서도 큰 성과로 이어졌는데, 양국은 1962년 중국-인도 전쟁 이후 계속해서 폐쇄되었던 인도의 시킴(Sikkim)과 중국의 티베트를 잇는 나투라(Natura) 고갯길을 통한 국경무역을 재개하기로 한 것이다. 해발 4545미터의 고지(高地)에 위치한 나투라는 인도와 중국을 잇는 고대(古代) 실크로드(*Silkroad*) 대동맥의 하나였다. 인도와 중국 간 국경관문의 하나인 나투라가 재개됨으로서 양국의 인적·물적 교류가 활성화 될 것이 분명해 보인다. 특히 중국이 베이징에서 티베트 라싸까지를 잇는 칭짱(青藏)철도를 개통함으로써 나투라를 통한 양국 간의 교류는 빠르게 진척될 것이다.

나투라를 통한 양국 간의 무역은 중국의 상하이(上海)에서 인도 콜카따(Kolkata)까지 이동하는 해상 물류비용을 20퍼센트 이상 절감할 수 있을 것으로 기대하고 있다. 이러한 경제적인 효과 이외에도 중국은 군사적 측면에서도 파키스탄을 통하지 않고도 육로를 통해서 남아시아로 진출하는 중요한 교통로를 확보하게 되었다. 나투라 고갯길 개통식은 2006년 7월 6일 티베트 야둥(亞東)에서 중국과 인도 양국의 고위 관리들이 참석한 가운데 열렸다. 나투라를 통한 인도와 중국 간의 국경무역이 재개되면서 야둥에는 인도와 직거래할 수 있는 농업무역시장도 개장되었다.

중국은 여기에서 만족하지 않고 인도와 경제협력을 강화하기 위해서 인도에 자유무역협정을 적극 제안했다. 양국의 산업 구조적 측면에서 중국은 제조업에서, 인도는 IT(정보기술) 관련 서비스업에서 강점이 있음을 내세워 양국의 지역 간 무역협정(RTA)이 양국 경제에 상호 보완적으로 작용할 것이라고 강조하고 있다. 이런 중국의 노력으로 그 동안 RTA에 회의적이었던 인도가 RTA에 적극성을 보이고 있다고 쑨위시(孫玉璽) 인도 주재중국대사가 밝혔다. 그는 2005년 12월 "양국 간 지역무역협정에는 52개 항목이 해당 된다"고 밝히고 두 나라는 전략적 비즈니스 협력관계를 구축하고 장기적으로 상대국에서 생산기지를 건설하는 방향으로 나가게 될 것이라고 설명했다. 쑨위시 대사는 또 지역무역협정은 국방 분야와 석유·가스 등의 에너지·서비스·제약·과학기술·소프트웨어와 하드웨어 개발 등을 포괄한다고 말했다.

중국의 적극적인 입장에도 불구하고 중국-인도 양국 간의 FTA 협상은 인도의 수동적이고 소극적인 태도에 따라 큰 진전을 보지 못하고 있다. 만모한 씽-원자바오 간의 양국 정상회담에서도 획기적인 합의는 이루어지지 못했다. 인도는 아직은 중국과 FTA를 체결할 단계가 아니라고 보고 있나. 인도는 산업구소석인 측면에서 자국의 제조업 기반이 취약한 상태에서 중국과 FTA를 체결할 경우 중국산 공산품이 대량으로 유입되어 자국의 제조업 기반이 와해될 것이라고 우려하고 있다. 중국은 인도에 전기·기계·장비 등을 비롯하여 완구와 의류 등 다양한 분야에서 많은 품목을 수출하고 있는 반면에 인도는 중국에 철광석 등 원자재를 주로 수출하고 있다. 이러한 수출구조 때문에 인도의 다양한 산업단체에서는 중국과의 FTA 체결을 반대하고 있다. 이러한 난제가 있음에도 불구하고 인도와 중국 간의 경제교류는 최근 급증하고 있다. 1999년 20억 달러를 넘지 못한 양국의 교역량이 2005년 187억 달러로 급증하였으며, 2007년에는 387억 달러로 뛰어 올랐다. 인도-중국 양국의 교역이 빠르게 확대되자 양국은 2008년 정상회담에서 2010년까지 양국의 교역 목표치를 기존의 400억 달러에서 600억 달러로 상향 조정하였다.

중국은 인도와의 관계강화를 위해서 인도가 염원하는 유엔 안보리상임이사국 지위확보에 대해서도 적극 나서고 있다. 중국은 2005년 4월 인도와의 정상회담에서 인도의 유엔 안보리상임이사국 지위에 대해서 인도가 더 큰 역할을 수행하기 바란다는 다소 애매한 기존 입장을 버리고 인도와의 '전략적 협동파트너'라는 관계를 더욱 돈독히 한다며 인도의 유엔 안보리상임이사국 지위를 지지하였다. 2008년 1월 양국의 정상회담에서 발표한 '21세기 공동전망'이라는 제하(題下)의 공동성명에서도 중국은 인도의 유엔 안보리상임이사국 지위가 합당하다는 입장을 명시하였다.

이로써 중국은 미국이 인도에 내세우는 중국 위협론이나 견제론 또는 인도의 전통적인 경쟁의식을 무마하려 하고 있다. 중국이 이렇게 적극적으로 인도와 협력을 추구하는 것은 극동지역을 담당하던 미국-일본 간의 군사동맹이 중동에서 동북아를 담당하는 역외(域外)동맹으로 발전할 가능성이 있기 때문이기도 하다. 이 안보벨트를 잇는 축이 중동과 동북아의 중간에 위치한 인도가 될 경우 중국은 고립을 면하기 어렵다고 판단하고 있는 것이다. 이러한 견제와 고립정책의 예상되는 피해를 막기 위해서 중국은 최근 인도와 에너지 개발협력을 강화해 나가면서 미국으로부터 직·간접적인 압력을 받아온 수단·이란·시리아 등 중동지역의 강성국가들을 끌어들임으로써 영향력 확대를 모색하고 있다. 이들 세 나라는 핵개발의 우려와 무장테러단체 지원 및 인권 유린 등의 이유로 미국 등 서방세계의 감시대상이 되어 왔다.

인도의 석유천연가스공사(*Oil & Natural Gas Corporation Ltd.*)와 중국의 석유천연가스그룹(*China National Petroleum Corporation*)의 합작회사가 시리아 석유업체 알프라트석유공사(*Al Furat Petroleum Co.*)의 지분 일부를 공동으로 인수했다. 이와 같은 인도와 중국 양국 간의 협력은 이미 수단의 에너지사업 분야에서 시작되었다. 에너지 안보분야에서 인도-중국 양국의 협력은 2005년 12월 인도양에서 실시된 해상 합동훈련으로 증명되었다. 이번 합동군사훈련은 호르무즈(Hormuz) 해협에서 인도양을 거쳐 말라카(Malacca) 해협으로 이어지는 인도 께랄라(Karala) 주(州) 인근의 코친(Cochin) 근해에서 실시되었다. 중국은 에너지 안보측면에서 중동(中東)지역으로부터 남중국해로 이르는 원유의 안전한 해상수송로 확보가 매우 중요하다. 이를 위해선 인도양에서의 인도와의 긴밀한 협조가 필수적이다. 중국과 인도는 2003년에 이미 상하이(上海) 근해에서 합동군사훈련을 실시한 바 있다.

인도는 최근 중국과 경제협력을 중심으로 양국관계를 강화해 나가면서 기회가 있을 때마다 중국이 우려하는 대(對) 중국 위협론이나 견제론은 잘못된 것이라는 점을 강조하고 있다. 인도 총리는 2008년 1월 중국 방문에서도 같은 입장을 밝혔다. 인도는 특히 중국이 우려하는 미국-일본-호주-인도 이어지는 4각 연대가 중국견제를 위한 네트워크가 아니라고 강조하고 있다. 인도의 안정과 발전을 위해서는 중국과의 관계 개선이 필수 불가결하다는 입장을 표명한 것이다.

인도가 중국과 주요 관심사항 별로 양국관계를 강화해 나가고 있지만, 여전히 국경문제와 같은 근본적인 문제가 해결되지 않은 상태에서 양국이 전략적 동반자 관계로 발전하기에는 한계가 있다고 하겠다. 양국은 원칙적으로 국경문제를 평화적으로 해결하기로 합의했으나 국경문제는 여전히 양국 간의 관계증진에 장애가 될 소지가 다분하다. 인도 총리는 2008년 1월 중국으로부터 귀국 직후 90만 평방km를 인도가 불법으로 점유하고 있다고 중국이 주장해 온 아누나잘 쁘라데쉬를 방문했다. 이곳에서 씽 총리는 아누나잘 쁘라데쉬는 '해가 뜨는 인도 고유의 땅'이라고 주장하면서 대규모 투자를 공약하여 중국 정부의 강력한 항의를 받았다. 인도가 최근 이곳에 관심을 집중하는 이유는 석유를 비롯한 다양한 천연자원이 매장되어 있기 때문이다. 뿐만 아니라 인도는 낙후된 동북부 지역의 발전시킨다는 계획을 가지고 있다. 향후 인도가 동북부 저개발 지역을 본격적으로 개발하기 시작한다면 양국의 국경문제는 다시 불거져서 양국관계를 급냉(急冷)시킬 가능성도 있다.

3. 대일 관계

일본 역시 다양한 대(對)인도 접근정책을 구사하고 있다. 일본은 중국을 견제하고, 에너지 수송로의 안전을 확보하며, 경제협력을 강화하는 등의 국가적 목표달성을 위해서 인도 카드를 활용하고자 한다. 이를 위해서 일본-인도 간의 군사협력을 강화하고, 나아가서 인도의 유엔 안보리상임이사국의 지위를 적극적으로 지지하고 있다. 일본은 최근 인도의 요청을 받아들여 그동안 공적개발원조(ODA) 위주의 대(對)인도 경제협력을 투자와 무역 활성화로 방향전환을 추진하고 있다. 인도 상공장관 까말 나트(Kamal Nath)는 2005년 3월 모리(Mori) 전 일본 총리가 배석한 한 심포지엄에서 일본에 ODA 위주의 대(對)인도 경협으로부터 직접투자(FDA) 형태로 전환해 줄 것을 일본정부에 요청한 바 있다. 일본이 대 인도 교역 증대와 투자활성화를 모색하고 있는 또 다른 배경은 그동안 인도에 많은 ODA를 지원해 왔음에도 불구하고, 한국에게 인도시장을 선점(先占)당한 상태에서 새롭게 인도시장에 진입할 필요성을 인식했기 때문이다.

일본은 중국을 견제하고 중국의 영향력 확대를 저지하기 위한 한 수단으로 인도와 긴밀한 관계를 모색해 왔다. 이에 대한 좋은 예가 2005년 12월에 개최된 제1차 동아시아정상회의(EAS: *East Asia Summit*)를 둘러싼 중국과 일본의 입장 차이다. 중국은 동아시아공동체에 대해 '아세안+3'이 기본이라고 생각한 반면 일본은 '열린 지역주의'를 전제로 민주국가인 인도는 물론 호주와 뉴질랜드도 포함시키고자 했다. 여기에는 당연하게 미국의 입장을 반영한 측면도 있다. 일본은 베트남과 인도네시아와 함께 동아시아정상회담에 인도를 영입함으로써 동아시아 주도권을 장악하려는 중국의 의도를 부분적으로 제어(制御)하는데 성공했다고 할 수 있다.

일본의 이러한 대 중국 견제는 일본의 전임 외상 아소 다로의 2006년 새해 첫 해외 순방에서도 잘 나타나 있다. 아소 다로 외상은 1월 3일부터 3일간 인도를 방문하여 유엔 안보리상임이사국 공동 진출방안을 모색하는 동시에 중국을 견제하기 위한 방안으로 양국 간 외무장관급 '전략적 대화' 창구를 신설하고 국방장관의 상호 방문을 제안했다. 일본은 최근 중국과의 관계 정상화를 추구하면서 2008년 5월 후진타오의 주석의 일본 방문을 계기로 양국 간의 관계를 '전방위적 협력관계'로 발전시키기로 합의하였다. 동시에 일본은 인도와의 군사안보협력을 강화하려는 것이다.

인도는 일본이 해양으로 뻗어나가고 에너지 안보를 확보하는 측면에서도 매우 중요한 파트너가 되고 있다. 에너지 자원의 대부분을 중동 지역에 의존하고 있는 일본으로서는 에너지 자원이 수송되어오는 국제해로를 안전하게 지키는 것은 국가의 사활이 걸린 문제이다. 이를 위해 일본은 인도와 해상 합동군사훈련을 실시하는 등 해군 협력을 강화해 나가고 있다. 특히 중국과는 동중국해에서 해상(海床) 가스 시추로 인한 마찰을 빚고 있는 상황에서 에너지 안보는 인도와 긴밀한 협력을 지속해 나가야할 일본의 국가적 목표가 되고 있다.

일본은 1994년 중국이 인도양 진출을 위해서 미얀마의 코코제도(*Coco Islands*)에 레이더 시설을 갖춰 놓고 해양 수송로를 감시하기 시작하자 중동에서 말라카 해협을 통과하는 자국의 원유수송 안전에 위협을 느끼게 되었다. 이러한 위협은 최근 중국이 호르무즈(Hormuz) 해협과 인도양 사이의 아라비아 해(海)에 자리 잡고 있는 파키스탄의 과다르(Gwadar) 항구(港口) 건설비용 2억 4,800만 달러 중 80퍼센트를 투자하여 자유이용권을 확보하고, 벵골 만(灣)에 위치한 방글라데시의 치타공(Chittagong) 항구 확장공사도 지원하면서 더욱 심화되고 있다.

중국이 파키스탄의 과다르 항구 사용권을 확보했다는 것은 중국의 해양 전략이 바뀌고 있다는 것을 보여주는 것이다. 중국의 해양 전략이 벵골 만과 말라카 해협을 감시하고 동남아 전 지역을 관장하는 기존의 일항(一港)전략으로부터 호르무즈 해협과 인도양까지 감시하고 진출하려는 이항(二港)전략으로 전환했다는 것이다. 이는 중국이 인도양에서부터 북태평양까지 안보 벨트를 구축하려는 미국의 전략으로부터 탈피하려는 의도도 있다고 볼 수 있다. 이렇게 중국이 이항전략을 추구하고 일본의 에너지 수송 안전을 위협할 수 있는 상황이 되자 인도양을 지배하고 있는 인도는 일본의 생존전략에 필수적인 동반자로 부상하게 된 것이다.

호르무즈 해협과 인도양을 감시하는 중국의 이항전략은 인도에게도 큰 위협이 되고 있다. 이에 인도는 미국-일본-호주와 연대하여 2007년 9월 4일부터 나흘간 인도양 벵골 만에서 합동 군사훈련을 벌였다. 이 훈련은 표면상으로는 참가국 해군 간의 의사소통과 공조(共助)를 통해서 전투능력을 제고하는데 그 목적이 있다고 하지만, 근본적으로 중국을 견제하기 위한 전략적 의도를 배제할 수 없다. 이러한 인도의 입장은 최근 인도의 해양안보정책의 변화에서도 알 수 있다. 인도는 2004년 4월 26일 기존의 해양안보 영역을 기존의 해안선 방어로부터 페르시안 걸프(*Persian Gulf*) 지역에서 말라카 해협까지 인도양 전체로 확대한 바 있다.

인도는 자국의 경제발전과 동아시아 지역협력을 활성화시키기 위해서 한국과 중국을 이용하여 일본과 우선적으로 FTA를 추진하겠다는 전략을 추구하고 있다. 인도가 동아시아 지역 국가들과 FTA를 추진할 경우, 후속 파급효과가 가장 큰 나라는 일본이 될 것으로 분석되고 있다. 한국이나 중국 등 여타 국가에 비해서 파급효과가 상대적으로 크기 때문에 인도는 일본과 FTA를 가장 먼저 추진해야 될 상황이다. 그러나 일본이 인도와의 FTA 추진에 소극적이자 인도는 한국과 먼저 포괄적경제동반자협정을 추진함으로서 일본에 위기 위식을 고취시켜 일본을 자극한다는 전략을 구사하였다. 그 동안 일본은 인도에 많은 공적개발원조(ODA)를 지원해 왔음에도 불구하고 한국이 인도시장을 선점하자 더 이상 인도 시장에서 한국에 밀릴 수 없다는 판단에 인도와 FTA협상을 진행하고 있다.

이와 더불어 인도는 일본이 FTA 협상에 적극적으로 임하도록 중국 카드도 활용하고 있다. 중국과도 FTA를 체결하겠다는 공식 입장을 유지하면서 일본을 자극하고 있는 것이다. 중국이 인도와 먼저 FTA를 체결할 경우 양국이 아시아 역내에서 주도권을 형성해 나갈 것이며 상대적으로 일본과 미국의 영향력은 약화될 우려도 있기 때문이다. 이에 일본은 최근 인도의 요청을 받아들여 그동안 ODA위주의 경제협력을 투자 및 무역 활성화로 방향전환을 추진하면서 인도와의 자유무역협정을 서두르고 있다.

일본이 대 인도 경제협력을 강화하려는 의도는 2007년 8월 21일 아베(Abe) 총리의 인도 방문으로 명확하게 드러났다. 아베 총리는 250명의 경제사절단을 대동하면서 인도에 델리-뭄바이 간의 산업벨트와 화물전용 철도 건설 등 대규모 인프라 투자를 제안하였다. 뿐만 아니라, 아베 총리는 인도와 매년 국방정책회담 개최와 인도의 원전 및 원전용 핵연료 공동개발에 합의하는 등 경제·정치·안보 등 다방면에서 상호협력하기로 합의한 바 있다. 일본과 인도 양국은 또한 2007년 양국 간 '우정의 해'를 맞이하여 다양한 문화행사를 개최하는 등 민간교류도 활성화하고 있다.

Ⅳ. 끝맺음 말: 한국의 대 인도 접근방안

최근 인도의 외교정책은 국토안보·경제성장·에너지안보·핵능력제고·국가위상 강화라는 5대 목표를 세워 놓고 있다. 대외관계에서 이러한 목표를 달성하기 위해서 인도 정부는 이슈별로 각국과 관계강화에 집중하고 있다. 미국·중국·일본과의 관계에서도 마찬가지다. 최근 미국은 인도 외교정책의 5대 목표의 선언적 가치를 공감하면서 인도와 긴밀한 협력관계를 유지하고 있다. 중국은 인도의 외교정책 목표에 대해서 대부분은 원칙적으로 동의를 하면서도 일부는 실질적으로 반대를 하고 있다. 이와는 별개로 경제 분야에서는 협력을 강화하고 있다.

그러므로 인도와 중국의 관계는 태생적인 한계를 내포하고 있는 셈이다. 반면에 일본은 인도와의 관계에서 미국의 대 중국견제 정책을 이용하고 있다. 나아가서 인도의 유엔 안보리상임이사국 진출을 지지하고, 중국을 견제하면서 민주주의를 확산한다는 등의 공동의 목표를 가지고 있다. 이와 동시에 일본은 인도와 경제협력은 물론 군사안보분야에서도 협력을 강화하고 있다. 일본은 특히 인도의 제2단계 동방정책에 적극적으로 호응하면서 대 인도 외교관계 강화에 비중을 두고 있다.

이러한 상황에서 한국은 인도의 주요 외교목표 중 경제성장에만 적극적으로 부합해 왔다. 국토안보와 에너지 안보면에서는 부분적인 협력을 하고 있고, 핵능력 제고와 유엔 안보리상임이사국 진출 등 인도의 국가위상 강화에는 입장표명을 보류하거나 소극적으로 반대 입장을 취하고 있다. 따라서 일본과 비교해서 향후 한국과 인도와의 관계 증진은 한계를 드러낼 가능성이 있다.

한국은 그동안 인도가 추진한 동방정책을 적극적으로 활용하지 못하고, 단지 투자를 중심을 한 경제협력에 초점을 두었다. 또한 한국은 인도와의 정치 안보분야에서의 적극적이고 능동적인 관계증진을 도모하지 못하고 중국과 일본의 대 인도 정책에 편승하여 정치 안보관계를 개선해 왔다고 볼 수 있다. 그러므로 한국은 향후 인도와의 관계증진을 위해서 최근 인도 정부의 5대 외교목표를 잘 이해하고 현실적으로 인도와 가치를 공유할 수 있는 방안을 모색해야 할 것이다.

무엇보다 먼저, 한국이 인도와 구체적이고 실질적으로 협력할 수 있는 분야는 경제 분야이다. 한국은 인도와 포괄적경제파트너협정을 조속히 체결할 수 있도록 외교력을 발휘해야 할 것이다. 현재 한국과 인도 간의 포괄적경제파트너협정에 대한 협상이 마무리 단계에 와있으나 조속한 타결을 위해서는 초기에 많은 것을 얻기 보다는 싱가포르처럼 점진적으로 양보를 얻어 내는 단계적 시장개방 전략을 고려해 볼 필요가 있다.

경제협력 분야에서 한국이 인도와 구체적인 협력을 강화해야 될 분야는 인도 농촌개발이다. 인도 정부는 자국의 농촌발전을 위해서 저온

저장시설과 식품가공기술 등 구체적인 사안에 대한 협조를 미국에 요청해 놓고 있는 상태다. 특히, 경제개혁 이후 도농(都農) 간의 격차가 심화되면서 인도 연방정부는 최근 적극적으로 농촌개발에 나서고 있다. 이에 한국은 농촌개발에서 중요한 역할을 했던 새마을 운동의 경험을 인도에 전수하여 상호협력 방안을 도출해 낼 필요가 있다. 씽 총리는 한국 학자와의 인터뷰에서 한국의 새마을 운동의 성공을 잘 이해하고 있다며, 이에 대한 경험을 전수받기를 원한다고 했다.

둘째로 한국이 대 인도 관계강화를 위해서 취할 수 있는 방안의 하나로 인도 정부가 취하고 있는 자국의 국제적 위상강화에 대한 노력을 공유하는 것이다. 이를 테면, 인도가 유엔 안보리상임이사국 지위를 확보하고 APEC에 가입할 수 있도록 정부 차원의 적극인 지지를 표명하는 것이 필요하다. 국제적 위상 강화를 위해서 인도는 현재 유엔 안보리 상임이사국 지위를 갖기를 염원하고 있기 때문이다. 이에 한국은 일본과는 차별적으로 인도의 유엔 안보리상임이사국 지위를 지원하는 외교적 방안을 발굴해야 할 것이다. 한국은 유엔의 상임이사국 체제를 개편함에 있어서 연임 가능한 비상임이사국체제를 지지하고 있다. 그러므로 인도가 상임이사국이 된다면, 우리에게 중국과 일본을 견제하는 효과를 가져올 수도 있을 것이다.

인도의 동아시아 지역정책의 중요한 목표 중의 하나는 APEC가입이다. 인도는 APEC에 가입하기 이전인 2005년에 이미 동아시아정상회담(EAS)의 정회원국이 되었다. 당시 중국은 이에 반대했지만, 미국이 지원하고 일본이 전면에 나서면서 인도·호주·뉴질랜드 등 3개국이 동시에 EAS에 가입하게 되었다. 일본이 중국을 견제하며 동시에 인도의 호감을 사는 외교력을 발휘하여 실익을 챙기고 있는 시점에서 한국도 인도의 APEC가입을 공개적으로 지지하면서 미국을 비롯한 주요 회원국들을 설득하는 외교적 제스쳐를 취할 필요가 있다. APEC 가입에 대한 인도의 의지가 이미 미국·일본·호주에 반영되고 있기 때문에 한국은 이를 잘 활용하여 중추적 역할을 수행할 수 있는 방안을 다각적으로 모색하여야 할 것이다.

한국은 인도와 평화적 원자력에너지 협력을 추진할 필요성이 제기된다. 미국 등 세계 주요 국가들이 인도와의 원자력에너지 협력에 관심을 보이고 있는 상황에서 한국도 인도와 평화적 원자력 에너지 협력을 추진할 필요성이 있다. 인도에 핵연료나 장비를 판매할 수 있는 영국·프랑스·독일 등은 이미 미국과 인도간의 핵 협정을 환영하고 있음을 염두에 둘 필요가 있다. 경제발전과 함께 에너지 수요가 급증하고 있는 상황에서 인도의 경우 원자력이 차지하는 비중은 전체 전력생산의 3퍼센트에 지나지 않는다. 이 때문에, 인도 정부는 2020년까지 원자력 발전량을 2만 메가와트로 증대시킬 계획을 가지고 있다. 한국은 또한 인도와 청정에너지 개발 분야에서 협력할 수 있다. 양국은 석유 등 화석연료에 대한 협력은 추진하고 있지만, 태양열과 같은 청정에너지 자원에 대한 협력을 등한시 하고 있다. 인도는 일조량이 많은 나라로서 태양열 에너지 공동연구는 향후 한국-인도 간의 협력증진에 주요 이슈로 등장할 수 있다.

끝으로, 한국은 대 인도 외교관계 강화를 위해서 중앙정부뿐만 아니라 인도의 주요 주정부들과의 실질적인 협력관계 강화에도 관심을 가져야 할 것이다. 인도에서 주 정부는 외국인 직접투자측면에서 실질적인 대화 상대이기 때문이다. 이에 대한 대표적인 예가 1993년 마하라쉬트라(Maharashtra) 주(州)와 세계적인 에너지 기업인 엔론 간의 전력 구매협정이다. 마하라쉬트라 주 이외에 인도의 많은 주들도 외국으로부터 투자유치를 적극적으로 추진하고 있다. 안드라 쁘라데시(Andhra Pradesh), 서(西)벵갈(West Bengal), 구저라트(Gujerat) 등이 대표적인 주들이다. 이러한 인도의 특성을 감안하여 인도의 자존심을 세워주면서 한국은 적극적으로 인도와의 관계강화에 나서야 할 것이다.

제 9 장

인도네시아의 비동맹 외교정책

I. 시작하는 말

동남아의 해양부에 위치한 인도네시아는 2억 4천만 명의 인구(2007년)와 17,508개의 크고 작은 도서(島嶼)로 이루어진 190만㎢의 국토가 580만㎢의 내해(內海)에 펼쳐져 있는 세계 최대의 해양국가이다. 4세기에 걸친 외세(外勢)에 의한 식민통치를 끝내고 2차 세계대전 후에 독립한 인도네시아는 인구·국토·자원 등 전통적인 의미의 대국(大國)적 요소 이외에도 아시아 대륙과 호주 대륙을 연결하고 인도양과 태평양을 잇는 양호한 지정학적 이점(利點)을 가진 나라이다. 이를 바탕으로 제2차 세계대전 이후 전개된 냉전체제 하에서 인도네시아의 수카르노(Soekarno)는 동서(東西) 간의 이데올로기 경쟁관계를 이용하여 비동맹(非同盟)의 중추로서 반(反)식민주의·반(反)제국주의 외교노선을 성공적으로 구축하였다. 이 과정에서 수카르노는 무력대결 없이 이리안(Irian)을 해방할 수 있었고, 나아가서 다종족·다문화 국가인 인도네시아의 국가와 국민적 통합을 이끌어 내는데 중요한 역할을 하였다.

그러나 인도네시아는 수하르토(Soeharto) 대통령의 집권기간(1967-1998)

중 30년 동안 이끌어 온 신질서(Orde Baru: *New Order*) 정부의 외교정책은 별 다른 특징을 가지지 못하였다. 이러한 견해는 수하르토의 전임자인 수카르노 집권기간(1950-1965)의 다양하고 흥미로운 외교정책과 크게 비교되기 때문이었다. 수하르토도 전임자처럼 비동맹 중립노선을 내세웠으나, 국민경제 회생(回生)이라는 신(新)정권적 국정과제로 인하여 친(親) 서방정책을 구사하지 않을 수 없었다. 수하르토에게 경제개발정책을 수카르노의 외교적 업적과 함께 동시에 발전적으로 계승해 나가기에는 너무도 과중한 부담이었다. 이로써 인도네시아 외교정책은 경제정책에 밀리게 되었고, 외교정책 분야의 무관심은 국제사회에서 이 나라의 국제적 위상을 정체시키거나 혹은 퇴보시키는 결과를 낳았다.

인도네시아의 외교정책은 80년대 중반 이후 비동맹 세계를 중심으로 활기를 되찾고 있는 것으로 파악되었다. 지난 50년대 중반 비동맹의 중추의 하나였던 인도네시아는 수하르토의 신질서 정부가 들어 선후 오랫동안 외부 세계에 대해서 '불분명한 태도'로 일관해 왔다. 그러므로 80년대 중반 이후 인도네시아의 외교정책은 불분명한 태도로부터 '자신감 있는 태도'로 전환하였으므로 당연히 국제사회의 관심을 불러일으키게 되었다. 이 나라의 외교정책은 핫타가 만든 외교정책의 기본적 틀을 바탕으로 수카르노 시대의 급진적인 외교정책과 수하르토 신질서 정부의 비교되는 전·후반기 외교정책 등 인도네시아의 외교정책은 단계적으로 변화해 왔다.

그러나 집권 말기에 동아시아를 강타한 외환위기로 부패한 수하르토 정권이 붕괴되면서 인도네시아 외교정책에도 새로운 시련기를 맞게 되었다. 쟈카르타 문민정부는 서둘러서 경제위기 극복을 위한 경제외교를 최우선의 과제로 설정하였다. 국민경제의 안정과 나아가서 5개년경제개발계획(Repelita)을 지속적으로 실행하기 위해서는 IMF와 대인도네시아원조그룹(CGI: Consultative Group on Indonesia) 등 국제금융기구의 금융지원이 절대적으로 필요했던 까닭이다. 경제외교 못지않은 당면 과제로 인도네시아는 대내적 결속에 외교정책을 적극 활용해야할 필요성이 대두되었다. 동티모르의 분리독립을 계기로 지방정부의 자치권 확대요구와 분리주의자들의 반정부 활동으로 국론통일과 영토보존 등 정권 차원의 국내문제 해결을 위해서 국제사회의 보장이 절실했기 때문이었다. 이를 위해서 인도네시아는 냉전체제 이후의 새로운 국제질서에 적극적으로 동참하면서 아세안을 중심으로 역내 협력 체제를 강화하고, 범세계적인 이슬람국가 간의 유대강화에도 적극성을 띄는 등 전방위적이며 다원적인 외교정책을 구사하게 되었다.

II. 핫타의 독립과 능동의 외교정책

인도네시아의 외교정책은 전통적으로 국내문제부터 시작되며 이 나라의 독창적인 역사적·문화적·정치적 경험을 반영하여 결국에는 국가정책의 한 부분으로 드러나게 된다는 특징을 가지고 있다. 인도네시아인들은 외교정책이란 반드시 국가이익을 반영하고 후원해야 한다고 믿어 왔다. 그리고 외교정책은 또한 반드시 질서 있게 수행되어야 하며, 다양한 정치적·사상적·문화적 차이라는 장애를 극복하고 모든 국민이 공유할 수 있는 이데올로기적(的) 가치와 이를 위한 원칙들, 그리고 정치 지도자들의 약속에 근거해야 한다는 것이다.

이러한 점들이 정치적·외교적으로 인도네시아를 국제사회에서 독창적으로 만들지 못하였다. 이 나라는 '반(反)제국주의'와 '독립과 능동'이라는 두 가지 외교정책의 기본원칙을 지켜 나왔다. 독립 이후 여러번 국내정치의 대변혁을 경험하면서 외교정책 수행과정 역시 변화를 겪었다. 그러나 근본적으로 이러한 변화들은 항상 앞서 말한 두 가지 기본원칙의 틀 안에서 가늠되었다.

인도네시아의 강한 반제국주의와 독립과 능동이라는 외교정책은 이 나라의 독립 투쟁의 역사에 기원을 두고 있다. 인도네시아는 1945년 8월 17일 수카르노와 핫타(M. Hatta)에 의해서 독립이 선언되었다. 그러나 이들 두 민족주의자들이 내세운 인도네시아 공화국정부는 국제사회의 즉각적인 승인을 받지 못했으며, 인도네시아를 재(再)식민통치 하려던 네덜란드에 대항하여 '처절한 독립투쟁기'를 경험해야 했다.

이 시기에 수카르노와 핫타의 정부는 광범위한 대내외적 도전에 완전히 노출되어 있었다. 일본의 식민통치기간(1942-1945) 동안 식민정부와의 유화적 관계를 유지했던 이들 두 지도자는 독립 후 인도네시아 사회로부터 당연하게 지지를 받지 못했다. 실제로 이들 공화국정부의 영향력이 미친 범위는 수도 쟈카르타 일원에 국한되어 있었다.

국제사회의 지지도 또한 대내적 영향력 수준이었다. 2차 세계대전을 승리로 이끈 미국이 1948년 12월 말까지 공개적으로 연합국의 일원인 네덜란드를 외교적으로나 군사적으로 지원하였기 때문에 인도네시아 공화국정부에 대한 국제사회의 지지와 지원은 지극히 한정적이었다. 그러므로 이 시기에 인도네시아의 독립투쟁은 거의 전적으로 자력에 의해서 전개되었다.

이와 같은 투쟁의 경험으로부터 독립 초기 인도네시아의 지도자들은 독립이란 개인의 희생을 담보로 한 혁명을 통해서만 보장받을 수 있다는 사실을 터득하였다. 이러한 확신은 1947년 7월과 1948년 12월의 식민정부를 재(再)가동하기 위한 네덜란드의 군사행동이 전개된 후 더욱 굳어지게 되었다.

외교적인 측면에서, 네덜란드와의 힘겨운 협상과정은 인도네시아의 독립승인을 연기하기 위한 서구열강의 정치적 게임이었다는 불쾌한 인상을 남겼다. 네덜란드가 강점(强占)하고 있던 점령지로부터 철수하라는 반복된 요구에 대해서 식민지 민중들의 자결권을 주장해 온 미국과 일부 유럽 국가들은 인도네시아의 입장을 지지해 줄 것이라는 희망이 좌절되었던 것이다. 후일, 미국이 네덜란드로 하여금 이리안으로부터 철수하라는 직접적인 압력과 함께 국제적인 여론을 조성했을 때도 초기의 불유쾌한 인상 때문에 인도네시아 지도자들의 관심을 끌지 못하였다. 그러므로 네덜란드의 인도네시아에 대한 완전독립 허용도 미국 등 국제사회의 압력 때문이 아니라 인도네시아 민중의 강력한 저항 때문이었다고 보는 것이다.

이 시기의 경험으로부터 인도네시아는 2차 세계대전 이후 국제사회에 대한 이미지를 형성하였다. 서구 열강들의 '달면 삼키고 쓰면 뱉는다'는 식의 태도와 인도네시아 독립에 대한 무관심은 이 나라가 외교정책의 기본 요소로 반(反)식민주의에 대한 신념을 더욱 확고하게 가지도록 만들었다.

인도네시아가 형식적인 독립을 취하고 있던 이 시기의 국내적 도전은 국내 정치엘리트들 간의 정치적 견해 차이에서 비롯되었다. 이들의 극복할 수 없는 견해 차이는 혁명시기(1945-1949)를 거치면서 속속 드러나게 되었고, 외교정책에 큰 관심을 두었던 의회민주주의 경험기(1950-1957) 동안 더욱 뚜렷해졌다.

인도네시아 공화국정부의 지도자들은 개인적인 능력과 민중의 지지도를 바탕으로 부각된 것이 아니었다. 그러므로 다양한 과정을 통해서 이들의 정치적·도덕적·이념적·종교적인 경험과 식견들이 검증되어야 했다. 외교정책에 있어서도 검증되지 않은 정치권의 이들 경쟁자들은 어떻게 네덜란드에 대항하며 국제사회에서 인도네시아의 독립성을 어떻게 부각시키느냐 하는 문제로 심각한 의견충돌을 일으키기가 일쑤였다. 정권 창출의 정통성도 없고, 통치능력도 물리적 통제력도 가지지 못하고 있던 공화국정부가 통치권을 행사하여 네덜란드와 협상하는 과정은 당연하게 엄청난 대내외적인 압력과 시련의 연속이었다.

이러한 정치적 압력들은 종종 인도네시아 측의 일방적인 양보를 강요하였고, 어떤 타협도 결국 각료들의 실각을 초래하는 강한 국내적 반발을 불러 일으켰다. 예를 들면 샤흐리르(Sjahrir)내각은 1947년 6월 링가쟈티(Linggajati)협정 직후에, 그리고 샤흐리르의 후임자인 샤리푸딘(Amir Sjarifuddin) 역시 1948년 1월 렌빌(Renville)협정에 대한 비준 실패가 원인이 되어 실각했다.

자본주의와 공산주의의 양대 세력에 의한 냉전이 격화되고 있던 국제정세 속에서 인도네시아의 국제사회에서의 위치와 독립성을 정의하는 문제는 난제 중의 난제였다. 이념과 정치적 이해관계로 나뉘어 있던 인도네시아의 엘리트들은 외교정책의 방향을 설정함에 있어서도 서로 상반된 입장을 취했다. 공산주의자들은 인도네시아가 소련의 편에 서기를 요구하였으나, 공화국정부는 이를 달갑게 여기지 않았다.

수상으로서 행정부를 이끌어 가던 핫타는 공화국정부의 외교정책을 실행하기 위한 직무규범에 착수했다. 1948년 9월 2일 인도네시아중앙위원회(KNIP: Komite Nasional Indonesia Pusat)가 구성되었을 때 핫타는 이미 완성된 외교실무의 규범을 가지고 있었다. 그는 '양대(兩大) 세력 사이의 항해(航海)'(Mendajung Antara Dua Karang)라는 제하의 연설에서 인도네시아 외교정책의 기본 방향을 천명했다. 핫타가 주창한 '독립과 능동'이라는 인도네시아 외교정책의 기조는 네 가지로 구성되었다.

첫째, 외교정책의 수행은 인도네시아 국가이데올로기인 빤쟈실라(Pancasila)에 근거되어야 한다.

둘째, 이러한 외교정책은 국익 보호와 증진에 중점을 두어야 한다.

셋째, 국익 추구는 반드시 자주외교를 통해서만 수행되어야 한다.

넷째, 외교정책은 언제나 실용적으로 집행되어야 한다.

이처럼 인도네시아의 외교정책은 자국의 국익이라는 전제 하에서 결정되어야 하고, 반드시 당면한 국내외 사건과 상황들과 조화롭게 집행되어야 한다는 것이 핫타의 견해였다. 핫타의 이 연설은 국내와 국제사회에 대하여 두 가지의 중요한 메시지를 전달하고 있다. 국제사회에 대해서 '자주와 능동'이라는 외교원칙이 미국과 소련의 극한 대립으로 심화되고 있는 양대 세력의 경쟁 와중에서 인도네시아가 어느 한 쪽으로 치우치기를 거부하는 결정을 취할 수 있다는 사실이다. 한편 자본주의와 공산주의의 양대 세력에 대한 평형추로서의 역할을 예상한 어떠한 제3의 세력권에도 참여할 준비가 되어있지 않음을 묵시적으로 밝혔다. 대내적으로도 자주와 능동의 외교원칙으로 국내 엘리트들의 경쟁관계를 다소 완화하는 계기가 제공되었다.

이러한 점에서 핫타의 외교정책의 원칙선언은 매우 인상적이었다. 국제사회의 강대국간의 이데올로기 대립상황에서 그들과의 정치적 견해차이가 야기할 수 있는 부담을 사전에 방지하였기 때문이었다. 핫타는 만약 인도네시아가 격동의 역사발전 과정에서 발생하는 갖가지 영향을 최소화하려고 한다면, 양대 세력의 어느 일방에 편향되는 외교정책은 지양되어야 할 것이라고 주장했다. 이로써 핫타는 외부세계에 대해서 외교적으로 독자적 입장을 취함으로써 국내적으로 공동체를 형성하는데 중요한 역할을 하였다.

핫타는 인도네시아 국가목표와 국가이익은 그가 창안한 외교정책의 틀을 바탕으로 강력한 정책집행을 통해서만 제고될 수 있다고 굳게 믿었다. 그리고 이것들은 독립 직후에 인도네시아 공화국정부가 직면한 세 가지의 중요한 국가목표에 적용되었다. 이에 해당하는 중요한 사안은 독립국가로서의 존엄성 확보와 안전성의 보장, 국내 엘리트간의 결속력의 강화, 그리고 국민경제의 보호 등이었다.

1950년부터 1957년까지 인도네시아 의회민주주의 경험기를 이끌어

온 공화국정부의 내각들은 핫타가 고안한 외교정책의 틀을 따랐고, 점차로 인도네시아 외교정책의 방향과 연속성의 근거로 자리 잡았다. 의회민주주의 경험기 동안 인도네시아의 외교정책은 새로운 목표를 추구하기보다는 독립을 지키는데 주력하였다. 인도네시아의 외교정책은 이로 인해서 1950년대 중반까지 반(反)서구 정책을 표방하지 않고 범(汎)세계적 외교노선을 견지하였던 것이다. 바꾸어 말하면 인도네시아는 이 기간 동안 외부세계에 대해서 인도네시아의 독립을 확고히 보장받고자 하는 노력을 경주했을 뿐이었다. 그리고 이 같은 노력은 외부세계에 대해서 쟈카르타의 외교정책 입안자들이 수동적인 실용주의자라는 인상을 심어주었다. 이러한 인상은 핫타 이후, 낫시르(Natsir), 수키만(Sukiman) 그리고 윌로포(Wilopo) 내각으로 이어져 내려오면서 외교정책 수행과정을 통해서 더욱 분명해 졌다.

인도네시아의 의회민주주의 경험기에 동안 총 6기의 내각이 들어섰다. 초대 내각(1950. 9 - 1951. 3)은 낫시르가 이끌었는데, 적극적인 중립정책을 추구하였다. 수끼만 내각(1951. 4 - 1952. 2)은 반공(反共)정책을 취했으며, 윌로포 내각(1952. 4 - 1953. 6)은 국민경제의 회생과 군부를 정비하고자 노력하였다. 제 1차 알리(Ali)내각(1953. 7 - 1955. 7)은 비동맹운동의 초석이 된 아시아 · 아프리카총회(Asian-African Conference)를 인도네시아의 반둥(Bandung)에서 성공적으로 개최하여 인도네시아의 국제적 위상을 크게 드높혔다. 하라합(Harahap)내각(1955. 8 - 1956. 3)은 인도네시아의 제 1차 총선거(1955. 9)를 무난하게 치루어 내었고, 제 2차 알리 내각(1956. 3 - 1957. 3)은 수카르노가 교도민주주의(教導民主主義)를 개막하는 주된 역할을 하였다.

III. 수카르노의 반(反)제국주의 외교정책

수카르노가 1957년 서구(西歐) 민주제도가 인도네시아에 적합하지 않음을 내세워 의회민주주의 체제를 포기하고 새로운 정치구조를 선언하였을 때, 인도네시아는 핫타의 독립과 능동의 외교정책을 착실하게 발전시켜서 그의 후임자들은 인도네시아 토양에 적합한 외교정책의 명확한 틀을 지니고 있었다. 그것은 '반(反)제국주의'와 '자주독립', 그리고 '실용주의(實用主義)'라는 세 가지 중요한 요소를 구체적으로 반영하고 있었다. 핫타와 그의 지지자들, 그리고 후임 수상들은 이 중에서도 '독립'과 '실용주의'를 더 중요시하였다.

1959년 수카르노가 의회민주주의 체제를 포기하고 자신의 정치적인 권위를 보장하는 교도민주주의 체제를 도입했을 때, 인도네시아의 모든 대내외적 정책은 새로운 국면에 접어들었다. 그가 최고 권력자가 되자마자 인도네시아의 국내 정책들이 급진화(急進化) 하기 시작하였다. 1959년 8월 17일 독립기념일 연설문에서 수카르노는 인도네시아의 혁명은 아직 끝나지 않았으며, 따라서 다시 '혁명의 길'(Jalan Revolusi)로 돌아간다고 선언하였다. 그는 과반수식(過半數式) 민주주의가 야기했던 문제들을 비판하면서, 네덜란드로부터 서부 이리안(Irian Jaya)의 해방을 비롯한 여러 가지 혁명 프로그램을 구체적으로 소개했다. 그 이후로 인도네시아 대내외 정책은 모두 '혁명차원'에서 표현되었다.

수카르노는 외교정책의 급진화 추진을 통해서만 국내정책을 급진적으로 변화시킬 수 있다고 믿었다. 수카르노에 의하면 인도네시아 혁명의 두 가지 목표인 통일된 조국건설과 공명정대하고 번영된 사회창출은 이를 저해하는 요소들이나 이것을 조장(助長)하고 조정하는 적들이 없어지기 전까지는 결코 완성되지 않을 것이라고 했다. 이에 따라 그는 제국주의와 식민주의 그리고 자본주의를 인도네시아 국가목표의 가장 큰 적으로 여기고 혁명의 세 가지 목표로 이들을 괴멸시킬 것이라고 선언하였다.

이에 따라 수카르노는 일련의 반(反)식민주의 정책을 강력하게 실천해 나가기 시작했다. 그 첫 번째로 서부 이리안의 주권을 회복하기 위한 적극적인 외교정책을 전개하였고, 1962년 마침내 이를 성취하였다. 이리안(Irian)은 그린란드(Greenland) 다음으로 세계에서 두 번째 큰 섬으로 국제사회에 파푸아뉴기니로 알려져 왔다. 이 섬은 일찍이 유럽열강들에 의해서 서부는 네덜란드에, 동부는 남과 북으로 분할하여 영국과 독일이 각각 자국령으로 점령하였다. 제1차 세계대전에서 독일이 패하자 독일령은 영국이 차지하게 되었고, 호주에 위임 신탁통치 시키다가 오늘날의 파푸아뉴기니(PNG)로 독립시켰다. 그러나 일본이 인도네시아에서 철수하자 네덜란드는 이리안에 자국의 위성국가(衛星國家)인 파푸아(Papua)국을 설립할 목적으로 이곳을 계속해서 점령하고 있었다. 이를 신(新)식민주의 기도로 파악한 수카르노는 전방위 외교적 노력을 통해서 인도네시아령(領)으로 편입시켰다. 수카르노는 이곳을 '위대한 이리안'이라는 의미인 이리안 쟈야(Irian Jaya)로 명명하고, 이 과정을 '이리안 해방운동'이라고 명명하였다. 수하르토 정권이 붕괴된 후 전개된 분리주의운동 과정에서 이곳의 원주민인 파푸아(Papua)족들은 종족성(種族性)을 나타내기 위해서 개명을 요구하게 되었다. 이에 따라, 인도네시아 문민정부는 동부와 서부로 분할하고, 서부는 서부 이리안(Irian Barat)주(州)로 동부는 파푸아주로 명명하였다.

이리안에서의 외교적 승리에 고무된 수카르노는 말레이시아연방 창설기도에 즉각 반대하고 나섰다. 미국을 위시한 서방세계가 지지 · 지원한 것이 분명하다고 확신한 수카르노는 말레이시아연방 결성이 동남아에서 미국의 하수인인 영국이 앞장 선 신(新)식민주의의 시도로 보고 자신의 반(反)식민주의 외교정책의 또 다른 승리의 제물로 삼고자 했다.

이를 위해서 수카르노는 공산당(PKI)과 군부를 동원하여 혁명을 고취시켰고, 이리안 해방운동의 경우처럼 승리를 장담하였다.

수카르노는 국제정치질서의 구조를 근본적으로 변화시키기 위한 시도로 또 다른 외교정책을 전개하였다. 그는 기존국가들(OLDEFOS)과 신생국가들(NEFOS) 간의 투쟁을 당연한 사안으로 받아들이고, 독립투쟁에서 저력을 발휘한 신생국가들이 중추를 이루는 새로운 세계질서를 구상하였다. 이에 따라 수카르노는 쟈카르타-프놈펜-하노이-베이징-평양을 잇는 신생국들의 외교 축선(軸線)을 고안하고, 이의 실행에 착수하였다. 그는 신식민주의는 신생국가들의 단결로만 파괴할 수 있다고 강조하였다. 그리고 인도네시아와 자신이 그 중심적 역할을 할 수 있다고 확신하였다.

그러나 수카르노는 반(反)제국주의와 반(反)식민주의에 대한 지나친 강조로 인해서 '자주'라는 주요 국가구성의 요소를 경시하는 우(愚)를 범했다. 바꾸어 말하면, 수카르노의 외교정책은 자주적 요소를 희생시켜 지나치게 능동적이며 적극성을 띠게된 것이다. 어쨌든 대(對)말레이시아 대결정책과 서방국가들에 대한 지나친 경계와 경원(敬遠)을 초래한 대부분의 정책들과는 달리 서부 이리안을 네덜란드로부터 해방시키기 위한 수카르노의 외교정책은 대부분의 인도네시아 국민들로부터 열렬한 박수갈채를 받았다. 수카르노의 자주와 능동을 기본원리로 한 강력한 반제국주의 외교정책은 형식적인 독립을 쟁취한 후 어수선한 국내정세로부터 국민적 구심역할을 이끌어 냈으며, 국가적 외형구축에도 크게 기여하였다.

IV. 수하르토 정부의 실용주의 외교정책

1. 기존 외교정책의 연계성

수카르노와 교도민주주의의 몰락, 그리고 1965년 수하르토와 함께 신질서(Orde Baru: *New Order*) 정부의 등장은 인도네시아 외교정책으로 하여금 당연히 새로운 국면으로 접어들게 하였다. 신질서 정부는 좀 더 구체화한 자주와 능동의 원칙으로 수카르노 시대의 외교정책과 연계성을 유지할 수 있었고, 동시에 기존 원칙의 이상적인 형태를 끌어내기 위한 새로운 움직임을 보여야 했다.

이를 위해 두 단계의 절차가 필요했다. 첫 단계에서 신질서 정부는 내부 경쟁력을 강화하기 위하여 이제까지의 외교정책을 재점검 하였고, 두 번째 단계에서는 자주와 능동이라는 외교정책의 원칙이 발전되어 나아가야 할 방향을 제시하였다. 이것은 신질서 정부가 최소한의 국내적 경쟁력의 가능성을 확신한 후 인도네시아의 외교정책의 기저(基底)가 '자주'와 '능동'임을 재차 확인한 것이다.

신질서 정부는 인도네시아의 국가이념이자 모든 국내법(國內法) 체계의 근간인 빤짜실라(Pancasila)와 45년 헌법(UUD-45)의 수호를 다짐하여 수구(守舊)세력의 완강한 저항을 짧은 시간 내에 무산(霧散)시켰다. 신질서 정부는 1950년대의 의회민주주의로 회귀(回歸)하지 않고 새로운 정치구조를 창조하지도 않았다. 오히려 1966년 국민협의회임시특별총회(MPRS)에서 수하르토의 군부가 구질서(Orde Lama: *Old Order*) 정부로 명명하여 격하한 수카르노 정부의 대 국민 약속이행을 그 첫 번째 임무로 확인하였다. 구질서 정부와 동일하게 신질서 정부도 인도네시아 국가이데올로기의 근본인 빤짜실라와 45년 헌법의 체계 내에서 정책을 입안하고 수행해 나갔다. 약간의 차이점은 새로운 정치역학 구조가 수카르노 시대의 다원적(多元的) 구조로부터 단순화되었다는 것이었다.

국내 정치구조의 변화에 따라 외교정책도 다소의 변화를 가져왔다. 수하르토는 그의 선임자 수카르노 대통령의 급진주의적 외교정책을 크게 완화하여 말레이시아와의 대결정책을 청산하고 쟈카르타(Jakarta)와 콸라룸푸르(Kuala Lumpur)의 외교관계 정상화를 선언하였다. 새로운 국제질서에 따라 NEFOS를 시도하였던 수카르노의 열망은 사라지고, 국민경제 회생(回生)이라는 대의명분 아래 서방과의 관계개선을 위한 유화정책(宥和政策)으로 대체되었다.

그러나 이러한 반전(反轉)은 수카르노 정부가 행하여 온 일련의 외교정책을 완전하게 변화시킨 것이라고는 보이지 않는다. 신질서 정부의 외교정책은 새로운 변화를 추구하였다기 보다는 오히려 이전의 과정을 복원하여 보완하였다. 기존의 외교정책의 틀로부터 새 정부의 외교적 성과라는 포장으로 다소 변형(變形)된 형태를 추구한 것이다.

신질서 정부는 자주와 능동의 외교정책 틀을 벗어난 새로운 정책개발에는 관심을 두지 않았으며, 오히려 기존의 외교정책을 현시화(顯示化)하는데 노력하였다. 수하르토의 신정부는 외교정책을 이념적이고 합법적인 틀에 맞춰야 할 필요성을 느꼈다. 이러한 관점에서, 새롭게 짜여진 국가 이데올로기도 역시 빤짜실라와 45년 헌법이라는 두 가지 기본적 요소를 배경으로 하였다. 이를 구체화하기 위해서, 외교정책에 관한 크고 작은 회의와 세미나가 개최되었다. 신질서 정부는 구질서 정부의 정책의 연속성을 유지하는 바탕 위에서의 외교정책에 대한 연구를 강화하였다.

비록 빤짜실라와 45년 헌법이 어떻게 인도네시아공화국의 외교정책에 원용(援用)되어야 하는가에 대한 직접적인 지침을 제공하지는 않았지만, 외교정책의 집행을 통해서 반드시 얻어야 하는 국가이익에 대한 분명한 암시가 있었다. 예를 들어, 빤짜실라에 나타난 인본주의(人本主義: Kemanusiaan)와 사회정의(社會正義: Keadilan Sosial)는 국제사회에서 국가 간의 동등한 지위를 인식시키고 반식민주의 투쟁에 대한 계속적인 지원을 정당화하는 근거로서 역할을 하였다. 1945년 헌법 전문은 인도네시아에 독립과 평화 그리고 사회정의에 근거하여 새로운 국제질서의 창출과 반제국주의 운동의 선봉에서야 한다고 강조하였다. 또한 빤짜실라의 '사회정의'의 원리와 45년 헌법전문에 나타난 '인도네시아 국민 복지증진'에 대한 요구는 '국가개발정책'을 강조하는 이론적 근거가 되었다. 따라서 신질서 정부는 인도네시아 외교정책의 기본과제가 경제적 이익을 최우선으로 하는 국익증진에 있다고 역설하였다. 수하르토 정부는 출범 초기부터 경제개발(Pembangunan Ekonomi)을 강조하여, 새 내각을 개발내각(Kabinet Pembangunan)으로 명명하고 대서방 유화정책과 함께 과감한 외자도입 정책을 시행하였다.

외교정책에 있어서 경제개발의 요소를 강조한 것은 외국의 원조획득을 목적으로 고안된 것이었다. 이러한 정책은 인도네시아로 하여금 원조를 기대할 수 있는 서방국가들에 더욱 가깝게 접근할 수 있도록 했다. 이에 따라 수카르노 시대의 급진주의는 수하르토의 실용주의로 대체되었다. 그 결과, 신질서 정부의 외교정책은 점차로 기존의 '자주와 능동'의 정책에 실용주의라는 상이한 요소가 첨가되었다. 사실상 신질서 정부의 외교정책은 이 때문에 '전략적 수정'을 가해야만 했다. 신질서 정부는 자주와 능동의 정책은 경제개발을 통한 국내 경쟁력 축적으로 국익을 극대화한다는 실용주의를 강조함으로써 정당화될 것이라고 확신하였다.

2. 신질서 정부의 독자적인 외교정책

수하르토의 인도네시아는 80년대를 지나 90년대로 들어서면서 실용주의 외교정책을 완성하는 시점에 와 있다고 판단하였다. 굵직굵직한 외교정책들이 80년대의 국내경제발전을 토대로 90년대로 향하면서 보다 적극적이고 능동적인 태도를 취하고 있음이 확인되었다. 1990년에 수하르토 대통령 자신도 인도네시아의 국가개발정책이 추구해 온 목표가 완성단계에 도달했다고 말한 적이 있다. 그는 새롭고 능동적인 외교정책을 추구하기는 했지만, 교도민주주의 시대처럼 화려한 수사(修辭)의 슬로건을 내세우지는 않았다.

그러나 80년대 중반 이후의 인도네시아 외교정책은 이전의 수행 방식과는 차별적으로 '독자성(獨自性)의 증대(增大)'라는 큰 변화를 가져왔다. 그 첫 번째는 1985년 반둥에서 개최한 비동맹(非同盟)회의 30주년 기념식이었다. 그 회의는 인도네시아로서는 국제사회에서 별다른 주목을 끌지 못하던 거의 20년의 외교정책을 마감하고 외교정책에 관한한 수카르노 시대로 회귀(回歸)하고자 하는 인도네시아를 과거의 동반자들에게 자랑스럽게 보여줄 수 있는 현장이었다.

수카르노는 냉전체제가 한창이던 1955년 네루와 나세르, 저우언라이 등 내노라는 비동맹 지도자들이 총망라된 아시아-아프리카 신생국 최고 지도자들의 회합을 인도네시아의 반둥에서 개최함으로서 제2차 세계대전 후 가장 획기적인 외교적 이벤트를 만들어 내었다. 반둥회의를 통해서 수카르노는 일약 비동맹의 최고 지도자의 한 사람으로 자리 매김 하였으며, 서방세계와 공산권이 수카르노와 인도네시아에 경쟁적으로 유화정책을 펼치게 되었던 것이다. 1985년의 반둥회의는 인도네시아가 과거 비동맹세계의 지도적 역할을 했었음을 밝히고, 이제 다시 그 위치를 찾고 싶다는 의지를 나타낸 것이었다.

이밖에도 인도네시아가 비동맹세계와의 관계증진을 위한 외교정책 수행을 재개했다는 증거들이 많이 있다. 쟈카르타 정부는 오랫동안 다소 소원했던 비동맹운동(NAM)에서 의장직을 맡아 외교적 역할과 역량을 증대하기 시작했다. 1989년 투표에서 니카라과에 패하는 다소 고통스러운 과정을 거친 후 인도네시아는 결국 1992-1995년 회기의NAM 의장국으로 선출되었다. 이로써 수하르토의 쟈카르타 정부는 냉전시대 이후 급변하는 국제환경에 적절하게 대처하면서 새로운 NAM을 육성하고 급변하는 국제정치의 일각(一角)을 담당하는 국제사회의 중요한 국가로서의 인도네시아의 이미지를 부각시키고자 노력하였다.

또 다른 인도네시아 외교정책의 독자성의 신호는 1967년 8월 이후 단절되었던 중국과의 외교관계를 1990년 8월에 재개한 것이다. 비록 이것은 쟈카르타와 베이징(北京)의 쌍방 간 문제로 보이나, 이것은 수하르토 정부가 새롭게 지향하는 독자성의 의미가 무엇인가를 파악하는데 중요한 증거가 되었다. 중국의 내정개입에 대한 두려움 때문에 단절하였던 외교관계의 복원은 자국의 안보를 위협하는 외부적 요소를 다루는데 있어서 쟈카르타 정부의 자신감이라고 할 수 있다. 베이징과의 외교관계 정상화는 또한 내정간섭의 두려움 없이 대등한 위치에서 강대국을 대하게 되었다는 인도네시아의 준비성을 보여준 것이다.

이러한 자신감과 준비성은 수하르토 인도네시아의 경제개발을 돕기 위한 인도네시아채권국회의(IGGI: *Inter-Governmental Group on Indonesia*)의 해체결정에도 잘 나타나고 있다. 수하르토가 친 서방정책을 암시한 직후인 1966년 9월 소집된 인도네시아채권국회의는 인도네시아 외채상환을 연기하거나 부분적으로 탕감해 주고, 나아가서 새로운 정부의 경제발전을 돕기 위하여 대대적인 경제원조 재개를 결정하였다. 이 채권국회의는 매년 인도네시아에 공여할 원조금 총액을 결정하고 이를 컨소시엄 형태로 분할하여 맡았다. 미국 · 영국 · 프랑스 · 서독 · 이태리 ·

일본 등 15개국과 국제통화기금(IMF)·세계은행(WB)·아시아개발은행(ADB) 등 4개 국제금융기관과 EEC(당시)·OECD 등 6개 국제기구가 공동으로 참여한 거대한 국세금융컨소시엄이었다.

IGGI는 해체되기 전까지 막대한 금융지원을 하였는데, 특히 80년대를 통하여 매년 40-50억 달러를 인도네시아에 공여 하였다. 수하르토 정부의 IGGI 해체결정은 1991년 11월 동티모르의 딜리(Dili)에 주둔하고 있던 인도네시아의 특수부대가 현지인들을 대량 학살한 사건과 관련하여 IGGI 의장국이었던 네덜란드의 비난에 대한 강경한 대응책이었다. IGGI를 해산한 인도네시아는 네덜란드를 배제하고 WB에 의해서 새로 조성된 인도네시아자문단회의(CGI: *Consultative Group on Indonesia*)로 즉각 대체하였다.

인도네시아의 외교정책은 지역적인 측면에서도 더욱 강화된 독자성을 보이고 있다. 인도네시아는 더 이상 자국의 외교정책을 동남아 지역으로 국한하지 않고 아시아-태평양 지역으로 확대해 나왔다. 자카르타 정부는 아시아-태평양경제협의체(APEC) 같은 환태평양 경제협력기구에서의 역할을 목적으로 제 2차 APEC정상회담을 1994년 11월 인도네시아로 유치한 바 있다. 아직 성과는 미지수이지만, 서방 경제대국의 G-7을 모방한 이슬람 7개국 회의도 국내경제의 회복을 전제로 인도네시아 외교정책의 탈(脫)동남아에 한 몫을 할 수 있을 것으로 기대되고 있다. 이러한 변화들은 인도네시아의 외교정책이 보다 전향적인 자주와 능동과 실용주의를 지향하고 있음을 나타낸 것이다.

V. 문민정부의 다원적인 외교정책

1. 기본적인 외교정책과 방향

수하르토 이후 인도네시아 문민정부는 기존의 외교노선인 능동적이고 자주적인 비동맹 중립외교를 외교정책의 기본으로 하고 있다. IMF 체제 하의 어려운 국내 경제문제와 동티모르 독립 후 격화되고 있는 분리주의운동에 능동적으로 대처하기 위하여 경제실리외교와 영토보존외교를 적극 구사하고 있다. 이를 위해서 인도네시아자문단회의(CGI) 국가들을 위시한 국제금융기구와의 관계증진에 힘쓰고 있으며, 아세안(ASEAN) 회원국 간의 결속을 통한 역내 안정유지에 외교적 역량을 집중하고 있다.

이를 바탕으로 인도네시아 문민정부의 외교정책은 실리적이고 다원적인 방향으로 전개되고 있다고 말할 수 있다. 무엇보다 우선적으로 새로운 국제질서 형성에 적극적으로 동참한다는 것이다. 이를 위해서, 유엔을 비롯하여 아세안과 비동맹(NAM), 이슬람국제기구(OIC) 등 다양한 국제무대에서 쟈카르타 정부의 역할증대에 진력하고 있다.

다음으로 아세안의 결속을 도모하여 역내협력 체제를 강화하고 인도네시아가 동남아 맹주의 위치를 계속해서 확보하기 위해서 동남아의 평화·자유·중립지역화 등 기존의 동남아 원칙들을 성실하게 재점검한다는 것이다. 아세안지역포럼(ARF: *ASEAN Regional Forum*)을 통한 역내 안보강화와 아세안의 역외 대화상대국과의 유대증진에도 적극적으로 나서게 되었다. 메가와티 대통령이 2002년 3월 말부터 4월 초에 평양과 서울을 동시에 방문하여 한반도 문제해결에 관심을 보인 것도 같은 맥락에서 관찰할 수 있다.

셋째로는 경제개발을 위한 국제협력의 강화이다. 이로 인해서 대인도네시아원조그룹과의 협력강화가 가장 중요한 이슈가 되고 있으며, 대(對)강대국 의존관계를 탈피하여 국제협력의 다변화를 추구하고 있나. 특히 총 1,100억 날러에 날하는 외재의 40퍼센트 이상이 엔화 자관임을 고려하여 일본 부담을 축소하거나 분산하려는 노력을 전개하고 있다. 이를 위해서 중국과 한국 등의 역할을 해 줄 것으로 기대하고 있다.

끝으로 세계 최대의 이슬람국가인 이 나라는 이슬람국제기구의 정치·경제적 협력관계 제고(提高)에 기대를 걸고 있다. 그러나 인도네시아의 이슬람의 다양한 구성요소가 말해 주듯이 자카르타 정부는 대(對)이슬람 정책에 하나의 목소리를 내기가 쉽지 않다는 어려움을 안고 있다. 이락-미국 관계를 비롯해서 팔레스타인-이스라엘 관계에서 인도네시아가 취할 수 있는 입장이 매우 애매하다는 것이다. 경제협력 문제로 서방세계와의 관계증진을 염두에 두어야하는 인도네시아로서는 이슬람 세계의 따가운 눈총 또한 의식하지 않을 수 없기 때문이다.

2. 아세안 및 대(對)강대국관계

세계적인 블록화 추세에 따라 '아세안화 된 동남아(*ASEANization of Southeast Asia*)'는 동남아 10개국 개별 국가와 역내의 지역협력기구인 아세안에게 정치·외교적으로나 경제적으로 예상 밖의 플러스 요인이 되었다. 인도네시아는 동남아의 아세안화에 주된 역할을 했으며 주변 강대국들과 아세안의 세력균형에도 중추적인 역할을 하고 있음을 부각시키고 있다.

1999년 4월 동남아의 아세안화(ASEAN 10)가 완성되어 자주 공식·비공식 정상회담이 개최됨에 따라 아세안자유무역지대(AFTA)와 안보포럼(ARF) 등 기존의 협정들이 탄력적으로 운영되고 있다. 또한 아세안의 강화로 주변 강대국들의 대아세안 영향력 행사도 변화를 겪고 있다.

냉전체제 종식으로 미국과 구소련의 지위와 역할이 감소되고 중국과 일본의 입지가 강화되어, 이들 4강의 대립과 협력이 공존하며 동남아에서 영향력 제고를 위한 경쟁체제에 돌입하였다. 인도네시아는 무엇보다도 중국이 동남아에서 군사적으로 팽창하는 것을 경계하고 있다. 남중국해(南中國海)에서 무력사용을 예방하기 위한 마닐라선언을 채택하고 인도(印度)를 아세안의 완전대화상대국으로 동남아로 끌어들이는데 주된 역할을 하였으며, 나아가 호주와 안보협정을 체결하여 중국과 일본의 군사력 경쟁에 제동(制動)장치를 마련하였다.

인도네시아는 이에 앞서 캄보디아 사태의 정치적 해결을 위하여 쟈카르타관계국비공식회의(JIM: *Jakarta Informal Meeting*)을 개최하고 아세안 회원국 간의 긴밀한 협조체제를 구축하였다. 이를 토대로 프랑스와 공동으로 캄보디아 사태해결을 위한 파리국제회의의 공동의장국으로 활약하여 동남아의 숙원(宿願)을 푸는데 크게 기여하였다. 또한 인도네시아는 ASEAN 10 완성에도 중요한 역할을 하였다. 수하르토는 1996년 11월의 제 1차 아세안 비공식 정상회담에서 마하티르와 함께 동남아의 아세안화에 대한 합의를 이끌어 냈고, 이어서 1997년 2월에는 CLM 3국(캄보디아 · 라오스 · 미얀마)을 공식 방문하였다. 이에 따라 1997년 7월(라오스와 미얀마)과 1999년 4월(캄보디아)에 거쳐 동남아 10개국이 모두 아세안에 가입하게 되었다.

인도네시아는 미국으로부터 막대한 경제 원조를 받고 있다. 뿐만 아니라 미국은 천연가스와 원유산업 분야를 위시해서 다방면에 막대한 투자를 이 나라에 제공하고 있다. 따라서 수하르토 정권 붕괴 이후 특히 9 · 11 사태와 관련하여 미국의 비판적인 이슬람정책에 대한 반응으로 반미(反美)정서가 상존하지만, 메가와티 정부와 대부분의 식자(識者)층이 완만한 친미 성향을 가지고 있다. 군부 엘리트들도 동티모르 인권문제로 지난 1999년 10월 이후 미국이 중단했던 군사 분야의 협력관계가 9 · 11사태로 인한 대테러작전의 긴박한 공조 필요성에 따라 복원된 것을 반기고 있다.

일본은 인도네시아의 가장 중요한 무역 상대국이자 최대의 차관(借款) 공여국(供與國)이다. 이 나라의 총 1,100억 달러에 달하는 외채(外債) 중 40퍼센트 이상이 엔화 차관이다. 이로 인해서 일본과의 관계발전은 자국의 경제발전에 필요악(必要惡)이라고 확인하고 있다. 또한 말레이시아의 입장과는 다소 다르게 일본의 군사력 증강과 이를 수반한 동남아에서의 정치적 영향력 확대에는 부정적인 입장을 취하고 있다.

1965년 인도네시아공산당(PKI)이 야기한 9·30 사태의 여파로 1967년 10월에 동결되었던 외교관계가 1990년 8월에 복원된 이후, 인도네시아와 중국은 최고위급 지도자들의 잦은 상대국 교환방문으로 가장 중요한 외교적 파트너가 되었다. 와히드 대통령은 쟈카르타에 문민정부가 들어선 직후인 1999년 12월 베이징을 공식 방문하고, 중국과의 실질적인 협력관계 증진을 최우선의 외교과제로 설정하였다. 수하르토 군사정부가 문민정부로 전이(轉移)되는 과정에서 화(禍)를 당한 중국계 소수종족들과 이들과 정서를 같이하는 베이징 정부에 대한 배려로 표현되었다.

2001년 11월 인도네시아를 답방한 주룽지 중국 총리도 인도네시아의 주권·영토보전·국가통합을 베이징 정부가 계속해서 지지할 것임을 메가와티 대통령에게 확인하였다. 이는 동티모르가 독립한 이후 인도네시아 영내(領內)에서 야기되는 분리주의자들의 주장에 대한 외부세계가 동조하거나 간섭할 가능성에 대해서 베이징 정부가 이를 일축(一蹴)하고 나선 것이다. 나아가서 중국은 금융위기를 벗어나지 못하고 있는 인도네시아에 대규모 차관을 제공하고 계속해서 경제협력을 강화해 나가기로 하였다. 이로서 수하르토 군사정부에 의해서 오랫동안 '믿지 못할 대국'으로 치부되었던 중국이 인도네시아에 문민정부가 들어선

후 외교 분야의 믿음직한 새로운 동반자로 등장한 것이다.

9·30사태 이전까지 러시아(당시는 소비에트연방)는 수카르노에 대한 유화(宥和)정책의 일환으로 인도네시아에 대규모의 군사 및 경제원조를 제공했었다. 인도네시아 해군과 공군 장비의 상당부분이 구형 소련제였던 것은 과거 흐르시쵸프가 이리안 해방투쟁을 목적으로 한 수카르노의 요구를 들어주었기 때문이다. 그러나 소련의 대인도네시아 관계는 쟈카르타-베이징 간의 밀월관계에 밀려서 빛을 보지 못하였다. 수하르토 정권이 안정된 후 통상증진을 위한 실리추구 외교정책에 따라 양국관계가 조금씩 호전되었다. 80년대 말 경제개발 정책에 따른 대서방세계 편중 외교정책에 대한 비판여론이 대두되자 수하르토 대통령은 비동맹 외교정책을 복원하려는 의지의 일환으로 1989년 9월 모스크바를 방문하였다. 양국은 이때 우호협력에 관한 특별의정서를 조인한 바 있다. 그러나 양국 관계는 이렇다 할 진전을 보지 못하다가 1997년 8월 인도네시아가 러시아 공군의 주력기종인 수호이-30 전투기 12대와 전략(戰略) 헬리콥터 8대의 대응구매에 합의함에 따라 양국관계가 다소 개선된 것으로 관측되고 있다.

VI. 끝맺음 말

인도네시아는 2001년 말 현재 80개소의 상주 대사관과 76개소의 총영사관 또는 영사관을 유지하고 있다. 같은 해 인도네시아 국내에 상주하고 있는 대사관이 83개소, 겸임 대사관이 51개소, 국제기구 대표부가 24개소, 총영사관 또는 영사관이 40개소 등 총 198개의 외국 외교대표부가 인도네시아 주재하고 있다. 이와 같은 인도네시아 국내외의 자국 또는 외국의 외교대표부 숫자로 이 나라 외교정책의 비중을 가늠할 수는 없다. 그러나 세계 10위권의 통상대국인 한국이 보유하고 있는 125개의 해외 외교공관 수와 비교하면 국제사회에서 인도네시아의 비중이 그만큼 크고, 또한 인도네시아 정부가 외교정책을 중요시하고 있음을 단적으로 말해 주는 것이다. 2008년 현재 한국은 세계 총 191개 국가(대만 제외) 중 183개국과 수교하고 있으며, 총 125개소의 재외 공관을 보유하고 있다. 이들은 상주 대사관 91개소, 상주 대표부 4개소, 총영사관 30개소 등이다.

인도네시아의 외교정책은 독립 후 몇 가지 단계를 거치면서 발전되어 나왔다. 공화국정부의 초대 부통령이었던 핫타가 의회민주주의 경험기에 구상하고 육성해 나온 반(反)제국주의·독립주의·실용주의가 인도네시아 외교정책의 가장 중요한 밑그림이 되었다. 반제국주의를 강조했던 수카르노의 교도민주주의 시대를 거치면서 이 나라 외교정책은 보다 구체화되었다.

수하르토의 신질서정부는 이와 같은 두 단계를 경유한 외교정책을 실용적으로 발전시켰다. 수하르토는 첫 단계로 전임자의 급진주의를 실용주의로 대체시켜 경제발전을 통한 국내 경쟁력 강화를 외교정책의 최우선 과제로 삼았다. 둘째 단계로 신질서 정부는 80년대 후반 이래로 독자적인 외교정책을 수행해 나감으로써 인도네시아 외교정책의 새로운 전형(典型)을 시도했었다.

인도네시아의 외교정책은 특수한 역사적 배경을 따라 발전되었고, 역사적 필요성에 의해 조정되었다. 그러므로 이 나라의 외교정책이 80년대 후반 이후에 보다 활동적이고 자주적으로 변화하였다는 것은 조금도 의아스러운 것은 없다. 이러한 변화는 국제사회의 발전에 따라 적극성을 띄었던 것으로 보인다. 신질서정부의 출범 이래 수카르노 통치시대에 비교하여 크게 낮아진 인도네시아의 국제적 위상에 대하여 비판을 일삼아 왔던 인사들조차도 적극적인 외교정책의 변화가 긍정적인 결과를 가져올 것이라는 데 동조하였다.

인도네시아의 외교정책은 결코 번복된 적이 없으며, 설령 번복되는 듯한 양상을 보였던 시기가 있었더라도 그것은 '독립과 능동의 원칙' 범위 내에서 보다 굳건한 기반을 다지기 위한 필요성에 따른 것이라고 강조하고 있다. 신질서정부의 능동적인 외교정책이 동남아 주변국들 사이에서 인도네시아가 외교적으로 지역패권을 추구하는 것이 아닌가하는 의구심을 야기할 수 있기 때문에 비판자들은 인도네시아가 새로운 패턴의 외교정책을 채택하는 것이 쉽지 않을 것이라고 했다.

그러나 인도네시아는 과거 수카르노가 그랬듯이 이 나라의 인구·국토·자원의 대국적 요소를 바탕으로 정치적·외교적 팽창정책(膨脹政策)을 재개할 가능성이 없지 않다는 것이 분명하다. 인도네시아는 주변국들의 이와 같은 의구심을 적절하게 활용하여 70년대 중반 이후 지속되었다가 수하르토 통치 말기에 다소 정체된 '조화로운 지역협력'을 위한 적극적인 외교적 노력을 재개할 가능성이 있다.

80년대 후반 이후에 신질서정부는 최대한의 행동반경과 선택의 자유가 보장된 외교정책을 추구해 나왔다. 이러한 인도네시아의 외교정책은 몇 단계를 거쳐서 구체적인 성과를 나타냈었다. 첫째로 비동맹운동(NAM)에서 인도네시아의 영향력은 개발도상국의 지도국의 일원으로 인도네시아의 대국적 이미지를 국제사회에 심을 수 있을 것으로 기대된다. 그리고 이와 같은 노력은 급변하는 국제질서 속에서 인도네시아의 역할증대를 위한 노력의 보장된 성과의 시발점이 될 수도 있을 것이다.

둘째 지역적인 측면에서 넓게는 환태평양 지역에서, 좁게는 동남아 지역에서 인도네시아는 국제사회의 일원으로 정치적·경제적 협력뿐만 아니라 안보분야에서의 역할에도 최선을 다한 것으로 보인다. 특히, 안보문제에 있어서 인도네시아는 동남아 지역의 안전보장에 가장 적합한 모델인 아세안지역포럼(ARF)을 개발하여 육성·발전시키는데 중요한 역할을 하였다.

이러한 점들을 관찰하자면 인도네시아는 동남아 지역에서 '슈퍼 파워'의 역할을 재현하려고 시도하고 있다고 판단할 수 있다. ARF를 성공적으로 정착시키고, 아시아-태평양안보협의회(CSCAP: *Council for Security Cooperation in the Asia-Pacific*)를 개최한 이후로 인도네시아는 동남아의 강국으로 부상하는 강한 자신감을 가졌던 것이 분명하다. 알라타스(Ali Alatas) 같은 유능한 쟈카르타의 외교정책 결정자들의 고민은 어떤 방법으로 국제사회의 강대국들로 하여금 아세안의 모체가 되는 동남아 우호협력조약(TAC: *Treaty of Amity and Cooperation in Southeast Asia*)과 같은 '지역적 성격'의 국제협약이 주목받게 하느냐 하는 것이었다.

동남아 여러 나라의 이해관계가 걸려있는 남중국해 영유권 분쟁은 인도네시아의 영향력을 계속해서 시험하게 될 것이다. 마닐라 선언으로 남중국해 문제가 일단 다자(多者)관계 대화를 내세우고 있는 아세안의 테이블에 가까이 있기는 하지만, 여전히 분쟁 당사자 간의 양자(兩者)간의 해결을 선호하고 있는 중국의 위협에 대해서 이를 정면으로 맞설 수 있는 나라는 인도네시아뿐이라는 점을 쟈카르타 정부가 강조해왔기 때문이다. 이처럼 중국을 경쟁상대로 하고 있는 인도네시아는 부수적으로 역내 지역분쟁과 대립을 조정하는데 큰 힘들이지 않고 놀라운 성과를 이끌어 내었다. 그러므로 쟈카르타 정부는 아세안 회원국들과 역외(域外) 강대국들이 인도네시아에 거는 기대에 부합하기 위한 노력을 전개해 나가는 부담을 지게 되었다.

아세안의 이름으로 동남아 10개국은 외형상 협조관계를 이루고 있음이 분명하다. 그러나 남중국해 문제 이외에도 아세안 회원국간의 크고 작은 갈등이 상존하고 있는데, 주로 영토분쟁 때문이다. 말레이시아와 필리핀간의 사바(Sabah)주(州) 분쟁, 싱가포르와 말레이시아간의 바뚜 뿌떼(Batu Puteh)섬 분쟁, 말레이시아와 인도네시아간의 시빠단(Sipadan)섬과

리기딴(Ligitan)섬 분쟁 등이 그것이다.

그 중에서 말레이시아-인도네시아간의 두 섬에 관한 분쟁은 2002년 12월 17일 국제사법재판소의 최종 결정에 따라 말레이시아령으로 종결되었다. 인도네시아는 그동안 역내 분쟁이나 대립에 대하여 평화적 해결방안을 모색하는 '정직한 중개자'로서의 약속을 지켜왔으므로, 말레이시아와의 경우에도 국제사법재판소의 결정을 받아들인다고 발표하였다.

1997년부터 수하르토-하비비-와히드-메가와티 등 쟈카르타 정부의 네 대통령이 진력(盡力)했던 영토문제가 실패로 끝났음에도 불구하고 인도네시아 문민정부는 혼미(昏迷)를 거듭하고 있는 와중에서도 국제사회의 질서유지에 공헌하고 있다는 점을 널리 알리는 기회가 되었다. 바뚜 뿌떼섬도 인도네시아와 말레이시아의 경우를 따를 것으로 예상되었으나, 소유권은 말레이시아로 귀속되고 사용권은 싱가포르에게 부여하는 것으로 최종 결정되었다. 인도네시아는 수카르노의 급진적인 외교정책으로 드높던 국제사회에서의 위상을 수하르토의 실용주의 외교정책이 어느 정도 회복하였다고 판단하고 있다.

유도요노(Susilo Bambang Yudhoyono) 대통령의 문민정부의 경우도 화급한 국내경제문제를 풀고 나면 외교대국의 대열에 다시 나설 것이다. 183명의 희생자를 낸 뭄바이(Mumbai)의 폭탄 테러사건이 마무리 되기도 전에 인도네시아를 방문한 인도의 쁘라띱하 빠띨(Pratibha Patil) 대통령의 경우를 예로 들 수 있다. 2008년 11월 쟈카르타를 국빈방문한 빠띨 대통령은 인도네시아와 인도 양국은 세계 최대의 민주국가이자 외교적으로 인류사회에 공헌한 많은 공통점을 가지고 있다고 말했다.

제 10 장

아세안 – 인도 안보협력

I. 시작하는 말

기원전부터 인도의 종교와 문화가 동남아에 전파되는 등 동남아 국가와 인도는 역사적으로 폭넓은 문화교류를 해왔다. 서구 열강에 의한 식민지 시대를 함께 경험하는 등 냉전시대까지 인도와 동남아는 자본주의 진영과 사회주의 진영을 모두 거부하는 비동맹외교와 제3세계 질서 창출을 위해서 협력하기도 하였다. 비동맹외교는 당시 초강대국이었던 미국과 소련의 군사적 동맹을 거부하는 국가들의 그룹을 의미하는 바, 제3세계란 미국과 자본주의 진영을 제1세계로, 소련과 사회주의 진영을 제2세계로 규정하고, 여타의 독자적인 외교전략을 수행하는 국가들에 대한 통칭이었다.

1980년대 이후 동남아 국가들의 동방정책(*Look East Policy*)으로 인하여 아세안(ASEAN)과 인도의 전략적 유대관계가 한때 약화되기도 하였다. 동방정책은 말레이시아의 마하티르(M. Mahathir) 수상이 아시아 개발도상국가에게 서구식 자본주의 보다 일본과 한국의 발전모델이 더 적합하다는 주장을 내세워서 이 국가발전 모델을 적극 수용하는 정책을 펴면서 유명해졌다. 그러나 인도는 1992년에 이르러 아세안의 부분대화상대국이 된 후 1995년에는 완전대화상대국으로 격상됨으로써 아세안과 공식적인 대화채널을 구축하게 되었다. 아세안 완전대화상대국에는 인도 외에 현재 한국 · 호주 · 캐나다 · 중국 · EU · 일본 · 뉴질랜드 · 러시아 · 미국 등 10개국이 있다.

아세안과 인도는 아세안의 완전대화상대국 이외에도 아세안+인도(개별국가) 형태로 다양한 분야에서 관계장관회의를 가지고 있으며, 이밖에도 아세안-인도 고위관료회의, 아세안-인도 공동협력위원회, 아세안-인도 워킹그룹(*working group*)이라 칭하는 실무위원회 등이 있다. 실무위원회에는 과학기술과 무역 · 투자 등 구체적인 협력분야로 나뉘어져 있다. 2002년부터 아세안-인도는 첫 정상회담을 열었는데, 이는 상호간에 많은 부문에서 협력과 대화의 필요성을 느끼게 되었기 때문이다. 최근 들어 아세안과 인도의 관계는 과거 어느 때보다도 가까워졌으며, 경제적인 측면에서도 상호관세인하를 합의하는 등 관계가 급속하게 가까워지고 있다.

인도에게 있어서 아세안은 정치 · 경제적으로 중요한 지역으로 부상하고 있다. 특히 인도챠이나권 국가들의 아세안 가입으로 동남아의 아세안화(아세안 10)가 완성되어 동남아의 역내 질서에 근본적 변화가 일어났다. 아세안 10의 완성으로 동남아 역내 10개국은 상호 간의 긴장관계가 많이 완화되었으며 대내외적 입지(立地)와 위상(位相)이 크게 강화되었다.

아세안-인도의 경제교역 · 투자 관계가 증대되고 있다. 특히 1997년 미얀마가 아세안에 가입함에 따라 인도와 아세안은 1,600㎞의 국경과 해양을 접하고 마주하게 되었다. 따라서 인도는 아세안에 대한 보다 적극적인 외교정책과 기존의 방법과는 다른 외교전략의 수립이 불가피했다. 아세안 입장에서도 중국과 일본 등 지역 강국의 영향력 확대에 따라 인도의 역할과 협조를 더욱 필요로 하게 되었다.

이 장에서는 우선 아세안과 인도가 처하고 있는 안보환경을 살펴봄으로서 양 지역이 서로의 협력을 필요로 하게 된 계기를 이해하고자 한다. 아시아 지역안보의 전반적 변화를 분석하는 것은 인도와 아세안의 안보전략을 이해하는데 도움이 될 것이다. 동남아와 서남아의 국제질서 변화뿐만 아니라, 21세기에 새롭게 대두되고 있는 안보 이슈의 변화도 중요한 주제로 대두 되었다.

다음으로 인도와 아세안 안보협력의 현황을 살펴보고자 한다. 인도와 아세안 안보 협력은 정부간 차원에서 크게 두 가지 방향에서 이루어지고 있다. 2002년 이래 인도와 아세안 정상회의(ASEAN-India Summit)가 매년 열리고 있다. 이 회의를 마치면 일반적으로 공동 합의문을 발표하며, 이 내용에는 아세안과 인도 양측 최고의사결정자들의 공통적 안보인식을 담고 있다는 점에서 중요한 의의를 갖는다. 또한 아세안이 주도하고 있는 동아시아 유일의 안보협의체인 아세안지역포럼(ARF)에 1996년부터 회원국으로 가입하고 있는 인도가 어떠한 관점과 전략으로 임하고 있는지도 주요 관심사가 아닐 수 없다.

II. 아세안-인도 안보환경

1. 동남아·서남아 지역질서와 아세안-인도 관계

1990년대 자본주의와 공산주의의 대립관계가 끝나고 경제경쟁 시대가 도래(到來)하면서 냉전체제 하 미소(美蘇)간의 전통적 경쟁관계가 해소되었다. 그러나 그 이후 미·일간의 신안보동맹의 강화, 중국·러시아의 전략적 제휴 등 동남아와 서남아를 둘러싼 국제관계가 급격하게 변화되고 있다. 또한 경제적 비중의 확대에 따라 인도와 아세안은 국제무대에서 정치경제적 역할을 확대하기 위해 노력하고 있다.

동남아와 서남아 지역은 이제 어떠한 단일 강대국에 의해서 안정을 모색하기에는 불가능해졌다. 미국과 소련의 영향력은 쇠퇴한 반면 역내 강국인 중국과 일본의 역할이 증대되고 있다. 과거 인도는 친소(親蘇)중립노선을 걸어왔다. 그러나 최근 미국과 중국의 관계가 악화되자 미국은 인도를 전략적 파트너로 인식하고 적극적인 유화적(宥和的) 접근정책을 펼치고 있다.

중국의 부상(浮上)은 인도와 아세안에게 있어서 외교적 부담을 주고 있다. 중국의 파키스탄과 미얀마에 대한 공세적인 접근정책은 인도와 아세안국가에게 공동의 위협이 되고 있다. 특히 중국은 19세기 중반 이전까지 수 백 년 동안 동남아국가들의 종주국(宗主國)으로 군림해 왔고, 따라서 아세안은 중국이 과거처럼 패권국가로서 등장하는 것을 원하지 않는다.

일본의 군사적 영향력 확대도 동남아 역내 질서에 중요한 변수로 작용하고 있다. 최근 공중급유기의 도입, 대형 군함 및 장거리 수송기의 개발 등 자위대의 능력을 적극적으로 향상시키고 있다. 일본이 '잃어버린 10년'이라고 불리는 장기적인 불황으로 경제적 어려움을 겪고 있지만, 자위대의 역할과 기능은 지속적으로 확대되고 있다. 일본은 동아시아에서 중국의 지속적인 영향력 확대를 견제하여 지역강국으로서의 위치를 유지하고자 노력해 왔다.

이와 같은 중국과 일본의 지역강국으로서의 등장과 미국의 대 테러전 이후 증가하고 있는 역할은 인도로 하여금 아세안과의 관계 강화를 통해 지역질서의 균형을 추구하고자 하는 중요한 배경으로 작용하고 있다.

탈냉전 후 약 20년이 지났지만, 아세안과 인도의 관계가 특별한 진전을 이루지 못해왔다. 그러던 중 지난 2000년 클린턴(Bill Clinton) 대통령의 인도 방문은 아세안-인도 관계 진전에도 긍정적인 영향을 미쳤다. 인도의 바즈빠이(Atal Behari Vajpayee) 수상은 2001년에서 2002년 사이에 여러 차례 동남아국가들을 순방하면서 아세안과의 관계를 개선하고자 노력하였다. 바즈빠이 총리는 2000년 7월 베트남을 방문한 이래, 2001년 5월에는 말레이시아를, 2001년 7월에는 태국을, 2002년 4월에는 싱가포르를, 2002년 11월에는 라오스와 캄보디아를 각각 방문하였다. 이와 같은 바즈빠이 총리의 대 동남아국가에 대한 적극적인 외교 노력을 인도의 동방정책(*Look East Policy*)으로 평가하기도 한다.

아세안-인도 관계에 가장 결정적인 영향을 준 것은 무엇 보다 지역강국으로서 중국의 등장이다. 중국의 패권은 중국 경제의 급성장으로 인해서 더욱 탄력을 받고 있다. 아세안과 인도의 전략적 동반자 관계 설정은 중국의 영향력에 대한 견제의 성격이 매우 크다고 할 수 있다. 특히 중국이 세계무역기구(WTO)에 가입하고, 아세안은 중국의 광대한 시장으로 진입하기 위해서 중국-아세안자유무역지대(CAFTA)를 합의함으로서 동남아 지역에 대한 정치적·경제적 영향력을 확대하고 있는 상황을 인도 입장에서는 방관할 수 없었던 것이다. 중국의 대 아세안 접근과 더불어 중국과 파키스탄과의 전략적 관계 형성은 자칫 인도의 지역적 봉쇄(封鎖)라는 상황이 발생할 수 있을 것이다.

아세안 입장에 있어서도 인도에 대한 접근이 필요한 상황이었다. 아시아 경제위기를 겪으면서 아시아적 가치(*Asian Value*)에 대한 서구 국가들의 혹독한 비판과 공격은 아세안 내부적으로 반(反)서구적 정서를 불러 일으켰다. 국제통화기금(IMF)의 엄격한 시장개방과 구조조정에 대한 요구는 일부 동남아 국가들을 정치적으로 불안하게 하였고, 인도네시아의 경우는 정권이 교체되기도 하였다. 또한 미얀마가 1997년 아세안에 가입한 것에 대해서 유럽연합(EU)국가들이 인권문제를 미얀마

경제재제와 연계하여 역내 국가들의 반발을 샀다. 이로 인해서 아시아-유럽회의(ASEM)를 통해서 동남아 국가와 유럽 간의 관계 발전을 모색해 온 다각적인 노력들이 퇴색(退色)되었다.

이러한 경험은 아세안으로 하여금, 서구국가들과의 연대(連帶)보다는 역사적·문화적 정서를 공유할 수 있는 아시아 국가들에 대한 접근으로 외교정책을 전환하였고 그 주요 대상 중 하나가 인도였던 것이다. 무엇보다 인도는 아세안 국가에 대한 패권 추구 가능성이 중국이나 일본에 비해서 현저하게 적다는 점이다. 중국과 일본은 경쟁적으로 동아시아 역내 영향력을 증가시키고자 하기 때문에 아세안 입장에서는 이러한 분위기를 완화시키기 위해서라도 인도와의 관계를 확대개선이 중요한 의미가 있다는 것이다.

아세안-인도 관계의 우호적 분위기는 1997년 말 이래로 동아시아의 경제위기를 통해서 더욱 공고(鞏固)해 졌다. 1997년 인도의 대 아세안 수출고는 44억 달러에서 1998년 17억 달러로 급격하게 축소된 반면에 아세안의 대 인도 수출은 45억 달러에서 52억 달러로 증가하였다. 인도가 자국의 손해에도 불구하고 아세안에게 수출시장을 제공하여 아세안의 금융위기 극복을 지원하였던 것이다. 뿐만 아니라 인도수출입은행(*Export-Import Bank of India*)이 동남아 투자자에 대한 신용보증을 제공하였고, 인도 루피(Rupee)화(貨)에 대한 압력에도 불구하고 평가절하하지 않았다. 경제적 위기에서 보여준 인도의 대 동남아정책은 아세안 국가들로 하여금 인도에 대한 확신과 우호적인 분위기가 형성되게 하였다.

2. 새로운 안보이슈의 등장

동남아와 서남아 안보의 전통적 이슈는 국경분쟁을 비롯하여, 이념분쟁과 게릴라전을 비롯한 분리독립운동이 주류를 이루었다. 이러한 분쟁들은 동서남아의 최대 위협요소였으나, 최근에는 경제위기·환경문제·국제테러·마약(痲藥) 등 새로운 비(非)전통적 안보 이슈가 제기되고 있다.

동남아의 경우 수십 년간 치러진 베트남 전쟁과 캄보디아 내전은 물론 미얀마와 필리핀 등지에서 반군들의 게릴라전이 지속되었다. 직접적으로 국가 간의 전쟁으로 확산되지는 않았지만, 사바(Sabah) 영유권 문제로 인도네시아-필리핀-말레이시아 등 3국이 외교적 극한 대립을 하기도 했다. 서남아의 경우에도 인도와 파키스탄 사이의 끊임없는 분쟁과 핵무기 경쟁 등은 지역의 안보에 가장 결정적인 위협 요소였다.

1990년대 이후 안보의 개념은 군사적인 차원 뿐 아니라 경제·환경 등 비군사적 차원으로 확대되고 있다. 경제안보와 환경안보 역시 동서남아 안보의 한 영역으로 그 중요성을 더해가고 있다. 경제안보는 국력의 수준을 유지하기 위한 필요한 자원의 확보와 시장의 경쟁이 그 어느 때보다 치열하며, 국가생존의 결정적 요소로 자리 잡아 가고 있음을 경제위기를 통해 경험할 수 있었다. 오늘날 경제적 기반의 약화는 국가의 신인도를 하락시키며 국가의 자율성과 주권을 크게 약화시키고 있다.

1997년 말의 경제위기는 결국 국가의 정치적 정통성에도 타격을 주었으며, 국내의 이익집단을 보호하지 못했음을 인도네시아의 경우를 통해서 잘 나타나고 있다. 세계화에 대한 두 가지 상반된 견해가 2001년 7월 베트남 하노이(Hanoi)에서 개최된 아세안지역포럼(ARF)에서 표출되었다. 싱가포르와 필리핀은 세계화가 자유화(*Liberalization*)로 이어져 서구와 통합되는 매개체가 되어야 한다는 견해를 내놓았다. 이들 두 나라의 경제체제는 이미 서방국가들과 긴밀한 관계를 형성하고 있다. 대조적으로 인도네시아는 세계화가 일부 소수의 사람들에게 이익을 주었을 뿐 대부분의 사람들에게는 불평등을 심화시켰다고 주장하였다. 이러한 입장은 아세안 신규 가입국인 베트남과 라오스가 적극적으로 지지하였다. 개별 국가 경제가 동남아 지역과 세계경제에 편입됨으로써 관세 및 비관세 장벽을 낮추고 있고, 자국 기업에게 주어지던 혜택을 초국적 기업(*Transnational Corporation*)에게도 동일하게 적용해야 하는 것이다. 이는 과거와 달리 개별국가의 주권이 제한되는 것이다. 세계화의 진행은 국가(정부)의 역할을 감소시키고 있다. 자국의 안보적 운명을 자국 스스로 지켜나가는 것은 과거보다 훨씬 어려운 상황으로 진행되고 있기 때문에 이웃 국가나 지역국가와 효과적인 공동협력을 전개해야 한다는 것이다.

환경안보에 대한 관심도 급증하고 있다. 환경의 위협은 광범위하고 지속적인 영향을 미치며, 이를 해결하기 위해 특정 개별 국가에 국한된 문제가 아니라 지역안보(*regional security*) 측면에서 논의되어야 한다는 특성을 가지고 있다. 최근 들어 중증급성호흡기증후군(SARS) · 조류(鳥類)독감 · 지진해일(Tsunami) 문제 등 지역적 협력의 필요성은 더욱 강조되고 있다.

오늘날 동남아와 서남아의 안보는 물론 세계적인 안보문제에서 가장 부각되고 있는 개념은 국제테러이다. 동남아 지역에는 현재 알카에다(Al Qaeda) 조직에 의해서 훈련되고 있는 테러 조직이 400-600여개가 존재하는 것으로 추정되고 있다. 중동에서 더 이상 활동이 어려운 테러 조직과 지도자들이 지리적으로 인접해 있는 동서남아 지역으로 거점을 이동하고 있다. 테러 조직은 국경을 초월하여 활동하고 있고, 네트워크로 형성되어 있기 때문에 색출해 내기가 매우 어렵다. 이러한 테러 조직의 활성화는 지역안보의 불안정을 가져와 대외 세력의 개입을 필연적으로 가져올 가능성이 크다. 이러한 상황은 인도도 아세안도 결코 원하는 것이 아니기에 테러 세력에 대한 공동 대응이 시급하다. 경제 · 환경 · 테러 등 최근에 점증하고 있는 일련의 안보 이슈는 결코 개별국가가 해결할 수 있는 문제가 아닌 초국가적 문제들이며, 지역국가들의 협력과 공동의 노력이 수반되어야만 해결할 수 있다는 차원에서 인도와 아세안의 안보협력이 요구되고 있는 것이다.

III. 아세안-인도 안보협력 현황

1. 아세안-인도 정상회담

아세안과 인도는 2002년부터 정상회의를 매년 개최키로 함으로써 상호관계 발전의 새로운 전기를 마련하였다. 자국과 지역 안보의 최고 책임자들인 정상들 간에 얼굴을 마주한 회의보다 더 효율적이고 우월한 제도는 존재하지 않는다. 그런 의미에서 아세안-인도 정상회의는 그 자체로도 동남아와 서남아 지역 간의 안보협력에 진전을 가져왔다고 할 수 있다.

아세안-인도 정상회담은 2005년까지 4차례에 걸쳐서 이루어졌는데, 정상회의가 끝날 때마다 공동합의문을 발표하고 있다. 이러한 합의문은 아세안-인도 간 안보협력의 진전을 가늠하는 지표가 된다고 볼 수 있다. 2002년 11월 캄보디아 프놈펜(Phnom Penh)에서 아세안-인도 간 첫 번째 정상회담이 열렸다. 아세안회원국과 인도의 정상들은 「21세기 아세안-인도 협력(*ASEAN-India Cooperation in the 21st Century*)」이라는 공동 선언문을 발표하였는데, 다음과 같은 조항을 포함하고 있다.

> "우리(아세안과 인도)는 유엔 헌장을 준수하고 동남아우호협력조약의 5원칙을 존중하는데 합의했다. 5원칙은 독립・주권・영토 존중・내정불간섭・상호이익이다."

이러한 원칙들은 아세안과 인도의 우선적인 공통 관심사를 나타내고 있다. 동서남아 지역의 안보적 운명이 더 이상 역외 강대국에 의해서 주도되는 것을 원하지 않고 있음을 밝히고 있다. 아세안과 인도는 식민지 시대에는 서구 열강들에 의해서 지배되었고, 냉전시대에는 자본주의와 공산주의의 첨예한 대립 속에서 전쟁과 갈등을 함께 경험해왔다. 따라서 아세안과 인도의 국익 제고와 관련하여 주권의 문제는 가장 핵심적인 사안이라고 할 수 있다. 이러한 선언은 세계화와 더불어 동서남아 지역에 재등장하고 있는 서구의 영향력에 대한 반대의사의 표현일 뿐만 아니라 중국과 일본 등 지역패권의 가능성이 있는 국가들에 대한 견제의 의미도 담고 있다.

> "우리는 비전통적(*non-traditional*) 안보 요인인 마약・인신매매・해적・국제테러・무기밀매・불법자금세탁・경제 및 사이버 범죄에 관한 공동의 견해와 관심사를 상호 교환한다."

이러한 합의는 앞에서 언급한 바와 같이 동서남아 지역에 다양한 위협 요인이 존재함을 확인한 것이다. 새로운 안보 위협들은 개별국가 차원에서 해결할 수 있는 것들이 아니라, 지역적 차원에서 공동 대응할 때만 해결이 가능한 것들이다. 따라서 동서남아 지역의 안보위협은 아세안과 인도의 협력과 상호 정보의 교환이 뒤따라야 하는 것이다. 2003년 10월 인도네시아 발리(Bali)에서 열렸던 아세안과 인도 정상회의 합의문에는 다음과 같은 중요한 내용을 담고 있다.

> "아세안 정상들은 인도의 동남아우호협력조약(TAC: *Treaty for Amity and Cooperation*) 가입을 환영하며, 아세안과 인도는 국제테러에 대하여 양측의 협조체제를 발전시키기 위해서 인도가 제안한 「국제테러에 대처(對處)하기 위한 공동협력선언(*ASEAN-India Joint Declaration for Cooperation in Combating International Terrorism*)」을 채택한다."

아세안의 회원국들은 그동안 아세안의 창설목표를 담고 있는 동남아 우호협력조약(TAC)을 확고하게 지지해 왔다. 인도는 아세안 회원국 이외에 TAC를 지지하는 첫 역외국가가 되었다. 인도의 TAC 지지는 TAC의 위상을 제고하였을 뿐만 아니라 아세안과 인도의 관계를 개선시키는 결정적 역할을 하였다. 인도의 TAC 가입으로 인도가 아세안에게 평화적 의도를 가지고 있음을 확신하게 하였다. 미국은 TAC 가입에 여전히 주저하고 있지만, 인도는 적극적으로 이를 지지하였다. 2004년 11월 라오스 비엔티안(Vientiane)에서 아세안과 인도 양 측은 "평화와 진보와 공동 번영을 위한 아세안-인도 동반자 관계(*ASEAN-India Partnership for Peace, Progress and Shared Prosperity*)"에 관한 선언을 하게 되었다. 이 공동선언에는 다음과 같은 내용이 포함되어 있다.

> "우리(아세안-인도)는 정치적 · 안보적 · 경제적 · 과학적 그리고 기술적인 인적 자원 개발을 위해서 공동으로 노력하며 재능 있고 젊은 사람들과 풍부한 천연자원, 그리고 최신 기술과 지식 기반의 산업에서 상호 협력해 나간다."

아세안-인도는 양 지역의 효율적 협력이 국민들의 핵심적인 이해관계를 도모하고 아시아와 세계의 평화·안정·발전을 촉진하기 위한 필수적인 조건으로 이해하고 있다. 이와 같은 내용은 아세안과 인도의 협력이 보다 다양한 분야로 확대되어야 할 단계에 이르렀음을 시사하고 있다. 2005년 12월 13일 말레이시아의 콸라룸푸르에서 열린 제4차 아세안-인도 정상회남에서 양 측은 지금까지 아세안-인도 정상회담에서 이루어진 관계개선에 대해서 만족감을 표시하는 한편 더 높은 수준의 협력을 이루어가기로 합의했다. 제4차 정상회담의 공동 발표문에 다음과 같은 내용이 포함되었다.

"우리는 세계적으로 급성장하고 있는 국제테러 · 고유가 · 조류독감 등 최근에 발생하고 있는 다양한 도전과 위협들에 대해서 공동으로 대응해야 한다."

위와 같은 공동 발표문 내용은 안보를 위협하는 제반 요소들에 대해서 아세안과 인도가 공통적인 이해관계를 가지고 협력을 제고해야 함을 보여주고 있다. 특히 양 측은 2005년 10월 1일 인도네시아의 발리(Bali)와 같은 해 10월 29일 인도의 뉴델리(New Delhi)에서 일어난 테러에 대해서 강하게 비난하면서 테러리스트의 활동을 근본적으로 차단하기 위해서 공동 노력하기로 하였다.

"우리는 아세안-인도협력을 위해서 2,500만 달러의 협력기금을 조성하고, 농업 · 보건 · 의약 · 과학기술 · 인적자원개발 · 운송(運送) 등에 대해 양 지역의 협력을 제고해 나가기로 한다."

이와 같은 합의는 아세안-인도 관계가 선언적인 협력이 아닌 실질적이고 가시적인 협력으로 발전시켜나가고 있음을 보여준다. 2005년 정상회담을 통해서 양 측은 협력분야와 협력 기금을 구체적으로 명시했다는 사실은 중요한 의미를 갖는 부분이라고 할 수 있다. 또한 양 지역은 아세안-인도 자유무역지대에 대한 첫 언급을 하였다.

"아세안과 인도는 불확실성의 여건 속에서도 아세안-인도 자유무역지대(AIFTA: *ASEAN-India Free Trade Area*)를 확고하게 정착시켜 나가기 위한 협상을 시작하기로 하였다. 양 지역의 무역과 투자를 활성화하기 위해서 양 지역의 성장 잠재력을 발굴해 나가야 한다."

이러한 내용은 양 지역의 관계가 소극적인 협력 대상이 아닌 적극적

III. 수카르노의 반(反)제국주의 외교정책

수카르노가 1957년 서구(西歐) 민주제도가 인도네시아에 적합하지 않음을 내세워 의회민주주의 체제를 포기하고 새로운 정치구조를 선언하였을 때, 인도네시아는 핫타의 독립과 능동의 외교정책을 착실하게 발전시켜서 그의 후임자들은 인도네시아 토양에 적합한 외교정책의 명확한 틀을 지니고 있었다. 그것은 '반(反)제국주의'와 '자주독립', 그리고 '실용주의(實用主義)'라는 세 가지 중요한 요소를 구체적으로 반영하고 있었다. 핫타와 그의 지지자들, 그리고 후임 수상들은 이 중에서도 '독립'과 '실용주의'를 더 중요시하였다.

1959년 수카르노가 의회민주주의 체제를 포기하고 자신의 정치적인 권위를 보장하는 교도민주주의 체제를 도입했을 때, 인도네시아의 모든 대내외적 정책은 새로운 국면에 접어들었다. 그가 최고 권력자가 되자마자 인도네시아의 국내 정책들이 급진화(急進化) 하기 시작하였다. 1959년 8월 17일 독립기념일 연설문에서 수카르노는 인도네시아의 혁명은 아직 끝나지 않았으며, 따라서 다시 '혁명의 길'(Jalan Revolusi)로 돌아간다고 선언하였다. 그는 과반수식(過半數式) 민주주의가 야기했던 문제들을 비판하면서, 네덜란드로부터 서부 이리안(Irian Jaya)의 해방을 비롯한 여러 가지 혁명 프로그램을 구체적으로 소개했다. 그 이후로 인도네시아 대내외 정책은 모두 '혁명차원'에서 표현되었다.

수카르노는 외교정책의 급진화 추진을 통해서만 국내정책을 급진적으로 변화시킬 수 있다고 믿었다. 수카르노에 의하면 인도네시아 혁명의 두 가지 목표인 통일된 조국건설과 공명정대하고 번영된 사회창출은 이를 저해하는 요소들이나 이것을 조장(助長)하고 조정하는 적들이 없어지기 전까지는 결코 완성되지 않을 것이라고 했다. 이에 따라 그는 제국주의와 식민주의 그리고 자본주의를 인도네시아 국가목표의 가장 큰 적으로 여기고 혁명의 세 가지 목표로 이들을 괴멸시킬 것이라고 선언하였다.

이에 따라 수카르노는 일련의 반(反)식민주의 정책을 강력하게 실천해 나가기 시작했다. 그 첫 번째로 서부 이리안의 주권을 회복하기 위한 적극적인 외교정책을 전개하였고, 1962년 마침내 이를 성취하였다. 이리안(Irian)은 그린란드(Greenland) 다음으로 세계에서 두 번째 큰 섬으로 국제사회에 파푸아뉴기니로 알려져 왔다. 이 섬은 일찍이 유럽열강들에 의해서 서부는 네덜란드에, 동부는 남과 북으로 분할하여 영국과 독일이 각각 자국령으로 점령하였다. 제1차 세계대전에서 독일이 패하자 독일령은 영국이 차지하게 되었고, 호주에 위임 신탁통치 시키다가 오늘날의 파푸아뉴기니(PNG)로 독립시켰다. 그러나 일본이 인도네시아에서 철수하자 네덜란드는 이리안에 자국의 위성국가(衛星國家)인 파푸아(Papua)국을 설립할 목적으로 이곳을 계속해서 점령하고 있었다. 이를 신(新)식민주의 기도로 파악한 수카르노는 전방위 외교적 노력을 통해서 인도네시아령(領)으로 편입시켰다. 수카르노는 이곳을 '위대한 이리안'이라는 의미인 이리안 자야(Irian Jaya)로 명명하고, 이 과정을 '이리안 해방운동'이라고 명명하였다. 수하르토 정권이 붕괴된 후 전개된 분리주의운동 과정에서 이곳의 원주민인 파푸아(Papua)족들은 종족성(種族性)을 나타내기 위해서 개명을 요구하게 되었다. 이에 따라, 인도네시아 문민정부는 동부와 서부로 분할하고, 서부는 서부 이리안(Irian Barat)주(州)로 동부는 파푸아주로 명명하였다.

이리안에서의 외교적 승리에 고무된 수카르노는 말레이시아연방 창설기도에 즉각 반대하고 나섰다. 미국을 위시한 서방세계가 지지 · 지원한 것이 분명하다고 확신한 수카르노는 말레이시아연방 결성이 동남아에서 미국의 하수인인 영국이 앞장 선 신(新)식민주의의 시도로 보고 자신의 반(反)식민주의 외교정책의 또 다른 승리의 제물로 삼고자 했다.

이처럼 인도네시아의 외교정책은 자국의 국익이라는 전제 하에서 결정되어야 하고, 반드시 당면한 국내외 사건과 상황들과 조화롭게 집행되어야 한다는 것이 핫타의 견해였다. 핫타의 이 연설은 국내와 국제사회에 대하여 두 가지의 중요한 메시지를 전달하고 있다. 국제사회에 대해서 '자주와 능동'이라는 외교원칙이 미국과 소련의 극한 대립으로 심화되고 있는 양대 세력의 경쟁 와중에서 인도네시아가 어느 한 쪽으로 치우치기를 거부하는 결정을 취할 수 있다는 사실이다. 한편 자본주의와 공산주의의 양대 세력에 대한 평형추로서의 역할을 예상한 어떠한 제3의 세력권에도 참여할 준비가 되어있지 않음을 묵시적으로 밝혔다. 대내적으로도 자주와 능동의 외교원칙으로 국내 엘리트들의 경쟁관계를 다소 완화하는 계기가 제공되었다.

이러한 점에서 핫타의 외교정책의 원칙선언은 매우 인상적이었다. 국제사회의 강대국간의 이데올로기 대립상황에서 그들과의 정치적 견해차이가 야기할 수 있는 부담을 사전에 방지하였기 때문이었다. 핫타는 만약 인도네시아가 격동의 역사발전 과정에서 발생하는 갖가지 영향을 최소화하려고 한다면, 양대 세력의 어느 일방에 편향되는 외교정책은 지양되어야 할 것이라고 주장했다. 이로써 핫타는 외부세계에 대해서 외교적으로 독자적 입장을 취함으로써 국내적으로 공동체를 형성하는데 중요한 역할을 하였다.

핫타는 인도네시아 국가목표와 국가이익은 그가 창안한 외교정책의 틀을 바탕으로 강력한 정책집행을 통해서만 제고될 수 있다고 굳게 믿었다. 그리고 이것들은 독립 직후에 인도네시아 공화국정부가 직면한 세 가지의 중요한 국가목표에 적용되었다. 이에 해당하는 중요한 사안은 독립국가로서의 존엄성 확보와 안전성의 보장, 국내 엘리트간의 결속력의 강화, 그리고 국민경제의 보호 등이었다.

1950년부터 1957년까지 인도네시아 의회민주주의 경험기를 이끌어

온 공화국정부의 내각들은 핫타가 고안한 외교정책의 틀을 따랐고, 점차로 인도네시아 외교정책의 방향과 연속성의 근거로 자리 잡았다. 의회민주주의 경험기 동안 인도네시아의 외교정책은 새로운 목표를 추구하기보다는 독립을 지키는데 주력하였다. 인도네시아의 외교정책은 이로 인해서 1950년대 중반까지 반(反)서구 정책을 표방하지 않고 범(汎)세계적 외교노선을 견지하였던 것이다. 바꾸어 말하면 인도네시아는 이 기간 동안 외부세계에 대해서 인도네시아의 독립을 확고히 보장받고자 하는 노력을 경주했을 뿐이었다. 그리고 이 같은 노력은 외부세계에 대해서 쟈카르타의 외교정책 입안자들이 수동적인 실용주의자라는 인상을 심어주었다. 이러한 인상은 핫타 이후, 낫시르(Natsir), 수키만(Sukiman) 그리고 윌로포(Wilopo) 내각으로 이어져 내려오면서 외교정책 수행과정을 통해서 더욱 분명해 졌다.

인도네시아의 의회민주주의 경험기에 동안 총 6기의 내각이 들어섰다. 초대 내각(1950. 9 - 1951. 3)은 낫시르가 이끌었는데, 적극적인 중립정책을 추구하였다. 수끼만 내각(1951. 4 - 1952. 2)은 반공(反共)정책을 취했으며, 윌로포 내각(1952. 4 - 1953. 6)은 국민경제의 회생과 군부를 정비하고자 노력하였다. 제 1차 알리(Ali)내각(1953. 7 - 1955. 7)은 비동맹운동의 초석이 된 아시아 · 아프리카총회(Asian-African Conference)를 인도네시아의 반둥(Bandung)에서 성공적으로 개최하여 인도네시아의 국제적 위상을 크게 드높혔다. 하라합(Harahap)내각(1955. 8 - 1956. 3)은 인도네시아의 제 1차 총선거(1955. 9)를 무난하게 치루어 내었고, 제 2차 알리 내각(1956. 3 - 1957. 3)은 수카르노가 교도민주주의(敎導民主主義)를 개막하는 주된 역할을 하였다.

조가 수카르노 시대의 다원적(多元的) 구조로부터 단순화되었다는 것이었다.

국내 정치구조의 변화에 따라 외교정책도 다소의 변화를 가져왔다. 수하르토는 그의 선임자 수카르노 대통령의 급진주의적 외교정책을 크게 완화하여 말레이시아와의 대결정책을 청산하고 쟈카르타(Jakarta)와 콸라룸푸르(Kuala Lumpur)의 외교관계 정상화를 선언하였다. 새로운 국제질서에 따라 NEFOS를 시도하였던 수카르노의 열망은 사라지고, 국민경제 회생(回生)이라는 대의명분 아래 서방과의 관계개선을 위한 유화정책(宥和政策)으로 대체되었다.

그러나 이러한 반전(反轉)은 수카르노 정부가 행하여 온 일련의 외교정책을 완전하게 변화시킨 것이라고는 보이지 않는다. 신질서 정부의 외교정책은 새로운 변화를 추구하였다기 보다는 오히려 이전의 과정을 복원하여 보완하였다. 기존의 외교정책의 틀로부터 새 정부의 외교적 성과라는 포장으로 다소 변형(變形)된 형태를 추구한 것이다.

신질서 정부는 자주와 능동의 외교정책 틀을 벗어난 새로운 정책개발에는 관심을 두지 않았으며, 오히려 기존의 외교정책을 현시화(顯示化)하는데 노력하였다. 수하르토의 신정부는 외교정책을 이념적이고 합법적인 틀에 맞춰야 할 필요성을 느꼈다. 이러한 관점에서, 새롭게 짜여진 국가 이데올로기도 역시 빤쨔실라와 45년 헌법이라는 두 가지 기본적 요소를 배경으로 하였다. 이를 구체화하기 위해서, 외교정책에 관한 크고 작은 회의와 세미나가 개최되었다. 신질서 정부는 구질서 정부의 정책의 연속성을 유지하는 바탕 위에서의 외교정책에 대한 연구를 강화하였다.

비록 빤쨔실라와 45년 헌법이 어떻게 인도네시아공화국의 외교정책에 원용(援用)되어야 하는가에 대한 직접적인 지침을 제공하지는 않았지만, 외교정책의 집행을 통해서 반드시 얻어야 하는 국가이익에 대한 분명한 암시가 있었다. 예를 들어, 빤짜실라에 나타난 인본주의(人本主義: Kemanusiaan)와 사회정의(社會正義: Keadilan Sosial)는 국제사회에서 국가 간의 동등한 지위를 인식시키고 반식민주의 투쟁에 대한 계속적인 지원을 정당화하는 근거로서 역할을 하였다. 1945년 헌법 전문은 인도네시아에 독립과 평화 그리고 사회정의에 근거하여 새로운 국제질서의 창출과 반제국주의 운동의 선봉에서야 한다고 강조하였다. 또한 빤짜실라의 '사회정의'의 원리와 45년 헌법전문에 나타난 '인도네시아 국민 복지증진'에 대한 요구는 '국가개발정책'을 강조하는 이론적 근거가 되었다. 따라서 신질서 정부는 인도네시아 외교정책의 기본과제가 경제적 이익을 최우선으로 하는 국익증진에 있다고 역설하였다. 수하르토 정부는 출범 초기부터 경제개발(Pembangunan Ekonomi)을 강조하여, 새 내각을 개발내각(Kabinet Pembangunan)으로 명명하고 대서방 유화정책과 함께 과감한 외자도입 정책을 시행하였다.

외교정책에 있어서 경제개발의 요소를 강조한 것은 외국의 원조획득을 목적으로 고안된 것이었다. 이러한 정책은 인도네시아로 하여금 원조를 기대할 수 있는 서방국가들에 더욱 가깝게 접근할 수 있도록 했다. 이에 따라 수카르노 시대의 급진주의는 수하르토의 실용주의로 대체되었다. 그 결과, 신질서 정부의 외교정책은 점차로 기존의 '자주와 능동'의 정책에 실용주의라는 상이한 요소가 첨가되었다. 사실상 신질서 정부의 외교정책은 이 때문에 '전략적 수정'을 가해야만 했다. 신질서 정부는 자주와 능동의 정책은 경제개발을 통한 국내 경쟁력 축적으로 국익을 극대화한다는 실용주의를 강조함으로써 정당화될 것이라고 확신하였다.

이를 위해서 수카르노는 공산당(PKI)과 군부를 동원하여 혁명을 고취시켰고, 이리안 해방운동의 경우처럼 승리를 장담하였다.

수카르노는 국제정치질서의 구조를 근본적으로 변화시키기 위한 시도로 또 다른 외교정책을 전개하였다. 그는 기존국가들(OLDEFOS)과 신생국가들(NEFOS) 간의 투쟁을 당연한 사안으로 받아들이고, 독립투쟁에서 저력을 발휘한 신생국가들이 중추를 이루는 새로운 세계질서를 구상하였다. 이에 따라 수카르노는 자카르타-프놈펜-하노이-베이징-평양을 잇는 신생국들의 외교 축선(軸線)을 고안하고, 이의 실행에 착수하였다. 그는 신식민주의는 신생국가들의 단결로만 파괴할 수 있다고 강조하였다. 그리고 인도네시아와 자신이 그 중심적 역할을 할 수 있다고 확신하였다.

그러나 수카르노는 반(反)제국주의와 반(反)식민주의에 대한 지나친 강조로 인해서 '자주'라는 주요 국가구성의 요소를 경시하는 우(愚)를 범했다. 바꾸어 말하면, 수카르노의 외교정책은 자주적 요소를 희생시켜 지나치게 능동적이며 적극성을 띠게된 것이다. 어쨌든 대(對)말레이시아 대결정책과 서방국가들에 대한 지나친 경계와 경원(敬遠)을 초래한 대부분의 정책들과는 달리 서부 이리안을 네덜란드로부터 해방시키기 위한 수카르노의 외교정책은 대부분의 인도네시아 국민들로부터 열렬한 박수갈채를 받았다. 수카르노의 자주와 능동을 기본원리로 한 강력한 반제국주의 외교정책은 형식적인 독립을 쟁취한 후 어수선한 국내정세로부터 국민적 구심역할을 이끌어 냈으며, 국가적 외형구축에도 크게 기여하였다.

IV. 수하르토 정부의 실용주의 외교정책

1. 기존 외교정책의 연계성

수카르노와 교도민주주의의 몰락, 그리고 1965년 수하르토와 함께 신질서(Orde Baru: *New Order*) 정부의 등장은 인도네시아 외교정책으로 하여금 당연히 새로운 국면으로 접어들게 하였다. 신질서 정부는 좀 더 구체화한 자주와 능동의 원칙으로 수카르노 시대의 외교정책과 연계성을 유지할 수 있었고, 동시에 기존 원칙의 이상적인 형태를 끌어내기 위한 새로운 움직임을 보여야 했다.

이를 위해 두 단계의 절차가 필요했다. 첫 단계에서 신질서 정부는 내부 경쟁력을 강화하기 위하여 이제까지의 외교정책을 재점검 하였고, 두 번째 단계에서는 자주와 능동이라는 외교정책의 원칙이 발전되어 나아가야 할 방향을 제시하였다. 이것은 신질서 정부가 최소한의 국내적 경쟁력의 가능성을 확신한 후 인도네시아의 외교정책의 기저(基底)가 '자주'와 '능동'임을 재차 확인한 것이다.

신질서 정부는 인도네시아의 국가이념이자 모든 국내법(國內法) 체계의 근간인 빤짜실라(Pancasila)와 45년 헌법(UUD-45)의 수호를 다짐하여 수구(守舊)세력의 완강한 저항을 짧은 시간 내에 무산(霧散)시켰다. 신질서 정부는 1950년대의 의회민주주의로 회귀(回歸)하지 않고 새로운 정치구조를 창조하지도 않았다. 오히려 1966년 국민협의회임시특별총회(MPRS)에서 수하르토의 군부가 구질서(Orde Lama: *Old Order*) 정부로 명명하여 격하한 수카르노 정부의 대 국민 약속이행을 그 첫 번째 임무로 확인하였다. 구질서 정부와 동일하게 신질서 정부도 인도네시아 국가이데올로기의 근본인 빤짜실라와 45년 헌법의 체계 내에서 정책을 입안하고 수행해 나갔다. 약간의 차이점은 새로운 정치역학 구

일본 등 15개국과 국제통화기금
행(ADB) 등 4개 국제금융기관과
공동으로 참여한 거대한 국제금

IGGI는 해체되기 전까지 막대
를 통하여 매년 40-50억 달러를
부의 IGGI 해체결정은 1991년 1
있던 인도네시아의 특수부대가
여 IGGI 의장국이었던 네덜란드
IGGI를 해산한 인도네시아는 네
조성된 인도네시아자문단회의(
즉각 대체하였다.

인도네시아의 외교정책은 지
을 보이고 있다. 인도네시아는
으로 국한하지 않고 아시아-태
정부는 아시아-태평양경제협의
에서의 역할을 목적으로 제 2차
시아로 유치한 바 있다. 아직
G-7을 모방한 이슬람 7개국 회
시아 외교정책의 탈(脫)동남아
있다. 이러한 변화들은 인도네시
와 능동과 실용주의를 지향하고

V. 문민정부의 다원적인 외교정책

1. 기본적인 외교정책과 방향

수하르토 이후 인도네시아 문민정부는 기존의 외교노선인 능동적이고 자주적인 비동맹 중립외교를 외교정책의 기본으로 하고 있다. IMF 체제 하의 어려운 국내 경제문제와 동티모르 독립 후 격화되고 있는 분리주의운동에 능동적으로 대처하기 위하여 경제실리외교와 영토보존 외교를 적극 구사하고 있다. 이를 위해서 인도네시아자문단회의(CGI) 국가들을 위시한 국제금융기구와의 관계증진에 힘쓰고 있으며, 아세안(ASEAN) 회원국 간의 결속을 통한 역내 안정유지에 외교적 역량을 집중하고 있다.

이를 바탕으로 인도네시아 문민정부의 외교정책은 실리적이고 다원적인 방향으로 전개되고 있다고 말할 수 있다. 무엇보다 우선적으로 새로운 국제질서 형성에 적극적으로 동참한다는 것이다. 이를 위해서, 유엔을 비롯하여 아세안과 비동맹(NAM), 이슬람국제기구(OIC) 등 다양한 국제무대에서 쟈카르타 정부의 역할증대에 진력하고 있다.

다음으로 아세안의 결속을 도모하여 역내협력 체제를 강화하고 인도네시아가 동남아 맹주의 위치를 계속해서 확보하기 위해서 동남아의 평화·자유·중립지역화 등 기존의 동남아 원칙들을 성실하게 재점검한다는 것이다. 아세안지역포럼(ARF: *ASEAN Regional Forum*)을 통한 역내 안보강화와 아세안의 역외 대화상대국과의 유대증진에도 적극적으로 나서게 되었다. 메가와티 대통령이 2002년 3월 말부터 4월 초에 평양과 서울을 동시에 방문하여 한반도 문제해결에 관심을 보인 것도 같은 맥락에서 관찰할 수 있다.

셋째로는 경제개발을 위한 국제협력의 강화이다. 이로 인해서 대인

2. 신질서 정부의 독자적인 외교정책

수하르토의 인도네시아는 80년대를 지나 90년대로 들어서면서 실용주의 외교정책을 완성하는 시점에 와 있다고 판단하였다. 굵직굵직한 외교정책들이 80년대의 국내경제발전을 토대로 90년대로 향하면서 보다 적극적이고 능동적인 태도를 취하고 있음이 확인되었다. 1990년에 수하르토 대통령 자신도 인도네시아의 국가개발정책이 추구해 온 목표가 완성단계에 도달했다고 말한 적이 있다. 그는 새롭고 능동적인 외교정책을 추구하기는 했지만, 교도민주주의 시대처럼 화려한 수사(修辭)의 슬로건을 내세우지는 않았다.

그러나 80년대 중반 이후의 인도네시아 외교정책은 이전의 수행 방식과는 차별적으로 '독자성(獨自性)의 증대(增大)'라는 큰 변화를 가져왔다. 그 첫 번째는 1985년 반둥에서 개최한 비동맹(非同盟)회의 30주년 기념식이었다. 그 회의는 인도네시아로서는 국제사회에서 별다른 주목을 끌지 못하던 거의 20년의 외교정책을 마감하고 외교정책에 관한한 수카르노 시대로 회귀(回歸)하고자 하는 인도네시아를 과거의 동반자들에게 자랑스럽게 보여줄 수 있는 현장이었다.

수카르노는 냉전체제가 한창이던 1955년 네루와 나세르, 저우언라이 등 내노라는 비동맹 지도자들이 총망라된 아시아-아프리카 신생국 최고 지도자들의 회합을 인도네시아의 반둥에서 개최함으로서 제2차 세계대전 후 가장 획기적인 외교적 이벤트를 만들어 내었다. 반둥회의를 통해서 수카르노는 일약 비동맹의 최고 지도자의 한 사람으로 자리 매김 하였으며, 서방세계와 공산권이 수카르노와 인도네시아에 경쟁적으로 유화정책을 펼치게 되었던 것이다. 1985년의 반둥회의는 인도네시아가 과거 비동맹세계의 지도적 역할을 했었음을 밝히고, 이제 다시 그 위치를 찾고 싶다는 의지를 나타낸 것이었다.

이밖에도 인도네시아가 비동맹세계와의 관계증진을 위한 외교정책 수행을 재개했다는 증거들이 많이 있다. 쟈카르타 정부는 오랫동안 다소 소원했던 비동맹운동(NAM)에서 의장직을 맡아 외교적 역할과 역량을 증대하기 시작했다. 1989년 투표에서 니카라과에 패하는 다소 고통스러운 과정을 거친 후 인도네시아는 결국 1992-1995년 회기의 NAM 의장국으로 선출되었다. 이로써 수하르토의 쟈카르타 정부는 냉전시대 이후 급변하는 국제환경에 적절하게 대처하면서 새로운 NAM을 육성하고 급변하는 국제정치의 일각(一角)을 담당하는 국제사회의 중요한 국가로서의 인도네시아의 이미지를 부각시키고자 노력하였다.

또 다른 인도네시아 외교정책의 독자성의 신호는 1967년 8월 이후 단절되었던 중국과의 외교관계를 1990년 8월에 재개한 것이다. 비록 이것은 쟈카르타와 베이징(北京)의 쌍방 간 문제로 보이나, 이것은 수하르토 정부가 새롭게 지향하는 독자성의 의미가 무엇인가를 파악하는데 중요한 증거가 되었다. 중국의 내정개입에 대한 두려움 때문에 단절하였던 외교관계의 복원은 자국의 안보를 위협하는 외부적 요소를 다루는데 있어서 쟈카르타 정부의 자신감이라고 할 수 있다. 베이징과의 외교관계 정상화는 또한 내정간섭의 두려움 없이 대등한 위치에서 강대국을 대하게 되었다는 인도네시아의 준비성을 보여준 것이다.

이러한 자신감과 준비성은 수하르토 인도네시아의 경제개발을 돕기 위한 인도네시아채권국회의(IGGI: *Inter-Governmental Group on Indonesia*)의 해체결정에도 잘 나타나고 있다. 수하르토가 친 서방정책을 암시한 직후인 1966년 9월 소집된 인도네시아채권국회의는 인도네시아 외채상환을 연기하거나 부분적으로 탕감해 주고, 나아가서 새로운 정부의 경제발전을 돕기 위하여 대대적인 경제원조 재개를 결정하였다. 이 채권국회의는 매년 인도네시아에 공여할 원조금 총액을 결정하고 이를 컨소시엄 형태로 분할하여 맡았다. 미국 · 영국 · 프랑스 · 서독 · 이태리 ·

태로 인한 대테러작전의 긴박한 공조 필요성에 따라 복원된 것을 반기고 있다.

일본은 인도네시아의 가장 중요한 무역 상대국이자 최대의 차관(借款) 공여국(供與國)이다. 이 나라의 총 1,100억 달러에 달하는 외채(外債) 중 40퍼센트 이상이 엔화 차관이다. 이로 인해서 일본과의 관계발전은 자국의 경제발전에 필요악(必要惡)이라고 확인하고 있다. 또한 말레이시아의 입장과는 다소 다르게 일본의 군사력 증강과 이를 수반한 동남아에서의 정치적 영향력 확대에는 부정적인 입장을 취하고 있다.

1965년 인도네시아공산당(PKI)이 야기한 9·30 사태의 여파로 1967년 10월에 동결되었던 외교관계가 1990년 8월에 복원된 이후, 인도네시아와 중국은 최고위급 지도자들의 잦은 상대국 교환방문으로 가장 중요한 외교적 파트너가 되었다. 와히드 대통령은 쟈카르타에 문민정부가 들어선 직후인 1999년 12월 베이징을 공식 방문하고, 중국과의 실질적인 협력관계 증진을 최우선의 외교과제로 설정하였다. 수하르토 군사정부가 문민정부로 전이(轉移)되는 과정에서 화(禍)를 당한 중국계 소수종족들과 이들과 정서를 같이하는 베이징 정부에 대한 배려로 표현되었다.

2001년 11월 인도네시아를 답방한 주룽지 중국 총리도 인도네시아의 주권·영토보전·국가통합을 베이징 정부가 계속해서 지지할 것임을 메가와티 대통령에게 확인하였다. 이는 동티모르가 독립한 이후 인도네시아 영내(領內)에서 야기되는 분리주의자들의 주장에 대한 외부세계가 동조하거나 간섭할 가능성에 대해서 베이징 정부가 이를 일축(一蹴)하고 나선 것이다. 나아가서 중국은 금융위기를 벗어나지 못하고 있는 인도네시아에 대규모 차관을 제공하고 계속해서 경제협력을 강화해 나가기로 하였다. 이로서 수하르토 군사정부에 의해서 오랫동안 '믿지 못할 대국'으로 치부되었던 중국이 인도네시아에 문민정부가 들어선

후 외교 분야의 믿음직한 새로운 동반자로 등장한 것이다.

9·30사태 이전까지 러시아(당시는 소비에트연방)는 수카르노에 대한 유화(宥和)정책의 일환으로 인도네시아에 대규모의 군사 및 경제원조를 제공했었다. 인도네시아 해군과 공군 장비의 상당부분이 구형 소련제였던 것은 과거 흐르시쵸프가 이리안 해방투쟁을 목적으로 한 수카르노의 요구를 들어주었기 때문이다. 그러나 소련의 대인도네시아 관계는 쟈카르타-베이징 간의 밀월관계에 밀려서 빛을 보지 못하였다. 수하르토 정권이 안정된 후 통상증진을 위한 실리추구 외교정책에 따라 양국관계가 조금씩 호전되었다. 80년대 말 경제개발 정책에 따른 대서방세계 편중 외교정책에 대한 비판여론이 대두되자 수하르토 대통령은 비동맹 외교정책을 복원하려는 의지의 일환으로 1989년 9월 모스크바를 방문하였다. 양국은 이때 우호협력에 관한 특별의정서를 조인한 바 있다. 그러나 양국 관계는 이렇다 할 진전을 보지 못하다가 1997년 8월 인도네시아가 러시아 공군의 주력기종인 수호이-30 전투기 12대와 전략(戰略) 헬리콥터 8대의 대응구매에 합의함에 따라 양국관계가 다소 개선된 것으로 관측되고 있다.

VI. 끝맺음 말

인도네시아는 2001년 말 현재 80개소의 상주 대사관과 76개소의 총영사관 또는 영사관을 유지하고 있다. 같은 해 인도네시아 국내에 상주하고 있는 대사관이 83개소, 겸임 대사관이 51개소, 국제기구 대표부가 24개소, 총영사관 또는 영사관이 40개소 등 총 198개의 외국 외교대표부가 인도네시아 주재하고 있다. 이와 같은 인도네시아 국내외의 자국 또는 외국의 외교대표부 숫자로 이 나라 외교정책의 비중을 가늠할 수는

도네시아원조그룹과의 협력강화가 가장 중요한 이슈가 되고 있으며, 대(對)강대국 의존관계를 탈피하여 국제협력의 다변화를 추구하고 있다. 특히 총 1,100억 달러에 달하는 외채의 40퍼센트 이상이 엔화 차관임을 고려하여 일본 부담을 축소하거나 분산하려는 노력을 전개하고 있다. 이를 위해서 중국과 한국 등의 역할을 해 줄 것으로 기대하고 있다.

끝으로 세계 최대의 이슬람국가인 이 나라는 이슬람국제기구의 정치·경제적 협력관계 제고(提高)에 기대를 걸고 있다. 그러나 인도네시아의 이슬람의 다양한 구성요소가 말해 주듯이 쟈카르타 정부는 대(對)이슬람 정책에 하나의 목소리를 내기가 쉽지 않다는 어려움을 안고 있다. 이락-미국 관계를 비롯해서 팔레스타인-이스라엘 관계에서 인도네시아가 취할 수 있는 입장이 매우 애매하다는 것이다. 경제협력 문제로 서방세계와의 관계증진을 염두에 두어야하는 인도네시아로서는 이슬람 세계의 따가운 눈총 또한 의식하지 않을 수 없기 때문이다.

2. 아세안 및 대(對)강대국관계

세계적인 블록화 추세에 따라 '아세안화 된 동남아(*ASEANization of Southeast Asia*)'는 동남아 10개국 개별 국가와 역내의 지역협력기구인 아세안에게 정치·외교적으로나 경제적으로 예상 밖의 플러스 요인이 되었다. 인도네시아는 동남아의 아세안화에 주된 역할을 했으며 주변 강대국들과 아세안의 세력균형에도 중추적인 역할을 하고 있음을 부각시키고 있다.

1999년 4월 동남아의 아세안화(ASEAN 10)가 완성되어 자주 공식·비공식 정상회담이 개최됨에 따라 아세안자유무역지대(AFTA)와 안보포럼(ARF) 등 기존의 협정들이 탄력적으로 운영되고 있다. 또한 아세안의 강화로 주변 강대국들의 대아세안 영향력 행사도 변화를 겪고 있다.

지위와 역할이 감소되고 중국과
립과 협력이 공존하며 동남아에
입하였다. 인도네시아는 무엇보
창하는 것을 경계하고 있다. 남
방하기 위한 마닐라선언을 채택
상대국으로 동남아로 끌어들이
주와 안보협정을 체결하여 중국
를 마련하였다.

사태의 정치적 해결을 위하여 자
nformal Meeting)을 개최하고 아
축하였다. 이를 토대로 프랑스
파리국제회의의 공동의장국으
는데 크게 기여하였다. 또한 인도
역할을 하였다. 수하르토는 1996
담에서 마하티르와 함께 동남아
, 이어서 1997년 2월에는 CLM 3
방문하였다. 이에 따라 1997년 7
보디아)에 거쳐 동남아 10개국이

경제 원조를 받고 있다. 뿐만 아니
위시해서 다방면에 막대한 투자
하르토 정권 붕괴 이후 특히 9·11
감정책에 대한 반응으로 반미(反
 대부분의 식자(識者)층이 완만
트들도 동티모르 인권문제로 지
군사 분야의 협력관계가 9·11사

현재 가장 대표적인 지역무역협정(RTA: *Regional Trade Agreement*)이라 할 수 있는 FTA는 특정 국가 혹은 지역 내에서 특혜 무역관세를 상호 부여하거나 역내 관세철폐를 하는 것으로서 가장 느슨한 형태의 경제통합이나, 지역무역협정의 주종을 이루고 있다. 2006년 3월까지 2006년도 WTO에 보고된 RTA의 유형별 현황을 살펴보면, FTA가 125건, 관세동맹 12건, 권능부여조항(*Enabling Clause*) 20건, GATS 5조 36건으로서 총 193건의 RTA중 FTA가 차지하는 비중은 65퍼센트에 달하고 있다. FTA는 WTO 다자주의의 근간인 최혜국대우(MFN) 원칙에 정면으로 배치되지만, WTO/GATT 규범은 GATT 24조 및 GATS 5조에 의해 그 요건을 충족시킬 경우 적법한 예외로 인정하고 있다.

특히 개도국 간에는 1979년 GATT 결정인 권능부여조항에 근거한 제한적 범위의 지역협정 체결이 가능하게 되었다. 개발도상국에 대한 특혜조치로서 지역무역협정 체결이 허용됨에 따라 방콕협정(1976), 아세안 특혜무역협정(1977) 등이 발효하기 시작하였다. 남남무역차원에서 개도국간의 경제통합은 남북무역의 불안정성을 극복하기 위한 대안으로서 산업발전단계가 유사한 개도국간의 분업구조 개편 및 효율화를 위한 무역정책의 일환이라고 할 수 있다.

일반적으로 경제통합이 성공적으로 진행되기 위해서는 가맹국간의 경제가 상호 경쟁적이면서 잠재적으로 상호보완관계에 있어야 하며, 이러한 상호보완관계는 이질적인 산업구조에 기초를 둔 수평분업관계로 발전될 수 있어야 한다. 그러나 경제발전단계가 상이한 국가 간의 경제통합일 경우 역내 선진국과 후진국의 경제발전의 차이로 시장 확대에 의한 동태적 이익을 얻을 수 없어 저개발국의 공업화는 저해될 뿐만 아니라 경제통합의 효과를 왜곡시킬 수도 있다. 이에 따라 개도국간의 지역통합이 활발히 추진되고, 유럽과 미주의 지역주의 강화에 대응하여 중남미, 아프리카 등지에서 내부 결속성이 강화되면서 비슷한 발전

단계에 있는 개도국간의 경제통합이 활발히 추진되기 시작하였다.

특히 아시아의 경우 1990년대 초반 국제적인 통상환경이 급변하여 다자주의에 대응한 지역주의가 대두되면서 FTA가 확산되어 왔다. 냉전체제가 붕괴되고 사회주의권의 몰락과 아시아경제권의 부상 등으로 세계경제가 다극화되면서, 지리적으로 인접하고 경제의 상호의존성이 높은 국가들 간의 경제통합 움직임이 확대되고 지역적인 중층적 경제체제 형성이 가속화되었기 때문이다. 즉, 전 세계적인 지역주의의 확산과 함께 경제 블럭의 광역화로 EU 확대, 미주자유지역의 창설논의 등으로 지역경제권의 중층적 구조는 점차 확대되고 있는 실정이다.

WTO/GATT의 공식통계에 의하면, 1991–1995년 간 49건의 지역무역협정이 체결되었으나, 동아시아 역내에서 제도적 통합은 다른 지역경제권에 비해 매우 미진하였다(그림 2 참조). 단지 동남아의 경우 정치·안보협의체로서 출범한 동남아국가연합 아세안이 지역적 결속력을 토대로 꾸준하게 경제 및 산업 협력을 추진한 결과 1992년 아세안 자유무역지대(AFTA)를 설립하는데 합의하였다.

동아시아 차원에서는 1990년 말레이시아의 마하티르(M. Mahathir) 총리가 제안한 동아시아경제협의체(EAEC: *East Asia Economic Caucus*) 구상이 1993년 7월 아세안 외무장관회담에서 공식 합의되면서 구체화되기도 하였으나, 미국의 견제와 일본의 소극적 태도로 결국 무산된 바 있다. 당시 미국은 1991년 11월 베이커 국무장관을 통해 한국과 일본의 통상장관에게 각각 EAEC 불참을 요청한 바 있으며, 1992년 1월 부시 대통령도 싱가포르와 일본 방문시 EAEC를 무역장벽으로 간주한다는 경고성 발언을 한 바 있다. 클린턴 행정부도 EAEC에 대해 여전히 APEC의 진전에 방해가 될 것이라는 이유를 들어 반대하였고, 일본도 아시아의 경제협력은 미국·호주·캐나다를 포함한 APEC을 중심으로 추진되어야 한다는 기본입장을 고수하였다.

그동안 동아시아는 경제규모면에서 NAFTA와 EU에 이어 주요 경제권으로 부상하였을 뿐만 아니라 무역 및 투자가 확대되면서 역내 분업관계는 물론 상호의존관계가 심화·발전되어 왔지만, 기능적 통합에 상응하는 제도적 통합을 위한 제반 논의는 그다지 활발하지 않았다. 개방적 지역주의를 표방하면서 출범했던 APEC의 경우 미국·일본·호주 등이 주도하는 남북협력체로서 무역 및 투자자유화를 추신하였지만, 상호주의를 배제한 채 동아시아 지역주의를 무력화시키려는 전략적 의도가 작용하였다는 평가이다. 특히 1994년 제2차 APEC 정상회의에서 보고르선언을 채택하였지만, 구속력과 상호성을 확보하지 못함으로써 APEC은 그 한계를 드러낼 수밖에 없었다. 특히 개방적 지역주의라는 모호한 개념 하에 APEC 회원국의 이질성, 합리적 리더십의 부재 등으로 인해 동아시아 역내의 제도적 통합을 위한 실질적인 대안이 될 수 없었다.

이에 따라 1990년대 중반 이후에는 중국과 베트남 등 아시아 사회주의권의 적극적인 개혁·개방으로 지역정세가 안정화됨에 따라 아세안은 동아시아 유일의 지역공동체로서 정치·경제적 협력에 주도적인 역할을 수행하였다. 경제적으로는 AFTA가 본격적으로 추진되면서 교역 활성화 및 투자유치 확대를 위한 지역경제통합이 가속화하고, 역내 결집력을 활용하여 역외국과의 협력 체제를 강화해 왔다. 즉, 1994년 아세안 지역포럼(ARF)이 창설되고, 아세안은 아세안확대외무장관회담(ASEAN PMC)을 통해 주변국과의 협상력을 확대해 왔다. 이와 같이 지역주의의 대두와 함께 광역화되는 경제 블럭에 대응하여 제도적 통합이 필요하다는 동아시아의 독자적인 지역통합 움직임은 미약하나마 역내 유일의 정치·경제협의체로서 아세안을 기반으로 태동하게 되었다.

한편 인도는 전통적으로 WTO를 통한 다자간 무역협상에서 선진국의 시장개방 확대와 개도국 우대조치를 주장하면서 다자체제 협상에서 개도국과의 연대, 역내 영향력 확보 등에 역점을 기울여 왔다. 인도는

1975년 한국·스리랑카·방글라데시·라오스 등 5개국이 참여하는 방콕협정을 체결하였다. 우리나라도 가입하고 있는 방콕협정은 관세·비관세 장벽 제거를 통해서 아시아-태평양경제사회위원회(ESCAP: *Economic and Social Commission for Asia and the Pacific*) 관할 내 개발도상국 간의 무역 확대를 목적으로 체결된 개발도상국간의 특혜무역협정이다.

또한 인도는 1985년 방글라데시·부탄·몰디브·네팔·파키스탄·스리랑카 등 6개국과 역내 경제협력을 도모하기 위해서 남아시아지역협력연합(SAARC)을 창설한 바 있다. SAARC는 인도·파키스탄·방글라데시·스리랑카·네팔·부탄·몰디브 등 남아시아의 7개 국가가 역내 경제협력을 확대하고 공동의 번영을 이룩하기 위한 목적으로 결성한 연합체하고 할 수 있다. 이후 SAARC는 권능조항에 따라 1995년 12월 남아시아 특혜무역협정(SAPTA)으로 WTO에 통보되고, 남아시아자유무역지대(SAFTA)로의 이행을 위해 역내 경제통합이 적극적으로 시도되었다. 그러나 창설 이전부터 문제가 되어왔던 카시미르 지역을 둘러싼 인도-파키스탄간 분쟁을 비롯한 지역 불안정, 회원국 경제규모 및 경제력 격차 등으로 역내 경제통합은 별다른 성과를 거둘 수 없었다.

〈그림 2〉 지역무역협정 발효의 연도별 추이(2005년 11월 현재)

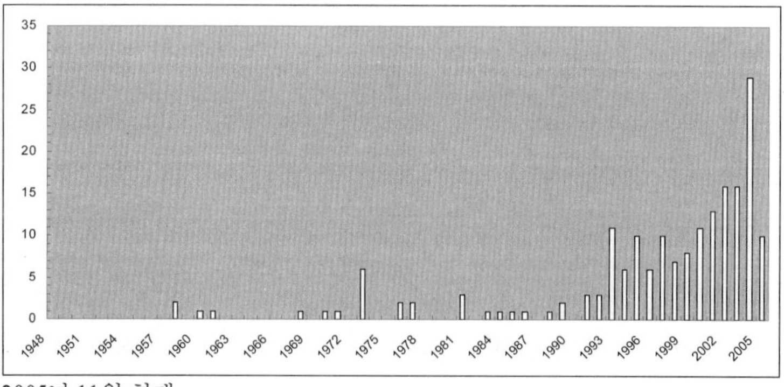

주: 2005년 11월 현재.
자료: WTO사무국.

III. 인도-아세안 경제협력 현황

1. 경제규모와 국제적 위상

동남아 국가들은 80년대 중반이후 역동적인 성장을 기록하면서 지난 10년 이상 연평균 7-8퍼센트대의 고도성장을 달성하였다. 신흥시장(*emerging market*)으로 급속히 부상한 동남아 국가들이 높은 성장률을 기록할 수 있었던 것은 수출주도형 공업화 전략을 기반으로 개방경제 하에서 외자주도형 성장정책을 추진해 왔기 때문이었다. 그러나 인도는 1991년 경제 개혁을 단행하기 전까지 네루식 사회주의 경제체제를 고수해 왔기 때문에 아세안에 비해 상대적으로 경제발전 속도가 뒤쳐졌다. 이에 따라 인도는 아세안에 비해 인구가 두 배 이상 많지만 1인당 국민소득은 아세안 10개국 평균의 절반에도 미치지 못하고, 교역규모와 FDI 모두 매우 저조한 형편이다.

그럼에도 불구하고 인도는 11억의 인구를 보유하고 있고, 약 7천억 달러규모의 국내총생산(GDP)를 기록하고 있는 거대시장으로서 중국과 함께 브릭스(BRICs) 국가로서 큰 주목을 받고 있다 (표 1 참조). 1991년 이후 대외개방과 개혁정책을 채택하고 외국인투자 유치 및 수출정책을 추진 중이어서 최근 10년간 연평균 6퍼센트대의 성장을 통해서 식량의 자급자족, 1,000억불의 외환보유 등을 달성하였으며, IT 강국으로서 개발 잠재력이 높게 평가받고 있기 때문이다. 그동안 인도경제는 꾸준한 증가세를 기록하면서 동아시아 외환위기로부터도 별다른 영향을 받지 않아 비교적 안정적인 성장국면을 유지해 왔다.

이미 언급한 바와 같이 인도와는 달리 동남아 국가들은 1980년대 후반부터 신흥시장으로 부상하면서 연평균 7-8퍼센트의 높은 성장세를 유지해 왔다. 1985년 플라자합의 이후 본격화된 일본의 해외투자진출을 계기로 직접투자 주도형의 수출 공업화가 본격화되었다. 이에 따라 제조업 생산기반이 크게 확대되고, 대외교역에 있어서도 농산품 및 천연자원 중심에서 공업제품 수출이 증대되고 교역구조도 고도화되었다. 이와 같이 동남아 국가들이 단기간 내에 압축적인 성장과 산업발전을 이룰 수 있었던 것은 수출주도형 공업화 전략을 기반으로 외자주도형 성장정책을 추진하였기 때문이었다. 외국인직접투자가 무역을 촉진하고 성장의 엔진으로 작용하였다. 아세안 주요국들은 세계경제의 호조와 글로벌화가 확대되는 가운데 직접투자 증가→수출증대→경제성장률 증가라는 메커니즘을 통해 직접투자와 수출의 선순환이 지속되면서 높은 성장률을 기록할 수 있었기 때문이다. 또한 1980년대 말 인도차이나 국가들이 개혁·개방체제로 전환하면서 투자여건이 급격히 개선됨에 따라 동남아지역은 신흥시장으로 급속히 부상하고, 외국인 투자자본이 역내로 대거 유입하게 되었다. 무엇보다도 90년대 초반 아세안의 경제통합 노력이 가속화되어 아세안자유무역지대(AFTA)가 출범하면서 동남아 경제의 성장잠재력이 크게 신장되는 계기를 마련하였다. 특히 1995년 7월 베트남이 아세안에 정식 가입하고, 1997년 미얀마와 라오스, 1999년 4월 캄보디아의 가입으로 '아세안10'이 실현됨에 따라 동남아지역은 총인구 약 5.4억 명, 국민소득 7,975억 달러 규모의 단일시장으로 발전되었다(표 8 참조).

〈표 8〉 인도와 아세안의 경제 규모 비교(2004년 기준)

	면 적	인구	GDP	1인당 GDP	상품수출	상품수입
	천km^2	백만 명	십억 달러	달 러	십억 달러	십억 달러
싱가포르	0.65	4.2	106.8	25,192	180.8	154.6
태 국	513	63.4	163.4	2,579	96.1	94.5
말레이시아	330	25.2	117.8	4,607	126.6	99.1
인도네시아	1,920	217.5	257.7	1,187	71.8	50.6
필 리 핀	300	82.9	86.4	1,040	39.3	40.2
브루나이	5.8	0.4	5.4	14,865	5.1	1.4
베 트 남	327	82.4	45.3	549	26.0	31.5
라 오 스	237	5.8	2.1	370	0.5	0.8
미 얀 마	680	50.0	8.0	159	2.6	2.1
캄보디아	180	13.6	4.6	348	2.5	3.0
아세안1)	4,494	545.4	797.5	1,462	551.3	477.8
인 도2)	3,287	1,080	691.5	610	79.2	1,071

자료 : Gobal Insight / 인도 재무부.

2004년 기준으로 인도와 비교해 볼 때, 아세안의 인구는 절반수준이나, 경제규모면에서 아세안이 인도보다 약간 크다. 그러나 동남아 국가들도 대내적으로는 인구·면적·국민소득 등 경제적인 측면에서 현격한 차이를 갖고 있어 인도 못지않은 저소득국가가 다수 존재한다. 특히 라오스, 캄보디아, 미얀마는 1인당 국민소득(GDP)이 약 200-400 달러 수준에 불과한 최빈개도국이고, 베트남도 549달러 수준에 불과하다.

최근 인도는 우수한 저임 노동력·광활한 국토·선진 IT기술 보유 등으로 무한한 성장 잠재력을 보유하고 있고, 앞으로도 인도경제는 괄목할 만한 성장세를 이어 나갈 전망이다. 대외개방, 외국인투자 유치 및 수출정책 추진으로 연평균 6.0퍼센트 이상의 경제성장을 실현하고 있다. 2003년의 경우, 8.5퍼센트의 경제성장을 달성하였고, 2004년에는 6.9퍼센트를 기록하였다. 특히, 2004년 12월 쓰나미 피해와 2005년 카시미르 지방의 정정불안에도 불구하고 산업전반의 호조에 힘입어 2005년도 성장률도 7-8퍼센트대에 이르렀다.

고유가, 산업 및 소비심리 회복에 따른 국내수요 증가 등으로 무역적자폭이 확대되고 있으나, 활발한 서비스 수출과 해외송금 유입이 경상수지 적자를 줄이는데 크게 기여하고 있다. 만성적인 에너지 부족, 인프라 시설의 낙후, GDP의 25퍼센트에 이르는 높은 농업 의존도, 관료주의·부패 등이 주요 장애요인으로 제기되고 있으나, 저축율 상승, 서비스업 성장세 유지, 농업생산성 제고, 인프라 투자확대가 이루어진다면 인도경제는 본격적인 성장국면에 진입할 것으로 보인다. 농업생산의 호조 및 외국인 투자에 따른 생산량 증가로 현재의 성장추세는 당분간 지속될 전망이지만, 골드만삭스(2003)의 예측에 따르면, 2020년 인도의 경제규모는 6위, 2030년에는 러시아와 독일을 제치고 4위에 달할 것으로 예상되어 세계경제의 중심축으로 부상할 전망이다.

2. 교역 내용과 규모

인도의 동방정책이 발표된 1992년만 하더라도 아세안-인도간의 교역규모는 28.4억 달러 수준에 불과하였으나, 인도의 개혁·개방정책이 본격화되면서 교역규모가 지속적으로 확대되어 2000년에는 95.4억 달러, 2004년에는 176.2억 달러 규모로 크게 증가하였다. 연도별 교역규모의 증가율을 살펴보면, 동방정책이 추진되기 시작한 1990년대 초반부터 중반까지 연평균 30퍼센트 이상의 높은 성장률을 기록하였다(그림 3 참조).

그러나 1997년 태국에서 촉발된 동남아 외환위기의 영향을 받아 교역증가율은 크게 둔화되었다. 2000년을 전후로 동남아 국가들이 경기 회복국면에 접어들면서 인도와 아세안 교역규모도 다시 증가하고 있다. 2003년의 교역증가율은 전년대비 39퍼센트를 기록한 바 있고, 2004년의 경우에도 25퍼센트 증가하여 인도-아세안 교역규모는 조만간 200억 달러 규모로 확대될 전망이다.

〈그림 3〉 인도의 對아세안 교역규모 및 연도별 증가율(1986-2004)

(단위: 100만 달러, %)

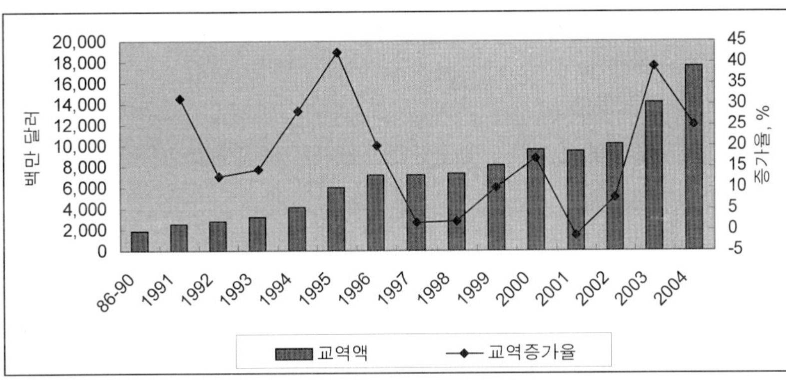

자료: IMF, 2005

아세안 국가들에 대한 인도의 수출은 1990년대 초반 10억 달러 수준이었으나, 2000년 약 28억 달러를 기록하여 2배 이상 증가하고, 2004년 현재 70억 달러 규모로 확대되었다. 그러나 인도의 대(對)아세안 수입은 보다 빠른 속도로 증가하였고, 인도의 교역수지 적자는 큰 폭으로 증가하여 2004년 현재 약 40억 달러 적자를 기록하고 있는 실정이다(그림 4 참조).

국별로 살펴보면, 싱가포르의 대 인도 수출은 약 41.7억 달러, 말레이시아 30억 달러, 인도네시아 18.5억 달러, 태국 9.1억 달러 순이다(부표 2 참조). 특히 싱가포르의 경우 1990년대 중반이후 인도와의 교역규모가 급증하면서 2000년 양국 교역총액이 37억 달러 수준에 이르게 되고, 2004년에는 67억 달러 수준을 넘어서고 있다. 이는 인도와 아세안 교역규모의 38퍼센트에 달하는 것이다.

인도와 아세안의 교역관계는 대체로 순조로운 증가세를 보이고 있다. 동남아 외환 위기에도 불구하고 인도가 외환위기에 큰 영향을 받지 않음으로써, 양 지역은 지속적인 증가추세를 유지할 수 있었다. 단지 1997-1998년 동남아 경제위기가 심각한 국면을 겪게 되었을 때 인도-아세안 간의 교역과 투자를 위시한 경제관계 전반에도 위기 상황이 예상되기도 하였다. 그러나 동남아 경제가 1999년 회복국면에 접어들면서 양 지역 간의 경제협력을 위한 노력이 재개되었다. 이로써 아세안 국가들이 외환위기를 겪으면서 주춤하였던 경제협력 관계는 2000년 이후 점차 회복되어 안정적인 발전을 이어가고 있다.

〈그림 4〉 인도의 대 아세안 수출입 추이(1986-2004)

(단위: 100만 달러)

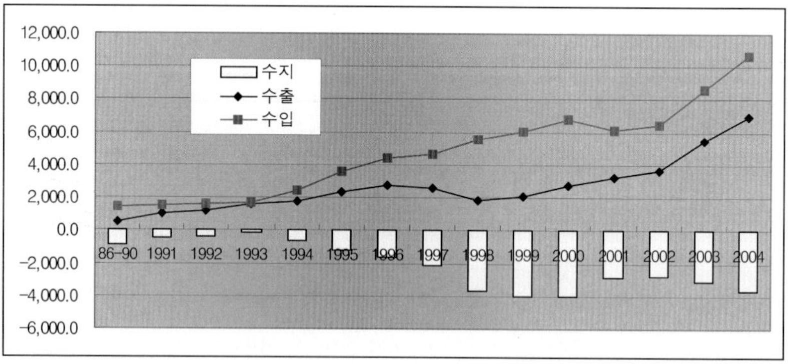

3. 투자 내용과 규모

1990년대 싱가포르·태국·말레이시아 등 아세안의 주요국들에 있어서 인도는 중요한 투자대상국으로 부상되었다. 인도 기업과의 합작이 확대되면서 직접투자가 급증함으로써 아세안은 미국과 EU의 뒤를 이어 인도의 세 번 째 투자그룹으로 부상했다. 아세안 5는 인도의 동방정책 이후 1992-97년간 對인도 투자액을 두 배 이상 늘렸다. 특히 1990년 후반에서 2001년에는 인도의 컴퓨터 소프트웨어 분야에 대한 투자가 집중적으로 이루어졌으며, 기타 민간 항공·공항 건설·도로 개발·전력 등과 같은 경제하부구조(SOC) 분야에 대한 투자도 활발히 추진되고 있다. 한편 인도는 아세안 국가들에 대해 철강·섬유·석유화학·시멘트·설탕·의약품 같은 전통적인 산업과 더불어 최근에는 소프트웨어 서비스 및 프로그래밍과 같은 첨단 사업에 대한 투자를 추진하고 있다.

그러나 외환위기를 경험한 1997년을 기점으로 아세안 주요국들의 투자는 크게 위축되었다. 아세안 주요국들의 대(對)인도 투자가 서서히 회복되기 시작하여 2003년 말레이시아는 220억 루피를 인도에 투자하였다. 싱가포르도 168억 루피를 기록하고 있으나 여타 동남아 국가들의 투자는 아직 미약한 실정이다. 그럼에도 불구하고 투자순위 7위를 기록하고 있는 싱가포르의 투자 급증으로 2005년 9월 말 현재 아세안 주요국의 투자 비중은 10퍼센트에 이르고 있다(표 9 참조).

〈표 9〉 아세안 각국과 중국의 對인도 직접투자 추이

(단위: 1,000만 루피)

	1991-2002	2003	2004	2005	누적총액	(백만달러)
싱가포르	2,277.3	1,680.5	2,855.0	11,090.3	36,903.1	(893.1)
태국	2,445.7	53.2	93.6	230.7	2,823.1	(74.6)
말레이시아	3,035.8	2,202.1	375.3	91.6	5,704.8	(133.1)
인도네시아	1,246.4	35.1	12.8	0.7	1,344.9	(29.4)
필리핀	1,866.0	0.2	11.9	5.9	1,884.0	(52.4)
아세안 5	10,871.2	3,971.1	3,348.6	11,419.2	48,659.9	(1,182.6)
베트남	3.9	0.3	0.0	0.0	4.2	(0.1)
미얀마	0.0	2.3	0.0	0.0	2.3	(0.1)
중국	20.0	3.0	21.2	41.3	85.5	(2.0)
기타	1,039,196.5	112,195.0	169,295.4	113,120.0	1,414,757.1	(34,337.6)
세계	1,050,091.6	116,171.7	172,665.2	124,580.5	1,463,509.0	(35,522.4)

주: 1) 2005년 통계는 2005년 9월까지의 수치임.
2) 괄호안은 백만 달러.
자료: 인도 상공부 자료.

IV. 인도-아세안 협력관계의 제도적 기반

90년대 초반 추진되기 시작한 동방정책이 본격화되면서 인도는 동남아 국가들과 다각적인 협력관계 확대에 많은 노력을 기울였다. 우선 양자 간에 무역 촉진을 위해 태국과 무역공동위원회를 구성하는 한편 필리핀·베트남·말레이시아 등과도 공동위원회를 두고 무역 관련 사항을 활발하게 논의하였다. 인도네시아와도 고위 관리급에서 양자 경제 및 무역

관계 전반을 협의하고 있으며, 미얀마와 양자 경제 및 무역관계를 검토하는 다양한 회담을 추진하고 있다. 특히 싱가포르·말레이시아·인도네시아·태국·베트남·필리핀과 공동사업위원회를 실시하여 양 지역의 정부뿐만 아니라 무역 및 투자를 확대하려는 기업인 모두에게 유용한 포럼이 되고 있다. 그 외에도 양 지역간에는 정기적인 기업인 대표 교환 프로그램과 무역전시회 참여 등의 형태로 교류를 지속적으로 전개하고 있다.

또한 다자적인 측면에서 아세안과의 관계도 지속적으로 발전해 왔다. 인도와 아세안은 1992년 부분대화상대국(*Sectoral Dialogue Partner*)에서 1995년 12월에는 완전대화상대국(*Full Dialogue Partner*)으로 관계가 발전되었다. 1996년 7월 아세안지역포럼(ARF)에 가입한 인도는 아시아·태평양 지역의 평화, 안정과 발전에 대한 정치안보적 협력관계를 강화시켜 왔다. 그리고 2002년 이후에는 정상회의를 매년 개최함으로써 인도-아세안의 협력관계는 정치 및 안보·경제협력·개발협력 등을 통해 다양화되고, 과학·기술·운송 및 인프라·중소기업 등 각 부문별로 실무반을 구성하여 구체적인 협력 사업이 논의되고 있다.

단계적인 경제협력 확대조치는 무역 및 투자부문에서 상호 자유화를 위한 논의로 구체화되면서, 1995년 2월 '아세안-인도 간 무역·투자협력을 위한 전문가그룹'과 이를 계승한 '아세안-인도 무역·투자 실무반'으로 이어졌다. 또한 민간부문에서는 '아세안상공회의소(ASEAN CCI)'와 인도의 4개 주요 경제단체(FICCI, CII, ASSOCHAM, FIEO)를 중심으로 협력 방안이 논의되기도 했다. 특히 개발협력 부문에서는 무역·투자·과학·기술·인적자원개발·관광·운송 및 인프라·보건·중소기업·농업 등을 주요 협력분야로 선정하여 다양한 협력 사업을 추진하고 있다. 2002년 10월 인도는 인도-아세안 협력기금으로 250만 달러를 내놓고, 실질적인 협력사업의 확대에 노력하고 있다.

그런데 주목할 것은 2001년 말 중국과 일본이 아세안과의 FTA를 거론하면서 인도-아세안 FTA 논의도 급물살을 타기 시작하였다는 점이다. 2001년 당시 아세안과의 교역규모는 인도가 97억 달러였으나 중국의 경우는 416억 달러에 달하였는데, 중국을 의식해 인도의 아세안에 대한 적극적인 대응이 불가피하였다. 이에 따라 인도는 2002년 9월 아세안 경제장관회의시에 개최된 아세안-인도협의회에서 인도-아세안 간 자유무역 및 경제통합을 추진한다는 장기목표를 설정하고, 이를 구체화하기 위해 양측의 정부관계자 및 업계대표로 구성된 데스크포스를 설치한다는데 합의하였다.

또한 이러한 일련의 작업들이 실질적으로 추진될 수 있도록 연내에 양국 공동대표가 참여하는 데스크포스를 구성해 제반 사항을 검토하고 그 결과를 2003년도 경제장관회의에 제출토록 하였다. 아울러 2002년 10월 뉴델리에서는 인도-아세안 비즈니스회의를 개최해 양 지역 간 자유무역을 위한 구체적인 사안들을 협의한 바 있는데, 2002년 11월 프놈펜에서 개최된 제1차 인도-아세안 정상회담을 계기로 이러한 논의들이 보다 본격적으로 논의되기 시작하였다.

당초 인도는 아시아 지역의 경제협력체인 빔스텍(BIMSTEC)과 벵갈만공동체(BOBCOM: Bay of Bengal Community) 등의 창설에 주도적으로 참여했다. 빔스텍은 방글라데시 · 인도 · 미얀마 · 스리랑카 · 태국 등 서남아와 동남아를 잇는 경제협력체이며, BOMCOM은 SAARC에서 파키스탄을 제외하고 미얀마와 태국을 추가한 경제공동체이다. 뿐만 아니라, 인도는 2000년에 미얀마 · 태국 · 라오스 · 캄보디아 · 베트남의 5개국과 '메콩강-간지스강 협력사업(*Mekong-Ganges Cooperaton Scheme*)'이라는 새로운 협력포럼을 제안하기도 했다. 이 사업은 인도가 동남아 국가들과 맺고 있는 문화적 연계를 강조하면서 관광 · 문화 · 교육사업 활성화에 중점을 두고 있다. 이처럼 인도는 동방정책을 채택한 이후 동남아에 대한 영향력을 확대해 왔으며, 이러한 인도의 전략이 보다 구체적인 결실을 맺은 것이 2002년 11월 아세안과의 FTA 체결 선언이라고 볼 수 있다.

2002년 11월 5일 인도와 아세안은 제1차 정상회의에서 향후 10년을 목표로 양 지역간 자유무역지대를 창설키로 합의했다고 발표하여 큰 주목을 받았다. 특히 인도는 아세안 회원국 중 미얀마, 캄보디아, 라오스 및 베트남 등 4개 저개발국에 대해서는 관세를 대폭 인하함으로써 이들 국가와의 교역을 확대할 것이라고 밝혀, 아세안과의 자유무역을 위한 노력을 보다 구체화해 나갈 의사를 내비쳤다. 또한 인도는 무역뿐만 아니라 아세안과 폭넓은 경제협력 관계를 지향하여 제1차 정상회담에서는 '메콩강 개발계획(*Mekong Basin Development Cooperation*)' 등 아세안 지역의 경제개발계획에도 적극 참여할 것임을 표명하는 한편, 새로운 아세안 회원국에 대해 조기에 특혜관세를 제공할 용의가 있다고 밝혔다.

제1차 정상회담에서 합의된 주요 사항을 살펴보면 다음과 같다. 첫째, 인도-아세안 정상회담을 매년 정기적으로 개최하고, 둘째, 정책입안자뿐만 아니라 양 지역 간 인적교류를 확대하기 위해 청소년 · 언론 · 학계 · 업계 등 다양한 계층의 교류를 확대하고, 셋째, 인도-아세안간 양 지역의 장기적 발전을 위한 청사진을 제시할 수 있도록 양 지역의 싱크탱크(Think-Tank)나 국가연구기관 간 네트워크 개발을 지원키로 한다는 내용을 포함하고 있다.

인도와 아세안은 발전적인 경제적 동반자 관계를 보다 공고히 하기 위해 경제적 번영 외에도 안보와 반테러 연대라는 공통의 관심사를 갖고 있다. 이에 따라 인도는 2003년 4월 뉴델리에서 개최된 제5차 인도-아세안 공동협력위위회(JCC)를 개최하여 국제테러 방지에 대한 공동협력방안을 논의하고, 2003년 8월 발리에서 개최된 제2차 인도-아세안 정상회의에서 공동선언문을 채택한 바 있다. 또한 인도는 전격적으로 동남아우호협력조약(TAC: *Treaty of Amity and Cooperation*)에도 가입하는 한편 포괄적 경제협력협정에 서명함으로써 아세안과의 FTA 추진에 공식 합의하였다.

V. 인도-아세안 FTA 추진현황

1. 인도의 FTA 추진정책

전 세계적으로 지역 간의 무역블록이 증가하는 추세임에도 불구하고 인도는 그동안 지역무역협정에 가입에 매우 소극적이었다. 실제로 남아시아자유무역지대(SAPTA)나 방콕협정 또는 빔스텍(BIMSTEC) 등에 가입한 이후 인도의 교역량이 증가했다고 보기는 어렵다. 더구나 인도가 참여하고 있는 지역협정 중 어느 것도 세계 무역에 있어 실질적인 영향력을 갖고 있지 못한 실정이다. 이와 같이 남남협력차원에서 개도국위주 또는 남아시아 지역경제권의 경제협력 정책에 적극적인 관심을 갖고 있었음에도 불구하고, SAPTA의 실효성이 낮아지고 스리랑카나 방글라데시 등 소규모 국가와의 양자간 FTA를 통한 인도 경제에의 상승효과가 기대에 미치지 못하자, 인도는 다른 지역과 연계한 지역무역협정으로 관심을 돌리기 시작했다.

특히 경제위기 이후 개혁과 개방정책에 의해 높은 성장률을 보이고 있는 인도는 안정적이고 지속적인 발전을 위해서 주변국뿐만 아니라 주요 파트너 국가 및 지역과의 협력을 강화하는 것이 매우 중요하다고 판단하고, 주변국과의 FTA에 큰 관심을 갖게 되었다. 특히 세계적인 지역 경제통합으로 인한 블록화 현상이 심화되고, 각국의 FTA 확대에 의한 양자간 경제협력 확대가 가속화됨에 따라, 인도정부도 주변 또는 국제사회에서 고립될 가능성에 대응할 필요성을 절감하고 적극적인 대응방안을 모색하고 있다.

인도의 집권여당인 통일진보연합(UPA)은 국민민주연합(NDA) 정부가 추진해 온 FTA 정책의 기본 골격을 유지하면서 기존에 추진해 오고 있는 국가들과의 FTA 협상을 그대로 추진하고 있다. 인도 정부가 추진하고 있는 경제 통합정책의 기본방향은 다음과 같이 세 가지로 나눌 수 있다.

첫째, 비슷한 경제발전 단계에 있는 인접국 SAFTA · 스리랑카 · BIMSTEC 등과의 경제관계 발전을 도모하기 위해서 FTA를 체결해 나간다.

둘째, 경제발전 단계가 인도보다 앞선 태국이나 싱가포르 등과 같이 투자유치 확대를 주목적으로 하면서 상대국으로부터의 급격한 수입급증 또는 상대국을 통한 제3국으로부터의 우회수입을 배제한다.

셋째, 일부국가와는 FTA를 바로 추진하기 보다는 일부 품목에 대해서만 특혜관세를 부여하는 특혜관세협정(PTA)을 체결한 후, 이를 점차 FTA로 확대 · 발전시켜 나간다.

인도정부는 1998년 12월 스리랑카와 양자 FTA를 추진하였는데, 이는 인도가 체결한 최초의 양자 FTA로서 2000년 1월 발효되었다. 상품분야 관세인하에 있어서 인도는 3년, 스리랑카는 8년에 걸쳐 철폐하기로 하였고, 상품교역 뿐만 아니라 포괄적 경제협력협정으로 발전시키기 위하여 2004년 8월 이후 지속적으로 협상을 추진하고 있다.

그러나 기본적으로 인도는 일부 국가들과는 FTA를 바로 체결하기 보다는 일부 품목에 대해서만 특혜관세를 2005년 10월 개최된 무역 · 대외경제위원회(TERC) 회의에서 만모한 싱 총리는 GCC · SAARC · 아세안 및 한국 등 아시아 인접 국가들과의 양자 또는 지역차원의 FTA를 조속히 체결할 것임을 지시한 바 있다. 특히 SAFTA의 경우 2004년 1월부터 본 협상이 개시되어 인도와 파키스탄은 관세를 7년 내에 0-5퍼센트로 삭감하고, 방글라데시 등 여타 국가들은 10년내 같은 수준으로 인하하는 것을 목표로 세부협상을 계속하면서 2005년 10월 카드만두에서 실무회의가 개최되어 최빈국에 대한 차등 관세인하에 합의한 바 있다.

〈표 10〉 인도의 자유무역협정과 경제협력 현황

	특혜무역협정(PTA)	자유무역협정(FTA)	기타 지역협력연합
주요내용	특정국가 또는 특정상품에 대한 관세 우대	역내 무역자유화, 역외 독자적 관세주권	정치·경제적 고려에 따른 경제협력
기체결	방글라데시(1980) 네팔(1991) 부탄(1995) 미얀마(1995) SAPTA(1995) 아프가니스탄(2003) MERCOSUR(2004)	스리랑카(합의:1998/발효:2000) 태국(합의:2003/82개 품목 조기실시계획 시행, 발효:미정) 싱가포르(합의: 2005.6/발효:2005.10.1) SAFTA(합의:1995/발효:2006.1 단계적 발효, 최종합의:2016 예정)	방콕협정(1975) SAARC(1985) BIMSTEC(1997) IORARC(1997) BOBCOM(1999) IBSA(2004)
협상중	칠레	아세안(합의:2002/종결:2006 예정) 방글라데시(합의:2002/종결:미정)	
검토중	이란 남아프리카공화국	미국, 중국, 한국, EU, 칠레, 말레이시아, 우루과이, 이집트, MERCOSUR, 일본, 모리셔스, IBSA, GCC	

자료 : 이순철·최윤정 2006

2. 인도의 아세안에 대한 경제통합 추진정책

인도의 FTA 추진현황을 살펴보면, 남아시아 주변국과 함께 아세안과의 FTA에 우선 순위를 두고 있음을 알 수 있다. 특히 최근의 FTA 추진 정책의 기본방향은 아세안과의 FTA 추진노력이라고 할 수 있다. 그동안 새로운 시장과 협력 파트너를 발굴하기 위해 동남아를 주목해 왔고, 경쟁대상인 중국이 FTA에 본격적으로 뛰어든 상황에서 아시아 역내 지역통합은 더 이상 인도에게는 미룰 수 없는 과제가 되었기 때문에 다각도로 동남아 국가들과의 연관성을 높이는 여러 개의 지역협력체에 참여해 왔다. 특히 인도는 빔스텍과 BOBCOM 등 아시아 국가 간의 그룹 창설에도 주도적인 역할을 했다.

1997년 6월 인도는 남아시아를 동남아의 중요한 2개국인 태국, 미얀마와 연결하려는 의도에서 태국과 함께 빔스텍의 설립을 적극 추진했다. 인도는 빔스텍을 벵갈만 지역의 교역 및 관광 촉진의 수단인 동시에 아세안과의 연결고리로 활용할 구상을 가지고 있었던 것이다. 1998년 태국에서 개최된 제1차 빔스텍 경제통상장관회담에서는 빔스텍을 아세안과 SAARC를 연계하는 교량으로 활용한다는 목표를 다시 한 번 명확히 했다. 빔스텍은 인도의 동방정책에 중요한 요소이며 아세안과의 경제 협력에 새로운 차원으로 높인 것이라고 할 수 있다. 또한 파키스탄을 제외한 SAARC 회원국에 미얀마와 태국이 추가로 참여하고 있는 BOBCOM도 발족시켰다.

특히 외환위기 이후 동아시아지역에서 아세안+3 협력체제가 본격화되고, 최근 중국이 아세안 등과의 FTA에 적극 나서는 등 동남아에 대한 경제적 영향력을 급속하게 확장함에 따라 이에 대한 대응수단으로서 인도정부는 아세안과 긴밀한 협력관계를 토대로 본격적인 FTA 정책을 추진하게 되었다(그림 5 참조). 2002년 제1차 인도-아세안 정상회의를 개최하고, 2003년 10월 발리에서 개최된 제2차 정상회의에서는 포괄적 경제협력협정을 체결하여 FTA 추진에 공식 합의함으로써 인도와 아세안간의 경제협력에 실질적인 전환점을 마련하였다. 아세안의 기존 회원국(태국 · 필리핀 · 말레이시아 · 싱가포르 · 인도네시아 · 브루나이) 6개국과는 2011년까지 관세철폐를 약속하고, 필리핀과 아세안 후발국인 베트남 · 라오스 · 캄보디아 · 미얀마 4개국과는 2016년까지 점진적인 관세인하를 합의하였다. 특히 인도 정부는 선자유화 조치(EHP: *Early Harvest Programme*)를 통해 아세안과의 경제교류 확대를 약속하기도 하였다. 그러나 아세안으로부터 우회수입을 우려한 인도정부는 아세안과의 협상에 있어서 원산지 규정에 대한 이견으로 아직 시행에 합의하지 못하고 있는 실정이다.

한편 아세안 전체와의 협상과는 별도로 인도는 아세안 개별국가와의 협상에도 적극적이어서 태국, 싱가포르와 자유무역협정을 추진하고 있다. 태국과는 2003년 10월 FTA 기본협정을 체결하고, 2004년 9월부터 82개 품목에 대한 선자유화 조치를 시행키로 하였다. 그러나 민감품목 수와 관련 태국측은 관세철폐 또는 관세인하의 예외품목을 500개 이하로 제한하자고 주장하는 한편 인도측은 1,100개 정도로 확대할 것을 주장하여 협상에 난항을 겪고 있다. 또한 원산지 규정과 관련하여 인도측은 아세안의 역내 부가가치(RVC) 40퍼센트와 함께 세법 변경 기준을 동시에 적용할 것을 요구하여 태국과의 최종 합의는 계속 지연되고 있다. 이는 RVC 기준만을 충족할 경우 아세안에 진출한 외자기업들을 통해서 우회수입을 막을 수 없다는 판단에 따른 것이다. 특히 일본 소니사가 인도 공장을 폐쇄하고 태국 및 주변 동남아국가에 진출한 아세안 투자기업을 활용하여 인도시장에 수출하겠다는 의도를 나타내자 인도정부는 FTA 추진으로 오히려 외자유치에 일정부분 타격을 받을 수 있다는 우려를 갖게 되었다.

〈그림 5〉 아세안과 주요국의 FTA 추진현황

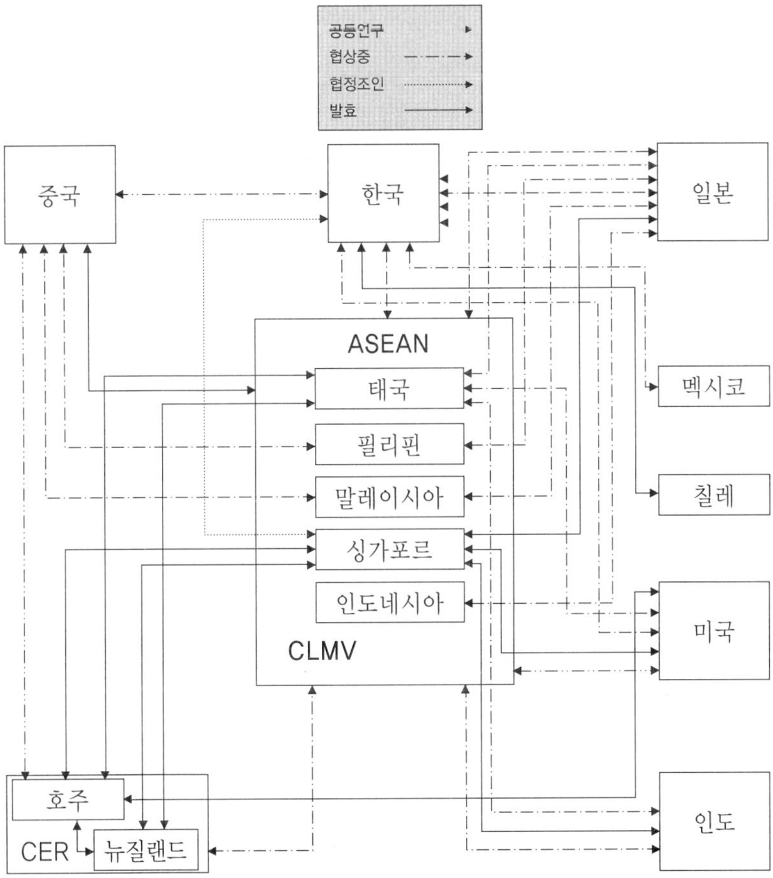

자료 : 권 율 (대외경제정책연구원)

그러나 2005년 6월 서명한 인도-싱가포르 포괄적 경제협력협정(CECA)의 경우에는 큰 기대를 모으고 있다. 2002년 4월 공동연구그룹(JSG)을 발족하여 2003년 5월 싱가포르와 본격적인 협상을 시작하고, 13차례 협상 끝에 체결한 싱가포르와의 FTA 협상은 상품관세 철폐외에

금융서비스, 투자 및 인적자원 교류 등 포괄적인 협력분야를 포함시켜 싱가포르로부터의 FDI 유치 및 인도 전문 인력 수출에 크게 기여할 전망이다.

이에 따라 인도 정부는 싱가포르와의 FTA를 모델로 여타 국가와의 FTA 협상도 포괄적 경제협력협정(CECA)라는 명칭하에 금융서비스, 투자 및 인적교류 등 폭 넓은 경제협력을 추진할 예정이다. 이러한 접근 전략은 상품교역에 의한 FTA가 국내산업에 미치는 역효과를 최소화하면서 대규모 FDI 유치 및 인도 숙련노동자 진출 등을 원활하게 하여 최대한 인도에게 유리한 방향으로 협상을 유도하고, FTA 협상에서의 서비스 협력 강화함으로써 국내적으로 정치적·산업적 반감을 절감시키려는 정책적 노력이라고 할 수 있다.

인도는 우수한 서비스 지식과 인력을 수출하여 국내 인력의 공급과잉을 해소하는 한편, 인도보다 경제발전 단계가 높은 국가로부터 통신·운송·전력·금융서비스 등의 인프라를 확충하여 제조업 분야의 성장과 효율성을 제고하여 국제사회에서의 경쟁력 향상을 도모하고자 한다. 따라서 인도는 모든 FTA 협상에서 전체 서비스 분야를 다루는 것이 바람직하다는 점과 자유화를 추진할 서비스 분야 선정을 위해 GATS 5항에 의거하여 포지티브방식의 자유화 접근법(*positive list approach*)을 적용하고 있다.

이와 같이 인도는 태국, 인도와 싱가포르 FTA 협상에서 인력 이동과 전문적인 서비스 자유화 또는 양국의 경제협력 강화 중점을 두고 협상을 하였고, 싱가포르 CECA 협정에서는 양국의 전문자격을 상호인정하기 위한 적합한 전문기관 및 단체의 선정과 관련된 협상을 진행하였다. 특히 IT·회계·건축 및 도시계획·엔지니어링·보건 분야 종사자(의사·간호사·물리치료사·진료보조원 등)들이 우선 대상이었다.

3. 동아시아 정상회의

아세안과 인도의 긴밀한 지역동합노력은 지난 2005년 12월 개최된 동아시아정상회의(EAS)를 통해 새로운 전기를 마련하였다. 아세안+3 정상회의와는 별도로 개최된 제1차 동아시아 정상회의는 인도가 신규 가입국으로 참여하면서 아세안을 포함한 16개국 정상이 한자리에 모여 역내의 공동관심사와 향후 아시아 지역협력 질서 구축방안에 대한 폭넓은 협의를 통해 '콸라룸푸르 선언'을 공동합의문으로 채택하였다. 그 주요 내용을 살펴보면, EAS의 위상과 역할을 역내 공통 관심사에 대해 정치적 및 경제적 이슈에 대해 폭넓게 대화할 수 있는 협의체로 규정하고, 동아시아 정상회의의 궁극적인 목표를 동아시아 평화와 안정 및 경제적 번영의 도모라고 설정하고 있다. 또한 동아시아 정상회의는 개방적이고 포괄적이며 투명하고 외부지향적인 협의체가 될 것이며, 특히 아세안이 여타 동아시아 정상회의 참가국들과의 파트너십을 바탕으로 주도적 역할을 수행할 것임을 명시하고 있다. 이와 관련하여 동아시아 정상회의의 참여국 결정기준도 아세안이 설정한 참가결정 기준을 기초로 하고, 아세안이 의장국을 수임하여 아세안 정상회의 개최에 맞추어 연이어 개최할 것임에 합의하였는데, 이는 당초 예상했던 아세안+3를 토대로 '확대 아세안+3 정상회의'가 아닌 아세안을 중심으로 한 아세안+6 차원의 협력 체제라는 것을 밝히는 것이어서 주목된다.

특히 아세안은 2002년 이후 아세안+1 차원에서 인도-아세안 정상회의를 매년 추진하면서 그동안 실질적인 협력관계를 유지해오고 있는 인도를 동아시아 정상회의 신규 참여국으로 받아들임으로써 아세안을 중심축으로 한 지역협력구도를 확대·운영하고자 하는 전략적 의도를 실현하게 되었다. 아세안측이 합의한 EAS 참여국 기준은 아세안의 대화상대국으로서 아세안과 실질적인 협력관계를 맺고 있으며, 동남아우호협력조약(TAC)에 가입한 국가이어야 한다는 것이다. 즉, 중국이 제안한 EAS 조기개최에 대응하여 중국을 견제하기 위한 카드로서 아세안은 인도를 염두에 두고, 2005년 4월 세부에서 개최된 아세안 비공식 외무장관회담에서 EAS 참여국 기준에 합의하여 인도, 호주와 뉴질랜드를 신규참여국으로 확정한 바 있다.

이와 같이 아세안이 동아시아 지역협력 구도에서 인도 카드를 활용하여 중국 주도의 지역통합이 인도라는 변수를 맞이하여 새로운 변화가 일어나고 있는 것이다. 아무튼 동아시아 정상회의가 당초 아세안+3 정상회의에서 결정된 사항임에도 불구하고, 아세안 중심의 주변 6개국을 연계한 동아시아 정상회의는 상당부분 당초 예상을 벗어나 아세안의 일방적 주도권을 허용하고 있다는 점에서 역내 참여국가들의 이해관계가 효과적으로 조정될 수 있을지 불투명한 측면이 있다. 특히 동아시아 정상회의를 매년 정례적으로 개최하자는데 합의하고, 내년에는 필리핀 세부에서 제2차 동아시아 정상회의를 개최키로 하였다. 이와 같이 그동안 논란과 진통을 거듭해 온 동아시아 정상회의의 운영방안에 대해서 아세안의 주도권을 인정하여 주요 쟁점이 상당 부분 해소되었다. 그러나 협력의제와 관련해서는 아세안+3 협력체제와 큰 차별성이 없고, 지역 안보 문제에 있어서는 아세안지역포럼(ARF)과 큰 차별성을 갖지 못하여 EAS만의 독자적 영역을 확보하기에는 많은 어려움이 뒤따를 전망이다.

한편 인도로서는 동아시아 정상회의에 참여하여 대외경제정책의 새로운 변화를 추진할 수 있는 결정적 계기를 확보했다고 평가할 수 있다. 최근 인도가 지역무역협정에 매우 적극적인 태도를 보이고 있으며, 경제 협력의 대상을 아세안을 교두보로 활용하여 점차 동아시아 전역으로 확대하고 있다는 점에 주목할 필요가 있다. 인도가 아세안과 FTA를 체결한 것은 경제적 협력뿐만 아니라 동남아를 비롯하여 동아시아 전체에 정치적, 외교적 영향력을 확대하려는 노력이기도 하기 때문이다. 아세안 국가들과 테러와의 연대 퇴치를 표방하고 있는 것도 그 일환으로 볼 수 있다. 이러한 조처는 당장에 인도 경제에 가시적인 영향을 미칠 것으로 보이지는 않으나, 이는 인도 정부의 대외 정치, 경제 정책의 방향을 분명하게 보여주는 것이라 하겠다. 이처럼 인도-아세안간의 긴밀한 유대관계 형성은 중국과 일본을 의식한 다분히 정치, 경제적 논리가 복합적으로 작용한 것이고, 동아시아 정상회의에 참여함에 따라 인도의 전략은 상당부분 새로운 추진력을 얻게 되었다.

제반 문제점에도 불구하고, 경제적인 측면에서 본다면 역동적 성장 패턴을 보여 온 동아시아 지역은 경제규모 면에서 NAFTA, EU에 이어 3대 경제권으로 부상하였고, 이번에 인도, 호주 등이 가세하여 경제적 영향력은 지속적으로 확대될 전망이다. 아세안+3 경제권의 경제규모는 2004년 현재 약 7.8조 달러로서 전 세계 GDP의 19퍼센트, 교역규모는 3.6조 달러를 기록하여 전 세계 총교역의 19.5퍼센트를 차지하고 있어 경제협력을 중심으로 한 지역통합 움직임은 보다 가속화될 것으로 예상된다. 특히 아세안+3 협력체제가 확대되어 동아시아 정상회의에 인도와 호주, 뉴질랜드가 포함되면서 세계인구의 절반과 세계 GDP에서 차지하는 비중이 22.4퍼센트로 확대되고, 교역규모도 21.5퍼센트로 증가함으로써 범아시아 차원의 지역협력은 새로운 전환점을 맞이하고 있음을 시사해 주고 있다(표 11 참조).

〈표 11〉 주요 경제권역별 GDP 규모와 교역비중(2004년)

	GDP		교역	
	십억 달러	퍼센트	십억 달러	비중(퍼센트)
아세안	796.8	1.94	1,025.0	5.63
한·중·일	7,006.2	17.05	2,517.6	13.83
아세안+3	7,802.9	18.99	3,542.7	19.46
인도·CER	1,412.3	3.44	378.5	2.08
아세안+6	9,215.3	22.43	3,921.1	21.54
NAFTA	13,402.5	32.62	3,183.4	17.48
E U	12,845.4	31.26	7,329.2	40.25
세 계	41,086.3	100.00	18,207.0	100.00

자료: Global Insight 2005 / IMF 2005

VI. 끝맺음 말: 평가와 전망

인도는 1992년 라오 총리가 동방정책을 발표한 것을 분수령으로 동남아각국은 물론 아세안과의 경제협력에 박차를 가해 왔다. 인도와 아세안간의 교역 및 투자관계가 급속히 확대되면서 경제적 유대관계는 비약적인 발전을 거듭하고 있다. 특히 2002년 개최된 제1차 인도-아세안 정상회의를 통해 새로운 전기가 마련되고 FTA 논의는 급물살을 타고 있다.

인도-아세안 FTA 체결 선언에 이르기까지의 과정을 살펴볼 때, 인도-아세안간 FTA는 인도 측에서 보다 적극적인 자세를 보였음을 알 수 있다. 2001년 중국과 일본이 아세안과의 FTA를 거론하면서 인도는 각기 아세안과의 FTA 논의를 본격화하기 시작하였다. 2001년 아세안과의 교역규모는 각각 인도가 97억 달러인 반면 중국이 416억 달러에 달했으며, 중국의 무역흑사폭은 해마다 증가하고 있었기 때문에 아세안과의 FTA를 비롯해 인도의 경쟁적인 FTA 참여는 중국을 의식한 면이 크다고 볼 수 있다. 이에 따라 2002년 11월 프놈펜에서 개최된 인도-아세안 정상회담에서 FTA 추진을 공식 발표한 바 있고, 인도-아세안 FTA 초안에 의하면 인도는 현재 조기관세인하품목으로 100여개 품목을 설정하여 2006년부터 추진할 것을 제안하였던 것이다.

이미 언급한 바와 같이 2003년 10월 발리에서 개최된 아세안 · 인도 정상회의에서는 포괄적 협력협정을 체결하였는데, 현재 아세안이 추진하고 있는 인도의 협력관계 강화정책은 중국, 일본의 관계에 대응한 상호견제 및 균형유지라는 측면에서 주목된다. 인도-아세안 FTA는 비록 협정체결 기한을 10년으로 유보해 놓고 있지만, 최근 인도의 적극적인 FTA 추진노력에 의하여 우선적으로 태국, 싱가포르 등 동남아 주요국과 쌍무적인 협정이 체결됨으로써 지역 간 경제적 협력뿐만 아니라 동아시아 전체에 미치는 정치적, 경제적 파급효과는 매우 크다고 할 수 있다.

또한 인도는 2005년 12월 콸라룸푸르에서 개최된 동아시아 정상회의에도 참여하여 아시아 지역통합 움직임에 적극적인 관심을 표명한 바 있다. 당초 동아시아 정상회의 개최를 둘러싸고 중국과 일본의 힘겨루기 양상이 치열해짐에 따라 아세안은 전략적으로 호주, 뉴질랜드와 함께 인도를 신규참여국으로 초청하였고, 이를 통해 인도가 아시아 역내 지역통합의 주역으로 전면에 등장하게 되어 큰 주목을 받게 되었다. 역내 국가간 실질적인 협력관계와 경제적 상호 의존성을 고려할 때 아세안 10개국, 중국과 인도라는 신흥공업국과 한국을 포함한 일본과 호주 등이 포함된 동아시아 정상회의를 통해 남아시아와 아세안간의 경제교류는 지속적으로 발전할 것으로 보인다.

그럼에도 불구하고 인도-아세안 FTA는 많은 장애요인이 있어 실질적인 FTA 발효에는 일정 기간이 필요하고, 단기적으로 뚜렷한 진전을 이루기는 어려울 것으로 판단된다. 집권당인 UPA 정부가 출범한 이후 FTA 추진정책에 다소 변화가 있었고, 아세안과의 FTA로 우회수입을 우려한 인도로서는 원산지규정에 상당한 이견을 표명함으로써 FTA 시행이 지연되고 있음은 이를 단적으로 반영한다. 한편 인도는 아세안과의 FTA 체결로 인해 피해를 입을 수도 있다. 인도는 일반품목의 경우 기본최고관세가 30퍼센트에 이르고, 여기에 부가관세(보통 16퍼센트) 및 특별추가관세(4퍼센트)를 포함할 경우 총 관세율이 약 50퍼센트에 이르는 대표적인 고관세 부과 국가 중의 하나이다.

따라서 아시아 국가 중에서 비교적 관세 수준이 낮은 아세안과 FTA를 추진할 경우, 인도 국내 산업에 미치는 리스크가 상대적으로 크게 나타날 수 있다. 제대로 경쟁력을 갖추지 못한 인도 내 산업의 피해는 보다 클 것이며, 이들로부터 강한 반발을 초래할 가능성도 있다. 대표적으로 관세율이 150퍼센트를 넘는 인도의 자동차산업과 같은 고관세 업종과 인도 정부로부터 많은 보조금을 지급 받고 있는 농산품 분야(예컨대 식용오일 등) 등에서 어려움이 예상된다. 특히 농산품 분야는 아세안의 가격경쟁력이 높은 분야이기도 하다.

아세안과의 FTA 목표를 향후 10년간의 장기목표로 설정하고 있어 단계적으로 관세를 인하할 경우 국내산업 피해에 대한 우려는 다소 완화되겠지만, 인도의 평균관세율이 아세안에 비해 월등히 높다는 점에서 상대적으로 인도 업계의 부담이 클 것으로 예상된다. FTA 추진에 따른 업종별 영향은 산업별로 규정된 양 지역 간 관세 격차에 따라 일차적인 영향을 받을 것이므로, 향후 협상에서 산업의 개방과 보호를 적절히 조화시키는 문제가 중요한 과제가 될 것이다.

그럼에도 불구하고, 인도와 아세안이 결합하면 16억 인구의 시장에

GDP 규모가 1.5조 달러에 달하는 거대 FTA가 탄생하게 되는 것이어서 남남협력 차원에서 큰 기대를 모으고 있다. 아세안에 대한 인도의 수출은 지난 몇 년간 꾸준하게 증가했으나 아직 100억 달러에도 미치지 못하는 실정이어서 교역을 비롯한 경제협력의 제 분야에서 발전의 여지가 많다. 따라서 인도가 아세안과의 FTA를 얼마나 활용할지는 관심을 두고 지켜보아야 할 것이다. 국내시장에 안주해왔던 인도의 정부와 기업인은 이제부터 태국, 싱가포르는 물론 아세안에 대한 시장을 활용해 인도가 비용 및 여타의 부존자원에서 경쟁력을 지니고 있는 제품을 중점적으로 생산하여 수출할 수 있도록 해야 할 것이다. 무엇보다도 시장 확대를 통해서 제품 다양화 및 부가가치 창출 전략이 효과적으로 수립된다면, IT 분야 특히 소프트웨어 분야에서의 눈부신 발전으로 인도가 떠오르는 소프트웨어 강국이라는 인식을 심어주면서 동남아 각국에게 기회와 도전이 될 것이고, 인도-아세안 FTA는 중장기적으로 가시적인 경제적 효과를 거둘 수 있을 것이다.

제 12 장

챠프타(CAFTA)와 빔스텍(BIMSTEC)

I. 동남아-중국 간의 챠프타

1. 챠프타 시대의 개막

2005년 7월 1일 13억 인구의 중국과 10개국 5억 인구의 아세안이 거대한 시장을 통합하는 역사적인 프로젝트가 공식적으로 시작되었다. 이른바 챠프타(CAFTA: *China-ASEAN Free Trade Agreement*) 시대가 개막된 것이다. 아세안과 중국은 2004년 11월 전격적으로 CAFTA 협정에 조인하고, 2005년 7월 1일부터 상품부문의 자유무역협정(FTA)을 공식적으로 발효시킨 것이다. 이에 따라 전 세계 인구의 1/3에 해당하는 CAFTA가 EU와 NAFTA에 이어 세계 3대 경제권을 이루게 되었다. CAFTA의 건설은 ASEAN+3로 동남아와 동북아의 새로운 협력 모델을 만들어 가던 동아시아 협력구도에서 중국이 일본과 한국을 제치고 독자적으로 주도권을 잡게 된 것을 의미한다.

중국과 아세안 국가들은 2005년 7월1일부터 총 7,445개 품목에 대한 관세 인하 또는 폐지 작업에 들어갔다. 이들 양측은 2010년까지 무관세(無關稅)의 자유무역지대를 만들어 시장을 완전히 통합한다는 목표를 설정하였다. 양측은 첫 단계로 기존의 관세율을 재점검하고 각국의 세관업무에 대한 조정을 거친 후, 7월 20일부터 40퍼센트의 해당 품목에 대해서 일차로 무관세 또는 5퍼센트 미만의 관세율을 적용하기로 합의하였다. 다음 단계로 2007년 1월부터 관세 폐지 또는 감면 대상을 60퍼센트로 확대하고, 마지막 단계로 2010년까지 7,445개 전 대상 품목에 대한 관세를 완전히 폐지할 예정이다.

관세 폐지 또는 인하 대상으로 설정된 품목은 농림수산물과 광산물(鑛產物)에서부터 첨단 IT제품에 이르기까지 중국과 아세안 10개국 교역물량의 90퍼센트 이상을 차지하고 있어서 CAFTA는 명실상부한 통합시장의 효과를 거둘 것으로 기대되고 있다. 중국과 아세안 양측은 10개 아세안 회원국 중 싱가포르·말레이시아·태국·인도네시아·필리핀·브루나이 등 아세안에 초기부터 참여한 6개국은 예정대로 2010년까지 무관세 교역을 실현하고, 베트남·라오스·미얀마·캄보디아 등 후발 참여 4개국은 5년의 유예기간을 추가로 부여해서 2015년까지 중국-동남아의 완전 무관세 통합시장을 완성한다는 야심찬 계획이다.

중국과 아세안의 교역은 90년대에 들어서면서부터 지속적으로 증가하였다. 인도네시아·태국·말레이시아 등 아세안 회원국의 국가경제가 뿌리 채 흔들린 외환위기를 경험하고 난 다음 해인 1999년부터 아세안 국가들의 대 중국 교역은 평균 100퍼센트 이상 증가하였다. 이들 국가 중 말레이시아·인도네시아·태국·필리핀 등은 최고 500퍼센트까지 대 중국 교역량이 폭발적으로 늘어났다. 말레이시아는 기계류·전자제품·팜(palm)유(油)·광산물 등을, 인도네시아와 태국은 원유·목재·석유화학제품·플라스틱 제품 등을, 필리핀은 각종 전자제품과 광산물을 중국에 수출하였다. 이에 대하여 중국은 주로 전기 및 전자제품·기계류·섬유제품·유류와 석유화학제품을 아세안 국가들에 수출해 왔는데, 아세안 국가에서 수입한 반제품을 일차 가공한 값싼 공산품이 대종을 이루었다.

2007년 기준으로 중국과 아세안 10개국의 GDP는 4조 5,244억 달러에 달하며, 같은 해 중국-아세안 간의 역내 교역량은 2조 3,272억 달러를 넘어섰다. 아세안국가들이 보유하고 있는 자원(資源)과 시장성(市場性)이 아세안과 큰 격차가 없는 중국의 자본(資本)과 기술(技術)이 상호 보완적으로 결합하고 있다는 사실이 증명된 셈이다. 나아가서 동남아의 '자원-시장성-노동력'에 매료되어 있는 미국 · 일본 · EU가 APEC와 ASEM으로 특별한 협력관계를 원하고 있어서, 이들과의 관계를 통한 아세안의 격상된 정치외교력도 중국은 적절하게 활용하게 되었다. 인도가 가세한 '아세안+3+1'이 그 좋은 예가 될 것이다.

이로써 중국은 아세안과 통합시장을 만들어 동남아 지역에서 정치 분야뿐만 아니라 경제 분야에서도 리더십을 확보하게 되었다. 중국의 적극적인 대(對)아세안 공세(攻勢)로 일본은 지난 70년대 중반 이후 지속적으로 관리해 온 동남아 무역 및 투자시장에 새로운 전략을 구사하지 않으면 안 되게 되었고, 한중일(韓中日)이 아세안+3의 틀 속에서 공동의 전략을 짜게 될 것으로 기대했던 한국은 급작스러운 동남아 시장의 위축 가능성과 이에 대한 시급한 대책 마련이 필요하게 되었다.

CAFTA 결성으로 아세안국가들이 얻는 경제적 이익도 적지 않다. 1991년 아세안국가들의 대 중국 교역량은 81억 달러에 불과했으나, 2007년에는 총 규모 2,026억 달러로 25배로 증가하여 지난 18년 동안 매년 100퍼센트 이상으로 급증하였다. 아세안국가들은 중국 경제의 급성장으로 수출이 부진했던 원유 · 천연가스와 생고무 등의 원자재 또는 1차 산품과 플라스틱과 전기 · 전자제품 등 기초 컴퓨터 제품 등의 새로운 수출시장을 찾게 된 것이다.

중국과 아세안 간의 통합시장이 계획대로 순조롭게 진행될 것으로 확신하기는 이르다. 무엇보다 중국은 1:1이 아니라 아세안 10개국과

1:10의 협상을 벌여야 하기 때문이다. 동남아의 아세안화(*ASEANization of Southeast Asia*)로 국제사회로부터 부수적인 '이익'을 제공 받았던 아세안국가들은 만장일치(滿場一致)와 내정불간섭(內政不干涉) 같은 아세안 초기의 기본원칙을 따르고 있으며, 아직 제도화(制度化)에 익숙하지 않고 예외적(例外的)인 사안을 인정하지도 않는 제도화의 횡포(橫暴)를 경험하지도 못하였다. 그러므로 CAFTA의 필요성에 동의는 하였지만, 거대한 중국과 1:1로 마주 앉아 무관세의 거대한 통합시장속으로 빨려 들어가면서 일부 동남아국가들은 새로운 시장의 성격과 흐름에 크게 위축되어 한동안 진통이 예상된다.

2. 중국-아세안 관계발전 배경

1967년 아세안이 결성되기 이전까지 동남아는 동서(東西) 이데올로기의 각축장이었다. 베이징(北京) 정부가 들어선 이래 중국은 동남아의 공산화를 뜻하는 '혁명수출'에 열을 올렸다. 중국과 역사와 문화를 같이한 중국의 변방(邊方)으로 여겨졌던 동남아는 곧 공산화의 위협에 빠지게 되었다. 호치민(胡志明)이 이끄는 하노이(Hanoi)의 공산주의자들은 일찍이 인도챠이나공산당을 조직하여, 베트남·라오스·캄보디아를 중심으로 사회주의·공산주의이데올로기의 전도사 역할을 하였으며, 베이징 정부는 이를 지원하면서 독자적으로 동남아 각국의 공산당을 지도하여 물질적인 지원과 함께 공산주의 교양사업을 전파하였다.

동남아를 뒤흔들었던 막강한 공산당들은 대체로 이때 활성화되었다. 버마(미얀마)공산당·태국공산당·말라야공산당·싱가포르공산당·인도네시아공산당·필리핀공산당 등은 모두 베이징 정부의 지원으로 마오쩌둥(毛澤東)의 지도노선을 따랐다. 중국과 동남아 공산당의 중계역할은 주로 동남아에 거주하며 경제력을 장악하고 있던 화교(華僑)들이 맡았다. 중화사상(中華思想)에 따른 쇼비니즘(*Chauvinism*)에 빠져있던 이들은 마오 주석과 베이징 정부에 맹목적인 충성을 바쳤다. 이에 따라 동남아는 공산주의 이데올로기를 확대 재생산하는 거대한 용광로가 되었다.

인도네시아공산당(PKI)은 세계 공산당사(共產黨史)에서 가장 짧은 기간에 가장 큰 공산당으로 육성되어 1965년 9·30사태로 알려진 정변(政變)을 일으켜 막대한 인명을 앗아갔다. 말라야공산당(MCP)의 최고위 지도자의 한 사람이었던 친펑(Chin Peng, 眞坪)은 끝까지 정글에 숨어 있다가 병든 노구(老軀)를 이끌고 90년대 후반에 마하티르(M. Mahathir)에게 투항함으로써 막을 내렸는데, 그만큼 장기간 끈질기게 반정부 투쟁을 전개하였음이 입증되었다. 필리핀공산당(CPP)의 전위조직이자 마오쩌퉁 노선을 따르던 신인민군(NPA)는 아직도 완전히 소멸되지 않은 것으로 믿어지고 있다.

미국과 서방세계는 중국에 의한 동남아 공산화를 크게 우려하게 되었다. 남(南)베트남이 북(北)베트남의 공산주의자들에 의해서 밀리게 되면, 이웃의 라오스와 캄보디아가 나아가서 태국과 미얀마·말레이시아가 뒤 따라 공산화되고 점차 동남아 전체가 공산화될 것이라는 도미노(Domino)이론에 입각하여 미국이 베트남전쟁에 개입하게 되었다. 이와 함께 동남아의 공산화를 저지하기 위한 국제적인 연대를 위해서 미국-태국-필리핀을 축으로 한 동남아상호방위조약(SEATO)이 결성되었고, 말레이시아와 미얀마까지를 염두에 둔 영연방(*Commonwealth*) 협력체제도 공산주의 남하를 억제하기 위한 방위선을 구축에 동참하였다. 영국은 특히 말레이 반도의 공산화를 저지하기 위해서 1948년부터 1957년까지 과거 식민종주국으로서 방위(防衛)의무를 다하여 말레이 반도의 공산화를 막았다.

동남아가 미얀마·베트남권(圈)·중립노선을 내세운 비(非)공산권으로 분리되어 이데올로기경쟁 속에 새로운 형태의 국가를 만들어 가는 혼란스런 과정에서 베이징 정부는 막대한 군사 및 경제원조와 더불어 마오쩌퉁식(式) 공산주의 교양학습을 동남아에 제공하였다. 나아가서 중국과 접경(接境)하고 있는 대륙부 동남아 국가들에 대해서는 반정부(反政府) 세력들을 육성 · 고무하여 다양한 방법으로 사회혼란을 조장하였다. 1975년 베트남이 공산화되자, 태국과 필리핀은 서둘러서 대미(對美)관계를 축소하고 베이징 정부와 수교(修交)를 통해서 베트남의 직접적인 위협으로부터 보호받고자 대중(對中) 유화정책(宥和政策)에 국력을 총동원하였다.

베이징의 대(對)동남아 공산화 노력은 1972년 닉슨 미국 대통령의 베이징 방문 이후 현저하게 줄어들었다. 그러나 실용주의를 내세운 덩샤오핑(鄧小平)은 개혁 · 개방정책으로 이데올로기 보다 교역을 통한 실익(實益) 제고에 진력(盡力)하면서도 대(對)동남아 공산세력에 대한 지지와 고무(鼓舞)를 그치지 않았다. 중국을 가장 가까이에서 관찰해 온 싱가포르의 리콴유(李光耀)는 1980년 베이징 정부가 오랫동안 선동하고 교육시켰던 동남아 지역의 공산주의자들을 완전히 포기하지는 않을 것이나, 적어도 동남아국가들과의 선린관계를 우선적으로 고려하여 그 지지와 지원의 강도를 가능한한 현저하게 약화시킬 것이라고 전망한 바 있다. 실제로 중국과 화교(華僑)(*Overseas Chinese*)와 공산당에 대해서 알레르기적으로 반응해 온 인도네시아 같은 나라는 1990년에 이르러서야 중국과 외교관계를 재개하였다.

베이징 지도부는 1979년 중월(中越)전쟁 이후 적극적인 대(對)아세안 유화정책을 전개하였다. 경제협력과 베트남 압박을 위한 포위전략의 일환이었다. 그러나 대부분의 아세안 국가들은 베이징의 진의(眞意)를 의심하였다. 태국과 필리핀은 다소 적극적으로 반응하였으나, 싱가포르와 인도네시아는 경제협력은 가능하다는 반응이었고, 말레이시아는 자국 내 소수종족의 하나로 자리 잡은 화인(華人)(*Chinese Minority*)들을 자극하지 않을까하여 경계심을 늦추지 않았다. 많은 아세안 지도자들은 베이징 정부가 더 이상 동남아의 공산주의자들을 지지·지원·고무하지 않을 것인가를 확인하고자 하였다. 그러나 베이징의 입장은 한결 같았다. '실익(實益)을 나눌 이웃이 중요하다. 그렇다고 해서 옛 친구를 버리지 않는다'는 것이었다.

베를린 장벽이 무너지고 구(舊)소련과 동구(東歐)의 사회주의체제가 붕괴하면서 베이징정부는 서둘러서 대(對)동남아 접근정책의 색깔을 선명하게 나타내기 시작하였다. 이데올로기 투쟁을 접고 선린외교(善隣外交)를 강화한다는 것이었다. 1990년 아세안국가 중 마지막으로 수하르토(Soeharto)의 쟈카르타 정부가 베이징 정부와 공식적으로 외교관계를 복원하였다. 가장 선명한 변화는 콸라룸푸르에서 일었다. 마하티르는 야심찬 경제개발계획(Vision 2020)을 활성화하면서 이제까지 거리를 두었던 국내 화인자본을 국민자본으로 받아들이기 시작한 것이다. '아시아적 가치(*Asian Values*)'를 주창하며 인권(人權)과 민주주의(民主主義)를 개발도상국 지원의 전제 조건으로 내세운 서방세계에 맞서 온 마하티르는 1989년 중국의 '천안문(天安門) 사태'에 대해서 끝까지 베이징 정부의 입장에 섰다.

베이징 정부에 대한 아세안국가들의 신뢰감(信賴感)은 1997년 말에 불어닥친 동아시아 외환위기에서 확연하게 증명되었다. 인도네시아와 태국을 필두로 하여 말레이시아까지 국가경제가 혼란에 빠졌다. 해외투자와 차관으로 '거품경제(*bubble economy*)'를 유지해 온 인도네시아는 외환위기로 정권(政權)이 붕괴되는 상황이 전개되었다. 그동안 동남아의 자원과 시장성과 노동력에 관심을 보여 온 서방세계는 IMF를 앞세우고 하나같이 슬그머니 뒤로 빠졌다. 그러나 외환 보유고가 충분하지도 않고 동남아와 유사한 형태로 위기에 처해질 가능성 조차 있는 베이징 정부는 선린(善隣)을 돕기 위해서 달려왔다. 인도네시아와 태국에 대규모 차관을 공여하고, 위안(元)화(貨) 환율 불변동을 국제사회에 약속하였다. 이로써 아세안국가들의 섬유와 봉제산업 등 영세(零細)산업의 생존이 가능하였고, 국가경제의 기사회생(起死回生)으로 발전되었다.

3. 세계 정치경제 무대로 부상하는 중국

후진타오(胡錦濤) 중국 국가주석은 2003년과 2005년에 이어 세 번째로 2008년 일본에서 열린 G8정상회담에 초청을 받았다. G8정상회담은 미국·일본·영국·프랑스·독일·캐나다·이탈리아 등 서방 7개 선진공업국과 러시아로 구성된 수뇌회의로 그동안 세계경제를 이끌어 왔다. 후 주석의 G8정상회담 참석은 선진국 수뇌들이 중국이 빠진 세계경제의 현안(懸案) 논의가 무의미하다는 것을 인정한 것으로 볼 수 있다. 13억 인구의 중국은 이미 세계 3대 무역국으로 성장하였으며, 원유와 철광석 등 원자재의 최대 소비국으로 부상하였기 때문이다. 이에 따라 위안화의 환율정책은 세계경제의 향방(向方)을 가름하는 중요한 변수의 하나로 등장한 것이다.

후 주석은 2005년 런던에서 개최된 G8정상회담 방문 직전 모스크바에서 열렸던 제2차 세계대전 승전(勝戰) 60주년 기념대회에 참석한 데 이어 불과 1개월 만인 2005년 6월에 두 번째로 러시아를 공식방문하여 푸틴 대통령과 정상회담을 가졌다. 양국 정상은 에너지 부문 협력에 역점을 두고 중국을 경유하는 시베리아의 극동 송유관을 우선적으로 건설하여 2008년부터 매년 2,000만 톤의 원유를 중국에 공급하기로 하였다. 이 결정은 런던의 G8정상회담에서 공식 발표되었다. 이 밖에도 후 주석은 푸틴 러시아 대통령과 각 분야에서 사전에 의견을 조정한 후 G8정상회의에서 논의한 주요 현안 마다 비슷한 목소리를 내며 공조 체제를 과시하였다.

중국-러시아 양국은 2005년 6월 블라디보스톡의 러시아-중국-인도 등3국 외상회담에서 50년 이상을 끌어온 동부 국경선 분쟁을 완전히 마무리 지었으며, 사상 처음으로 합동 군사훈련을 실시하기로 합의하였다. 이에 따라 양국은 지난 8월 육해공군과 해병대가 참가하는 사상 최대의 합동군사훈련을 황해와 발해만 지역에서 실시하였다. 이번 군사훈련은 1999년 장쩌민 중국 주석과 옐친 러시아 대통령이 탄도탄요격미사일 협정폐기와 미국의 MD구축에 반대한다는 공동입장을 밝힌 후 주로 군사기술분야에 국한하여 이루어져 오던 양국 간의 협력 수준이 실질적인 군사 분야로 격상된 것이다.

중국과 러시아 양국의 실질적인 관계증진은 지속적으로 증가하는 교역관계가 뒷받침하고 있다. 중국은 러시아제 재래식 무기의 최대 고객으로 총 무기수출고의 약 50퍼센트를 구매하고 있다. 또한 중국은 블라디보스톡을 중심으로 한 동북 러시아의 최대 교역국이다. 더욱이 2005년 1월부터 양국은 국경무역에서 러시아의 루블과 중국의 위안화의 직접 결제를 허용하였다. 이에 따라 2007년말 현재 481억 달러 수준의 교역량이 2020년에는 최소 1,200억 달러 규모로 크게 증가할 것으로 전망되고 있다.

중국-러시아의 전략적 연대는 지난 90년대 말부터 지속적으로 유지·발전되었다. 1996년 옐친 당시 러시아 대통령이 심장 수술을 한 직후, 중국의 리펑 총리가 방문하였다. 2003년에는 후진타오가 중국 주석에 취임한 후, 첫 해외 방문지로 모스크바를 택하여 푸틴 대통령의 환대를 받았다. 옐친과 리펑, 푸틴과 후진타오의 연속된 회동에서 양국은 급변하는 국제정치의 주도권을 회복하기 위해서 국제사회주의국가의 '굳건한' 연대를 천명한 바 있다. 2003년 중국과 러시아 양국의 '우호협력 선언'은 미국 중심의 세계전략 구도를 다원화하고 양국의 위상을 높이는 계기가 되었다.

베이징 정부의 적극적인 대(對)인도 외교관계 개선 노력도 같은 맥락에서 관찰할 수 있다. 중국과 인도는 총 연장 2,000㎞에 달하는 국경을 마주하고 있으며, 1962년에는 국경분쟁으로 군사적 충돌까지 벌였던 만큼 오랜 갈등관계였다. 그러나 미국이 9·11 테러 이후 대(對)중국 포위망을 구축하고 있다고 판단한 베이징 정부는 미국-인도 간의 관계강화에 대한 대비책으로 대인도 관계 개선의 필요성을 절감하게 되었다. 후진타오 주석의 적극적인 화해 제스쳐에 따라 2004년 6월 아탈 비하리 바지파이 인도 총리가 사상 최초로 베이징을 방문하게 되었다. 인도로서도 아세안을 경유하여 미얀마로 진출을 서두르고 있는 중국과의 관계개선으로 안다만(Andaman)해(海)에서 세력균형을 유지하면서 아세안에 접근하는 효과적인 전략을 구사하게 되었다.

4. 동남아로부터 육상 수송로 확보에 나선 중국

중국 철도청은 2005년 9월 윈난성(雲南省)의 성도(省都) 쿤밍(昆明)에서 멀지 않은 위시(玉溪)에서 멍즈(蒙自)를 잇는 총 연장 141㎞의 철로공사를 시작하였다. 이 구간은 아세안이 추진하고 있는 '범아시아철도'의 중국 구간으로 총 45억 위안을 투입하여 2009년까지 완공한다는 계획이다. 이 노선이 완공되면 쿤밍과 베트남 수도 하노이(Hanoi)가 직선에 가깝게 연결된다. 중국-베트남 양국은 현재 쿤밍-하노이 간의 철로를 연결하기 위한 협상도 마무리 하였다.

중국은 라오스 정부와 태국 수도 방콕까지 연결할 수 있는 수도 위양짠(비엔티안)과의 철로 연결 작업도 추진하였다. 또한 쿤밍을 기점으로 바오산(保山)을 거쳐 미얀마의 만들래(Mandelay)와 양공(Yangon)을 연결하는 철로부설은 이미 합의가 끝났다. 베이징 정부가 싱가포르와 말레이시아를 포함한 5개 대륙부 아세안국가들과 협의를 끝냈거나 협의 중인 범아시아철로망의 총 연장은 5,600㎞에 달한다. 이 중 약 3,000㎞는 새로 부설해야 되는데, 이에 1조 6,000억 원에 해당하는 128억 위안의 건설비가 소요될 예정이다.

베이징 정부는 동남아의 중심부와 중국대륙의 서남부를 가장 가깝게 연결할 수 있는 수송수단 확보를 갈구(渴求)해 왔다. 이를 위하여 안다만해로부터 말라카 해협을 거쳐 태국만(灣)에 이르는 요지(要地)에 전략적 거점을 확보한다는 전략을 세우고, 90년대 말부터 베트남·말레이시아·인도네시아 등과 군사교류를 강화해 나왔다. 중국은 미국이 한반도의 동해로부터 말라카 해협에 이르는 수많은 섬에 군사기지를 확보하고 중국의 해양진출을 막고 있다고 판단하고 있다. 이에 따라 중국은 철로를 통한 육로 확보로 미국의 해양봉쇄를 적극적으로 대처하겠다는 전략이다.

범아시아철도는 1995년 아세안정상회담에서 당시 말레이시아의 마하티르 총리가 제안하여 회원국들의 동의를 얻었다. 이 계획에 따르면, 중국의 윈난성에서 하노이를 거쳐 호치민에 이르는 동부선(東部線)과 라오스를 거쳐 방콕으로 연결되는 중부선(中部線), 그리고 쿤밍-만들래-양공을 잇는 서부선(西部線)으로 구성되어 있다. 중부선은 이미 오래 전부터 열차가 운행 중인 방콕-말레이 반도-싱가포르 노선과 연결될 예정이다.

현재 중국 대륙으로 수송되는 원유의 80퍼센트가 말라카 해협을 경유하고 있다. 향후 범아시아철도가 일부라도 완성되면, 원유 수송거리가 최소 3,000㎞에서 최대 5,000㎞까지 단축될 것이라는 것이 베이징 정부의 계산이다. 그러므로 베이징 정부는 태국과 말레이시아 이외에 미얀마·라오스·캄보디아·베트남 등 4개국이 공사비 분담에 난색을 표시하고 있음에도 불구하고 동남아를 지원하고 있는 서방세계를 설득하여 이들을 독려하고 있다. 원자바오(溫家寶) 총리가 2005년 4월 1951년 이래로 단교(斷交) 중인 바티칸과 관계개선의 의사를 표명한 것도 이와 무관하지 않은 것으로 보고 있다.

5. 미국-일본-중국의 삼두체제와 한국-아세안 관계

세계의 정치경제 무대로 향한 베이징 정부의 행보가 빨라지고 있다. 2008년 8월의 베이징 올림픽이 중요한 역할을 하였음은 두말 할 나위도 없다. 이에 따라 아시아가 큰 변화를 겪고 있다. 두 말할 것도 없이 미국-일본 양대 경제대국 중심으로 이루어졌던 아시아경제가 미국-일본-중국의 삼두체제(三頭體制)로 변화하고 있다는 사실이다. 중국은 정치적 · 군사적으로 미국과 일본이 주축이 된 동아시아 포위망(包圍網)을 뚫고 자원 확보와 원유 등 원자재 수송거리 단축, 시장개척과 해외투자 확대라는 경제적 목표를 가지고 아세안으로 하나가된 동남아를 최우선적으로 공략하고 있다. 그 첫 번째 성과가 CAFTA임이 분명하다. 서남아의 강대국 인도가 아세안의 새로운 파트너로 등장하여 베이징 정부가 대아세안 유화정책을 강화하는 외적(外的) 요인이 되고 있다.

미국 · 일본 · EU에 이어 한국의 네 번째 교역시장인 아세안이 CAFTA로 인해서 대중(對中)교역 쪽으로 치우칠 것이 분명하다. 이에 따라 아세안 시장에서 한국 상품의 경쟁력은 당연하게 저하(低下) 또는 악화될 것이다. 한국무역협회는 CAFTA 발효로 한국의 대아세안 수출은 전기 · 전자 · 철강금속 · 석유화학 · 플라스틱 · 섬유와 봉제 · 자동차 등 대부분의 주종 품목에서 경쟁력이 크게 약화될 것으로 전망했다. 대외경제정책연구원(KIEF) 동서남아팀장인 권 율 박사도 '중국이나 아세안에 진출해 있는 다국적기업들과의 경쟁에서도 큰 부담을 안게 될 것'이라며, "무역전환 효과를 최소화하기 위해서 한시라도 빨리 한국-아세안 FTA

협상이 조속하게 완결되어야 한다"고 강조했다. 그러나 적지 않은 난제가 있는 것도 사실이다. 중국과 아세안은 경제발전 단계가 비슷하지만, 한국과 아세안은 중국-아세안에 대비하여 현격한 차이가 나기 때문이다. 특히 아세안 측은 FTA 체결의 전제 조건으로 기술이전 등 많은 것을 한국 측에 요구하고 있어서 큰 부담이 되고 있다.

II. 동남아-인도 간의 빔스텍

1. 빔스텍의 개요

인도 동북부 지역은 총 8개 주(州)로 구성되어 있는데, 아루나찰 쁘라데쉬(Arunachal Pradesh) · 아쌈(Assam) · 마니뿌르(Manipur) · 메갈라야(Meghalaya) · 미조람(Mizoram) · 나갈랜드(Nagaland) · 뜨리뿌라(Tripura) · 시킴(Sikkim) 등이다. 이들 북동부 8개 주의 총 인구는 3,900만 명(2001년)으로 같은 해 인도 전체 인구의 3.8퍼센트에 불과하다. 이 지역은 대부분이 산악지역이며 전체 인구의 30퍼센트가 소수종족이다. 2001-2002년 통계를 기준으로 1인당 연간 평균소득은 12,918 루피(Rs)로 인도전체 평균소득 17,823 루피 보다 많이 낮다. 이 지역 주민들이 낮은 소득 수준을 면치 못하는 이유는 그동안 정부차원이나 민간차원에서 이 지역에 대한 투자와 개발이 저조했고 외부 세계와의 인적 · 물적 교류도 극히 제한적으로 이루어졌기 때문이다.

인도 동북부 8개 주 영토의 98퍼센트는 중국과 미얀마 등 주변 국가들로 둘러싸여 있고 불과 2퍼센트만이 인도 본토와 연결되어 있다. 그러므로 지리적으로 인도 본토와 거의 단절된 상태에 있기 때문에 이곳을 연결하는 유통망이 원활하지 못하고, 따라서 인적 · 물적 추가비용이 상대적으로 클 수밖에 없다. 따라서 인도 정부는 오래 전부터 이 지역의 발전을 위해서는 무엇보다도 인도 본토와는 물론 주변국들과의 인적·물적 교류 촉진이 필요하다고 판단해 왔다.

이에 따라 인도정부는 동북부 지역을 적극적으로 개발하기 위해서 이곳을 관장하는 정부 조직을 상향조정하였다. 2001년 9월에 설치된 외청(外廳) 급 동북지역개발부(DONER: *Department of Development of North Eastern Region*)를 2004년 5월 내각(內閣)의 동북지역개발부(MDNER: *Ministry of Development of North Eastern Region*)로 승격시켰다. 인도정부가 북동부 지역개발을 위해 중앙정부에 공식적으로 부처를 둔 배경에는 만모한 씽(Manmohan Singh) 총리가 이 지역 상원의원 출신이라는 점도 있지만 무엇보다도 인도 정부가 2003년 하반기부터 본격적으로 추진한 동방정책(*Look East Policy*) 제2단계의 핵심 목표 중의 하나가 동북지역 개발이기 때문이었다. 인도정부는 낙후된 이 지역 개발을 위해서 미얀마와 태국 등 동남아 국가들과 인도 동북부 변경 국가들을 연결하는 빔스텍(BIMSTEC: *Bay of Bengal Initiative for Multi-Sectoral Technical and Economic Cooperation*) 회원국들과의 협력을 강화하게 된 것이다.

중국이 이니셔티브를 쥐고 챠프타(CAFTA)를 이끌고 있는 것처럼, 빔스텍은 인도를 중심으로 전개되고 있다. 인도를 중심으로 동남아와 남아시아 7개국의 지역협력체인 빔스텍(BIMSTEC)은 1997년 6월 발족되었다. 빔스텍의 창설 당시의 명칭은 비스트경제협력체(BIST-EC: *Bangladesh-India-Sri Lanka-Thailand Economic Co-operation*)였다. 같은 해 12월 미얀마가 정회원국으로 가입하면서 빔스텍(BIMSTEC: *Bangladesh-India-Myanmar-Sri Lanka-Thailand Economic Cooperation*)으로 그 명칭이 변경되었다. 이후에도 2003년 네팔과 부탄이 신규 회원국으로 가입하자 빔스텍의 명칭은 또다시 변경되었다. 2004년 7월 태국에서 열린 빔스텍 첫 정상회담은 각 회원국 영문명칭 첫 글자를 따서 만든 종래의 명칭 대신 벵골만(*Bay of Benggal*) 인근 지역 국가의 포괄적 경제협력체인 현재의 빔스텍을 채택하게 되었다. 빔스텍 7개 회원국의 전체 인구는 전 세계 인구의 21퍼센트에 해당하는 13억 명이며, 회원국 총 GDP는 2003년 기준으로 7,500억 달러 수준이다. 빔스텍 회원국은 태국 정상회담에서 2017년까지 자유무역협정을 추진하기로 합의했으며, 회원국 중 상대적으로 경제발전을 이룬 인도·스리랑카·태국 등 3개국은 2012년까지 이를 앞당긴다는 데 동의하였다.

자유무역은 단순히 무역장벽을 제거한다고 해서 상품의 자유로운 이동을 보장할 수 없고, 인적 자원과 함께 상품이 자유롭게 이동할 수 있을 때만 가능하다. 다시 말하면, 지역자유무역이 활성화되기 위해서는 역내교역이 원활하게 이루어질 수 있는 제반 여건이 조성되고 기간시설 구축이 선행조건이 된다. 따라서 빔스텍은 회원국 간의 상호교류와 협력을 촉진하기 위해서 우선적으로 도로·철도·전력 등 인프라 건설에 따른 회원국 간의 협력에 합의했다. 빔스텍 회원국 모든 나라와 육지든 해양이든 국경을 접하고 있는 인도가 가장 적극적이다.

2004년 인도에서 열린 빔스텍 정상회담에서 회원국들은 역내 철도 네트워크를 건설하기로 합의했다. 이에 따라 가장 먼저 태국-미얀마-인도를 연결하는 철도 건설을 실현하기로 했다. 빔스텍은 또한 에너지 안전성 및 효율성을 확보하기 위해서 역내 천연가스 파이프라인 건설과 원유 탐사 및 개발을 회원국이 공동으로 추진하기로 했다. 인도는 이미 미얀마 영내에서 원유개발 사업을 추진한 바 있다. 빔스텍은 더 나아가 식량안보 측면에서 농업을 발전시키고 빈곤문제를 해결하자는 데도 합의했다. 특히, 회원국들은 빈곤퇴치 문제에 많은 관심을 나타내고 있다. 빔스텍은 2008년 7월 방글라데시에서 역내 빈곤퇴치를 위한 제1차 각료회의를 개최하였다. 이 회의에서 회원국들은 각국의 빈곤퇴치 경험을 공유하면서 정부 간 협력을 통해서 빈곤문제를 해결하기로 합의했다.

2. 인도의 대(對) 빔스텍 정책

인도가 빔스텍의 발전과 활성화에 적극적인 이유는 자국의 동북지역 개발에 주력하려는 목적도 있지만, 파키스탄과 중국을 견제하고 동남아와 교류협력을 증진하려는 목적도 있다. 파키스탄과의 갈등문제로 남아시아지역연합(SAARC) 운영이 어려운 상황에서 인도는 빔스텍을 최상의 대안으로 보고 있다. 비록 인도 정부는 빔스텍이 파키스탄을 고립시키기 위한 전략의 일환이라는 비판에 동의하고 있지 않다. 그러나 인도의 대 빔스텍 정책의 중요한 목적은 파키스탄으로 하여금 지속적으로 인도와의 갈등을 유발시킬 경우 남아시아지역에서 고립될 수 있다는 위기의식을 불어 넣어 파키스탄이 SAARC 발전에 적극 나서도록 유도한다는 것이다.

그동안 인도와 파키스탄 간의 지속적인 갈등관계 때문에 남아시아지역의 발전과 협력은 지지부진한 상태를 면치 못했다. 양국은 1947년 영국으로부터 분리 독립된 이후 까쉬미르(Kashmir)를 중심으로 네 차례의 전쟁을 치루는 등 끊임없는 갈등과 반목의 역사를 이어왔다. 그러므로 불편한 양국 간의 관계는 남아시아 지역협력을 저해하는 최대 요인이 되어왔던 것이다. SAARC가 창설될 당시 인도와 파키스탄 관계 때문에 남아시아 지역협력에 대해 회의적인 시각이 많았다. 인도에서는 많은 사람들은 주변 남아시아 약소국들이 집단적으로 인도에 대항하기 위해 SAARC를 창설했다고 의심했었고, 파키스탄에서도 인도가 파키스탄에 대항하고 경제력을 과시하려는 전략이라고 생각하였다.

이러한 의구심 속에 SAARC가 창설되었지만, 인도-파키스탄 양국의 갈등 문제는 여전히 SAARC 정상회담을 방해하며 지역통합 과정에서 가장 큰 걸림돌이 되어 왔다. 양국 간의 갈등 때문에 SAARC 정상회담이 연기된 사례는 쉽게 찾을 수 있다. 1992년 12월 인도 아요디야(Ayodhya)

소재 바부리(Baburi) 이슬람 사원을 힌두 근본주의자들이 파괴하자 파키스탄이 이를 강력 비난하면서 같은 해 12월에 개최 예정이었던 SAARC 정상회담을 연기하였다. 이러한 경우는 1999년 양국이 카길(Kagil)전쟁을 할 때나 2002년 까쉬미르 주둔 인도 군부대를 이슬람 테러단체들이 습격하는 사건이 발생할 때도 반복되었다.

지속적인 양국 간의 반목은 물론이고 SAARC 발전에 대해서도 반복적으로 파키스탄과의 갈등을 겪고 있는 인도로서는 파키스탄을 배제하고 남아시아 지역발전을 추구하면서 동남아와의 협력을 이끌어 낼 수 있는 최선의 대안이 빔스텍이었던 것이다. 인도는 빔스텍을 통해서 남아시아에서 파키스탄을 효과적으로 견제하면서 자국의 국익을 추구할 수 있다고 판단하고 있다.

인도의 대 빔스텍 정책은 단순히 낙후된 자국의 동북지역 개발과 파키스탄을 견제하는 차원을 넘어서 중국을 견제한다는 목적도 가지고 있다. 중국은 그동안 인도 동북지역 중 아루나찰 쁘라데쉬 주변 지역을 자국의 영토라고 주장해 왔다. 이러한 중국의 입장은 2006년 11월 후진타오 중국 국가주석이 인도를 방문하기 직전 쑨위시(孫玉璽) 인도 주재 중국대사가 한 방송 인터뷰에서 잘 나타나고 있다. 쑨 대사는 '인도가 관할중인 양국 접경지대인 아루나찰 쁘라데쉬와 타왕(Tawang) 지역은 중국 영토가 분명하다'고 주장했다. 중국 정상의 인도 방문을 앞두고 중국 대사가 한 발언은 그동안 잠잠했던 양국 간의 영토문제를 다시 부각시켰다.

사실 인도와 중국 양국 간의 궁극적인 관계증진은 국경문제 해결 없이는 분명히 한계가 있다. 이 때문에 양국은 1993년 국경평화협정을 체결한 이후부터 고위급 회담 때 마다 국경문제를 조속히 완전하게 해결하자고 같은 목소리를 내 왔다. 2005년 원자바오(溫家寶) 중국총리가 인도를 방문했을 때도 양국은 국경문제 해결을 위한 기본 골격에 합의했다. 하지만 중국은 여전히 아루나찰 쁘라데쉬가 자국의 영토라고 주장하고 있다. 쑨 대사의 발언도 중국의 변함없는 입장을 표명한 것이 분명하다.

인도는 이렇게 중국이 지속적으로 아루나찰 쁘라데쉬 등 일부 동북지역을 자국의 영토라고 주장하자, 조기에 이 지역이 자국의 영토라는 것을 공고히 하고 낙후된 개발문제 등을 빌미로 이 지역에서 혹시 향후에 중국이 지원한 민족분규나 테러 등이 발생할 가능성을 사전에 차단하기 위해서 빔스텍과 연계하여 이 지역을 발전시키고자 하는 것이다. 이러한 정책의 일환으로 최근 인도 정부는 아루나찰 쁘라데쉬지역의 대규모 인프라 확충 계획을 발표했다. 주목할 만한 주요 건설계획은 아루나찰 순환 고속도로 건설과 이타나가르(Itanagar) 공항건설, 구와하띠(Guwahati)와 타왕(Tawang) 간 헬리콥터를 이용한 교통 및 통신 연결 서비스, 국경지역 전 마을의 전력화 등이다. 특히 인도정부가 중국과 국경을 접하고 있는 모든 마을에 55억 루피를 투입하여 전력을 공급하고, 국경순환 고속도로를 건설하겠다는 계획은 자국 영토임을 주장하는 중국을 견제하기 위한 조치라 하겠다.

인도의 대 빔스텍 정책의 또 다른 목적은 미얀마에 대한 중국의 영향력을 약화시키고 대신 자국의 영향력을 강화하겠다는 것이다. 중국은 이미 1994년부터 미얀마 코코제도(*Coco Islands*)에 레이더 감시시설을 갖춰 놓고 인도양의 해양수송로를 감시하고 있다. 벵골만과 인도양을 끼고 있는 인도로서는 이러한 중국의 영향력 확대는 자국의 안보적 측면에서 결코 반갑지 않은 사안이다. 중국의 대 미얀마 영향력 확대는 최근 에너지개발 분야에서도 강화되고 있다. 인도국영석유회사·인도국영가스회사·미얀마국영석유회사 등이 컨소시엄을 형성하여 양공(Yangon)만(灣)에서 생산한 천연가스가 전량 중국으로 판매될 예정이다. 향후 미얀마에서 생산되는 가스의 대부분이 중국으로 판매될 전망이어서 인도는 미얀마에서 중국을 견제할 방안의 하나로 빔스텍을 택한 것이다. 대 미얀마 정책에 대한 인도의 입장 변화는 미얀마 군부의 민주주의 탄압에 대하여 침묵으로 일관하고 있음에서도 잘 나타고 있다. 인도는 미얀마와의 협력을 강화하고 자국과의 철도연결을 고려하여 2004년에 미얀마의 양공-만들레이(Mandalay) 간의 철로 개선과 서비스 시설 향상을 위해서 5,636만 달러를 지원하기로 약속한 바 있다.

3. 인도의 대(對)동남아 접근정책

인도의 대 빔스텍 정책의 또 다른 중요한 목적은 대륙부 동남아와 교류협력을 증진시키는 것이다. 인도는 특히 미얀마와 태국과의 관계 발전에 높은 관심을 보이고 있다. 이는 인도의 제2단계 동방정책의 목적과 일치하기도 한다. 인도 정부는 동남아와 결속력을 강화하기 위해서 '동남아는 인도의 동북지역에서 시작된다'고 주장하고 있다. 사실 인도 동북지역은 지리적으로 인도 본토 보다 동남아와 가깝다. 특히 인도는 미얀마와 밀접한데, 인도 동북지역의 아루나찰 쁘라데쉬 · 나갈랜드 · 마니뿌르 · 미조람 등 4개 주는 미얀마와 1,643km에 달하는 국경을 접하고 있다.

인도와 미얀마 양국은 1994년 국경무역협정을 체결하고 국경무역 활성화에 나섰다. 이 협정에 따르면, 양국의 국경무역은 철저하게 국경지방 주민들에게만 허용되고 있다. 운송수단도 동력장치가 없는 인력거 · 우마차 · 자전거 등 기초적인 장비만 사용이 가능하며, 무역 자체도 2만 달러 이하의 물물교환방식에 따른 구상무역(求償貿易)으로 한정하고 있다. 정상적인 무역거래는 22개의 지정품목에 한해서만 가능하다.

이러한 제한된 무역협정 때문에 인도-미얀마 양국의 국경무역은 아직까지 극히 미미한 수준에 머물러 있다. 이렇게 국경무역이 활성화 되지 못한 배경에는 제도적인 문제도 있지만, 인도-미얀마-태국을 잇는 도로나 철도가 아직 연결되어 있지 않고 육상무역루트가 테러 등의 이유로 안전하지 못하기 때문이다. 이에 따라 인도는 미얀마와 도로 및 철도 연결을 위해서 협력해 나가면서 인도 동북지역의 분리주의자 등 테러 단체를 소탕하는 데도 양국 간의 협력을 강화하고 있다.

양국의 국경무역은 미미하지만 인도와 미얀마간의 전체 무역은 꾸준히 증가 추세에 있다. 2007년 기준으로 인도는 미얀마에 철강제품과 의약품을 주로 수출하고 있는데, 동종(同種) 수출의 63퍼센트를 차지하고 있다. 기타 주요 수출 품목은 각종 전기제품 · 자전거 · 자동차 부품 등이 대종을 이루고 있다. 한편 인도는 미얀마로부터 목재 및 목재가구와 야채류를 주로 수입하고 있는데, 이들 품목은 인도에서 수입하는 동종 수입 물량의 98퍼센트를 차지하고 있다.

빔스텍 회원국 중 태국이 인도의 동북지역 개발정책에 가장 적극적으로 나서고 있다. 태국 정부의 고위관리들이 연속해서 이곳을 방문하여 정부 차원의 높은 관심을 보이고 있다. 2007년 4월 태국 상공장관은 제3차 인도 동북지역비즈니스정상회담에 참석했고, 같은 해 7월 다시 태국의 무역대표단을 이끌고 아쌈 · 메갈라야 · 뜨리뿌라 등 세 지역을 방문하였다. 태국 상공장관은 인도 동북지역을 방문한 첫 외국 장관으로 기록되었다. 2008년 1월에도 태국 대표단은 인도 동북지역의 시킴 · 아루나찰 쁘라데쉬 · 아쌈 등지를 방문하였다. 태국 측은 인도 동북지역의 식품가공산업과 관광산업에 투자의향을 보였으며, 수력발전댐 건설 · 수자원 관리 · 도로건설 등 산업 인프라부문에도 투자 관심을 나타냈다. 인도 정부는 태국 대표단을 초청하여 적극적으로 투자권유를 하고 있으며, 태국을 직접 방문하여 양국 간의 교역 활성화와 자국의 동북지역 개발에 적극 나서주기를 바라고 있다.

인도는 2007년 10월 태국 수도 방콕에서 동북지역 무역과 투자유치를 위한 주간 행사를 개최한 바 있다. 이때 인도 중앙정부의 동북지역개발 장관을 비롯하여 아루나찰 쁘라데쉬 · 마니뿌르 · 메갈라야 · 미조람 · 나갈랜드 등 5개 주의 주지사 등 70여 명의 고위급 대표단이 태국을 방문하였다. 이렇게 인도와 태국이 인도 동북지역 개발을 위해서 상호 협력하고 있는 것은 인도의 동방정책과 빔스텍 정책이 인도 동북지역 개발정책에 부합하고 동시에 두 정책이 상호보완적으로 작용하고 있음을 나타내는 것이라 하겠다.

1997년에 창설된 빔스텍은 지난 10년 동안 한 차례의 정상회담과 여섯 차례의 각료회의를 통해서 인도 동북지역과 대륙부 동남아 서북지역의 역내 산업인프라 구축과 빈곤퇴치 등에 합의하였다. 빔스텍의 10년 역사에도 불구하고 이렇다 할 실질적인 성과를 도출하지 못한 주된 이유는 핵심 회원국가인 인도와 태국이 2003년까지 양자 협력에 집중했기 때문이었다. 그 결과 양국은 조기에 FTA를 체결하는 등 긴밀한 협력관계를 구축해 나가고 있다. 또 다른 요인으로는 남아시아와 동남아를 연결하는 지정학적 연결고리를 가지고 있는 인도가 이제까지 자국의 동북지역 개발에 소극적이었던 점을 들 수 있다. 그러나 인도 정부가 2004년부터 자국의 동북지역 개발을 적극적으로 추진하면서 태국과 미얀마 등 동남아국가들의 협력을 유도하고 있기 때문에 향후 빔스텍은 빠르게 발전할 것으로 보인다. 빔스텍의 미래가 특히 희망적인 것은 남아시아지역연합(SAARC)을 포함한 여타의 지역협력체들과 달리 회원국 간에 정치적 갈등문제가 없기 때문이다. 빔스텍의 성공적인 정착은 인도와 동남아 관계증진에 크게 기여할 것으로 기대되고 있다.

챠프타와 빔스텍은 모두 동남아를 배경으로 하고 있다. 그만큼 동남아가 새로운 지역협력 시대에 부각되고 있다는 것이다. 동남아가 보유한 자원 · 시장성 · 노동력 등 새로운 국제경제 요소는 미국과 동북아 3국과 호주를 연결하는 아태경제협의체(APEC)를 동남아로 끌어들였고,

유럽연합(EU)을 아시아-유럽회의(ASEM)를 통하여 동남아로 유인하였다. APEC와 ASEM 본부가 각각 싱가포르와 방콕에 있음이 그 증거가 될 것이다. 이러한 서방세계의 대 동남아 유화정책은 아세안(ASEAN)이 가장 성공한 지역협력기구의 하나로 부상케 했으며, 중국의 동남아 접근을 재촉하여 챠프타로 구체화되었다. 이와 같은 아세안으로 하나 된 동남아(*ASEANization of Southeast Asia*)의 성공은 인도와 서남아 국가들의 관심을 끌기에 충분했으며, 빔스텍으로 협력 모델을 구축해 나가게 되었다.

찾아보기